2023年
中国互联网学习发展报告
——基础教育领域

教育部教育管理信息中心
西北师范大学　　　　　　编著
科大讯飞股份有限公司

上海教育出版社
SHANGHAI EDUCATIONAL
PUBLISHING HOUSE

图书在版编目（CIP）数据

2023年中国互联网学习发展报告.基础教育领域/教育部教育管理信息中心，西北师范大学，科大讯飞股份有限公司编著. — 上海：上海教育出版社，2024.4
ISBN 978-7-5720-2615-7

Ⅰ.①2… Ⅱ.①教…②西…③科… Ⅲ.①教育工作－信息化－研究报告－中国－2023 Ⅳ.①G52

中国国家版本馆CIP数据核字(2024)第075356号

策划编辑 刘美文
责任编辑 刘美文
封面设计 周　亚

2023年中国互联网学习发展报告——基础教育领域

教育部教育管理信息中心　西北师范大学　科大讯飞股份有限公司　编著

出版发行　上海教育出版社有限公司
官　　网　www.seph.com.cn
地　　址　上海市闵行区号景路159弄C座
邮　　编　201101
印　　刷　常熟市华顺印刷有限公司
开　　本　889×1194　1/16　印张 23
字　　数　468 千字
版　　次　2024年6月第1版
印　　次　2024年6月第1次印刷
书　　号　ISBN 978-7-5720-2615-7/G·2306
定　　价　88.00 元

如发现质量问题，读者可向本社调换　电话：021-64373213

编　委　会

韩　瑾　武汉经济技术开发区教育局

韩　萌　科大讯飞股份有限公司

黄小龙　杭州市萧山区教育信息技术中心

黄岳明　温州市学生实践学校

姜　涛　沈阳市大东区教育局

李　超　连云港市教育管理信息中心

廖忠顺　衢州市教育事业发展中心

林大华　广西教育技术和信息化中心

刘　玮　义乌市教育研修院

卢丛波　青岛市教育装备与信息技术中心

屈光荣　鄂尔多斯市教育体育局

沈朝辉　杭州市萧山区教育发展研究中心

时荣萍　南昌市红谷滩区教师发展中心

孙　宇　北京市西城区教育委员会

王振强　北京教育科学研究院基础教育研究中心

向旭平　绵阳市涪城区教育和体育局

颜瑞潭　三明市沙县区教育局

杨　琳　天津市河西区教育局

杨　柳　无锡经济开发区教育局

章世海　芜湖市教育局

北京市团队

贾美华　北京教育科学研究院

王振强　北京教育科学研究院

郑立新　北京教育科学研究院

张　磊　北京教育科学研究院

王　飞　北京教育科学研究院

南京市团队

陈　平　南京市电化教育馆（南京市教育信息化中心）

沈书生　南京师范大学教育科学学院

沈　莹　南京市电化教育馆（南京市教育信息化中心）

柏宏权　南京师范大学教育科学学院

曹　梅　南京师范大学教育科学学院

汪　波　南京市电化教育馆（南京市教育信息化中心）

吴昱寰　南京市电化教育馆（南京市教育信息化中心）

赵晓伟　南京师范大学教育科学学院

青岛市团队

卢丛波　青岛市教育装备与信息技术中心

臧方青　青岛市教育装备与信息技术中心

李晓梅　青岛市教育装备与信息技术中心

黄广岳　青岛市教育装备与信息技术中心

陈凯泉　中国海洋大学

石家庄市团队

陈丁君　石家庄市教育信息化管理中心

封素平　石家庄市教育信息化管理中心

李雪冰　石家庄市裕华区教育局

陈志杰　石家庄市第九中学

李　芳　石家庄市第四十四中学

合肥市团队

陈良生　合肥市装备电教中心

王益华　合肥市装备电教中心

周　顺　合肥市装备电教中心

王胜花　合肥市装备电教中心

王青林　合肥市装备电教中心

方　勇　合肥市装备电教中心

芜湖市团队

章世海　芜湖市教育局

李　兵　芜湖市教育局

肖　玲　芜湖市电化教育馆

吕　勇　芜湖市电化教育馆

方　媛　芜湖市电化教育馆

汪　超　芜湖市电化教育馆

衢州市团队

廖顺忠　衢州市教育事业发展中心

杨艳艳　衢州市教育事业发展中心

王荣明　衢州市教育事业发展中心

刘庆堂　衢州市教育事业发展中心

温州市团队

黄岳明　温州市学生实践学校

陈　适　温州市教育技术中心

张向东　温州市教育技术中心

叶其蕾　温州市大数据发展管理局

唐小挺　温州市鹿城区教育技术中心

林其浓　温州市鹿城区教育技术中心

林美珠　温州市实验中学

黄菊敏　温州市瓯海区教育研究院

陈一辉　温州市现代教育智能设计研究院

谢正勇　瑞安市电化教育与教育装备中心

无锡经济开发区团队

杨　柳　无锡经济开发区教育局

钱　柯　无锡经济开发区教育局

徐卫忠　无锡经济开发区教师发展中心

朱敏花　无锡经济开发区教师发展中心

李　强　无锡经济开发区教师发展中心

王　佳　无锡市尚贤融创小学

三明市沙县区团队

颜瑞潭　三明市沙县区教育局

董宝文　三明市沙县区教师进修学校

郑慧娟　三明市沙县区教师进修学校

张　平　三明市沙县区教师进修学校

肖丽娟　三明市沙县区教师进修学校

陈永华　沙县第一中学分校

北京市西城区团队

孙　宇　北京市西城区教育委员会

杨志刚　北京市西城区教育委员会

陈甜甜　北京市西城区教育委员会

沈璐萍　北京市西城区教育委员会

天津市河西区团队

杨　琳　天津市河西区教育局

马建伟　天津市河西区教育局

何　琛　天津市河西区教育局

范　宇　天津市河西区教育综合服务中心

商　悦　天津市河西区教育综合服务中心

李　伟　天津市河西区教育综合服务中心

沈阳市大东区团队

姜　涛　沈阳市大东区教育局

梁　宇　沈阳市大东区教育局

戴　劲　沈阳市大东区教育局

绵阳市涪城区团队

向旭平　绵阳市涪城区教育和体育局

雷　震　绵阳市涪城区教育研究与发展中心

宋晓林　绵阳市涪城区教育研究与发展中心

杨　东　绵阳市涪城区教育研究与发展中心
邓　剑　绵阳市涪城区教育研究与发展中心
陈明东　绵阳市涪城区教育研究与发展中心

武汉经济技术开发区团队

韩　瑾　武汉经济技术开发区教育局
黄　磊　武汉经济技术开发区教育局
辛艳芬　武汉经济技术开发区教育局
邓华萍　武汉经济技术开发区教育局
郑云桥　武汉经济技术开发区教育局
刘　翔　武汉经济技术开发区神龙小学教育集团湖畔校区

南昌市红谷滩区团队

时荣萍　南昌市红谷滩区教师发展中心
刘兰会　南昌市红谷滩区教师发展中心
黄秋云　南昌市红谷滩区腾龙学校
党　丹　南昌市红谷滩区腾龙学校
陶茂阳　南昌市红谷滩区碟子湖学校
张　盼　南昌市红谷滩区育新学校九龙湖新城分校

鄂尔多斯市团队

崔淑桃　鄂尔多斯市教育事业发展中心
廉　雪　鄂尔多斯市东胜区学府幼儿园
补　昕　鄂尔多斯市教育事业发展中心
王凤莲　鄂尔多斯市达拉特旗教育体育局
项红梅　鄂尔多斯市教育事业发展中心
贾　茹　鄂尔多斯市教育事业发展中心

杭州市萧山区团队

黄小龙　杭州市萧山区教育信息技术中心
鲁林灿　杭州市萧山区教育信息技术中心

韩先策　杭州市萧山区教育信息技术中心
陈　琼　杭州市萧山区教育发展研究中心
金　晖　杭州市萧山区教育信息技术中心
李梦楚　杭州市萧山区教育局

淄博市临淄区团队

崔国华　临淄区教育和体育局
王　鹏　临淄区教育和体育局
杜　斌　临淄区教学研究室
于宪平　临淄区教学研究室
崔繁荣　临淄区教学研究室

天津市团队

高淑印　天津市教育科学研究院
牛远辉　天津市教育科学研究院
孙淑艳　天津市教育科学研究院
褚　佳　天津市教育科学研究院
黄天泽　天津市教育科学研究院

义乌市团队

刘　玮　义乌市教育研修院
成佳梁　义乌市教育研修院
俞舒婷　义乌市教育研修院
许国新　义乌市义亭镇初级中学
陈　倩　义乌市绣湖小学
张卫尖　义乌市新丝路学校

连云港市团队

李　超　连云港市教育管理信息中心
桑贤来　连云港市教育管理信息中心
范瑞敏　连云港中等专业学校

宋　凯　连云港市新海初级中学

王建华　连云港市建宁小学

颜　韡　连云港市中云中学

杨金斌　连云港师范高等专科学校第二附属小学

杨　虹　连云港市新浦实验幼儿园

杨　青　连云港市新城实验小学

李　睿　连云港市苍梧小学

案例提供者

庾志成　广东广雅中学

刘丰华　长沙市高新区雷锋新城实验小学

柳秋刚　苏州市吴中区尹山湖实验小学

张光禄　昆明市五华区沙朗民族实验学校

科大讯飞团队

周佳峰　科大讯飞股份有限公司

郭红杰　科大讯飞股份有限公司

韩　萌　科大讯飞股份有限公司

前　言

随着人工智能、大数据、虚拟现实等新一代信息技术的不断成熟和应用，基于互联网的数字资源和智力资源正在成为重构现代教育系统、变革教与学方式的重要引擎，"互联网＋教育"的融合模式已经成为推动基础教育领域数字化、现代化的关键动力。进入 21 世纪，国家高度重视教育信息化工作，先后发布了《国家中长期教育改革和发展规划纲要（2010—2020 年）》《教育信息化十年发展规划（2011—2020 年）》《教育信息化"十三五"规划》《教育信息化 2.0 行动计划》《教育部关于加强"三个课堂"应用的指导意见》等，通过推进教育的信息化，牵引实现教育的全面提质增效，促进教育公平。"十四五"以来，教育数字化转型进一步带动教育全领域的变革与创新。《教育部等六部门关于推进教育新型基础设施建设构建高质量教育支撑体系的指导意见》指出要加快推进新型基础设施建设，推动教育数字转型、智能升级、融合创新，支撑教育高质量发展。《教师数字素养》的发布，为提升教师利用数字技术优化、创新和变革教育教学活动的意识、能力和责任明确了标准，有效助力国家教育数字化战略行动实施。随着顶层设计的不断深入和优化，互联网在教育领域的应用得以更加精准、高效和系统地推进。这些顶层设计涵盖了教育理念的创新、政策法规的制定、资源配置的优化、技术应用的标准化以及教师素养的提升等多个方面，共同为"互联网＋教育"的健康发展提供了坚实保障。

《中国互联网学习白皮书》是由教育部教育管理信息中心立项，联合北京师范大学、南方科技大学、西北师范大学等多所国内知名大学，具有影响力的研究所，领域专家等共同编写的描述中国互联网学习现状及发展趋势的年度报告，目的是全方位呈现"互联网＋教育"时代的学习规律、特点和范式，最全面、最系统、最深刻地反映中国教育信息化发展进程，描绘中国互联网学习创新实践的全景图式，以科学、有效地推动教育信息化融合创新与发展。西北师范大学郭炯教授团队在《中国互联网学习白皮书》项目的总体框架下，完成了《2023 年中国互联网学习发展报告——基础教育领域》（以下简称"报告"）。报告对 2023 年基础教育领域的互联网学习发展状况进行了全面梳理，通过文献分析、问卷调研、实地考察、案例征集和焦点访谈等方法，从教师、学生、家长、管理者、学校、区域等角度，呈现了互联网背景下教学、学习、环境建设、资源建设、支持服务等方面的发展状况，凝练了涌现的优秀经验与案例，挖掘存在的问题与障碍，并对未来发展做出预测。报告希望能够为关心教育、从事教育的人们，提供整体把握互联网学习发展现状与趋势的有益参考，为共同推动互联网与教育的深度融合，实现"互联网＋教育"背景下基础教育的高质量发展贡献力量。

目 录

CONTENTS

第二部分 区域基础教育领域互联网学习发展报告

第一部分

基础教育领域互联网学习发展报告

第一章

CHAPTER 1
基础教育领域互联网学习概述

1.1 背景

随着人工智能、大数据、虚拟现实等新一代信息技术的进一步成熟和应用，基于互联网的数字资源和智力资源正在成为重构现代教育系统、变革教与学方式的重要引擎，"互联网＋教育"的融合模式已经成为推动基础教育领域数字化、现代化的核心动力。

2023 年是实施"十四五"规划承前启后的关键一年，是致力于构建教育高质量发展的稳固基础，以全面推动我国教育事业迈向新的高峰的一年。《国家中长期教育改革和发展规划纲要（2010—2020 年）》[1]《教育信息化十年发展规划（2011—2020 年）》[2]《教育信息化"十三五"规划》[3]《教育信息化 2.0 行动计划》[4]等文件均对发展互联网学习作出了具体要求。另外，各省为深入贯彻落实党中央、国务院关于"互联网＋教育"的决策部署，加快构建高质量教育信息化发展体系，纷纷制定了教育信息化"十四五"规划。《教育部关于加强"三个课堂"应用的指导意见》要求推进基于互联网的"专递课堂""名师课堂"和"名校网络课堂"，以满足基础教育领域促进教育公平、提升教育质量的现实需求。[5]《教育部等六部门关于推进教育新型基础设施建设构建高质量教育支撑体系的指导意见》指出，要加快推进信息网络、平台体系、数字资源、智慧校园、创新应用、可信安全等方面的新型基础设施体系，以促进线上线下教育融合发展，推动教育数字转型、智能升级、融合创新，支撑教育高质量发展。[6]《教育部 2022 年工作要点》指出实施教育数字化战略行动。强化需求牵引，深化融合、创新赋能、应用驱动，积极发展"互联网＋教育"，加快推进教育数字转型和智能升级。[7]《教师数字素养》[8]的发布，为提升教师利用数字技术优化、创新和变革教育教学活动的意识、能力和责任明确了标准，有效助

---

① 中共中央、国务院.国家中长期教育改革和发展规划纲要（2010—2020 年）[EB/OL].（2010-07-29）[2023-02-10]. http://www.moe.gov.cn/jyb_xwfb/s6052/moe_838/201008/t20100802_93704.html.

② 中华人民共和国教育部.教育部关于印发《教育信息化十年发展规划（2011—2020 年）》的通知[EB/OL].（2012-03-13）[2021-02-10]. http://www.moe.gov.cn/srcsite/A16/s3342/201203/t20120313_133322.html.

③ 中华人民共和国教育部.教育部关于印发《教育信息化"十三五"规划》的通知[EB/OL].（2016-06-07）[2023-02-10]. http://www.moe.gov.cn/srcsite/A16/s3342/201606/t20160622_269367.html.

④ 中华人民共和国教育部.教育部关于印发《教育信息化 2.0 行动计划》的通知[EB/OL].（2018-04-18）[2023-02-10]. http://www.moe.gov.cn/srcsite/A16/s3342/201804/t20180425_334188.html.

⑤ 中华人民共和国教育部.教育部关于加强"三个课堂"应用的指导意见[EB/OL].（2020-03-05）[2023-02-10]. http://www.moe.gov.cn/srcsite/A16/s3342/202003/t20200316_431659.html.

⑥ 中华人民共和国教育部等六部门.教育部等六部门关于推进教育新型基础设施建设构建高质量教育支撑体系的指导意见[EB/OL].（2021-07-01）[2023-04-01]. http://www.gov.cn/zhengce/zhengceku/2021-07/22/content_5626544.htm.

⑦ 中华人民共和国教育部.《教育部 2022 年工作要点》[EB/OL].（2022-02-08）[2024-02-24]. http://www.moe.gov.cn/jyb_sjzl/moe_164/202202/t20220208_597666.html.

⑧ 中华人民共和国教育部.教育部关于发布《教师数字素养》教育行业标准的通知[EB/OL].（2022-12-02）[2024-02-24]. http://www.moe.gov.cn/srcsite/A16/s3342/202302/t20230214_1044634.html.

力国家教育数字化战略行动实施。随着顶层设计的不断深入和优化，互联网在基础教育领域的应用得以更加精准、高效和系统地推进。这些顶层设计涵盖了教育理念的创新、政策法规的制定、资源配置的优化、技术应用的标准化以及教师素养的提升等多个方面，共同为"互联网＋教育"的健康发展提供了坚实保障。

2023 年，全国已经摆脱了新冠疫情的桎梏，但互联网与教育教学的深度融合依然热度不减。人们对于学生在"互联网"空间中的学习过程的关注度持续上升，如何利用信息化手段有效获取知识、提升学生能力、创造深度学习体验，已成为教育研究和实践的热点和焦点。同时，疫情期间的互联网学习实践经验，为互联网学习的深入应用奠定了坚实的基础。

在国家政策引领和在线教学实践的推动下，在教育教学研究和改革的助力下，互联网学习在基础教育领域迎来了新的发展机遇和挑战。数往知来，全面了解当前基础教育领域互联网学习的发展情况，并总结互联网学习发展中凸显的关键问题，对教育管理者、一线教师从整体上理解并把握基础教育领域互联网学习情况，并准确预测其未来发展，做好应对准备，具有重要意义。在此背景下，本报告旨在全面梳理互联网学习在基础教育领域的发展现状与最新进展，以为后续实践的开展提供启示与借鉴，为实现"互联网＋教育"背景下基础教育的高质量发展贡献力量。

1.2 年度特征词及其解释

2023 年，互联网学习在教师数字素养、精准教研、国家中小学智慧教育平台、数据驱动的教育治理、智能评价等方面的发展尤为突出。

1.2.1 教师数字素养

党的二十大报告明确提出要"推进教育数字化"，教师是提升教育水平的主力，要不断提升教师的能力素养。教育部于 2022 年 12 月发布了《教师数字素养》标准，指出教师数字素养是教师利用数字技术优化、创新和变革教育教学活动而具有的意识、能力和责任。该标准从数字化意识、数字技术知识与技能、数字化应用、数字社会责任以及专业发展这 5 个维度描述了未来教师应具备的数字素养，以促进数字技术与教育教学的深度融合与应用创新。发展教师数字素养是建设高质量师资队伍，深化教育教学改革的关键环节。各省区市结合区域教育发展特点，充分利用国家中小学智慧教育平台、智能研修平台等，采取多种形式，积极推进教师数字素养发展。区域和学校均倡导教师充分利用数字技术开展数字化教学研究与创新实践，结合区域、学校和教师自身的实际需求不断提升数字素养。教师的数字素养得到充分关注的同时，也在持续提升，为国家教育数字化战略行动的扎实推进提供了有力支持，为教育事业的高质量发展注入了积极动力。

1.2.2 精准教研

教研是促进教师专业发展的重要途径，精准化和智能化是数字化转型对教师专业发展提出的新要求。在这个"互联网＋"时代，智能和精准的实现都离不开数据的支持。精准教研即基于信息技术环境收集多模态数据进行分析和应用，以支持课堂教学改进、教学行为优化与宏观教研精准决策等[①]。2023 年以来，各省区市积极探索分析与运用学生数据、课堂教学数据以及区域教育数据，精准诊断教学问题，制订相应的教学改进方案，解决教学问题。充分利用大数据和学习分析技术实现精准教研已成为教师专业发展的新趋势和新热点，为提升教育的科学性和精准性提供了有力支撑。

1.2.3 国家中小学智慧教育平台

国家中小学智慧教育平台（以下简称"国平台"）是国家教育公共服务的综合集成平台，具有促进学生学习、教师教学、学校治理、教育创新等重要价值，是促进教育公平和质量提升、缩小数字鸿沟、推动教育服务共同富裕的有效支撑，也是教育数字化战略行动的重大阶段性成果。国平台为广大师生提供了专业化、精品化、体系化资源服务，自 2022 年 3 月国平台上线以来，教育部进一步加强其应用部署，大力推动国平台在基础教育中的应用。各省区市学校结合学校教育发展实际，开展了基于国平台的课程教学、教师研修、课后服务、美育教育等丰富应用，取得了良好的应用效果，同时形成大量具有推广价值的经验与模式。

1.2.4 数据驱动的教育治理

数据驱动的教育治理是一种基于大数据分析技术的治理方法，旨在通过深入挖掘教育领域的大量数据，为决策者提供科学依据，优化教育资源配置，提高教育治理效能。这一治理模式强调利用数据收集、分析和应用，以实现更有效的教育决策和资源管理。在数据驱动的教育治理中，各种教育活动和过程产生的数据，包括学生学业表现、教学效果、师资培训等方面的信息，都被收集并用于形成全面的数据集。通过运用数据挖掘、智能分析等技术手段，决策者能够深入了解教育系统的运作情况，发现潜在问题，并制定更具针对性的政策和策略。数据驱动的教育治理还倡导实时监测和反馈机制，使决策者能够及时调整政策，适应变化的教育需求。通过建立智能化的教育信息系统，将各类数据整合并以直观方式呈现，决策者可以更清晰地了解整个教育体系的状态，从而做出更为明智的治理决策。这一治理模式不仅有助于提高教育资源的利用效率，也能够更好地满足师生的个性化需求，推动教育体系朝着更科学、高效、创新的方向不断发展。在推进数据驱动的教育治理过程中，需要关注数据隐私和安全等问题，以确保数据的合法、安全应用。

1.2.5 智能评价

2020 年，中共中央、国务院印发《深化新时代教育评价改革总体方案》，明确提出充分利用人工智能、大数据等信息技术提高教育评价科学性、专业性、客观性。在这一背景下，智能评价作为一种深度融合智能技术与教育评价的先进方式，已成为教育评价改革的重要趋势。智能评价综合应用多种数据采集技术（物联感知、视频录制、图像识别、平台采集）对教育数据

---

① 林梓柔，胡小勇. 精准教研：数据驱动提升教师教研效能［J］. 数字教育，2019（6）：42-46.

进行全面、自然、动态、持续采集[①]，通过数据挖掘、内容分析、聚类、预测等分析方法透视数据背后隐藏的价值规律，精准分析评价对象的发展情况，针对现存问题进行及时有效的干预，并对其未来趋势做客观且科学的预测，同时通过人工智能、大数据、学习分析等技术实现评价结果的可视化、结构化呈现以及实时反馈。数据驱动、自动化、个性化、实时反馈等特征词共同构成了智能评价的核心特点。智能评价为教育体系提供更为科学、灵活和个性化的评价支持，推动教育评价向更高水平迈进，助力教育教学的不断优化与创新。

1.3 报告编制目标、方法与过程

1.3.1 报告编制目标

《中国互联网学习白皮书》项目于 2014 年正式启动，2017 年成为中国教育部教育管理信息中心正式项目，截至目前已运行 9 年。该项目由国内各教育领域多个专家团队合作推进，致力于通过全国性与区域性调查探索互联网学习在各教育领域以及不同地区的发展现状，揭示互联网学习的发展趋势及存在的关键问题，并总结可推广、可复制、可参考的互联网学习典型案例。项目发展至今，已对中国教育信息化发展、互联网学习发展产生了重要影响，逐渐引起了各方重视。基于现有工作基础，本报告致力于揭示 2023 年度基础教育领域互联网学习的最新进展，分析互联网学习发展的关键特征、趋势、问题、挑战以及国家中小学智慧教育平台应用情况，总结全国 2023 年度互联网学习与教学的实践经验与做法。

为实现上述目标，项目团队设计了"互联网学习 CASE 模型"，并在此基础上形成了基础教育领域互联网学习特征指标体系，设计了调查问卷，以获取教师、学生和管理者对互联网学习实践情况的相关数据，以及国家中小学智慧教育平台应用数据，反映当下教师、学生互联网教学与学习体验、态度与观点，全面呈现 2023 年基础教育领域互联网学习的最新进展。

1.3.2 基于 CASE 模型的指标体系

为系统呈现基础教育领域互联网学习发展现状，2023 年度基础教育领域互联网学习发展情况调查基于"互联网学习 CASE 模型"展开。CASE 模型包含了学生的互联网学习（CASE for Learners, CASE-L）与教师的互联网教学（CASE for Educators, CASE-E）两个子系统。其中，互联网学习发展（CASE-L）可以描述为互联网学习能力（Competence）、互联网学习应用（Application）、互联网学习服务（Service）以及互联网学习环境（Environment）四个维度的系统发展。互联网教学发展（CASE-E）可以描述为互联网教学能力（Competence）、互联网教学应用（Application）、专业发展支持（Support）与互联网教学环境（Environment）四个维度的系统发展（如图 1-1）。

能力（C）是指教师借助互联网组织教学活动与学生利用互联网开展学习活动的能力，教师的互联网教学能力与学生的互联网学习能力是互联网学习发展的重要成果，同时会对互联网

---

① 邢蓓蓓，杨现民，李勤生 . 教育大数据的来源与采集技术［J］. 现代教育技术，2016，26（08）：14-21.

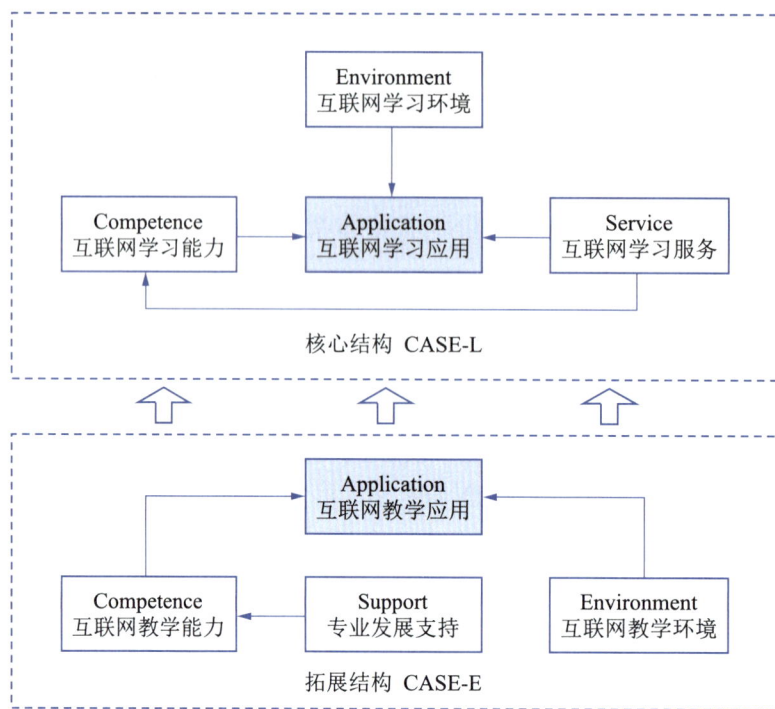

图 1-1 CASE 模型

教学、学习效果产生重要影响。

应用（A）是指互联网在教师教学、学生学习过程中的应用情况。主要从应用意愿、频率、方式和效果等方面展开。

支持／服务（S）是指为教师提供的专业发展支持和为学生提供的学习服务。通过互联网开展教学活动与学习能够更好地实现教师专业发展，帮助学生更好地进行在线学习。

环境（E）是指支撑基础教育互联网管理、教学、学习等活动开展所提供的资源、技术等基础保障。

"互联网学习 CASE 模型"为开展基础教育领域互联网学习调查提供了系统路径，在此基础上形成了基础教育领域教师互联网教学特征指标体系（如表 1-1）和学生互联网学习特征指标体系（如表 1-2）。

表 1-1 教师互联网教学特征指标体系

维　　度	一级指标	二级指标
能力（C）	教学能力	技术操作
		资源整合
		教学促进
		赋能学习者
		学习评价
		专业发展

续　表

维　度	一级指标	二级指标
应用（A）	教学应用	应用意愿
		应用频率
		应用方式
		应用效果
支持（S）	专业发展支持	活动参与
		活动效果
		共同体建设
环境（E）	教学环境	资源环境
		技术环境

表 1-2　学生互联网学习特征指标体系

维　度	一级指标	二级指标
能力（C）	学习能力	设备与软件操作
		信息与数据素养
		交流合作
		内容创造
		策略性学习
		互联网安全
应用（A）	学习应用	应用意愿
		应用频率
		应用方式
		应用效果
服务（S）	学习服务	学习策略
		学习评价
		寻求帮助
		动机与情感
环境（E）	学习环境	资源环境
		技术环境

　　"2023 年基础教育互联网学习教师问卷""2023 年基础教育互联网学习学生问卷"严格按照基础教育互联网学习特征指标体系设计，"2023 年基础教育互联网学习管理者问卷"在基础教育互联网学习特征指标体系的基础上，根据实际情况进行了调整，同时基础教育互联网学习特征指标体系为相关指数的计算提供了理论支持。

1.3.3　调查方法与过程
　　以基础教育互联网学习特征指标体系（表 1-1、1-2）为理论依据，设计开发了基础教育领域的互联网学习教师问卷、学生问卷，题项包括受调查对象的背景信息、CASE 指标体系对应内容等。在现有基础教育互联网学习特征指标体系的基础上，结合前期相关研究以及实际分析需要设计开发了管理者问卷，从管理者视角了解互联网教学与学习的环境建设现状、应用水平、保障措施、国家中小学智慧教育平台的应用情况等，与来自教师、学习者的问卷数据形成三角互证，提升调研的信度水平（如表 1–3）。

表 1-3　问卷内容

问卷名称	调查对象	内容
教师问卷	教师	基本信息、教学能力、教学应用、专业发展支持、教学环境、信息技术教学实践情况、国家中小学智慧教育平台应用情况
学习者问卷	学习者	基本信息、学习能力、学习应用、学习服务、学习环境、信息技术学习实践情况、国家中小学智慧教育平台应用情况
管理者问卷	管理者	基本信息、应用现状、环境建设、激励与保障、信息技术管理实践情况、国家中小学智慧教育平台应用情况

为保证研究工具的可靠性，采用 SPSS 软件对以上问卷的量表内容进行信度与效度检验。由分析结果可知，量表总体的 Cronbach's α 系数均达到了 0.93 以上，说明设计开发问卷的量表内在一致性较好，具有较高的信度。为检测量表的结构效度，采用 KMO 和 Bartlett 检验。经检验发现，KMO 值均大于 0.95，Bartlett 球形检验结果达到显著（$p<0.001$），说明因子的相关系数矩阵非单位矩阵，符合因子分析的要求。利用主成分分析法对问卷中的量表进行因子分析，发现抽取的因子与问卷的各维度基本一致，说明问卷具有良好的结构效度（如表 1–4）。

表 1-4　问卷信效度分析

问卷名称	Cronbach's α	KMO 值	Bartlett 球形检验显著性结果
教师问卷	0.936	0.957	***
学习者问卷	0.952	0.967	***
管理者问卷	0.931	0.950	***

注：*** 表示 $p<0.001$。

问卷依托问卷星平台，面向全国 31 个省区市（不含港澳台地区）基础教育领域学习者、教师、管理者发布，发放时间为 2023 年 3 月 10 日至 2023 年 10 月 10 日。为保证问卷数据的准确性、数据分析的科学性，对所获取数据进行了清洗，包含缺失值、异常值以及填答时间过短或过长的数据记录均被删除。经过数据处理后，共得到有效教师问卷 138 996 份，有效学习者问卷 915 769 份，有效管理者问卷 14 702 份。报告编写团队借助 Excel、SPSS 等工具对教师问卷、学习者问卷、管理者问卷数据进行了分析（如表 1–5）。

表 1-5　问卷回收情况

问卷名称	线上问卷数量	有效问卷数量	有效率
教师问卷	143 443	138 996	96.90%
学习者问卷	955 818	915 769	95.81%
管理者问卷	15 508	14 702	94.80%

1.4　基础教育领域指标特征指数汇总表

为清晰呈现当前基础教育领域互联网学习的发展现状，研究团队基于问卷调查数据，计算出了 CASE 模型下的教师互联网教学能力指标特征指数和学生互联网学习能力指标特征指数（见表 1-6、表 1-7）。

表 1-6　教师教学能力指标的特征指数汇总表

教师核心指标	专项特征指数	指标题项	指标题项特征指数
教学能力（C）	4.02	C11. 我能够熟练掌握多种技术工具，支持开展在线教学	4.03
		C21. 我能够根据教学目标与方法搜索与选择合适的互联网教学资源	4.10
		C22. 我能够根据教学目标与方法合理改编或制作互联网教学资源	3.98
		C31. 我能够利用互联网开展多种类型的教学活动来提升教学效果，如探究式学习、项目式学习、同伴教学等	3.96
		C32. 我能够利用互联网加强自身与学生之间的互动与交流，以及时为其提供有针对性的指导	4.03
		C41. 我能够利用互联网针对学生自身情况实现个别化和差异化的教学或指导	3.99
		C51. 我能利用互联网对学生进行过程性评价和总结性评价	4.01
		C52. 我能够通过收集与分析学生的互联网学习数据来合理调整教学策略	3.99
		C61. 我能利用互联网上的资源与课程持续促进自身专业发展	4.07
		C62. 我能够利用互联网加强与其他教育工作者的交流合作、经验分享	4.06
教学应用（A）	3.87	A11. 我会经常利用互联网开展教学	3.96
		A21. 我在课堂教学中经常利用互联网提供的资源和工具	4.11
		A22. 我在教学中经常使用线上线下混合式教学形式，如翻转课堂、探究学习等	3.81
		A31. 我经常利用互联网开展各种教学活动，如交流、投票、测试、虚拟实验等	3.75
		A41. 我很满意互联网教学的效果	3.82

续 表

教师核心 指标	专项特征 指数	指标题项	指标题项 特征指数
专业发展 支持 （S）	3.74	S11. 我有机会参与国家级、省级、市级举办的互联网教学能力提 升活动，如讲座、培训、研讨、研究等	3.68
		S21. 我所参加的互联网教学能力提升活动，能够为我开展互联网 教学实践提供参考，并引发自主探究与反思	3.82
		S31. 我的互联网教学探索经常能够得到本地教研小组、在线学习 社群等专业共同体的支持	3.74
教学环境 （E）	4.01	E11. 我很容易获取到满足教学需求的多样化网络教学资源，如文 本、图片、视频等	3.99
		E21. 现有的教学平台与应用能够支持我开展多种类型的教学活 动，如雨课堂、课堂派、钉钉、腾讯会议等	4.02

表 1-7 学生学习能力指标的特征指数汇总表

学生核心 指标	专项特征 指数	指标题项	指标题项 特征指数
学习能力 （C）	3.75	C11. 我能够熟练操作互联网学习所需的软件和设备	3.82
		C21. 在利用互联网搜索时，我能够准确识别所需信息，过滤掉不 相关的内容	3.81
		C22. 我能够整理好搜集到的互联网信息与数据，以便后续查找 与使用	3.73
		C23. 从互联网获取信息与数据时，我能够有自己的判断，不盲从 他人观点	3.88
		C31. 我进行在线交流与合作时，能够尊重、理解他人观点，并简 明清晰地表达自己的观点	4.09
		C32. 我经常向他人分享高质量的学习资源	3.62
		C41. 我可以利用互联网资源和工具创作图片、文字、音视频等多 种形式的作品	3.52
		C42. 我常常通过互联网平台发布自己的作品，如朋友圈、QQ 空 间、抖音等	3.06
		C51. 我能制订好学习目标和学习计划来支持互联网学习的开展	3.62
		C52. 利用互联网进行学习时，我能够及时总结相关知识，巩固所 学内容	3.72
		C61. 我能够在互联网学习过程中保护好自己与他人的隐私，如不 随意填写个人、家庭、朋友的相关信息	4.06
		C62. 我能够有意识地规避互联网安全风险，如不轻易点击不明来 源的链接与弹窗	4.02

续　表

学生核心指标	专项特征指数	指标题项	指标题项特征指数
学习应用（A）	3.47	A11. 我非常愿意利用互联网进行学习	3.74
		A21. 我经常利用互联网进行学习	3.61
		A31. 我经常上网搜索并获取学习资料	3.76
		A32. 我经常参与多种类型的互联网学习活动，如在线测试、在线讨论、在线答疑等	3.45
		A41. 我认为通过互联网学习的效果优于在教室学习的效果	2.92
学习支持服务（S）	3.74	S11. 我会从老师或同伴那里学到有用的在线学习策略与方法，比如搜索技巧、学习工具、学习习惯等	3.80
		S21. 在互联网学习过程中，我能够从老师或同学那里获得有用的反馈与评价	3.80
		S22. 学习平台根据我的学习表现提供的反馈与评价，对于我改进学习很有帮助	3.76
		S31. 在学习中遇到问题时，我总能通过互联网获得老师或同伴的有效支持	3.75
		S41. 互联网上的学习内容与活动总是对我很有吸引力	3.64
学习环境（E）	3.68	E11. 我总能通过互联网获得许多好用的学习资源	3.75
		E21. 我在互联网学习时不会受到网速卡顿的影响	3.50
		E22. 现有的学习平台和工具能够很好地满足我的学习需求	3.72

第二章

CHAPTER 2
互联网学习特征指数

为直观反映 2023 年度基础教育领域互联网学习发展情况，研究团队从综合特征指数、专项特征指数两个层面定量展现互联网学习的发展情况。

2.1 互联网学习特征指数的结构

基础教育领域的互联网学习特征指数由教师互联网教学综合特征指数和学生互联网学习综合特征指数构成。教师互联网教学综合特征指数由教学能力、教学应用、专业发展支持、教学环境这四个专项特征指数计算获得；学生互联网学习综合特征指数由学习能力、学习应用、学习服务、学习环境这四个专项特征指数计算获得（如图 2-1）。

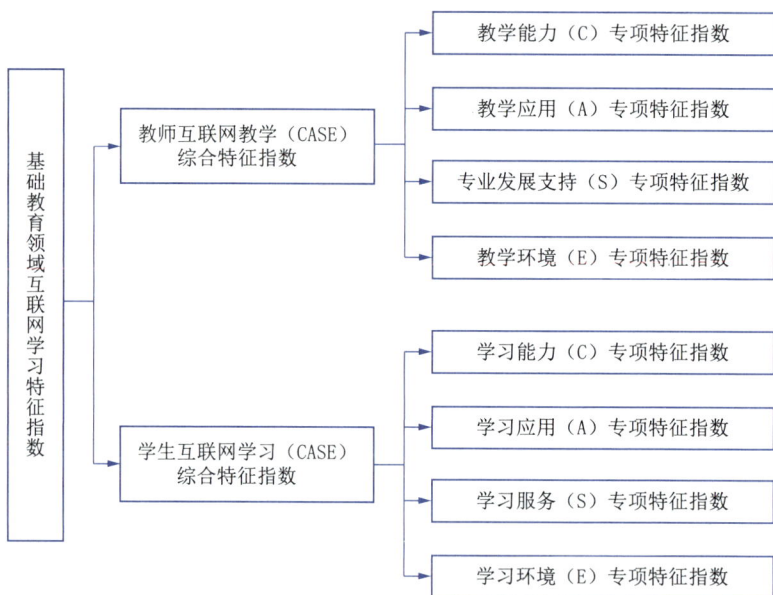

图 2-1 基础教育领域互联网学习综合特征指数与专项特征指数

2.2 互联网学习特征指数计算方法

在"互联网学习 CASE 模型"中，互联网学习特征指标体系的一级指标分别对应教师互联网教学和学生互联网学习的专项特征指数。各专项特征指数及综合特征指数均采用 5 分制[①]测量。特征指数的计算方法具体如下：

（1）CASE 模型中一级指标特征指数计算方法

对一级指标下的所有二级指标特征指数求平均值，即为一级指标的特征指数。

（2）CASE 模型中二级指标的专项特征指数计算方法

先计算问卷中该指标项下每道量表题的平均得分 X（非量表题无须计算），即为每道题项

①　满分为 5 分，[1 分—1.5 分）对应很低水平，[1.5 分—2.5 分）对应较低水平，[2.5 分—3.5 分）对应一般水平，[3.5 分—4.5 分）对应较高水平，[4.5 分—5.0 分］对应很高水平。

的特征指数；再求出该指标项下所有量表题项得分 X 的平均值，即为二级指标的特征指数。

2.3　教师互联网教学特征指数分析

（1）2023 年度教师互联网教学特征指数概况

2023 年度教师互联网教学综合特征指数为 3.91，处于较高水平，但相对较低。教师的互联网教学能力、教学应用、专业发展支持和教学环境四个维度的专项特征指数分别为 4.02、3.87、3.74、4.01，均处于较高水平（如图 2-2）。其中，互联网教学应用和专业发展支持特征指数得分相对较低，在未来发展中需要予以重视和发展。

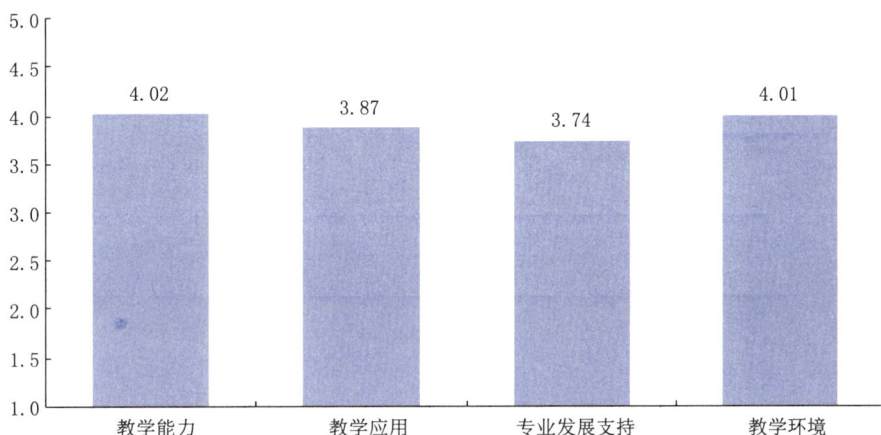

图 2-2　2023 年度教师互联网教学特征指数

为了解教师互联网教学各维度的发展情况，特对每个维度的分解指标进行特征指数计算（如表 2-1）。可以看出，教师在教学中的互联网应用方式、专业发展方面的活动参与和共同体建设得分相对较低，需要在实践中予以关注。

表 2-1　教师互联网教学特征指数细项得分情况

特征指数维度	特征指数细项	平均值	标准差
教学能力 （C）	技术操作	4.03	0.99
	资源整合	4.04	0.94
	教学促进	4.00	0.92
	赋能学习者	3.99	0.95
	学习评价	4.00	0.93
	专业发展	4.07	0.91
教学应用 （A）	应用意愿	3.96	1.01
	应用频率	3.96	0.93
	应用方式	3.75	1.07
	应用效果	3.82	1.04

续　表

特征指数维度	特征指数细项	平均值	标准差
专业发展支持（S）	活动参与	3.68	1.14
	活动效果	3.82	1.03
	共同体建设	3.74	1.07
教学环境（E）	资源环境	3.99	0.96
	技术环境	4.02	0.94

（2）不同性别教师互联网教学特征指数比较

通过对不同性别教师互联网教学特征指数进行比较发现（如图2-3），女性教师在互联网教学能力、教学应用、专业发展支持和教学环境特征指数上，均高于男性教师。

为了解不同性别教师互联网教学特征指数差异是否显著，进一步对不同性别教师的各项特征指数进行独立样本T检验（如表2-2）。从数据中可以看出，不同性别教师在互联网教学各项特征指数上，均存在显著性差异。同时，女性教师在互联网教学能力、教学应用、专业发展支持和教学环境特征指数上，均显著高于男性教师。有研究表明，在教学过程中女性教师能够

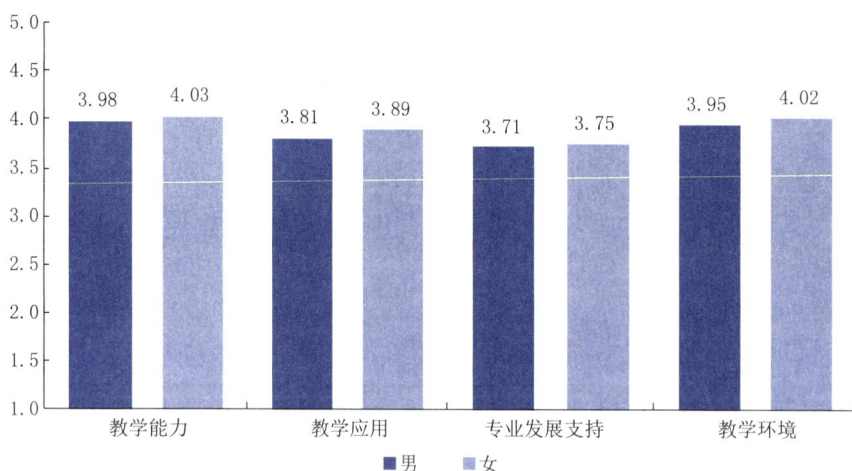

图2-3　不同性别教师互联网教学特征指数比较

表2-2　性别在教师互联网教学各专项特征指数上的差异性检验

变　量	男（N=33 608）	女（N=105 388）	T
教学能力	3.981±0.968	4.034±0.864	−4.106***
教学应用	3.810±1.009	3.893±0.915	−6.272***
专业发展支持	3.713±1.078	3.752±1.005	−2.722***
教学环境	3.950±0.984	4.023±0.890	−5.639***

注：*** 代表 $p < 0.001$。

获得较高的职业成就感和幸福感[①]，进而助力互联网教学的开展。

（3）不同区域类别教师互联网教学特征指数比较

根据不同区域类别教师互联网教学特征指数分布情况可以看出（如图2-4），教师在互联网教学能力、教学应用、专业发展支持和教学环境特征指数上，均呈现市区学校教师高于县镇学校教师，县镇学校教师高于农村学校教师的特点。

为检验不同区域类别教师互联网教学特征指数之间差异是否显著，进一步对不同区域类别教师各项特征指数进行了单因素方差分析（如表2-3）。从数据中可以看出，不同区域类别教师在互联网教学各项特征指数上，均存在显著性差异。同时根据LSD多重比较结果显示，在教学能力、教学应用、专业发展支持和教学环境特征指数上，均呈现出市区学校教师显著高于县镇学校教师，县镇学校教师显著高于农村学校教师的特点。表明教师在互联网教学方面，存

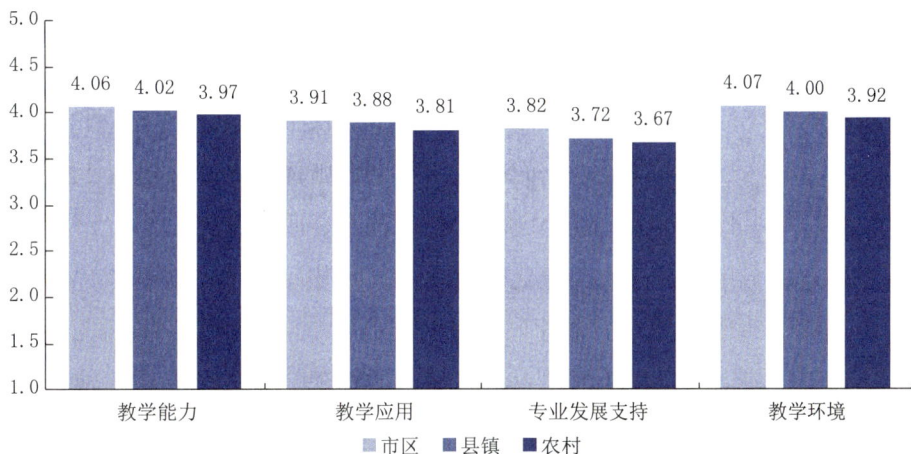

图 2-4 不同区域类别教师互联网教学特征指数比较

表 2-3 区域类别在教师互联网教学各专项特征指数上的差异性检验

区域类别	对应编号	教学能力		教学应用		专业发展支持		教学环境	
		平均值	标准差	平均值	标准差	平均值	标准差	平均值	标准差
市区 50935	1	4.063	0.911	3.909	0.954	3.817	1.021	4.067	0.921
县镇 52951	2	4.018	0.874	3.881	0.919	3.718	1.018	4.002	0.891
农村 35111	3	3.965	0.883	3.809	0.943	3.673	1.029	3.922	0.931
F		26.865***		25.768***		49.583***		57.078***	
LSD		3<2<1		3<2<1		3<2<1		3<2<1	

注：*** 代表 $p<0.001$。

---

① 罗生全，孟宪云.中小学教师教学效能的现状及提升策略 [J].课程·教材·教法，2015，35（05）：12-20.

在着区域性发展不均衡的问题。为提升和改善该现象，一方面仍需加强对农村地区设施和师资的投入，另一方面可利用"三个课堂"的开展，推动农村地区互联网教学发展，缩小城乡间差距。

（4）不同学段教师互联网教学特征指数比较

对不同学段教师互联网教学特征指数进行比较发现（如图 2-5），小学和高中阶段教师在互联网教学能力、教学应用、专业发展支持和教学环境特征指数上，均高于初中阶段教师，高中阶段教师在教学环境特征指数上高于小学阶段教师。

为检验不同学段教师互联网教学特征指数之间差异是否显著，对不同学段教师各项特征指数进行了单因素方差分析（如表 2-4）。从数据分析结果可以看出，不同学段教师在互联网教学各项特征指数上，均存在显著性差异。同时 LSD 多重比较结果显示，在教学能力、专业发展支持和教学环境特征指数上，均呈现出初中阶段教师显著低于小学阶段和高中阶段教师；在

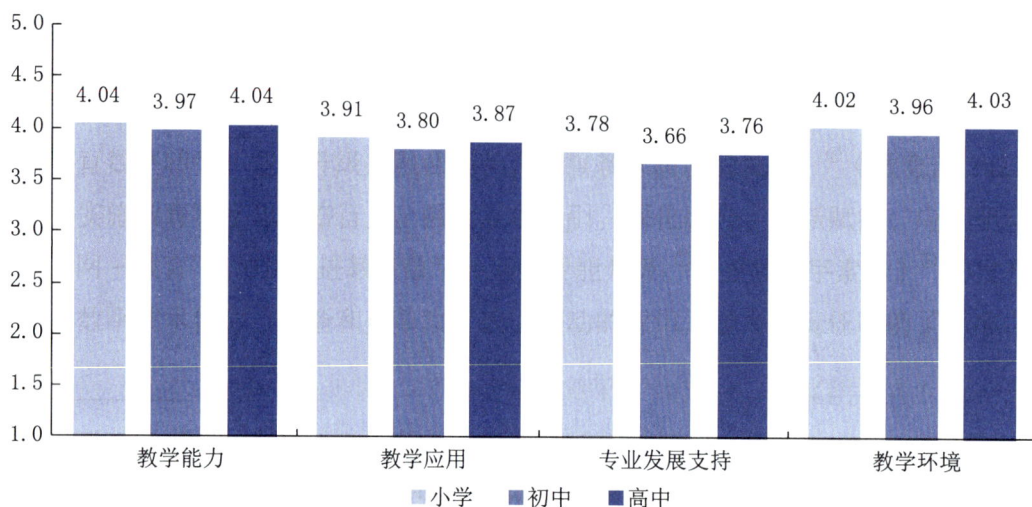

图 2-5 不同学段教师互联网教学特征指数比较

表 2-4 学段在教师互联网教学各专项特征指数上的差异性检验

学 段	对应编号	教学能力		教学应用		专业发展支持		教学环境	
		平均值	标准差	平均值	标准差	平均值	标准差	平均值	标准差
小学 80614	1	4.040	0.881	3.910	0.931	3.776	1.017	4.023	0.909
初中 38387	2	3.974	0.893	3.798	0.942	3.662	1.026	3.959	0.914
高中 19996	3	4.038	0.923	3.870	0.955	3.762	1.035	4.026	0.931
F		15.835***		39.538***		35.410***		14.553***	
LSD		2<3, 2<1		2<3<1		2<3, 2<1		2<3, 2<1	

注：*** 代表 $p < 0.001$。

教学应用特征指数上，呈现出高中阶段教师显著低于小学阶段教师，高于初中阶段教师的特点。由此可知，与初中阶段教师相比，小学阶段教师的教学方式和内容更加多元化，而高中阶段学生的互联网学习能力较强，小学阶段和高中阶段的教师能够更好地借助互联网教学环境为学生开展相适应的教学应用活动，并提供相应的教学支持。因此，需分析初中阶段教师开展互联网教学所需的支持，帮助教师发展互联网教学能力、教学应用，同时提供专业发展支持、教学环境支持，以促进基础教育领域各学段教师互联网教学的整体稳步发展。

（5）不同教龄教师互联网教学特征指数比较

根据不同教龄教师互联网教学特征指数分布情况来看（如图 2-6），各教龄教师在教师互联网教学能力、教学应用、专业发展支持和教学环境特征指数上，呈现出随教龄增加特征指数降

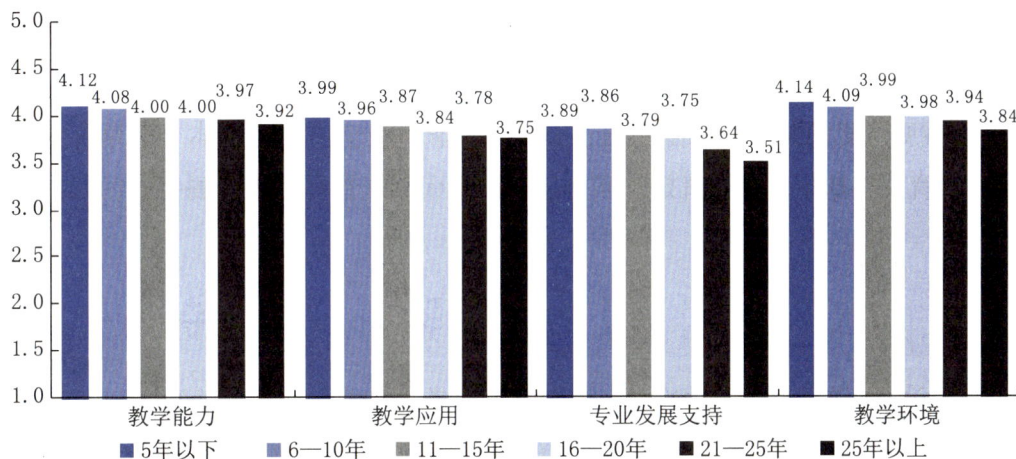

图 2-6　不同教龄教师互联网教学特征指数比较

表 2-5　教龄在教师互联网教学各专项特征指数上的差异性检验

教　龄	对应编号	教学能力		教学应用		专业发展支持		教学环境	
		平均值	标准差	平均值	标准差	平均值	标准差	平均值	标准差
5 年以下 36203	1	4.117	0.799	3.985	0.846	3.893	0.934	4.137	0.821
6—10 年 23407	2	4.081	0.875	3.962	0.920	3.863	0.985	4.088	0.876
11—15 年 16197	3	4.001	0.962	3.872	0.995	3.790	1.030	3.994	0.954
16—20 年 14382	4	3.996	0.970	3.837	0.997	3.754	1.054	3.982	0.970
21—25 年 17840	5	3.970	0.928	3.779	0.985	3.637	1.063	3.942	0.957
25 年以上 30967	6	3.916	0.891	3.747	0.949	3.507	1.060	3.843	0.942
F		44.798***		64.475***		130.230***		88.014***	
LSD		6<5, 4, 3<2<1		6, 5<4, 3<2, 1		6<5<4, 3<2, 1		6<5<3<2<1；6<4<2<1	

注：*** 代表 $p < 0.001$。

低的趋势，但在教学能力特征指数上，11—15 年教龄教师和 16—20 年教龄教师相同。

为检验不同教龄教师互联网教学特征指数之间差异是否显著，对不同教龄教师各项指数进行了单因素方差分析（如表 2-5）。从数据分析结果可以看出，不同教龄教师在互联网教学各项特征指数上，均存在显著性差异。LSD 多重比较结果显示，在互联网教学能力、教学应用、专业发展支持和教学环境特征指数上，均呈现出 5 年以下教龄教师和 6—10 年教龄教师显著高于其他教龄教师，25 年以上教龄教师显著低于其他教龄教师的特点。究其原因，一方面教龄较短的教师往往较为年轻，对信息技术和互联网的接触与应用更多，更能适应信息化教学的开展需要；另一方面年轻教师往往更容易接受新鲜事物，对教学发展过程中出现的新型信息化环境或工具具有更快的学习和掌握速度，能够积极学习并接受互联网教学。在互联网教学的推进过程中，需要为教龄较长的教师提供更多的技术支持和引导，以帮助他们更好地适应网络化教学环境，使互联网能够为更多教师提供有效助力。

（6）不同年龄教师互联网教学特征指数比较

根据不同年龄教师互联网教学特征指数分布情况来看（如图 2-7），仅在教学能力、教学应用和专业发展支持特征指数上呈现出 26—35 岁教师高于 25 岁以下教师的特点，其他均呈现出随年龄增加特征指数降低的趋势。

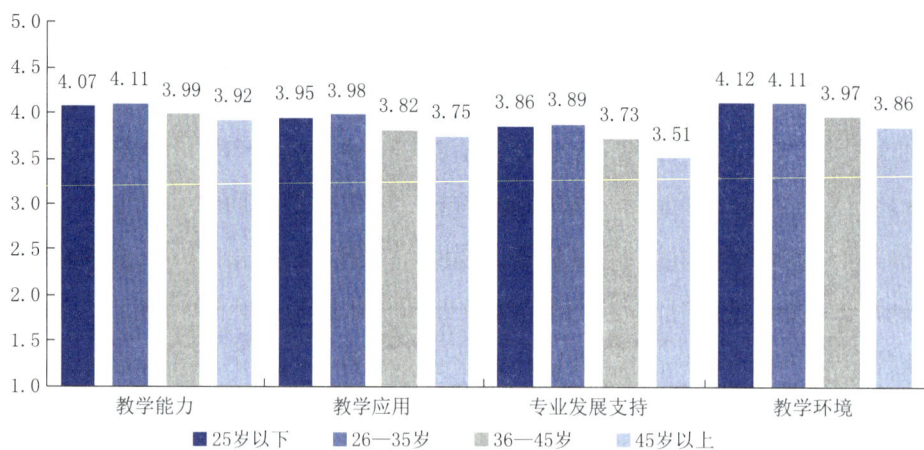

图 2-7　不同年龄教师互联网教学特征指数比较

为检验不同年龄教师互联网教学特征指数之间差异是否显著，对不同年龄教师各项指数进行了单因素方差分析（如表 2-6）。从数据中可以看出，不同年龄教师在互联网教学各项特征指数上，均存在显著性差异。同时根据 LSD 多重比较结果显示，在互联网教学能力、教学应用、专业发展支持和教学环境特征指数上，均呈现出 25 岁以下年龄教师和 26—35 岁年龄教师显著高于其他年龄教师，36—45 岁年龄教师显著高于 45 岁以上年龄教师的特点。可以看出与年长教师相比，年轻教师虽然能够利用互联网开展教学，但由于教学实践较少、工作经验欠缺，未能充分发挥互联网在教学中的支撑作用，需要进一步加强职后培养以期提升互联网教学能力，提高互联网教学效率。

表 2-6　年龄在教师互联网教学各专项特征指数上的差异性检验

年　　龄	对应编号	教学能力		教学应用		专业发展支持		教学环境	
		平均值	标准差	平均值	标准差	平均值	标准差	平均值	标准差
25 岁以下 11788	1	4.071	0.811	3.954	0.852	3.861	0.933	4.120	0.820
26—35 岁 51308	2	4.106	0.839	3.981	0.887	3.889	0.961	4.113	0.853
36—45 岁 39954	3	3.985	0.959	3.820	0.999	3.726	1.049	3.967	0.963
45 岁以上 35946	4	3.924	0.896	3.752	0.950	3.514	1.066	3.857	0.946
F		72.155***		107.649***		219.784***		139.253***	
LSD		4<3<2, 1		4<3<2, 1		4<3<2, 1		4<3<2, 1	

注：*** 代表 $p<0.001$。

（7）教师互联网教学特征指数相关性分析

对教师互联网教学的一级指标进行相关性分析发现（如表 2-7），互联网教学各指标之间均有显著的正相关关系，相关系数集中在 0.6—1.0。教师互联网教学能力、教学应用、专业发展支持和教学环境之间均能互相促进，说明要促进互联网教学的高质量发展，需要对以上四项维度的工作给予全面重视，并采取合适的措施予以推进。

表 2-7　教师互联网教学指数相关性分析

指数维度	教学能力	教学应用	专业发展支持	教学环境
教学能力	1			
教学应用	0.786**	1		
专业发展支持	0.673**	0.726**	1	
教学环境	0.746**	0.763**	0.756**	1

注：** 表示在 0.01 级别，相关性显著。

2.4　学生互联网学习特征指数分析

（1）2023 年度学生互联网学习特征指数概况

2023 年度学生互联网学习的综合特征指数为 3.66，虽然达到了较高水平，但从各专项特征指数得分来看并不理想；学生互联网学习应用专项特征指数仅为 3.47，处于一般水平（如图 2-8）。互联网对于学生学习的支持作用尚未充分发挥，互联网学习的开展仍有较大提升空间。

为了解学生互联网学习各项维度的发展情况，特对其下指标的特征指数进行了分析（如表 2-8）。可以看出，在学习能力方面，学生的内容创作相对较低；在学习应用方面，学生虽然有较高的应用意愿，但实际应用效果相对较低，仅为 2.92，处于一般水平。

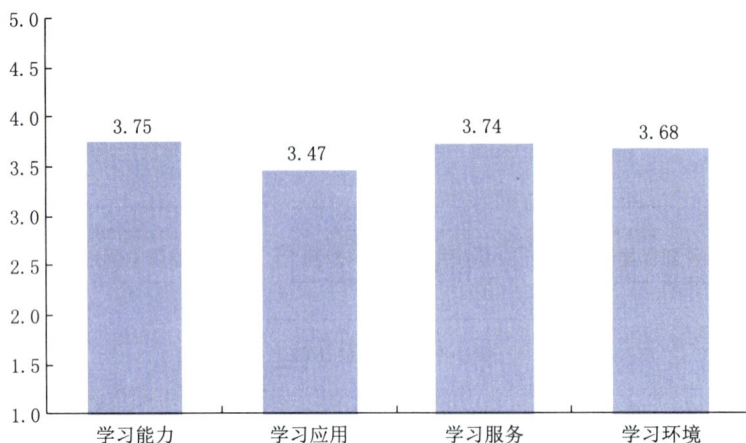

图 2-8　2023 年度学生互联网学习特征指数

表 2-8　学生互联网学习特征指数细项得分情况

特征指数维度	特征指数细项	平均值	标准差
学习能力 （C）	设备与软件操作	3.82	1.13
	信息与数据素养	3.80	1.06
	交流合作	3.85	0.98
	内容创造	3.29	1.17
	策略性学习	3.67	1.09
	互联网安全	4.04	1.06
学习应用 （A）	应用意愿	3.74	1.14
	应用频率	3.61	1.15
	应用方式	3.61	1.08
	应用效果	2.92	1.35
学习服务 （S）	学习策略	3.80	1.08
	学习评价	3.78	1.03
	寻求帮助	3.75	1.09
	动机与情感	3.64	1.12
学习环境 （E）	资源环境	3.75	1.08
	技术环境	3.61	1.04

（2）不同性别学生互联网学习情况比较

通过对不同性别学生互联网学习特征指数进行比较发现（如图 2-9），女生在互联网学习能力、学习应用、学习服务和学习环境特征指数上，均高于男生，并且两者在学习应用特征指数上均低于 3.50，处于一般水平。

为了解不同性别学生互联网学习特征指数差异是否显著，进一步对不同性别学生的各项特征指数进行独立样本 T 检验（如表 2-9）。从数据分析结果可以看出，不同性别学生在互联网学习各项特征指数上，均存在显著性差异，且女生在学习能力、学习应用、学习服务和学习环境特征指数上，均显著高于男生。究其原因，男生在利用互联网学习的过程中，往往更容易因为游戏、娱乐等内容分心，因此需要重视为学生提供互联网学习的适当方法，并注意通过监督、引导来提升学生在进行互联网学习时的自控力和专注度。

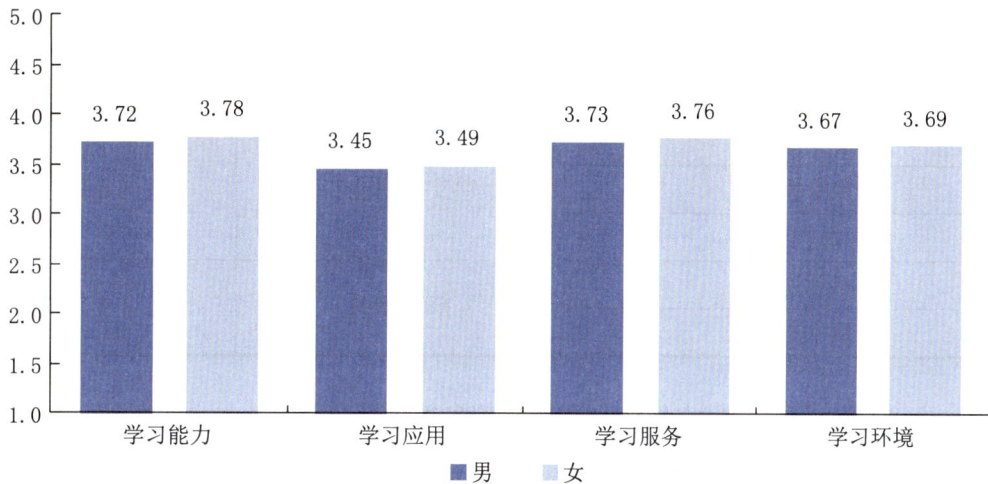

图 2-9　不同性别学生互联网学习特征指数比较

表 2-9　性别在学生互联网学习各专项特征指数上的差异性检验

变　　量	男（N=476 185）	女（N=439 584）	T
学习能力	3.718±0.945	3.776±0.910	−16.219***
学习应用	3.454±1.041	3.486±0.998	−7.927***
学习服务	3.725±1.009	3.760±0.968	−8.959***
学习环境	3.668±1.017	3.690±0.975	−5.629***

注：*** 代表 p<0.001。

（3）不同区域类别学生互联网学习指数比较

根据不同区域类别学生互联网学习特征指数分布情况可以看出（如图 2-10），在学习应用和学习服务特征指数上，呈现出县镇学校学生高于市区学校学生的特点，其他特征指数均呈现出市区学校学生高于县镇学校学生，县镇学校学生高于农村学校学生的特点。

为检验不同区域类别学生互联网学习特征指数之间差异是否显著，进一步对不同区域类别学生各项特征指数进行了单因素方差分析（如表 2-10）。从数据分析结果可以看出，不同区域类别学生在互联网学习各项特征指数上，均存在显著性差异。同时根据 LSD 多重比较结果显示，除学习应用和学习服务特征指数之外，在学习能力和学习环境特征指数上，均呈现出市区学校学生显著高于县镇学校学生，县镇学校学生显著高于农村学校学生的特点。由此表明，互联网学习仍需加强对农村地区互联网学习建设的投入，提供基本的学习环境和资源的支持，进一步缩小城乡间差距。

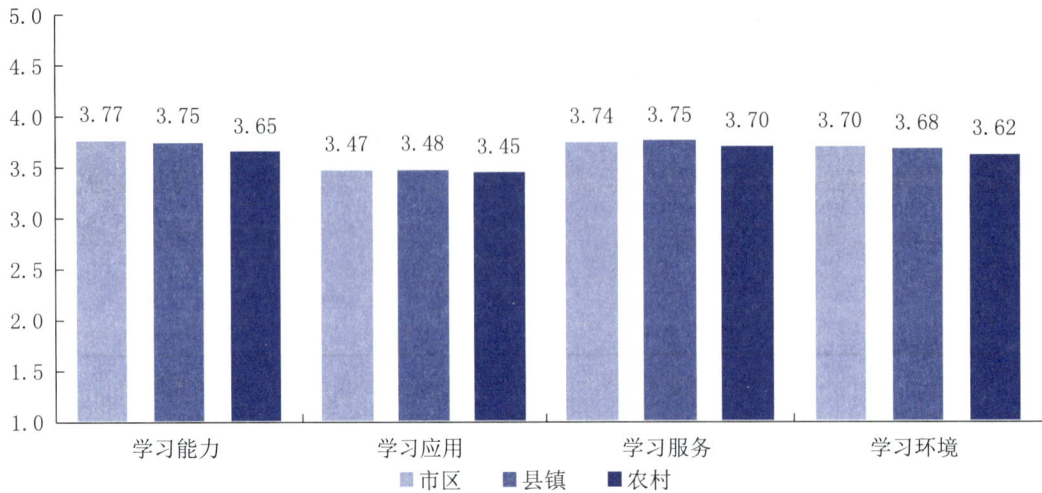

图 2-10 不同区域类别学生互联网学习特征指数比较

表 2-10   区域类别在学生互联网学习各专项特征指数上的差异性检验

区域类别	对应编号	学习能力		学习应用		学习服务		学习环境	
		平均值	标准差	平均值	标准差	平均值	标准差	平均值	标准差
市区 420580	1	3.766	0.951	3.470	1.031	3.742	1.009	3.697	1.007
县镇 392785	2	3.750	0.903	3.475	1.011	3.753	0.970	3.675	0.984
农村 102404	3	3.648	0.928	3.445	1.018	3.698	0.983	3.622	1.006
F		192.949***		10.136***		35.507***		68.219***	
LSD		3<2<1		3<2, 1		3<1<2		3<2<1	

注：*** 代表 p<0.001。

（4）不同学段学生互联网学习特征指数比较

根据不同学段学生互联网学习特征指数分布情况可以看出（如图 2-11），高学段学生在学习能力、学习应用、学习服务和学习环境特征指数上均高于低学段学生。

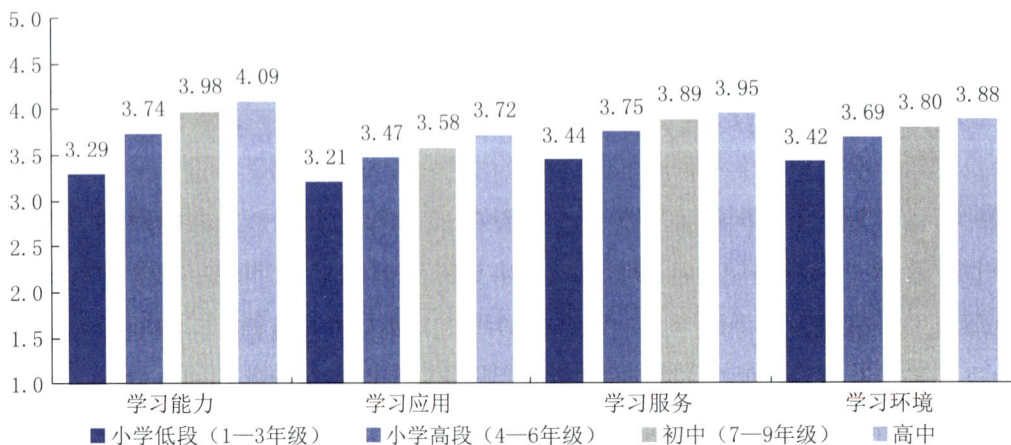

图 2-11 不同学段学生互联网学习特征指数比较

为检验不同学段学生互联网学习特征指数之间差异是否显著，对不同学段学生各项指数进行了单因素方差分析（如表 2-11）。从数据分析结果可以看出，不同学段学生在互联网学习各项特征指数上，均存在显著性差异。LSD 多重比较结果显示，在学习能力、学习应用、学习服务和学习环境特征指数上，均呈现出高中学段学生显著高于初中学段学生，初中学段学生显著高于小学高段学生，小学高段学生显著高于小学低段学生的特点。可以看出，随着年龄的增长，学生能够根据自身需求更加灵活地应用互联网开展学习。

表 2-11　学段在学生互联网学习各专项特征指数上的差异性检验

学　段	对应编号	学习能力		学习应用		学习服务		学习环境	
		平均值	标准差	平均值	标准差	平均值	标准差	平均值	标准差
小学低段（1—3 年级）197907	1	3.293	1.055	3.205	1.061	3.441	1.064	3.420	1.061
小学高段（4—6 年级）368177	2	3.738	0.886	3.470	1.007	3.748	0.969	3.686	0.984
初中（7—9 年级）260217	3	3.984	0.789	3.584	0.982	3.890	0.927	3.796	0.949
高中 89468	4	4.087	0.774	3.719	0.971	3.952	0.923	3.878	0.930
F		7 903.322***		2 128.472***		2 765.833***		1 988.339***	
LSD		1<2<3<4		1<2<3<4		1<2<3<4		1<2<3<4	

注：*** 代表 $p<0.001$。

（5）学生互联网学习特征指数相关性分析

对学生互联网学习的一级指标相关性进行分析（如表 2-12），从数据分析结果可以看出，互联网学习各指标之间均有显著的正相关关系，相关系数集中在 0.7—1.0。学生互联网学习能力、学习应用、学习环境和学习服务之间均有互相促进作用，四者密不可分，某一方面的发展对其他方面的提升有正向影响。

表 2-12　学生互联网学习指数相关性分析

指数维度	学习能力	学习应用	学习服务	学习环境
学习能力	1			
学习应用	0.713**	1		
学习服务	0.776**	0.799**	1	
学习环境	0.729**	0.791**	0.847**	1

注：** 表示在 0.01 级别，相关性显著。

2.5 小结

　　本章主要介绍了互联网学习特征指数的结构、计算方法，并对教师和学生的互联网特征指数进行了分析。调研数据的分析结果显示，学生互联网学习特征指数整体低于教师互联网教学特征指数。同时呈现出男生的互联网学习特征指数低于女生，男性教师的互联网教学特征指数低于女性教师的特点。小学阶段、教龄较短的教师，往往由于在教学方式、内容上的设计更多样和具备较强的新事物学习态度，使其互联网学习特征指数相对较高。对学生而言，随着年龄的增长，其互联网学习特征指数呈上升趋势，说明学生能够根据自身需求更加灵活地应用互联网开展学习。从区域分类来看，仅在学生的学习应用和学习服务特征指数上，县镇学校略高于市区学校，其他的学生互联网学习特征指数和教师互联网教学特征指数都呈现出市区学校优于县镇学校，县镇学校优于农村学校的特点，体现了互联网教学与学习的区域发展不均衡问题。互联网学习要持续推进并发挥互联网对教育发展的支持作用，需要重视对农村地区互联网学习在环境、资源、工具、平台、人员等方面的持续投入，以有效缩小城乡差距，发挥互联网对促进教育公平的支持作用。

第三章

CHAPTER 3
互联网学习环境建设情况

互联网学习环境建设是互联网学习开展的基础条件，环境建设的程度直接影响了互联网学习的开展效果。互联网学习环境包含平台与系统、基础设施与终端设备、学习场所和资源建设四个方面。本章根据调研所得数据，从管理者、教师、学生的不同角度对互联网学习环境建设情况进行分析与描述。

3.1 平台与系统

3.1.1 教师平台与系统使用情况

平台与系统是开展互联网学习的软件基础条件，平台与系统的基础情况与教师对其的合理使用能够有效提升互联网教学的效果。平台与系统对教学的支持情况调查结果显示（如图 3-1），"现有的教学平台与应用能够支持我开展多种类型的教学活动"得分为 4.02，处于较高水平，表明当前互联网教学能够得到有力的基础支持，教师拥有充足的网络工具开展各种类型的教学活动，如雨课堂、课堂派、钉钉等。在互联网学习的后续发展中，相关平台和系统应稳中求进，在保持现有教学功能的基础上，进一步了解教师教学需求，不断改进优化平台功能。

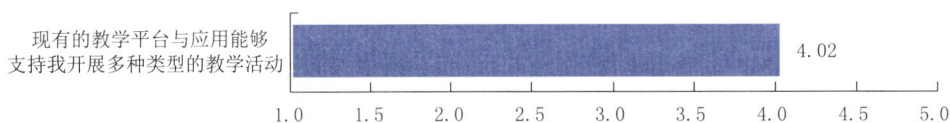

图 3-1　平台与应用对互联网教学的支持情况

从管理者视角来看，"本校已有统一应用且运行稳定的线上教学平台"得分为 4.11（如图 3-2），处于较高水平，说明各级各类学校对线上教学平台的建设与应用较为重视，大部分学校拥有统一的教学平台用以支持教师的互联网教学。

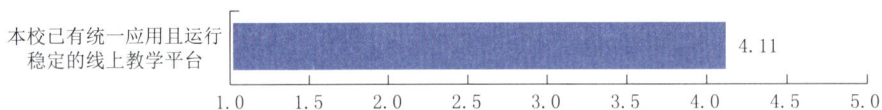

图 3-2　学校线上教学平台建设情况

教师在"互联网＋"环境下开展教学遇到的障碍调查结果显示（如图 3-3），当前教师开展互联网教学的最大障碍是网络环境不稳定，占比达到 57.70%；无法快速找到想要的资源位居第二，占比为 38.30%；工具平台不好用、自己的技术应用能力弱、难以获得及时的技术支持等的占比相对持平，均在 30%—35%；学生的信息素养不足、应用互联网开展教学的效果不理想和教学任务重等的占比均接近 25.00%，还有部分障碍是学校缺少相应的激励制度、教师不知如何开展互联网教学、家长和学校不支持等。通过调查结果可以看出，网络环境的不稳定很大程度上阻碍了互联网教学的发展，优化当前教学环境的网络条件是首要任务。其次，需要丰富教学平台的资源与功能，为教师教学提供基础保障，同时需通过多种手段提升教师的技术应用能力与互联网教学能力，给予教师充分的技术帮助，从而提高互联网教学效果。

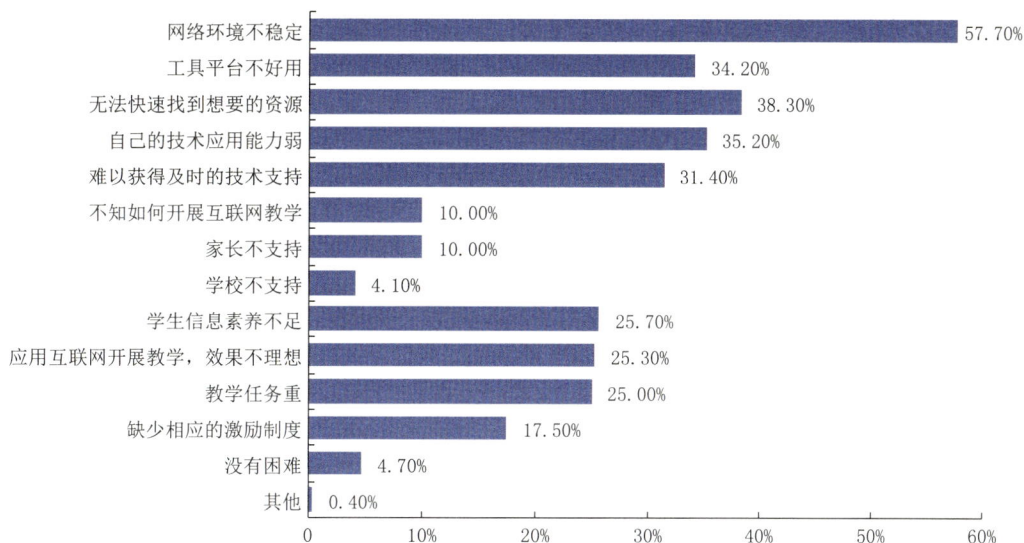

网络环境不稳定　57.70%
工具平台不好用　34.20%
无法快速找到想要的资源　38.30%
自己的技术应用能力弱　35.20%
难以获得及时的技术支持　31.40%
不知如何开展互联网教学　10.00%
家长不支持　10.00%
学校不支持　4.10%
学生信息素养不足　25.70%
应用互联网开展教学，效果不理想　25.30%
教学任务重　25.00%
缺少相应的激励制度　17.50%
没有困难　4.70%
其他　0.40%

图 3-3　教师互联网教学中遇到的障碍调查情况

3.1.2　学生平台与系统使用情况

学生进行互联网学习离不开平台与系统的支持，良好的平台与系统环境能满足学生的互联网学习需求，使得互联网学习事半功倍。调查结果显示（如图 3-4），学生使用平台与系统进行互联网学习的综合得分为 3.61，虽处于较高水平，但仍有很大的提升空间。其中，"现有的学习平台和工具能够很好地满足我的学习需求"得分为 3.72，处于较高水平，可以看出，学习平台与工具能基本满足学生的学习需求，但在后续互联网学习开展过程中，还需要进一步明晰学生互联网学习需要，从学习需求入手，有针对性地完善平台和工具的功能。"我在互联网学习时不会受到网速卡顿的影响"得分为 3.50，处于一般水平和较高水平的临界值，得分较低，说明网络速度对学生互联网学习影响较大，有较多学生在互联网学习时受到了网速卡顿的阻碍，与教师互联网教学阻碍相同，在后期发展过程中，网络环境仍然是重点建设与优化的内容。

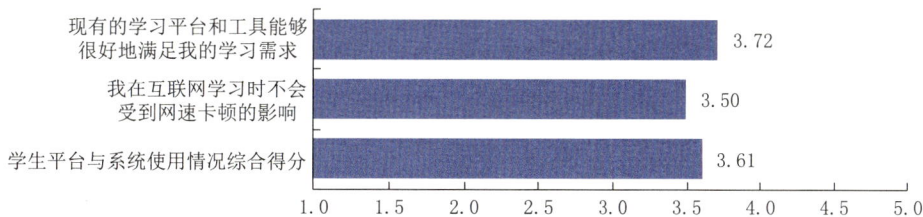

现有的学习平台和工具能够
很好地满足我的学习需求　3.72
我在互联网学习时不会
受到网速卡顿的影响　3.50
学生平台与系统使用情况综合得分　3.61

图 3-4　学生互联网学习平台与系统使用情况

3.2　基础设施与终端设备

互联网学习终端设备是师生开展互联网教学和学习的硬件基础。通过调查，只有 33% 的学校为学生配备了移动学习终端（如图 3-5），67.00% 的学校可能由于经费、政策等原因没有配备移动学习终端。当前学生开展互联网学习使用的设备主要是手机与平板电脑，占比分别为

74.80%、45.00%，使用笔记本电脑、台式机和其他设备的占比分别为 27.40%、15.10%、0.70%（如图 3-6）。从数据中可以看出，学生使用的互联网学习设备大多为便携式、可移动的设备，对于笔记本电脑、台式机的使用量较少。在后续互联网学习的发展中，教育相关企业应考虑在合理范围内优化提升互联网学习产品的便捷性，增加用户使用友好度，满足学生互联网学习需求。

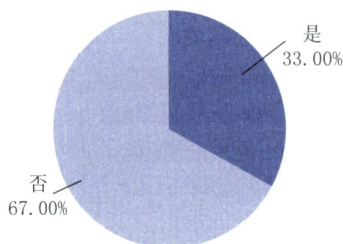

图 3-5　学校为学生配备移动学习终端情况

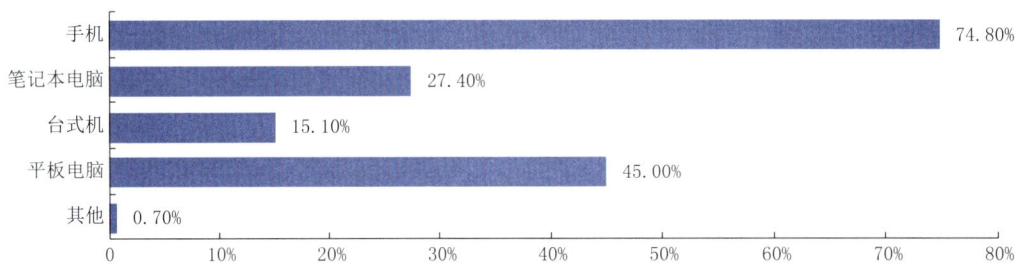

图 3-6　学生互联网学习终端设备使用情况

通过对管理者视角下的学校互联网学习基础设施与终端设备建设调查（如图 3-7），数据显示，学校互联网学习基础设施建设情况综合得分 4.07，处于较高水平。其中，"学校的教学、办公区域已实现了无线网络全覆盖""学校为教师配备了互联网教学的设备"得分分别为 4.45、4.38，均处于较高水平，可以看出，各级各类学校为校内互联网教学和学习提供了较好的技术环境，基本实现网络全覆盖和教学设备配备。而"学校配有至少一个班额的学生平板电脑"得分仅有 3.37，处于一般水平，仍有很大的提升空间。学校为学生配备移动学习终端是后续互联网学习发展的任务之一，学校与教育相关部门可以考虑与教育企业合作，引进互联网学习设备，完善移动学习终端的维护、使用等制度和措施，保障校内互联网学习的有效开展。

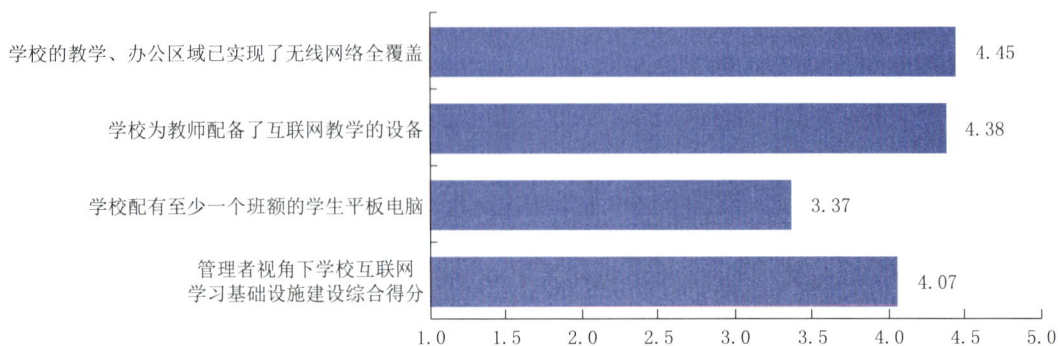

图 3-7　学校互联网学习基础设施与终端设备建设情况

根据学生校内使用移动学习终端调查情况（如图 3-8），从学校自购方面来看，33.80% 的学校购买了少量移动学习终端，以供各班学生按需申报使用；33.60% 的学校不允许学生在校内使用移动学习终端；19.90% 的学校仅供实验班师生使用。从区域采购配备方面来看，有 24.00% 的学校由区域购买配备少量移动学习终端，供各班学生按需申报使用；13.20% 的学校供实验班师生使用；12.00% 的学校实现全体学生的移动终端配备使用。另外还有 11.40% 的学校是由家长购买、学生应用的方式实现全体学生的终端配备。从数据中可以看出，学校对于移动学习终端的配备和使用态度各不相同，超过三分之一的学校由于政策原因不允许使用，其他学校通过自行采购、家长采购以及区域支持等方式实现不同程度的互联网学习终端使用，而区域对互联网学习终端使用持开放、支持的态度。在后续互联网学习发展中，学校层面应以"适度开放、合理监管"的态度对待移动学习设备的使用，在合理范围内允许学生开展互联网学习，将网络资源充分应用在各个班级的日常教学和学习中，提升学习效果。区域层面应建立移动终端设备使用的政策制度，支持鼓励区域学校积极引进，同时以非强迫的态度，鼓励家长自愿采购学习设备。

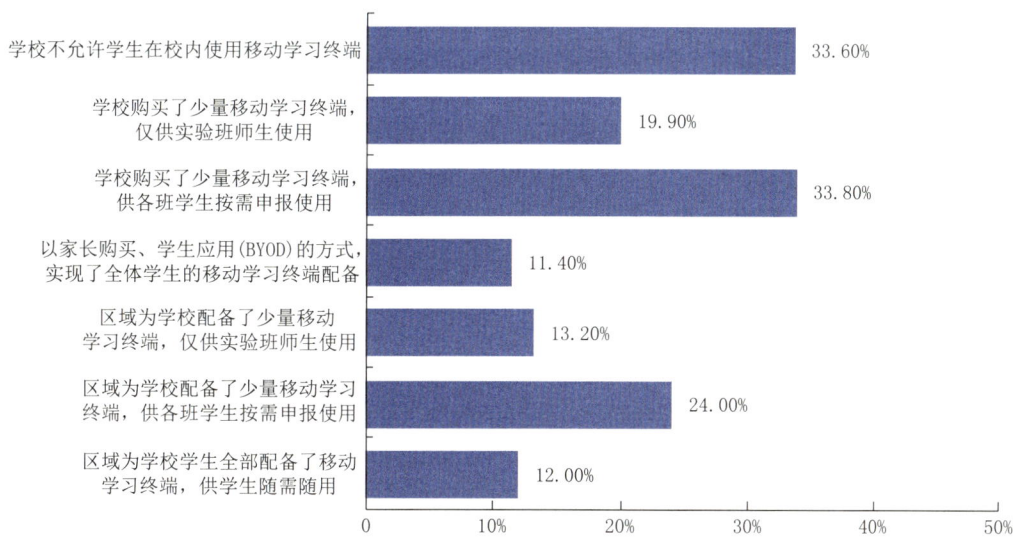

图 3-8　学校移动学习终端配备及使用情况

3.3　学习场所

学校互联网学习场所向学生的开放情况显示（如图 3-9），67.20% 的学校将电脑教室、平板教室等场所向学生开放，以供学生按需使用。但可能由于课程安排、教学组织等情况，学生校内进行互联网学习的情况并不理想。对学生互联网学习的主要场所进行调查发现（如图 3-10），学生进行互联网学习的主要场所是家里，占比为 97.80%，其次是学校，占比为 17.70%。可以看出，学校虽然具备互联网学习的基础设备和环境，但校内仍然以线下学习为主，互联网与课堂学习仍然需要大力推进和探索，培养互联网学习的意识与理念，促进互联网学习深入发展。

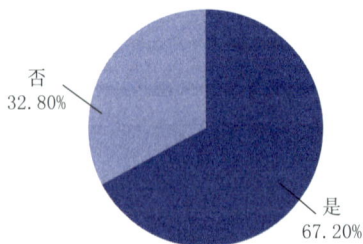

图 3-9　学校互联网学习场所向学生开放使用情况

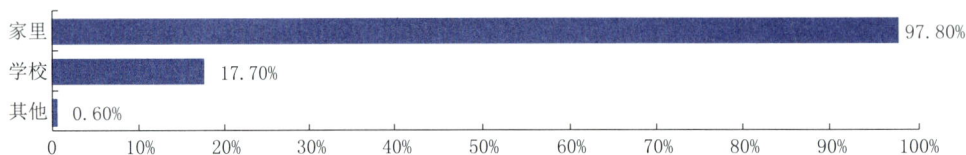

图 3-10　学生互联网学习场所调查情况

3.4　资源建设

3.4.1　资源获取现状

教师获取互联网教学资源的现状调查结果显示（如图 3-11），"我很容易获取到满足教学需求的多样化网络教学资源"得分为 3.99，达到了较高水平。可以看出，教师利用网络资源开展教学已经逐渐成为常态，网络资源的丰富性也能基本满足教师教学需求。但在后续互联网学习发展中，资源建设仍有待进一步提高，注重网络教学资源数量的同时，需提升资源质量，深入调查教师日常教学需求，建设需求引导的数字化教学资源库。

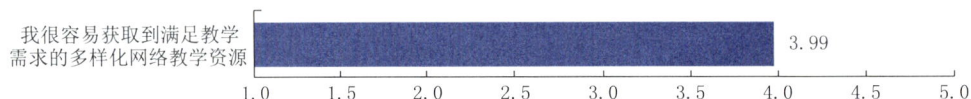

图 3-11　教师互联网教学资源获取现状调查情况

学生获取互联网教学资源的现状得分为 3.75（如图 3-12），与教师资源获取情况相比，虽然达到较高水平，但并不理想。一方面，由于学生日常学习仍以课堂学习为主，课时安排较紧，且部分学校不允许学生在校内使用移动终端设备，学习环境不能很好地支持学生利用互联网获取学习资源。另一方面，由于海量网络学习资源良莠不齐，学生缺乏检索和判断资源质量的能力，导致资源获取情况不理想。因此，除了提升网络学习资源质量，还需培养学生的信息素养，通过多种方式让学生形成资源检索、资源甄别的能力与意识。

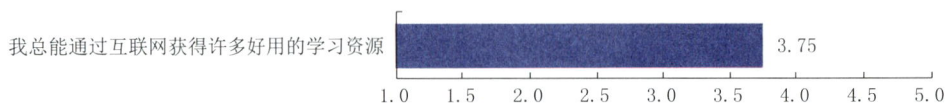

图 3-12　学生互联网学习资源获取现状调查情况

管理者视角下的资源建设情况综合得分为 4.07（如图 3-13），处于较高水平。其中，"本校已经建立了校本资源库"得分为 4.08，"本校已将学校优秀资源或特色教育资源放在互联网上开放共享"得分为 4.06。从得分数据中能够看出，当前学校在校本资源的建设和对外共享方面情况较好，校本资源库能够最大限度满足本校教学需求，优秀或特色资源的开放也能促进学校间交流和共同发展，同时为区域教育均衡发展贡献一份力量。

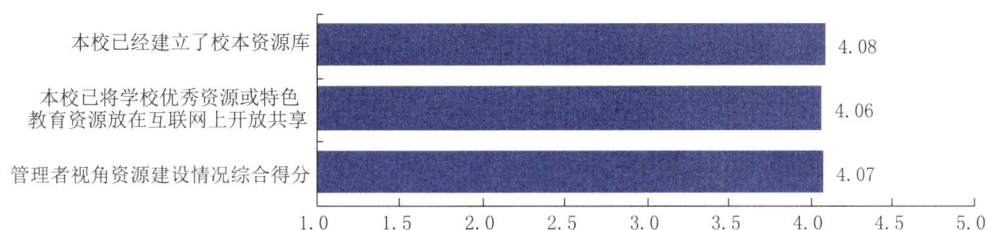

图 3-13　管理者视角的资源建设调查情况

3.4.2　资源获取方式

不同类型的网络平台拥有多种多样的数字化资源，为教师的互联网教学提供了扎实的基础，也满足了学生个性化学习的多元需求。教师获取互联网教学资源的方式调查结果显示（如图 3-14），83.20% 的教师选择使用国家中小学智慧教育平台；教师自行搜索的占比排在第二位，占比为 54.20%；省级和市级教育资源公共服务平台的使用占比相当，分别为 49.10% 和 42.90%。其他资源获取方式的占比均较低，从学校购买的资源平台获取资源、自己制作资源、同事推荐资源、自己购买资源与使用网络推荐资源的占比分别 34.80%、34.70%、29.70%、23.20% 和 12.20%。从公共平台的使用可以看出，由于资源建设数量较为丰富，资源质量能够满足教师日常教学需求；国家中小学智慧教育平台颇受教师欢迎。在未来互联网学习发展过程中，国家中小学智慧教育平台作为基座，将扮演重要角色。同时省级、市级、学校的教育资源平台应将建设重点放在特色资源方面，凸显出平台的独特性。另外，学校应该鼓励教师积极制作教学资源，建立教师自建和共享资源的奖励机制，在提升教师积极性的同时，丰富校本优质资源和特色资源。

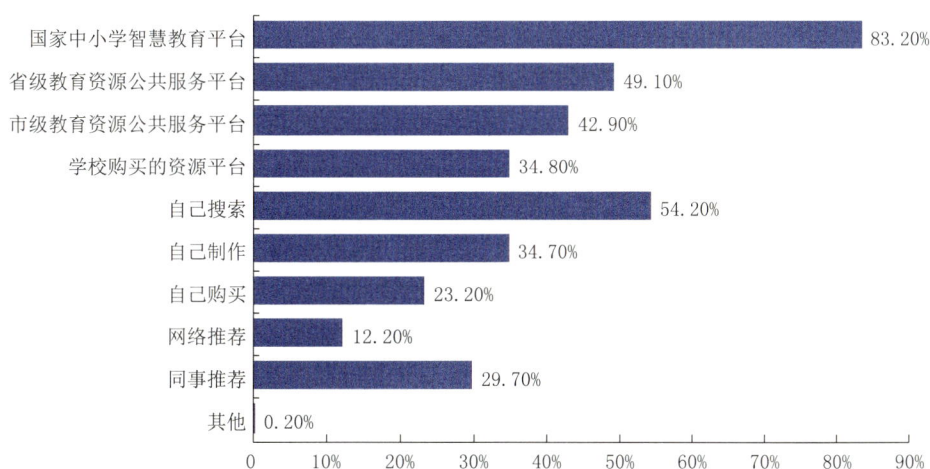

图 3-14　教师互联网教学资源获取方式调查情况

对学生获取学习资源的网络平台调查结果显示（如图 3-15），国家中小学智慧教育平台使用人数最多，占比为 69.00%；其次是教师推荐的免费平台，占比为 46.90%；使用占比排第三位的是学校的网络平台，占比为 39.80%。省级教育资源公共服务平台、市区县的教育云平台、自己搜索的资源平台占比均在 30.00% 左右，使用付费平台、不使用平台和使用其他平台的占比较少。可以看出，国家中小学智慧教育平台自建设以来获得很多学生的青睐，平台中丰富的数字化主题资源也极大地支持了学生互联网学习的开展。教师推荐的免费平台和学校的网络平台，与学生日常学习的需求契合度较高，在互联网学习的开展中同样扮演了重要的角色。其他网络平台使用占比相对持平表明了学生获取资源的渠道逐渐增多，学生互联网学习过程中选择数字化资源的自主性和多元性也逐步增强。

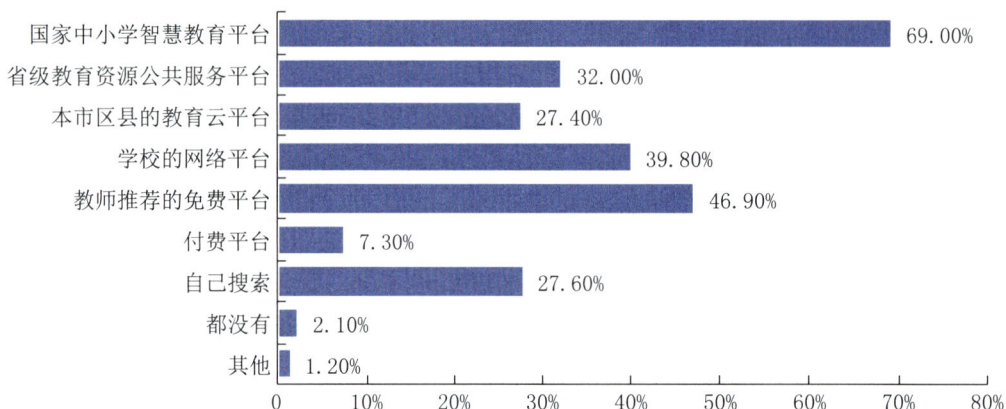

图 3-15　学生互联网学习资源获取方式调查情况

管理者视角下的学校师生使用资源来源调查情况显示（如图 3-16），管理者认为学校师生使用资源来源最多的是国家中小学智慧教育平台，占比为 87.5%，通过互联网公益性资源获取的占比为 58.00%，学校自购、自建占比均在 40.00% 左右，与其他学校共享资源占比为 25.00%。能够看出，与学生、教师使用资源的调查情况相一致，国家中小学智慧教育平台和互联网免费平台使用量最高，一方面表明教师和学生均愿意使用公益性资源，国家中小学智慧教育平台和互联网免费平台能基本满足教学和学习需求。另一方面，学校发展互联网学习，促进学校数字化转型离不开数字资源的支撑，对校本资源的开发建设，以及学校之间共享交流应重点加强。

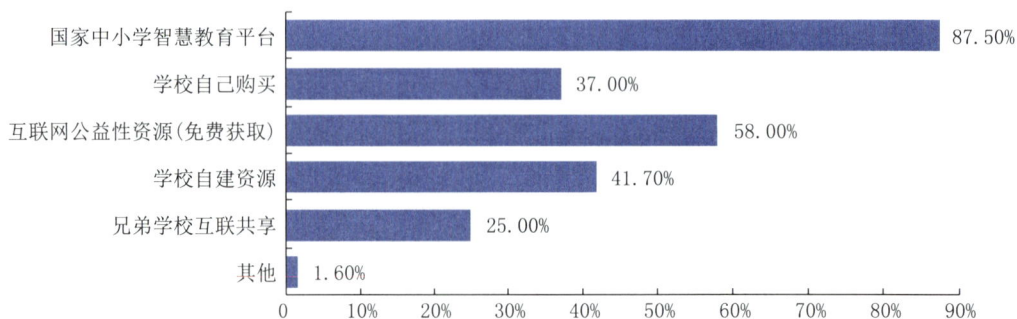

图 3-16　管理者视角的学校师生使用资源来源

3.4.3 使用资源类型

通过对教师互联网教学使用的资源类型调查发现，教师使用最多的是教学素材类资源（如课件、习题、微课、慕课等），占比为 85.40%；在线教学类工具资源（如雨课堂、腾讯课堂、钉钉、Zoom 等）、资源制作类工具（如 WPS、Camtasia Studio、101 教育 PPT 等）占比相当，占比分别为 67.10% 和 59.20%；学习支架类工具（如思维导图、腾讯文档、智慧学伴等）、学习测评类工具（如问卷星、作业盒子等）、教学管理类工具（如班级优化大师、QQ 群等）占比均在 30% 左右；学科教学类工具（如快乐拼音、洋葱数学等）使用较少，占比仅有 15.90%。从调查结果来看，教师往往习惯使用网络教学工具为课堂教学提供素材或自制资源。在疫情期间，由于线上教学需求，在线教学类工具也成为教师的选择类型。而支持学习辅助、学习评价、学习管理以及学科教学的工具使用较少，教师需要转变教学惯性思维，优化教学设计环节，提升信息技术在教学中的应用能力，充分发挥技术工具在教学实施中的功效。

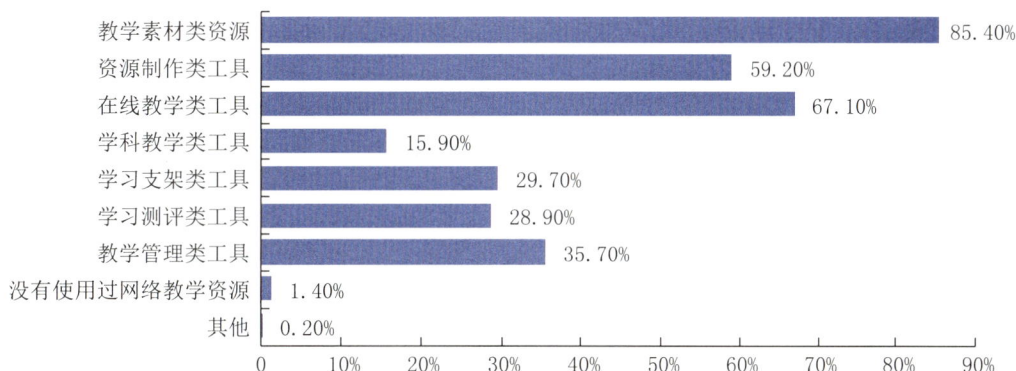

图 3-17 教师互联网教学资源使用类型调查情况

3.5 小结

本章从平台与系统、基础设施与终端设备、学习场所和资源建设四个方面分析了基础教育领域互联网学习环境建设的基本情况。在平台与系统方面，现有教学平台能基本满足教师和学生的日常需求，但在使用平台与系统时，网络速度成为阻碍互联网教学和学习的一大障碍。在基础设施与终端设备方面，大部分学校已经实现了网络全覆盖和教师教学设备配备，但较少学校为学生配备了互联网学习的移动终端，学生主要使用个人手机或平板电脑在家中开展互联网学习。在资源建设方面，国家中小学智慧教育平台受到广大师生的青睐，大部分师生更愿意使用免费的优质资源，教师信息技术教学能力和学生的信息素养仍有待提升，校本特色资源是下一阶段互联网学习发展的重点建设内容。

第四章

CHAPTER 4
互联网学习应用情况

对互联网学习应用的调查直接体现了教师、学生和管理者利用互联网进行教学、学习和管理的具体情况，能够反映不同群体对待互联网的态度，使用互联网的频率以及使用方式等。本章从互联网学习应用意愿、应用频率、应用方式和应用效果四个方面展开，详细描述互联网学习应用的基本情况。

4.1 应用意愿

4.1.1 教师应用意愿

随着疫情期间线上教学的常态化开展，教师逐步适应在线教学的模式、方法、工具和环境，加之各类政策制度的引导，教师的应用态度也有所转变。从教师互联网教学应用意愿调查结果来看（如图 4-1），"我会经常利用互联网开展教学"得分为 3.96，处于较高水平，说明大部分教师比较认可互联网对教育教学带来的积极作用，能够以开放接纳的态度开展互联网教学，但仍然存在部分教师抵触互联网的介入，认为线上教学效果较差。在后续发展中需要通过多种方式提升教师互联网教学的能力与意识。

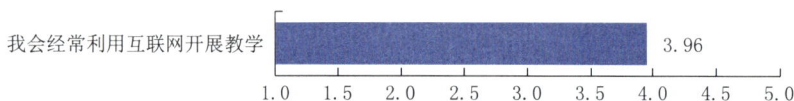

图 4-1 教师互联网教学应用意愿调查情况

4.1.2 学生应用意愿

学生互联网学习应用意愿调查结果显示，"我非常愿意利用互联网进行学习"得分为 3.74，处于较高水平，但总体而言学生对利用互联网开展学习的意愿并不理想。一方面学校教学大部分采用班级授课制，教学组织形式的限制导致学生学习中接触互联网设备的机会较少；另一方面，由于政策因素、学生学习习惯、互联网学习能力等问题，一定程度上降低了学生互联网学习的效果，从而对应用意愿产生影响。

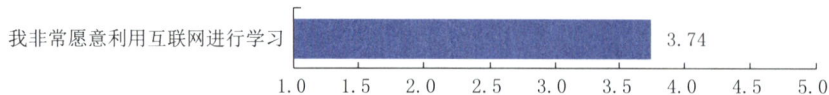

图 4-2 学生互联网学习应用意愿调查情况

4.1.3 管理者应用意愿

管理者互联网应用意愿总体得分为 4.35，处于较高水平。其中，"我认为教育信息化的推进对学校发展具有重要作用"得分为 4.40，"我十分愿意利用互联网开展日常管理工作"得分为 4.35，处于较高水平，说明绝大部分管理者非常认可教育信息化对学校发展的积极作用，能够在日常管理中有意识地应用信息化手段，具备较好的信息化意识和能力。"我注重引导教职员工利用互联网平台或工具开展工作"得分为 4.31，处于较高水平，说明管理者不仅有信息化管理的意识，还能够辐射带动周围同事，引导教职工形成信息化教学和管理的意识。

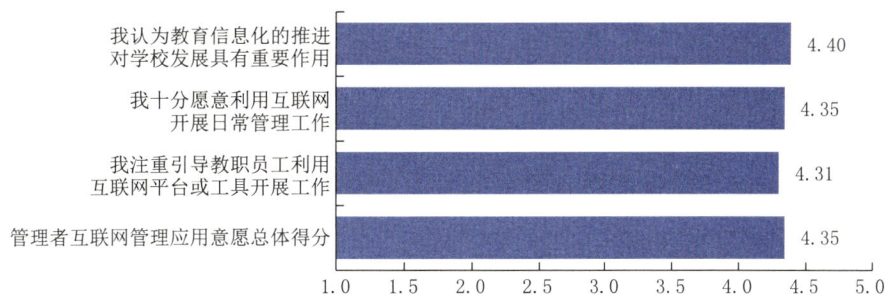

图 4-3　管理者互联网应用意愿调查情况

4.2　应用频率

4.2.1　教师互联网应用频率

调查结果显示（如图 4-4），教师互联网应用频率总体得分为 3.96，处于较高水平。其中，"我在课堂教学中经常利用互联网提供的资源和工具"得分为 4.11，处于较高水平，说明互联网已经深入教学的各个环节，教师已具备一定的互联网应用意识与能力，在日常教学中教师也能够利用互联网中的教学素材、资源制作工具等辅助教学。"我在教学中经常使用线上线下混合教学形式"得分为 3.81，处于较高水平，但还需进一步提升，说明部分教师已经开始转变传统教学形式，逐渐开始应用新型教学模式，如翻转课堂、探究学习等，还有部分教师应转变教学思维，积极学习和应用互联网支持下的新型教学形式。

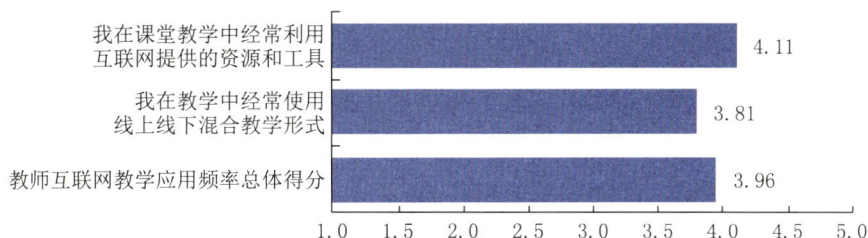

图 4-4　教师互联网教学应用频率调查情况

从教师日常教学应用互联网准备教学的时间来看（如图 4-5），44.20% 的教师每天有 1—2 小时使用互联网准备教学；使用时间在 1 小时以内和 2—3 小时的教师占比分别为 25.60% 和 20.70%；使用 3—4 小时和 5 小时及以上的教师占比较少，分别为 6.50% 和 3.10%。可以看出，教师能够根据自身需求合理安排互联网使用时间，绝大多数教师能够在 3 小时以内完成教学准备工作。

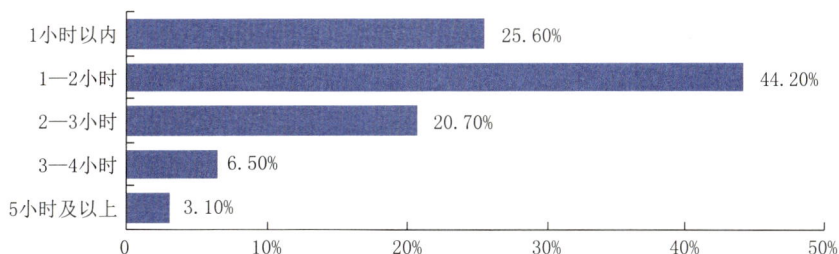

图 4-5　教师每天使用互联网准备教学时长调查情况

4.2.2　学生互联网应用频率

学生互联网应用频率调查结果显示（如图 4-6），"我经常利用互联网进行学习"得分为 3.61，处于较高水平，说明学生有一定的互联网学习意识，能够在平时学习中使用互联网。但整体来看，学生在日常学习中使用互联网的频率不高，可能由于课时安排紧密和教师教学形式的因素，学生接触互联网的时间和机会不多。在后续互联网学习发展中，学校应主动引导，创设互联网学习环境，教师应该合理设计课堂教学，允许学生利用互联网开展在线研讨、互动交流、搜索资料等学习活动。

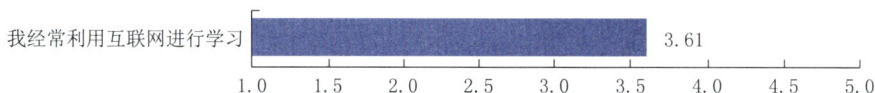

图 4-6　学生互联网应用频率调查情况

学生使用互联网时间调查情况显示（如图 4-7），27.20% 的学生每天使用互联网时间在 0.5—1 小时，22.40% 的学生使用互联网时间超过了 2 小时；每天使用互联网时间在 0.5 小时以内、1—1.5 小时、1.5—2 小时的学生占比相当，分别为 16.80%、15.20% 和 10.30%；不使用互联网的学生占比为 8.10%。可以看出，学生每天使用互联网的时间各不相同，大部分学生使用互联网进行学习的时间在 2 小时以内，说明学生自主或在家长监督下合理安排互联网使用时间，但还有超过五分之一的学生使用时间相对较长，在后续互联网学习中，需要及时控制使用时间，提升互联网学习效率，保护视力及注意身体健康。

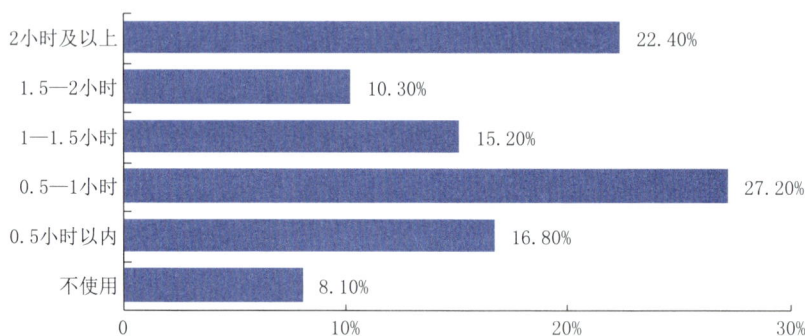

图 4-7　学生每天使用互联网学习时长调查情况

4.3　应用方式

4.3.1　教师互联网应用方式

教师互联网应用方式调查结果显示（如图 4-8），"我经常利用互联网开展各种教学活动"得分为 3.75，处于较高水平，但有较大发展空间。结合教师互联网应用频率和互联网教学资源应用调查情况来看，教师利用互联网常以制作资源、获取素材为主，对在线交流、投票、测试、虚拟实验等各类教学活动涉及较少。学校应通过引导、培训、研修等多种方式提升教师应用互联网设计、实施教学活动的能力。

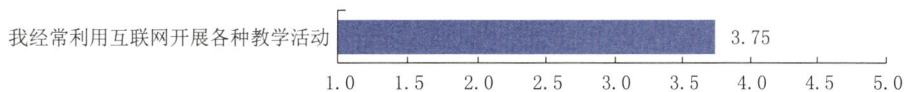

图 4-8　教师互联网应用方式调查研究

对教师利用互联网开展的教学模式调查发现（如图 4-9），教师利用互联网开展过的教学模式主要以课堂教学、线上教学、线上线下混合式教学为主，占比分别为 82.50%、73.10% 和 66.10%；开展过同步课堂（或专递课堂）、翻转课堂的教师较少，占比为 20.20% 和 9.80%。可以看出，课堂教学是教师最为熟悉的教学模式，随着疫情期间线上教学的常态化开展，线上教学和线上线下混合式教学模式也逐渐被教师所熟悉，开展频率也有所增加，对翻转课堂、同步课堂或专递课堂等教学模式的开展，教师需要进一步学习和尝试，对不同教学内容采用不同的教学模式，逐步探索能够满足学生学习需求的教学。

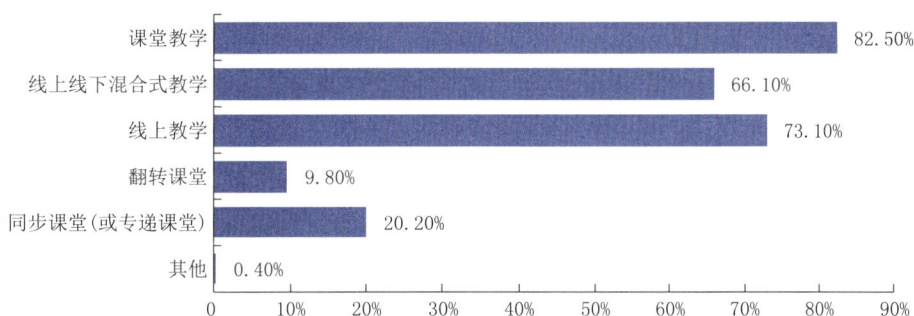

图 4-9　教师利用互联网开展的教学模式调查情况

教师基于互联网开展各类教学活动调查情况显示，发布学习任务、分享学习资源是教师开展最多的两种活动，占比分别为 89.60% 和 86.50%；其次是进行讲授，占比为 67.10%；组织

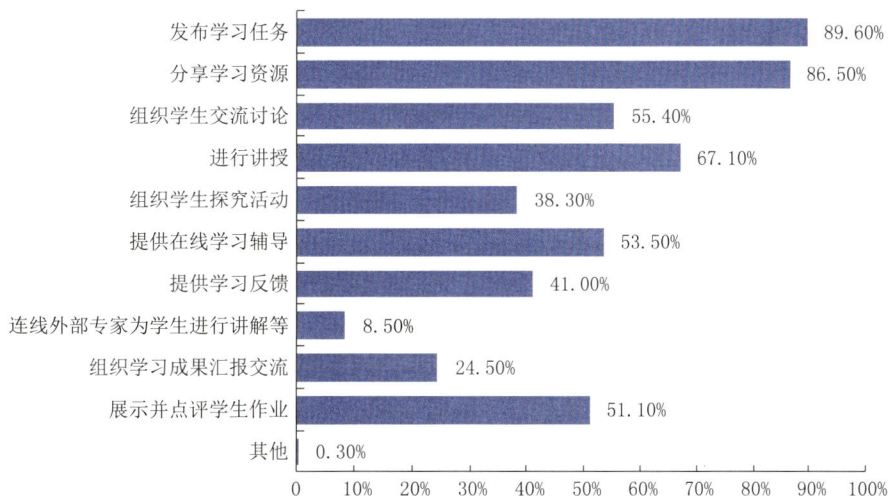

图 4-10　教师利用互联网开展的教学活动调查情况

学生讨论交流、提供在线学习辅导、展示并点评学生作业三种活动占比相当，分别是55.40%、53.50%和51.10%；提供学习反馈、组织学生探究活动、组织学习成果汇报交流占比分别为41.00%、38.30%和24.50%。可以看出，教师利用互联网开展的教学活动主要以展示和传递信息内容为主，此类教学活动虽然可以提高教学效率，但对学生思维的培养、认知的建构帮助较小，教师在设计教学活动时，应重点考虑组织学生开展探究性学习活动，以成果分享、观点交流等形式外化学生思考过程，培养学生综合能力。

4.3.2　学生互联网应用方式

学生互联网应用方式调查情况显示（如图4-11），学生互联网学习应用方式综合得分为3.61，处于较高水平，但还有很大的发展空间。其中，"我经常上网搜索并获取学习资料"得分为3.76，处于较高水平，但距离很高水平还有较大差距，说明学生检索并获取学习资料的意识与能力较强，但还需要进一步加强；"我经常参与多种类型的互联网学习活动"得分为3.45，处于一般水平，可以看出，学生参与互联网学习活动情况很大程度上与教师的互联网教学相关，通过教师开展互联网教学活动调查情况可知，教学以发布任务、分享资源、进行讲授等活动为主，学生对在线测试、在线讨论、在线答疑等活动参加较少。在后续互联网学习发展中，一方面，需要教师的主动转变，设计丰富的互联网学习活动；另一方面，学生应增强自主学习的能力与意识，利用互联网进行多样的自学活动。

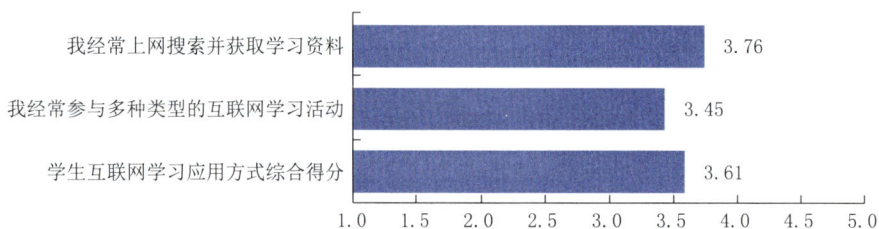

图4-11　学生互联网应用方式调查情况

根据学生参与互联网学习活动的调查结果（如图4-12），寻求问题解决方法、搜索学习资源与工具、学习在线课程或观看直播讲座是进行最多的学习活动，占比分别为67.70%、66.30%和67.70%；向老师或同学请教问题、沟通交流与进行在线练习或测试、参与老师组织的教学活动等三种活动占比相当，分别为44.20%、41.20%和38.60%；转发或分享学习资源、创作与分享作品、完成虚拟实验、参与虚拟场馆学习等活动的占比分别为21.50%、19.40%、12.00%和9.80%。可以看出，学生使用互联网进行的学习活动主要分为解决问题类、资源学习类、讨论交流类、测评创作类、虚拟实验类，其中解决问题类和资源学习类占比最多，其他类别相对较少。这与学生的互联网学习习惯和学习能力有关，学生当前利用互联网大多是查找资源工具以解决遇到的难题，相对缺乏进行创作、虚拟学习等活动的能力，在后续学习中，教师应着重提供此类学习方法，发展学生的学习能力。

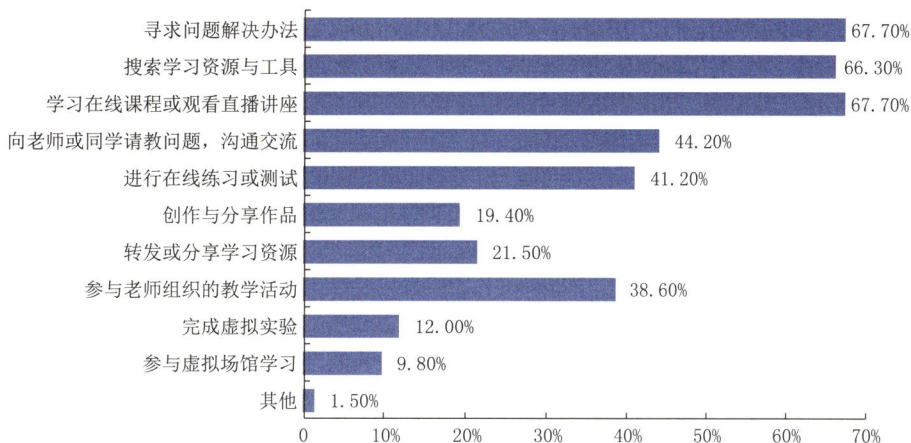

图 4-12　学生利用互联网进行的学习活动调查情况

对学生体验过的互联网学习活动进行调查发现（如图 4-13），学生的互联网学习活动主要以接受学习任务、听老师线上讲课为主，占比分别为 87.10% 和 86.50%。其次是听老师进行作业点评，占比为 63.30%；接受学习指导、进行交流讨论、分享学习资源占比相当，分别为55.40%、53.80% 和 52.60%；接受学习反馈、进行学习成果汇报、进行探究活动的占比分别是44.30%、40.30% 和 29.10%。根据调查可以看出，虽然各类互联网学习活动都有所涉及，但活动主要还是以传统的听课、接受任务为主，其本质仍然是信息与资源的传递，教学形式没有真正转变，没有过多涉及学生的探究性学习、自主学习等，因此也难以真正培养学生的合作型思维、创新能力等综合素养，在后续教学中还需对此方面予以关注和加强。

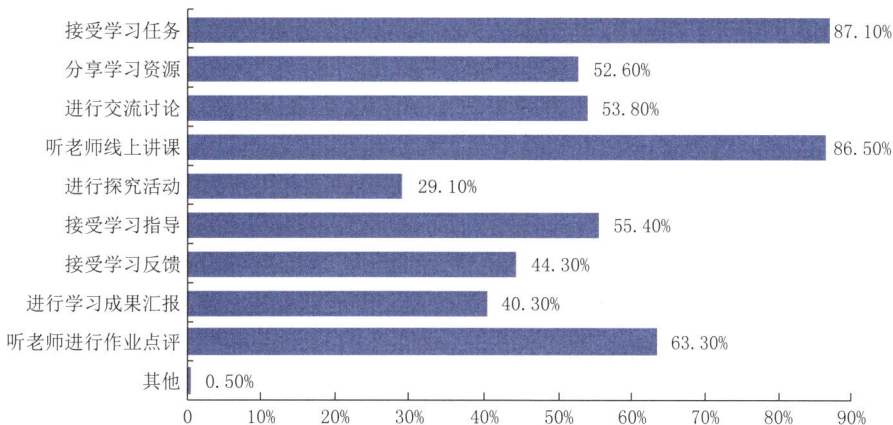

图 4-13　学生体验过的互联网学习活动调查情况

4.3.3　管理者互联网应用方式

对管理者的互联网应用方式调查显示（如图 4-14），管理者互联网管理应用综合得分为4.29，处于较高水平。其中，"学校的各项数据能够通过网络汇聚，并被用来支持学校的管理和决策"及"我经常利用互联网学习教育信息化管理方面的知识"两题项得分均为 4.29，说明管理者对学校互联网数据的流通、汇聚、应用非常重视，能够将数据应用于教育治理中，管理者自身也通过不断地进行互联网学习来提升信息化管理能力。

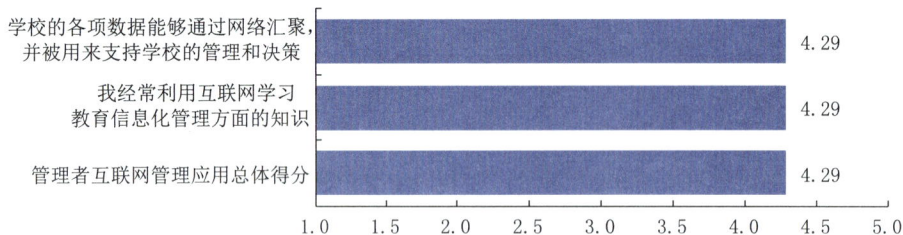

图 4-14 管理者互联网管理应用调查情况

对管理者视角下的教师互联网教学应用情况调查发现（如图 4-15），管理者认为教师互联网教学应用情况综合得分为 4.27，处于较高水平。其中，"本校教师能够在课堂上便利地使用互联网资源和工具开展教学"得分最高，为 4.38；"利用互联网资源进行备课""利用网络资源进行自主学习""利用网络平台或工具进行学生学习评价，并基于评价结果调整教学""开展网络教研活动""探索基于智能学习终端的互动课堂教学"等题得分分别是 4.36、4.29、4.27、4.20 和 4.10，均处于较高水平。可以看出，管理者认为教师具备较强的利用互联网开展备课、教学、教研、专业发展等活动的能力。但结合教师互联网教学应用情况的调查发现，教师在互联网教学应用方面还有一定的提升空间。因此在日常教学和管理中，管理者应对教师互联网教学应用予以关注和引导。

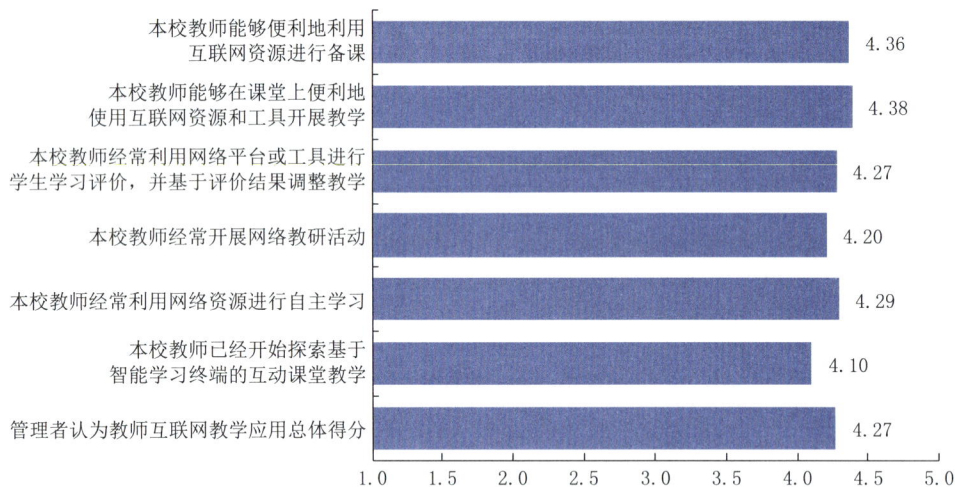

图 4-15 管理者认为本校教师互联网教学应用情况

根据管理者常用的管理工具调查情况（如图 4-16），教师管理工具（如教师管理系统、钉钉、企业微信、巡课系统等）是使用最多的，占比为 87.10%；学校办公工具（如 OA 系统、教务系统等）、教学资源管理（如公共资源服务平台、Moodle 平台等）、学生管理工具（如电子档案、电子班牌等）的使用占比相当，分别为 67.10%、63.70% 和 63.00%；后勤服务工具（如资产管理采购平台、智慧后勤平台、微信小程序等）和教学评价工具（如评教系统等）的使用占比分别为 51.00% 和 43.70%。可以发现，互联网技术已经融入学校管理的各个方面，对各群体的管理产生了积极影响。在未来发展中应将重点放在互联网管理的薄弱方面，如教学评价，积极利用评教系统，融汇教师教学的各类数据，精准刻画教师教学行为，并应用于教师专业成长和发展。

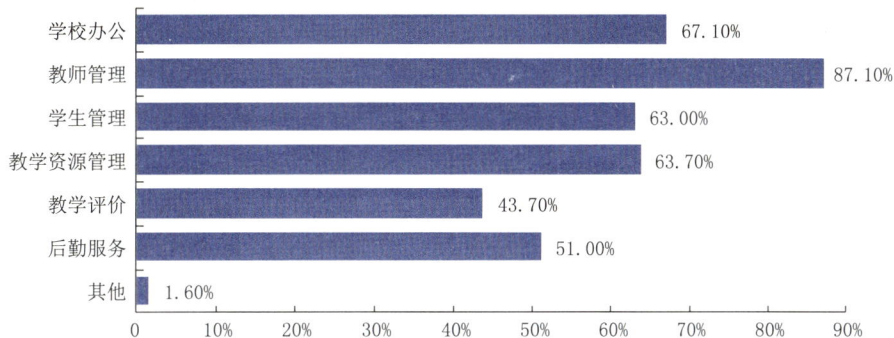

图 4-16　管理者使用互联网管理工具调查情况

4.4　应用效果

互联网应用效果一定程度上影响了师生开展互联网教学和学习的意愿。教师互联网应用效果调查情况显示（如图 4-17），"我很满意互联网教学的效果"得分为 3.82，处于较高水平。其中，有 82.00% 的教师认为互联网教学能够促进学生知识与经验的积累；有 70.00% 和 63.60% 的教师认为互联网教学有助于学生自主学习能力和问题解决能力的提升；认为能够优化学业表现、提高合作学习能力、学习兴趣、创新型思维、学习动机的教师占比分别有 49.70%、48.70%、47.00%、38.50%、28.00%。可以看出，互联网对学生知识经验的积累影响最大，结合对教师开展教学活动的情况来看，一方面是因为互联网拥有丰富的学习资源，能够拓展学生的知识面，另一方面也源于教师主要利用互联网进行传播和展示信息的教学活动。总体来看，互联网教学对学生的各个方面都产生了积极影响。

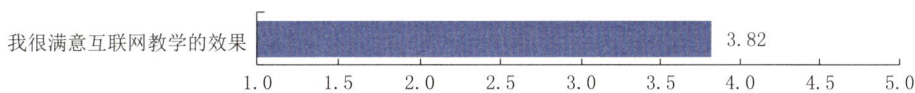

图 4-17　教师互联网应用效果调查情况

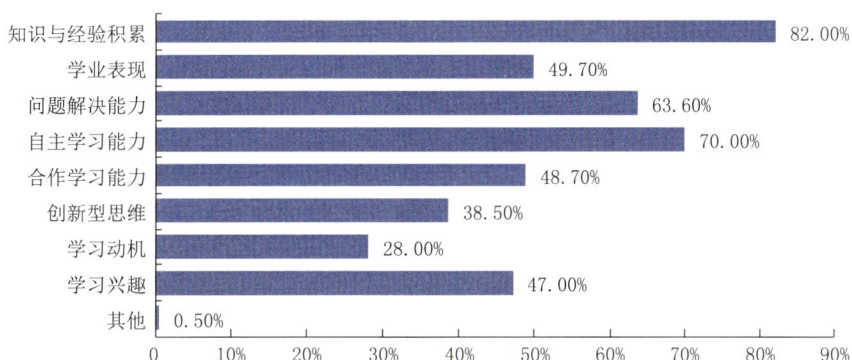

图 4-18　互联网教学对学生产生的促进作用调查情况

4.5　小结

本章主要从应用意愿、应用频率、应用方式和应用效果四个方面分析了基础教育领域的互联网学习应用情况。在应用意愿方面，管理者和教师对互联网教学的态度普遍较为积极，而学生因开展互联网学习的机会相对较少、学校和家长不支持等原因使应用意愿相对较低。在应用频率方面，教师在日常的课堂教学中已经能够熟练地运用互联网查找自己教学所需的资源和工具进行辅助教学，大部分教师能够利用互联网开展线上线下混合教学。学生利用互联网学习的时长和频率普遍较低，或因学习终端配备及学习管理的原因，互联网对于学生学习的支持作用尚未充分发挥。从应用方式来看，教师主要利用互联网来获取教学资源，但在其他教学工作中对互联网应用较少，且明显低于管理者预期。学生利用互联网开展在线学习还是围绕传统课堂教学活动开展，对于互联网学习深层次应用还有待进一步加强。另外，"三个课堂"和人工智能教学工具的作用和效果已经初步得到了教师和学生的认可，但仍需对相关的机制、策略和方法等展开探索，才能更好地发挥同步课堂或专递课堂的优势。在教学应用效果方面，教师普遍较为认可互联网教学对学生的积极作用。

第五章

CHAPTER 5
学生互联网学习能力发展情况

本章呈现了基础教育领域互联网学习的学生能力调查情况。提升学生互联网学习能力是互联网学习发展的重要目的，同时也是互联网学习发展成效的具体体现。明确当前学生的互联网学习各方面能力的发展情况，有利于进一步调整教学策略与采取教学干预，全面提高和培养学生互联网学习能力。根据已有相关研究及本次调查所制定的互联网学习分析框架，从设备与软件操作、信息与数据素养、交流合作、内容创造、策略性学习、互联网安全六个方面展现学生的互联网学习能力发展情况。

5.1 学生背景与特征

为了解参与调查的基础教育阶段学生群体的背景特征，通过在调查问卷中设置相关题项，收集了受调查学生所在学校区域类别、性别以及所在年级等信息。本次调查共收集到来自全国 31 个省区市（不包含港澳台地区）的学生问卷。

样本学生中有 45.90% 来自市区学校，42.90% 来自县镇学校，11.20% 来自农村学校（如图 5-1）。其中，男生占比 52.00%，女生占比 48.00%（如图 5-2），性别比例分布较为均衡。

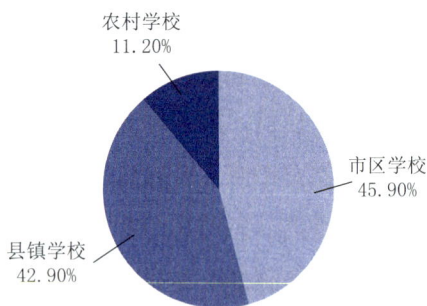

图 5-1　学生所在学校区域类别分布　　　　图 5-2　学生性别分布

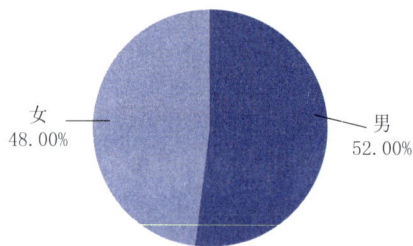

样本学生的年级在小学低段（1—3 年级）、小学高段（4—6 年级）、初中和高中的比例分别为 21.61%、40.20%、28.42% 和 9.77%（如图 5-3）。

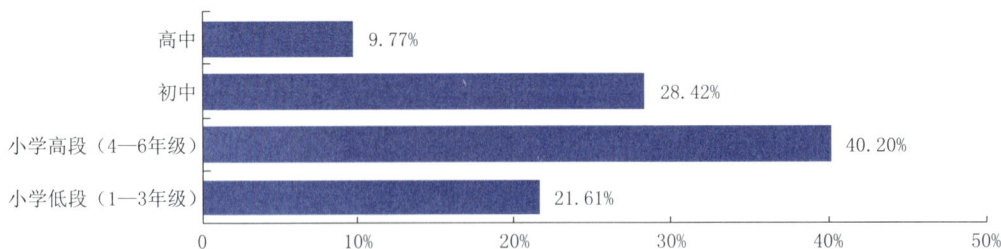

图 5-3　学生所在年级分布

5.2 设备与软件操作

学生在参与互联网学习时，需要具备一定的设备调试、软硬件操作的能力，能够合理选择与熟练使用互联网学习相关的软硬件设备。根据学生互联网学习设备与软件操作能力调查结果

（如图 5-4），学生互联网学习设备与软件操作能力得分为 3.82，达到了较高水平。可以看出，当前基础教育领域学生已经具备较强的设备与软件操作能力，从一定程度上反映出在长期互联网支持学习的背景下，学生在设备与软件操作能力上有较大提升，但仍有提升的空间。

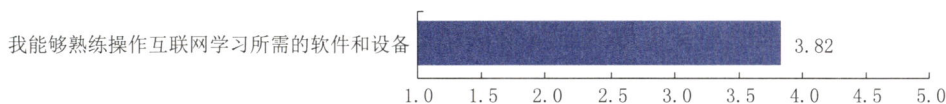

我能够熟练操作互联网学习所需的软件和设备　　3.82

图 5-4　学生互联网学习设备与软件操作能力调查情况

5.3　信息与数据素养

学生进行互联网学习需要具备一定的信息与数据素养，能够根据自身学习与兴趣需求，利用互联网筛选与识别、搜集并管理信息与数据。学生信息与数据素养主要体现在筛选信息达成信息需求、高效管理信息数据、批判性思考信息数据三个方面。调查数据显示（如图 5-5），学生互联网学习信息与数据素养综合得分为 3.80，虽然达到了较高水平，但是距离很高的水平差距较大。具体分析各题项得分情况可以发现，"在利用互联网搜索时，我能够准确识别所需信息，过滤掉不相关的内容"和"从互联网获取信息与数据时，我能够有自己的判断，不盲从他人观点"的得分较高，分别为 3.81 和 3.88，表明学生能够根据自己的学习需求利用互联网准确检索自己所需的学习信息和数据，借助互联网独立获取信息的能力较强。同时可以看出，"我能够整理好搜集到的互联网信息与数据，以便后续查找与使用"得分相对较低，表明学生虽然能够准确识别与获取信息和数据，但保存与管理信息数据的能力欠缺，原因在于学生保存和管理数据意识较薄弱、缺乏管理数据的科学方法，难以在互联网学习过程中养成及时保存和管理数据的习惯。在后期教学中需要重点关注和引导学生在互联网学习过程中管理信息和数据方法的学习，帮助学生养成良好的互联网学习习惯。

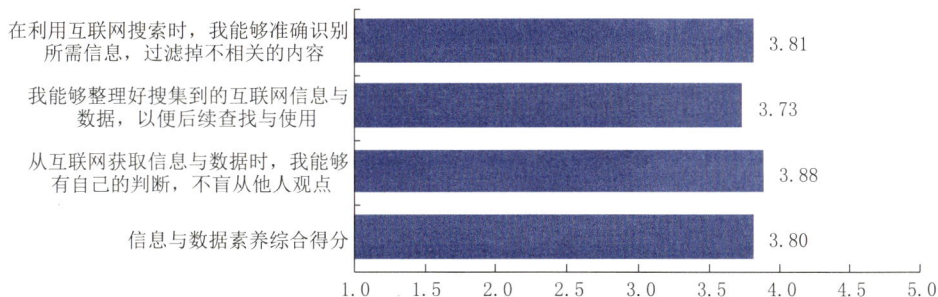

在利用互联网搜索时，我能够准确识别所需信息，过滤掉不相关的内容　　3.81

我能够整理好搜集到的互联网信息与数据，以便后续查找与使用　　3.73

从互联网获取信息与数据时，我能够有自己的判断，不盲从他人观点　　3.88

信息与数据素养综合得分　　3.80

图 5-5　学生互联网学习信息与数据素养能力调查情况

5.4　交流合作

学生进行互联网学习需要具备一定的交流合作能力，在开展团队合作活动的过程中能积极利用互联网工具交流与分享，并认识到交流合作学习的重要性，乐于合作和善于合作。学生在交流与合作活动中需要尊重他人观点、表达自身观点并进行资源共享，因此学生的交流与合作能力关注得体表达个人观点与分享学习资源两方面的具体内容。调查数据显示（如图 5-6），学生互联网学习交流合作能力整体得分为 3.86，达到了较高水平，表明学生的在线交流合作能力发展较好，但仍有较大的发展潜力。就具体内容来看，学生能够尊重、理解他人观点并简明清晰地表达自己的观点的能力发展水平较高。而学生在分享高质量资源方面的发展相对落后，"我经常向他人分享高质量的学习资源"的得分仅有 3.62。究其原因，学生在进行互联网学习时缺乏学习资源共享意识，资源分享手段掌握不足，教师在教学时需要重点提升学生利用互联网共享知识的能力与意识，促成学生集体知识的构建。

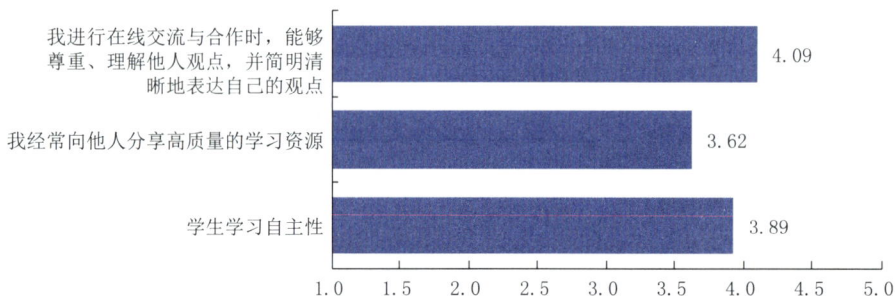

图 5-6 学生互联网学习交流合作调查情况

5.5 内容创造

学生进行互联网学习需要具备一定的内容创造能力，能利用互联网资源或工具合理规范地创造出多种媒体形式的作品。学生互联网学习内容创造能力主要体现在利用网络资源进行创作、平台分享成果两个方面。调查数据显示（如图 5-7），学生互联网学习内容创造整体情况得分为 3.29，处于一般水平。具体来看，学生媒体创作能力发展水平得分相对较高，说明大部分学生具备一定的合理利用互联网进行内容再创造的能力，得分为 3.52，处于较高水平，但仍有很大的发展空间。学生在互联网平台（如朋友圈、QQ 空间、抖音等）发布自己媒体作品的频率较低，"我常常通过互联网平台发布自己的作品"得分仅有 3.06，这可能与学生作品分享积极性较低、缺乏家长支持、缺乏教师引导有关。因此，在互联网学习的过程中，需要着重关注提升学生在平台分享作品的积极性，加大家长的支持力度，教师可以提供帮助学生进行内容创作的数字化学习资源、在平台分享作品的方法等，帮助学生摆脱思维惰性，培养学生的创新创造精神。

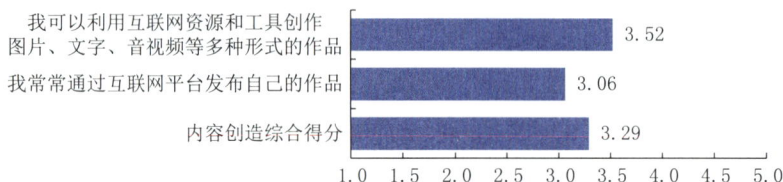

图 5-7 学生互联网学习内容创造调查情况

5.6　策略性学习

　　学生进行互联网学习需要具备一定的策略性学习能力，能在互联网学习情境中合理监控与调控学习过程，包括对学习目标的制订、对学习方法的选择等。互联网策略性学习能力主要体现在学习目标与计划的制订意识和及时总结意识两个方面。调查数据显示（如图5-8），学生互联网策略性学习能力整体情况得分为3.67，虽然达到了较高水平，但是距离很高的水平差距较大。具体分析题项得分情况可以发现，学生互联网学习及时总结能力发展水平略高于学生互联网学习目标与计划的制订能力发展水平，这是由于学生在互联网学习过程中依赖教师的引导，制订学习目标与计划的意识和能力较为欠缺，而在教师引导下，学生及时总结的能力与意识较强。在互联网教学过程中，教师需要进一步为学生创造自主制订目标与计划、及时总结的机会，并提供多种形式的教学支架帮助和引导学生制订目标与计划，掌握及时总结的方法，强化学生这两方面的意识与能力。

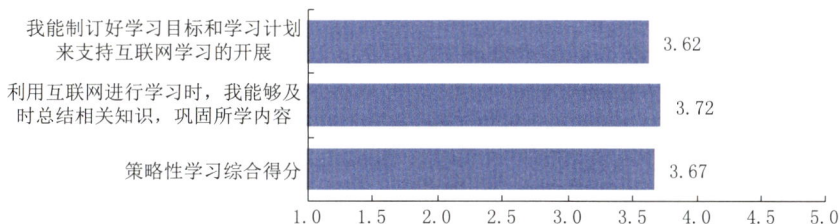

图 5-8　学生互联网策略性学习调查情况

5.7　互联网安全

　　学生进行互联网学习需要具备一定的互联网安全意识，使用互联网开展学习的潜在危险主要包括个人隐私与信息的泄露以及轻易点击不明来源的链接与弹窗等。如果学生在参与互联网学习时能够有意识地保护隐私与信息，并规避互联网安全风险，将在很大程度上改善学生参与互联网学习的安全情况。学生互联网学习安全关注保护信息安全意识和规避互联网安全风险两方面的内容。调查数据显示（如图5-9），学生互联网安全整体得分为4.04，达到了较高水平，并且接近很高水平。具体分析各题项得分情况可以发现，"我能够在互联网学习过程中保护好自己与他人的隐私，如不随意填写个人、家庭、朋友的相关信息"和"我能够有意识地规避互联网安全风险，如不轻易点击不明来源的链接与弹窗"的得分相当，均在4左右，表明当前学生互联网学习安全防范意识整体发展较好，学生保护个人隐私和规避互联网安全风险的意识较强。

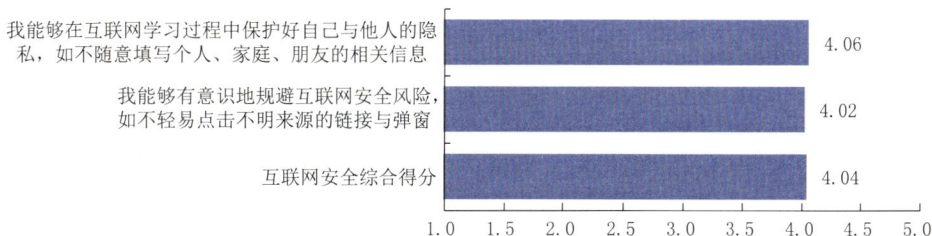

图 5-9　学生互联网学习互联网安全调查情况

5.8 小结

　　本章主要从设备与软件操作、信息与数据素养、交流合作、内容创造、策略性学习、互联网安全六个方面介绍互联网学习能力的发展情况。根据调研结果来看，学生互联网安全意识较强，能够有意识地保护好自己和他人的隐私，避免受到有害信息的干扰。而在信息素养、内容创造和策略性学习方面均需要进一步提高，学生虽然能够较为熟练地操作互联网学习的设备与终端，但对互联网信息检索获取、学习资源的主动分享、学习内容创作与发布等方面的能力存在欠缺。在日常教学中，教师需要为学生提供利用互联网学习的多种活动，引导学生主动检索获取资源，将自己的作品进行分享，同时辅助学生进行互联网学习目标与计划的制订。

第六章

CHAPTER 6
教师互联网教学能力发展情况

本章呈现了基础教育领域教师互联网教学能力调查情况。互联网教学能力是教师借助现代教育技术与设备，合理运用教育信息资源与方法，在先进教学理念指导下赋能学习者、开展教学活动的能力，提升教师的互联网教学能力是互联网教学发展的重要目标。本章根据已有相关研究及本次调查所制定的互联网学习分析框架，首先对教师基本背景与特征进行梳理，之后从技术操作、资源整合、教学促进、赋能学习者、学习评价、专业发展六个方面展现教师的互联网教学能力发展情况。

6.1 教师背景与特征

参与调查的教师背景特征主要包括教师所在地区和区域分布、性别、任教学校所在区域、年龄、教龄、学历、职称、学段、学科分布等信息。本次调查共收集到来自全国 31 个省区市（不含港澳台地区）的教师问卷。

参与调查的教师女性占比 75.82%，男性占比 24.18%（如图 6-1），可以看出，基础教育阶段教师以女性为主。其中，有 36.64% 的教师来自市区学校，38.10% 的教师来自县镇学校，25.26% 的教师来自农村学校（如图 6-2）。

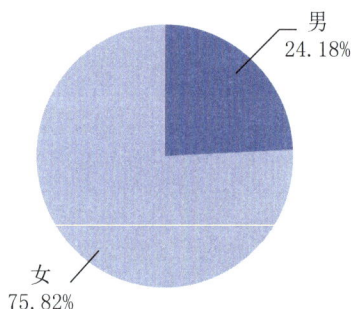

图 6-1　教师性别分布

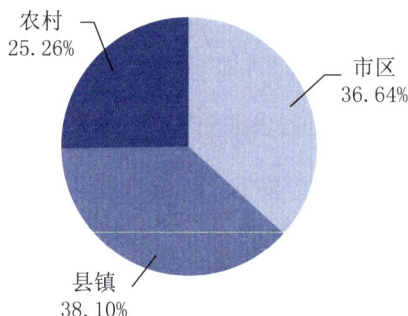

图 6-2　教师任教学校所在区域分布

参与调查的教师在 25 岁及 25 岁以下、26—35 岁、36—45 岁和 45 岁以上四个年龄段分别占比 8.48%、36.91%、28.75%、25.86%（如图 6-3），这说明参与调查的教师以有一定教学经

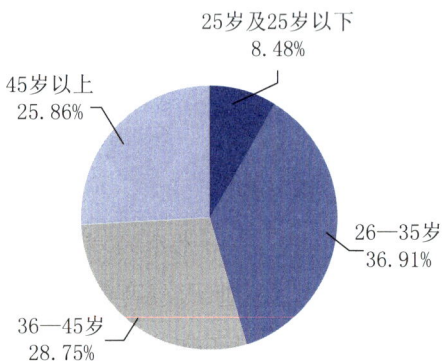

图 6-3　教师年龄分布

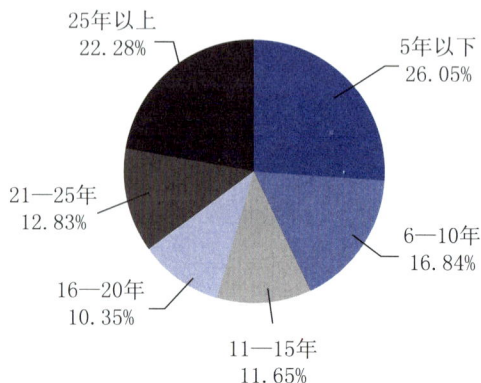

图 6-4　教师教龄分布

验的中青年为主，整体分布相对均衡。同时，参与调查的教师教龄在 5 年以下的占比 26.05%，教龄在 6—10 年占比 16.84%，教龄在 11—15 年的占比 11.65%，教龄在 16—20 年的占比 10.35%，教龄在 21—25 年的占比 12.83%，教龄在 25 年以上的占比 22.28%（如图 6-4），教师教龄分布与教师的实际年龄分布具有较高一致性。

参与调查的教师学历为博士研究生的有 0.12%，8.93% 的教师学历为硕士研究生，85.75% 的教师学历为本科，4.19% 的教师学历为大专，1.01% 的教师学历为中专及以下（如图 6-5），教师的整体学历仍然以本科为主，硕士研究生学历的教师占比逐年上升。参与调查的教师中一级教师、二级教师占比最高，分别为 43.30%、25.85%；其次为高级教师，占比 16.09%；无职称教师占比 13.70%；三级教师占比 0.75%；正高级教师占比 0.31%（如图 6-6）。

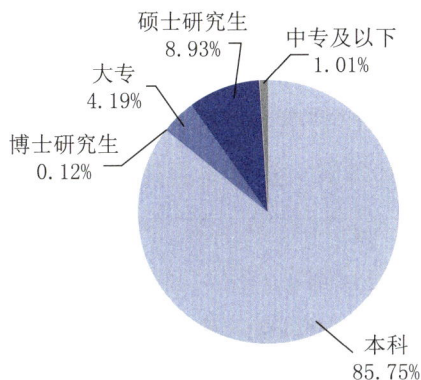

图 6-5　教师学历分布

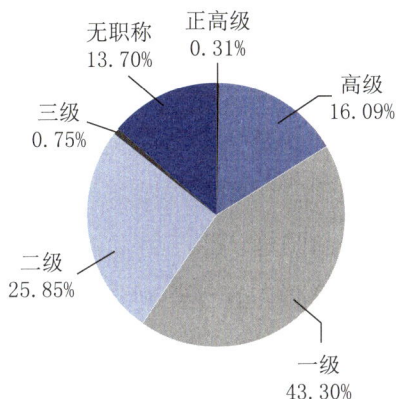

图 6-6　教师职称分布

参与调查的教师中有 58.00% 的教师任教学段为小学，27.61% 的教师任教学段为初中，14.39% 的教师任教学段为高中（如图 6-7）。

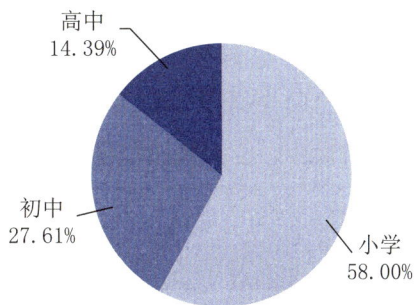

图 6-7　教师任教学段分布

参与调查的教师所教授学科覆盖了从小学到高中各个年级的学科课程。其中，语文教师最多，占比 30.32%；其次是数学教师，占比 23.19%；英语教师占比 13.84%；其他学科教师人数相对较少（如图 6-8）。此外，参与调查的教师中有 19.62% 的教师担任两门及两门以上学科的教学任务。

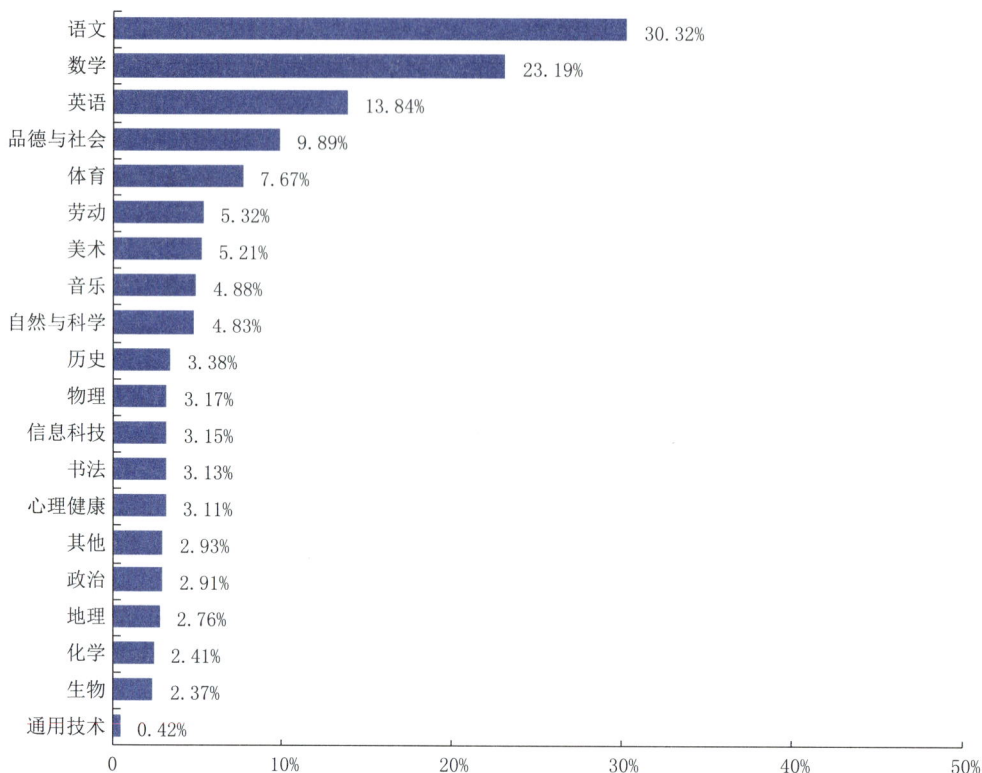

语文	30.32%
数学	23.19%
英语	13.84%
品德与社会	9.89%
体育	7.67%
劳动	5.32%
美术	5.21%
音乐	4.88%
自然与科学	4.83%
历史	3.38%
物理	3.17%
信息科技	3.15%
书法	3.13%
心理健康	3.11%
其他	2.93%
政治	2.91%
地理	2.76%
化学	2.41%
生物	2.37%
通用技术	0.42%

图 6-8 教师任教学科分布（多选）

6.2 技术操作

在互联网教学中，需要教师能够利用现代教育技术手段，熟练操作各种教育教学设备，并通过使用这些设备提高教与学的质量。教师技术操作能力调查结果显示，"我能够熟练掌握多种技术工具，支持开展在线教学"题项得分为 4.03（如图 6-9），处于较高水平，这说明随着信息技术的发展与普及，处于后疫情时代的教师利用技术开展互联网教学的能力随之提高。后续在基础教育领域开展教师互联网教学能力培训的过程中，可先通过自评、他评的方式对教师互联网教学技术操作水平进行诊断，之后根据诊断结果对教师进行分层，以期为每位教师提供个性化的技术操作能力提升培训。

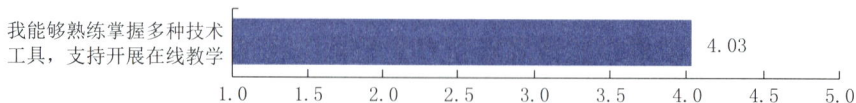

| 我能够熟练掌握多种技术工具，支持开展在线教学 | 4.03 |

图 6-9 技术操作能力调查结果

6.3 资源整合

资源整合能力关注教师在互联网教学过程中依据教学目标通过互联网以合理的方式收集、开发教学资源的能力。调查显示，教师的资源整合能力整体得分为 4.04（如图 6-10），处于较高水平。其中，"我能够根据教学目标与方法搜索与选择合适的互联网教学资源"题项得分相对较高，为4.10，说明教师普遍能够依据教学目标选择合适的平台搜集所需教学资源。"我能够根据教学目标与方法合理改编或制作互联网教学资源"题项得分相对较低，为3.98，表明教师的资源二次开发能力和资源创作能力有待进一步提高。根据调研结果，在提升教师互联网教学资源整合能力时，一方面需要不断丰富国家中小学智慧教育平台和省级、市级教育资源公共服务平台的互联网教学资源，在供给层面更好地满足教师个性化的互联网教学资源需求；另一方面需要在各级各类教师互联网教学能力培训中，帮助教师持续提升资源检索、资源创作及资源二次开发的能力，提高教师对各类资源的利用效率。

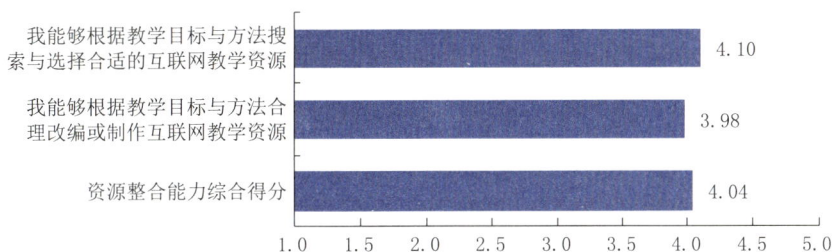

图 6-10　资源整合能力调查结果

6.4　教学促进

　　教学促进能力是指教师利用互联网开展不同类型的教学活动、加强师生之间的互动交流，从而提升教学效果、促进学生学习的能力。教师互联网教学促进能力整体得分为3.99，处于较高水平（如图6-11）。其中，"我能够利用互联网开展多种类型的教学活动来提升教学效果"得分较低，为3.96。这说明在互联网教学中教师合理运用互联网工具和资源，设计如探究式学习、项目式学习、同伴教学等教学活动来引导学生主动参与学习过程，提升教学效果的能力相对较弱。"我能够利用互联网加强自身与学生之间的互动与交流，以及时为其提供针对性的指导"得分为4.03，说明多数教师能够利用互联网开展相关教学活动以加强师生之间的互动交流，并能根据学生反馈及时为其提供有针对性的指导。根据调研结果，后续可通过教研、培训、赛课等多种手段帮助教师丰富互联网教学活动形式、加强与学生的互动交流，从教学理念和教学实践两个层面强化教师以学生为中心的思想，提升教师互联网教学效果以及学生互联网学习能力。

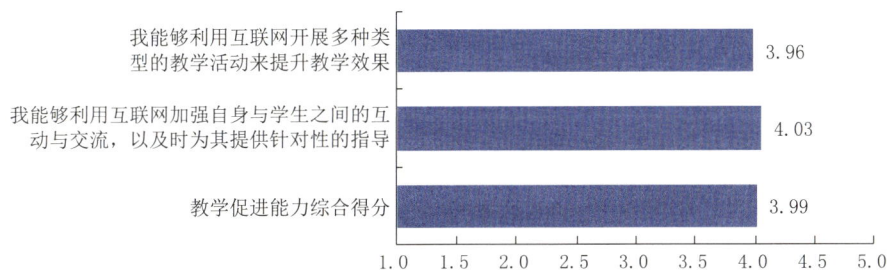

图 6-11　教学促进能力调查结果

6.5 赋能学习者

　　教师赋能学习者是指教师在互联网教学中充分尊重学生主体地位，考虑学生个体差异性，因势利导，帮助学生有目的、有计划、有组织地进行自主学习，实现深度学习的能力。教师赋能学习者能力调查结果显示，"我能够利用互联网针对学生自身情况实现个别化和差异化的教学或指导"题项得分为 3.99（如图 6-12），处于较高水平。这说明教师在互联网教学中实现个性化、差异化教学的能力仍有进步空间，这里可能存在两方面的原因，一是现有的互联网教学平台功能无法精确收集学生学情数据，导致教师不能准确掌握学生的个体差异，从而降低了教师为学生提供个性化、差异化教学或指导的可能。二是教师赋能学习者的能力相对不足，教师无法对互联网教学平台收集的学生个体行为特征数据进行挖掘和合理分析，因此不能有效组织相关教学活动，为学生提供差异化、个性化的学习支持。基于此，一方面需要互联网教学平台研发企业协同教育领域专家对互联网教学平台的学生学情数据收集与分析功能进行完善，为教师开展个性化、差异化教学指导提供数字基座；另一方面需要在教师互联网教学能力培训中着重培养教师利用技术开展学情分析以深入了解学生需求，并根据学情分析结果设计个性化、差异化教学活动，从而帮助学生实现深度学习的能力。

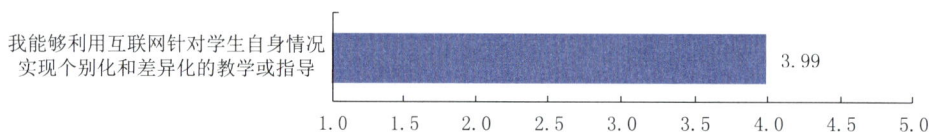

图 6-12　赋能学习者能力调查结果

6.6 学习评价

　　学习评价能力关注教师在互联网教学过程中根据学生学习数据开展学习评价、调整教学策略、为学习者提供学习反馈的能力。教师学习评价能力整体得分为 4.00，处于较高水平，且各项指标代表的能力发展较为均衡（如图 6-13）。其中，"我能利用互联网对学生进行过程性评价和总结性评价"得分为 4.01，可以发现，评价作为教学活动的重要环节受到基础教育领域各方利益主体的重视，利用互联网教学平台记录学生学习过程能够极大地帮助教师更加高效、客观地对学生开展过程性评价和总结性评价。教师收集和分析学生互联网学习数据，并以此调整

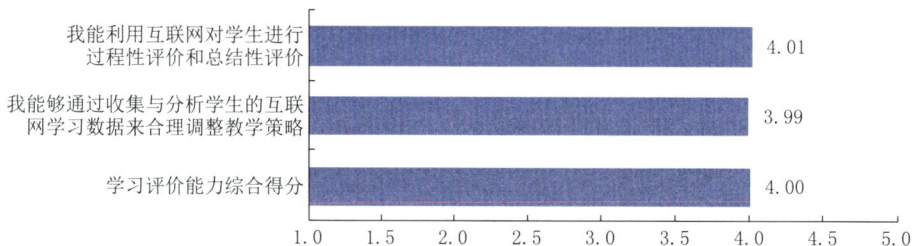

图 6-13　学习评价能力调查结果

教学策略为学习者提供学习反馈，是教师评价能力的具体体现。调查中"我能够通过收集与分析学生的互联网学习数据来合理调整教学策略"题项得分为 3.99，说明当前教师利用学习评价结果灵活调整教学活动以达成教学目标的能力存在一定进步空间。下一步，在教师互联网教学培训过程中，要帮助教师提高学生学习数据分析水平，强化学生学习过程性评价，紧扣教学目标实现教学评一体化；要帮助教师探索增值性学习评价，个性化地跟踪学生学习效果，发挥评价的激励作用和促进作用，改进学生学习；要帮助教师充分利用信息技术，提高评价的科学性、专业性和客观性。

6.7 专业发展

教师专业发展是指教师作为专业人员，在自身发展中持续学习、充实经验、提升专业素养、确保教育工作产出良善的过程，也是从新手型教师到专家型教师的过程。教师专业发展能力综合得分为 4.07，处于较高水平（如图 6-14）。题项"我能利用互联网相关资源与课程持续促进自身专业发展"得分为 4.06，说明教师普遍拥有较高的内驱力，能够在教学实践过程中不断反思自我，并根据自身需求借助互联网搜集各类资源持续促进自身专业发展。题项"我能够利用互联网加强与其他教育工作者的交流合作、经验分享"得分为 4.07，说明多数教师乐于通过互联网与其他教育工作者在经验、资源等方面进行沟通交流。综上，可以看出近几年开展的教师网络研修、名师网络课堂等活动能够帮助教师拓宽研修的领域和渠道，继而促进教师自身专业发展。教师专业发展是一个持续不断、循序渐进的动态过程，下一步要继续强化教师对自身作为潜力无穷、持续发展个体的认知，并在此基础上搭建互联网学习平台，帮助教师利用互联网搜集资源、交流分享，更好地实现自身专业发展。

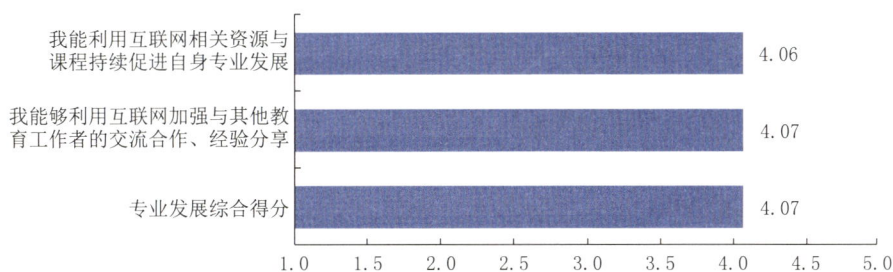

图 6-14 专业发展能力调查结果

6.8 小结

本章主要从技术操作、资源整合、教学促进、赋能学习者、学习评价、专业发展六个方面展现了教师互联网教学能力发展情况。教师互联网教学能力整体处于较高水平，其中，教师技术操作能力、资源整合能力、专业发展能力的发展相对较好。具体来看，在全国中小学教师信息技术应用能力提升工程 2.0 背景下，基础教育领域教师开展互联网教学最基础的技术操作能力、资源检索能力得到有效提升。值得关注的是，教师教学资源编制与二次开发能力尚有不足，后期可通过开展教学资源创作专题培训和主题比赛来提升教师改编、制作互联网教学资源的能力。此外，教师能够持续关注自身发展，在开展互联网教学的过程中不仅能搜集、选取促进自身专业发展的资源，还会积极与其他教育工作者交流互动以促进自身发展。相比之下，教师在教学促进、赋能学习者、学习评价等方面的能力相对较弱。具体来看，教师在互联网教学中开展如探究式教学、项目式教学、同伴教学等多种教学活动的能力相对较弱，后期可通过赛课、观摩优质课程等方式提升教师在互联网教学中组织多种教学活动、提升教学效果的能力。此外，教师利用互联网平台挖掘学生学习数据，把握学生学情，实现过程性评价和总结性评价，继而调整教学策略，实现个性化、差异化指导的能力相对较弱，后期可从完善平台学生学习数据收集功能和教师互联网教学能力培训两方面，增强教师在互联网教学中赋能学习者、开展学习评价的能力。

第七章

CHAPTER 7

互联网学习支持服务情况

互联网的支持服务能力是教师的互联网教学 CASE 模型和学生的互联网学习 CASE 模型中的重要组成部分。通过对基础教育领域中互联网支持服务能力的调查，有利于发现取得的进步与成果，凝练已有的工作经验，进一步发现存在的问题和不足，并结合实际情况提出可行性建议，更好地发挥出互联网对教师和学生的支持服务能力，推动信息技术与教育教学的深度融合，推进信息技术支持下的教与学的变革，为教师专业发展和学生学习提供良好的支持服务。

7.1 教师专业发展支持

互联网对教师的学习支持服务多体现在支持教师的专业发展方面。充分利用和发挥互联网的优势，促进教师专业发展、提升教师教学能力是深入推进教育信息化发展的迫切需求，也是弥补教育不平衡、不充分发展的有力抓手。关于教师专业发展支持的调查主要从专业提升活动参与、专业提升活动效果、专业发展共同体建设三方面进行。根据调查得出，教师专业发展支持的综合得分为 3.75，处于较高水平。这表明教师有机会参与互联网教学相关的能力提升活动，并能够将所学的知识应用于日常教育教学工作中，以及得到专业共同体的支持，促进教学经验的积累与自身教学实践的探索与反思。

7.1.1 专业提升活动参与情况

教师专业提升活动参与情况主要从教师参与互联网教学能力提升活动的机会以及每年参加培训的频率两方面获悉。"我有机会参与国家级、省级、市级举办的互联网教学能力提升活动"题项的得分为 3.68（如图 7-1）。关于教师每年参与活动的培训频率，38.05% 的教师表示每年参与过 1 次互联网教学能力提升相关培训，大致有一半的教师参加 2 次及以上，仅有 13.92% 的教师表示没有参与过互联网教学专业发展活动的相关培训（如图 7-2）。从调查结果可以看出，基础教育领域教师虽然有一定的机会参与互联网教学能力提升相关培训活动，但参与次数相对有限，区域或学校需要增加关于互联网教学的相关培训，多开展如混合式教学、在线教学、微课制作等内容的教师培训，增加教师参与培训学习的机会。特别是针对"三区三州"地区、老少边穷地区、乡村地区的教师等，在参训人数上予以一定倾斜，或者以在线方式提供培训，以帮助这些地区的教师利用互联网获得更多的专业发展机会，助力薄弱地区教师教育教学能力提升。

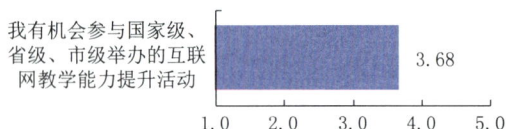

图 7-1 教师互联网教学专业提升活动参与情况

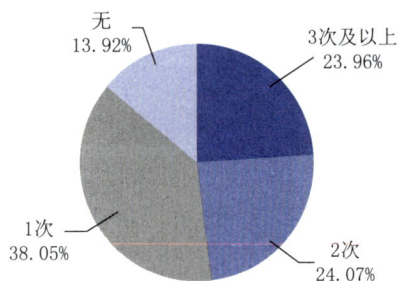

图 7-2 教师每年参加培训频率情况

7.1.2 专业提升活动效果

教师专业提升活动参与的效果最终取决于教师在活动参与后能否把活动所学的知识应用于日常教育教学工作中，促进教学经验的积累与自身教学实践的探索与反思。题项"我所参加的互联网教学能力提升活动，能够为我开展互联网教学实践提供参考，并引发自主探究与反思"的得分为 3.82，处于较高水平（如图 7-3）。可以看出，教师通过参与专家报告、研讨交流、案例分享、教学观摩、教学技能竞赛等形式的互联网教学专业发展相关活动，能够有效地帮助教师提升教学水平、更新教育理念，并对教学实践起推动和指导作用，能够更好地支持教师专业化发展。值得注意的是，后续相关培训活动的开展应在教师已有的水平和培训的需要的基础上，结合教师在教育教学活动中出现的问题，进行有针对性的理论与实践的指导，培训内容与教师教学实践密切联系，提高培训活动的实效性。

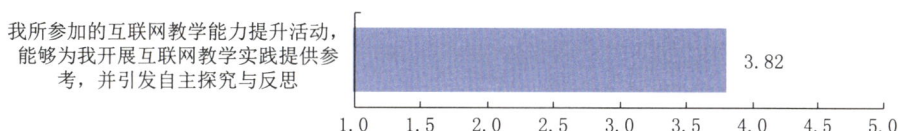

图 7-3 教师互联网教学专业提升活动参与效果情况

7.1.3 专业发展共同体建设

教师专业发展共同体的形成，能够持续激励教师积极投入互联网教学探索中，从而更好地促进教师专业发展。教师的互联网教学探索能够得到专业共同体支持的得分为 3.74，处于较高水平（如图 7-4）。教师通过互联网构建专业发展共同体，利用网络载体加强教师之间的联系，形成相互促进的交流与学习环境，从而有助于帮助教师更好地整合教学资源，丰富教师的横向知识，促进教学质量的提升。因此，在后续教师专业发展中，区域和学校需要进一步地关注教师专业发展共同体的建设与发展。在保障教师专业发展外部支持环境的同时，营造良好的教师专业发展共同体氛围，以共同体的建设发展来更好地支持教师个人的专业发展。

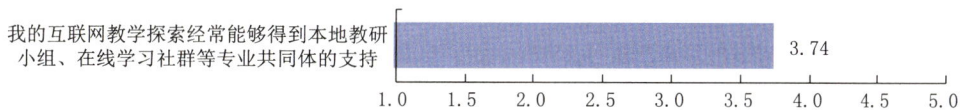

图 7-4 教师专业发展共同体建设情况

7.2 学生学习支持服务

互联网在线学习通过学习环境、信息呈现、互动反馈等载体的变化，使得学生可以自主选择学习资源、设定学习目标、规划学习进度、完成学习测评等，不受时间、地点的限制进行高效的学习。从调查结果来看，学生学习支持服务的综合得分为 3.74，处于较高水平。这表明学生能够在教师的指导和同学的帮助下利用互联网进行在线学习，并且能够根据收到的评价与反馈，实现自我认知与自我反思。

7.2.1 学习策略掌握情况

学习策略是指学习者在学习活动中有效学习的程序、规则、方法、技巧及控制方式。学习者掌握在线学习的方法和策略，不仅有利于提高自身学习成绩，促进知识技能的掌握，同时也能提高自身在互联网时代更高效地开展学习。调查显示，学生在线学习的学习策略掌握的得分为 3.80，处于较高水平（如图 7-5）。可以看出，学生在互联网在线学习过程中学习策略的获取，主要还是由教师或同伴提供。但学生也会主动借助互联网，通过寻求帮助、查找资源等方式，获取更加适合自己的学习策略与方法。因此，在互联网在线学习过程中，要进一步发挥教师的引导作用，倡导学生形成在线学习小组，加强在线学生之间的联系。鼓励学生利用在线学习平台进行问题探讨、开展合作学习、分享学习策略与方法等，让学生在互相帮助的过程中实现共同进步。

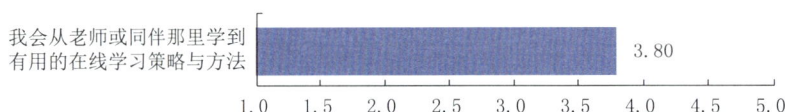

图 7-5 学生获取学习策略调查情况

7.2.2 学习评价反馈情况

学习不是孤立的，它本质上是一种交互性的社会活动。学生能够在学习过程中获得有效的学习支持和及时、正向的学习反馈，这有利于学生获得自我认同和团队认同，进而促进有效学习。在互联网学习过程中，学生从老师、同伴和互联网学习平台获得学习评价的综合得分为 3.78，整体上处于较高水平。"我能够从老师或同学那里获得有用的反馈与评价"的得分最高，为 3.80，"学习平台根据我的学习表现提供的反馈与评价，对于我改进学习很有帮助"的得分为 3.76（如图 7-6）。从调查情况来看，在互联网学习过程中，学生能够获得来自不同群体及平台的学习评价与反馈，有效促进学生开展学习反思，进一步提升学习效果。因此后续互联网学习发展要坚持为学生提供多角度、及时、客观、准确的评价与反馈。同时，也要重视教师、学生以及学习平台之间的协同作用，建设多元、动态、多主体参与的互联网在线学习评价体系，最大限度发挥互联网平台的评价优势。

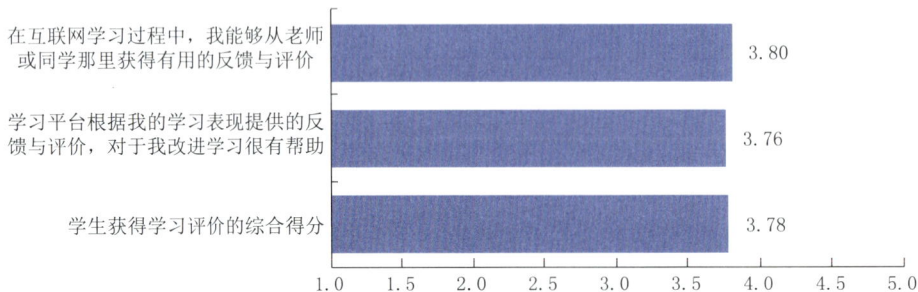

图 7-6 学生获取学习评价调查情况

7.2.3 学习求助满意度

互联网在线学习扩展了学生获取学习资源的范围，学生可以便捷地通过互联网获取各种各样的学习资源，在遇到学习问题时可以通过互联网获得教师或同伴的有效支持。学生通过互联网寻求帮助的得分为3.75，处于较高水平（如图7-7）。从调查结果来看，学生认为在互联网学习过程中遇到问题时，能够获得教师或同伴的有效帮助，但还存在一定的发展空间。因此，要优化和完善在线学习的答疑功能和机制，充分利用和发挥互联网上多元化的学习工具，帮助学生解决学习过程中所遇到的问题，辅助学生更好地实现探究、实践、互动等学习活动，使学生获得更好的互联网学习体验。

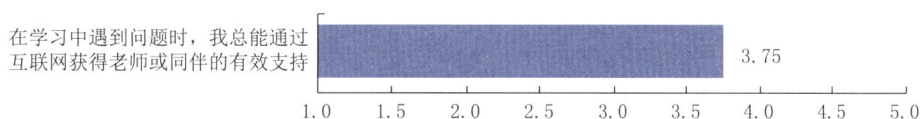

图 7-7　学生通过互联网寻求帮助情况

7.2.4 互联网学习体验情况

强烈的互联网学习动机与良好的情感体验是学生参与互联网学习的关键，也是互联网学习发展需要突破的重点。调查显示，基础教育领域的学生互联网学习动机与情感得分为3.64，处于较高水平（如图7-8）。由此可知，互联网上的学习内容与活动设置，对于基础教育领域学生的吸引力还存在较大提升空间，互联网学习平台应强化资源内容的趣味性，设置多样化的学习活动，增强学习内容与活动的吸引力，从而充分调动学生学习的主动性和积极性，增强学生互联网学习黏性，提升学生互联网学习体验及效果。

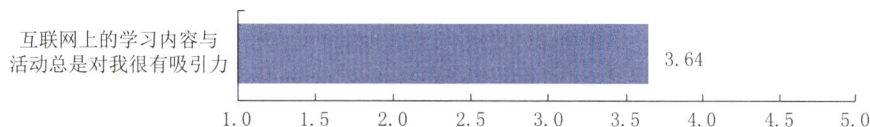

图 7-8　学生互联网学习动机与情感调查情况

为更加详细地了解学生利用互联网学习的原因，对学生利用互联网开展学习的原因进行了更进一步的调查。结果显示，原因是"为了更好地理解所学知识""为了复习巩固所学知识""为了完成老师布置的任务"这三类学生的占比均超过60%，53.51%的学生使用互联网进行学习是"为了进行自主练习或测试"，"为了满足自己的兴趣爱好"和"为了和他人进行交流"的学生分别占比38.84%、29.82%（如图7-9）。从调查结果来看，大多数学生利用互联网学习的主要原因仍然与学校学习的课程内容有关，其次是为完成教师布置任务的被动学习，仅有少数学生是利用互联网拓展自己的兴趣爱好进行主动学习。因此，教师一方面要充分利用互联网教学资源的优势，拓展资源的内容和形式，以帮助学生提高课堂学习的质量；另一方面也要正确引导学生使用互联网进行学习，让学生学习方式能够更加多样化，为学生的全面发展提供支持。

为了满足自己的兴趣爱好　38.84%
为了更好地理解所学知识　68.26%
为了进行自主练习或测试　53.51%
为了复习巩固所学知识　62.44%
为了完成老师布置的任务　67.82%
为了和他人进行交流　29.82%
其他　1.33%

0　10%　20%　30%　40%　50%　60%　70%　80%

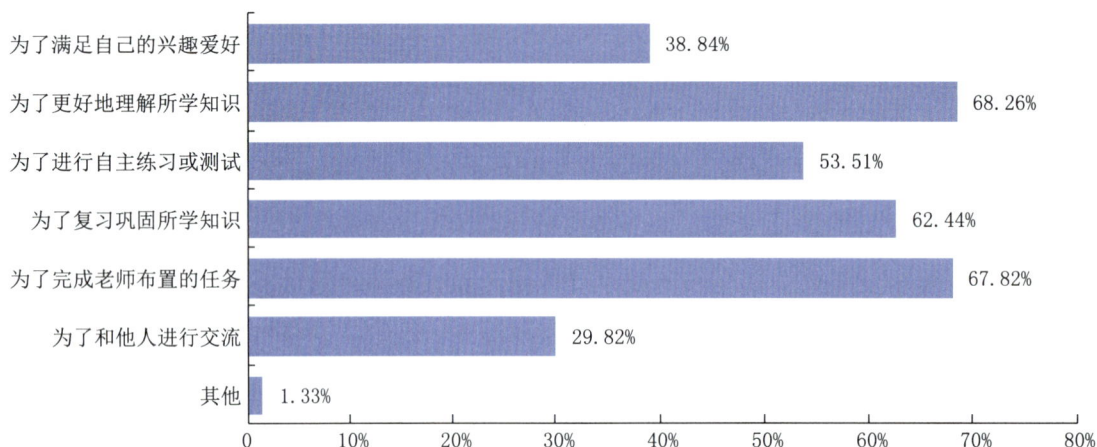

图 7-9　学生使用互联网进行学习主要原因（多选）

7.3　小结

　　本章主要从教师专业提升活动参与情况、活动效果、共同体建设和学生学习策略掌握情况、学习评价反馈情况、学习求助满意度、学习体验情况等方面了解互联网学习对教师专业发展支撑和学生学习支撑服务的情况。

　　从互联网学习对教师专业发展支持调研结果来看，教师有一定的机会参与互联网教学专业发展相关培训活动，并且通过参与活动提升了互联网教育教学能力，更新了教学理念，在互联网教学实践过程中也更加顺畅，有效地促进了教师专业化发展。但是存在教师参与次数相对有限的问题，后续应采取更加多样化与灵活化的方式丰富互联网教学的相关培训，增加教师参与培训学习的机会。同时也需要进一步地关注教师专业发展共同体的建设与发展，为教师营造良好的教师专业发展共同体氛围，以共同体的建设发展来更好地支持教师个人的专业发展。

　　从互联网学习对学生学习支持服务调研结果来看，学生能够借助互联网获取教师或同伴所提供的互联网学习策略。同时，在互联网学习过程中遇到学习问题时，可以及时获得教师或同伴的反馈和帮助，互联网学习平台也会经常对学生进行学习评价和反馈，进一步帮助学生实现自我反思、有效学习等。但不可否认的是，互联网学习对学生学习支持服务还有一定的发展空间，后续应充分利用和发挥互联网学习的优势，借助多元化的学习工具辅助学生更好地实现探究、实践、互动等学习活动，进一步优化学生互联网学习体验，提升学生互联网学习效果。

第八章

CHAPTER 8
国家中小学智慧教育平台应用情况

国家中小学智慧教育平台作为国家教育公共服务的一个综合集成平台，其应用情况是互联网学习发展的重要专题。通过对基础教育领域中不同人群对国平台的应用调查，深入了解用户对平台的使用体验以及对平台升级改进的期待与诉求等，不断推动平台升级建设与深度应用，更好地发挥互联网对教师和学生的支持服务能力，推进信息技术与教育教学融合应用，大力促进基础教育高质量发展。

8.1 教师应用现状分析

国平台是教师开展互联网教学（学习）的重要平台之一，教师对于平台的应用在一定程度上反映了教师的互联网教学（学习）应用情况，是互联网学习应用的重要部分。教师应用国平台的现状分析主要从国平台及其手机端软件使用安装情况、利用平台开展活动类型、平台应用体验、平台改进诉求、推进应用建议五个方面进行。

8.1.1 国平台及其手机端软件使用安装情况

关于是否使用过国家中小学智慧教育平台的调查中，绝大多数的教师都使用过此平台，未使用过的教师仅占 8.94%（如图 8-1）。同时安装国平台手机端软件的教师占比 80.31%，未安装手机端软件的教师占比 19.69%（如图 8-2）。从调查结果可以看出，基础教育领域绝大部分教师都接触并使用过国平台，超过 80% 的教师安装了国平台手机端软件。由此可以发现国平台的应用推广已取得初步成效，对教师互联网教学应用产生了一定的积极影响，但还存在极少数教师没有使用过国平台以及未安装国平台手机端软件。国平台手机端软件在互动交流方面更为便捷，因此，应继续推广国家中小学智慧教育平台，尽可能使每个教师都了解并使用国平台，同时在推广过程中应加强国平台手机端软件的安装应用，推进国平台的深入应用。

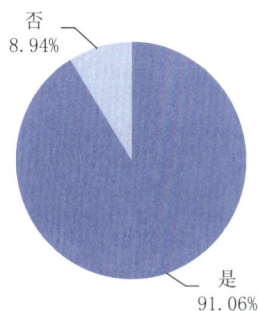

图 8-1 教师是否使用过国平台　　图 8-2 教师是否安装了国平台手机端软件

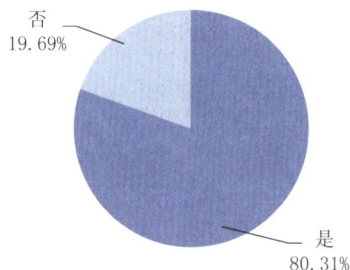

8.1.2 利用国平台开展活动类型

教师利用国家中小学智慧教育平台广泛开展各类教与学活动是反映教师互联网教学应用的具体体现。在"利用国平台开展过哪些活动"的回答中主要涉及开展日常教学工作、课后服务、教师研修和家校协同育人四大类活动，其中"利用平台开展日常教学工作"和"利用平台进行教师研修"的教师占比均超过一半，"利用平台开展课后服务"和"利用平台实现家校协同育人"的教师占比分别为 41.75% 和 27.61%（如图 8-3）。由调研结果可以看出，教师利用国平台开展的活动类型还是较为多样化的，多数教师利用国平台辅助日常教学工作、开展教师研修，从而提高工作和研修效率。然而在利用国平台开展课后服务、实现家校协同育人等方面的应用虽有所涉及，但比例相对较低，特别是在家校协同育人方面，因此还需在课后服务、家校协同等方面进一步延伸和拓展国平台的应用。

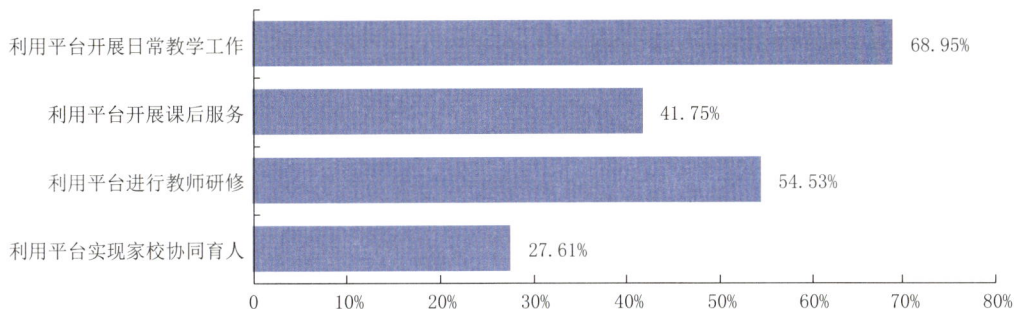

图 8-3　教师利用国平台开展活动类型

从教师利用国平台开展日常教学工作的细化活动类型来看，主要是利用平台资源进行备课，"参考名师课堂进行备课"和"借助备课资源包进行备课"占比分别为53.09%和58.43%，其次是"利用平台资源开展探究式教学""利用平台资源开展双师教学""利用虚拟仿真资源开展可视化教学""利用平台资源进行'停课不停学'期间的教学工作"与"通过班级管理功能进行作业布置及批阅"，教师占比均在10%以上。在"利用虚拟场馆资源开展情景式教学""利用虚拟场馆资源扩展学生视野""利用劳动教育板块中的资源开展劳动教育""利用平台资源开展班会课，丰富班会课素材""通过班级好友或群聊功能进行作业练习指导"等教师占比较低，均低于10%（如图8-4）。可以发现，教师利用国平台开展的日常教学工作的细化活动较为丰

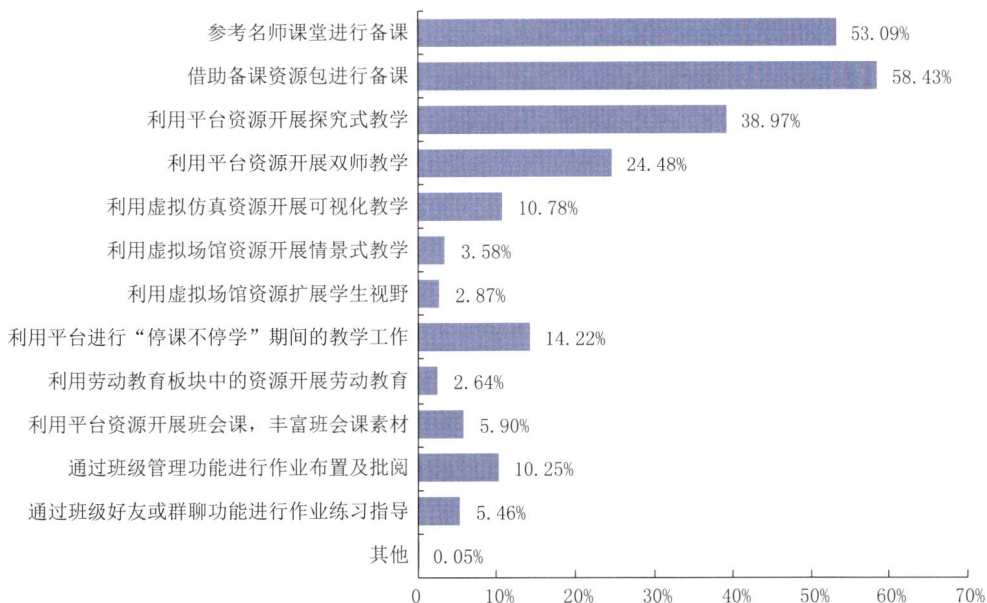

图 8-4　教师利用国平台开展日常教学活动类型

富，备课类活动开展最为广泛，利用国平台资源开展探究式教学、双师教学、作业管理、班会课等活动以及对虚拟场馆类资源应用、劳动教育板块资源应用等方面仍具有较大发展空间，特别是对作为国家中小学智慧教育平台特色资源的虚拟场馆类资源应用需要加大探索力度。

从教师利用国平台开展课后服务的活动类型来看，主要包括学习答疑辅导和平台课后服务板块资源的运用两个方面。"利用师生群聊功能进行学习答疑辅导"的教师占比 33.64%，利用国平台课后服务板块资源开展文化艺术类、经典阅读类、科普教育类、体育锻炼类及影视教育类活动的教师占比均低于 30%（如图 8-5）。由此可以发现，教师利用国平台开展课后服务活动的实践较为不足，尤其是对国平台课后服务板块丰富资源的运用还有巨大的提升空间。对国平台课后服务板块中书法、名著阅读、科学教育及篮球教学等资源的高效利用能有效促进学生全面发展，利用国平台手机端群聊功能进行学习答疑辅导有助于实现个性化教学，因此，提升教师利用国平台开展系列课后服务的认识和实践水平是非常必要的，进一步增强教师利用国平台开展课后服务应用的能力。

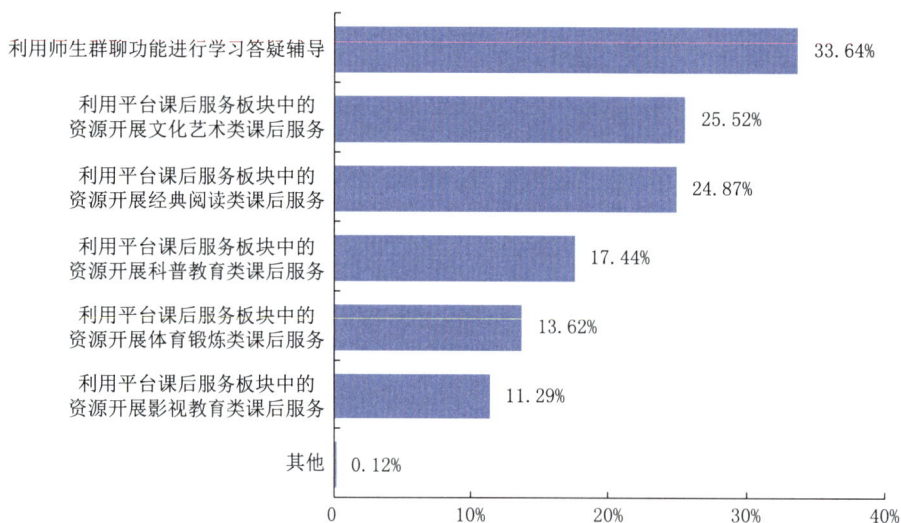

图 8-5　教师利用国平台开展课后服务活动类型

从教师利用国平台开展研修活动的类型来看，教师研修主要分为强制开展与自由开展两种类型。强制开展的教师研修活动有"参与学校或教育局组织的基于平台资源的研修活动"，教师占比 41.82%；自由开展类的研修活动包括"参加名师工作室，接受专家指导和引领""组建研修共同体，分享资源，协同教研"及"自主选学平台研修板块内容"，分别占比 31.40%、31.25%、29.80%（如图 8-6）。从调研结果来看，教师利用国平台开展研修活动初显成效，出现参与领导组织型、组建共同体协同教研、参加名师工作室与自主选学等众多形式，其中领导组织型的教师参与率最高，其他三种形式的教师参与率差异不大，但这几种形式的参与率均低于 50%。因此还需强化教师利用国平台开展研修活动的认识和应用，倡导教师协同教研，自主研修，有效促进教师专业发展，提升教师教学能力。

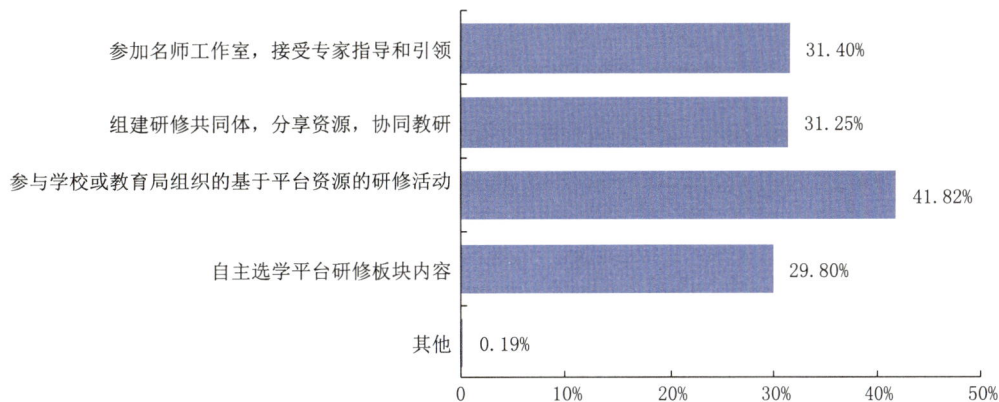

图 8-6　教师利用国平台开展研修活动类型

教师利用国平台开展家校协同育人活动类型主要包括与学生家长交流沟通、发布家长会通知、推送家庭教育资源等。"通过家校群功能与学生家长沟通"的教师占比 24.30%，"通过家校群功能发布家长会通知"的教师占比 22.32%，"向学生家长推送平台上的家庭教育资源"的教师占比 22.19%（如图 8-7），三种活动类型的教师占比几乎没有差异，比例均不足 25%。从调研结果来看，教师对利用国平台开展家校协同育人进行了各种形式的探索，但总体应用还处于较低水平，实现家校高效协同育人目标仍任重道远。因此，需要进一步提升教师利用国平台实现家校协同育人的意识和应用水平，农村区域的教师更需要加强与学生家长育人的协同性，同时通过推送国平台上家庭教育方法指导、先进教育观念等资源提升农村家长的家庭教育水平。

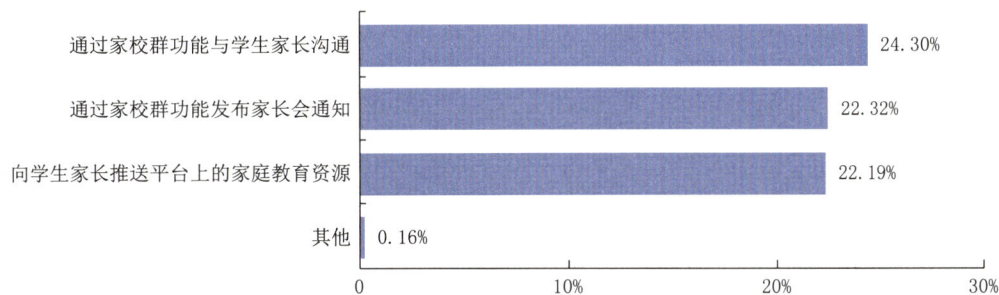

图 8-7　教师利用国平台实现家校协同育人活动类型

8.1.3　国平台应用体验

明晰教师国平台应用痛点，充分了解教师的国平台应用体验是升级国平台建设和推广国平台应用的重要途径。教师的国平台应用体验主要从应用国平台所获帮助和应用国平台所遇问题两个方面来呈现。

教师使用国平台所获帮助主要包括课堂教学、教师研修、交流沟通三个方面。课堂教学方面包括"多样的数字化教学资源有助于丰富我的课堂"（73.30%），"能开阔我对课堂教学设计的思路"（69.96%），"有助于实现学生精准评价与反馈"（29.23%），"有助于我指导学生开展基于平台资源的自主学习"（19.82%）；教师研修方面，"能丰富我日常研修活动的内容和形式"（57.19%）；交流沟通方面，"能够促进我与学生和家长的沟通"（35.65%）（如图 8-8）。可以发现，国家中小学智慧教育平台在不同方面助力教师工作，教师对于国平台应用成效较为认可。超过一半的教师认为应用国平台有助于丰富课堂、开阔教学设计思路、丰富研修内容及形式，但国平台在促进交流沟通、学生精准评价与反馈、指导学生自主学习等方面的作用发挥不足，尤其是在指导学生开展基于国平台资源的自主学习方面。在交流沟通与精准评价方面的应用不足或因受限于国平台功能建设不够完善，而在指导学生自主学习方面未发挥应有的作用多因教师应用能力有限。因此，应进一步加强国平台在精准评价和交流互动的功能建设，强化教师指导学生开展基于国平台资源的自主学习，充分应用国平台丰富资源，提升学生自主学习能力。

关于教师在应用国平台过程中遇到的问题，主要包括平台资源与功能两个方面。在资源方面，超过一半的教师反映国平台教材版本和课程资源不全，40.05% 的教师认为国平台缺乏实验操作的演示类资源，32.42% 的教师反映国平台资源形式较为单一，27.56% 的教师认为平台视频资源存在画面布局不合理、内容不够清楚等问题，还有少部分老师提出平台资源存在更新不及时、可加工性较低、内容错误等问题；在功能方面，主要包括平台学情反馈功能不强、交互功能不强以及平台"帮助中心"智能化不足三个问题，但三个问题的占比均低于 17%（如图 8-9）。由此可见，教师在使用国平台过程中遇到的问题多是资源问题，其中排在前三位的问题为教材版本和课程资源不全、缺乏实验操作的演示类资源、资源形式单一，其他资源问题和功能问题比例较低。国家中小学智慧教育平台重点定位就是国家教育资源库，因此，后续在解决国平台应用问题时应优先处理平台资源问题，功能问题的处理属于锦上添花，最大化提升教师国平台应用体验。

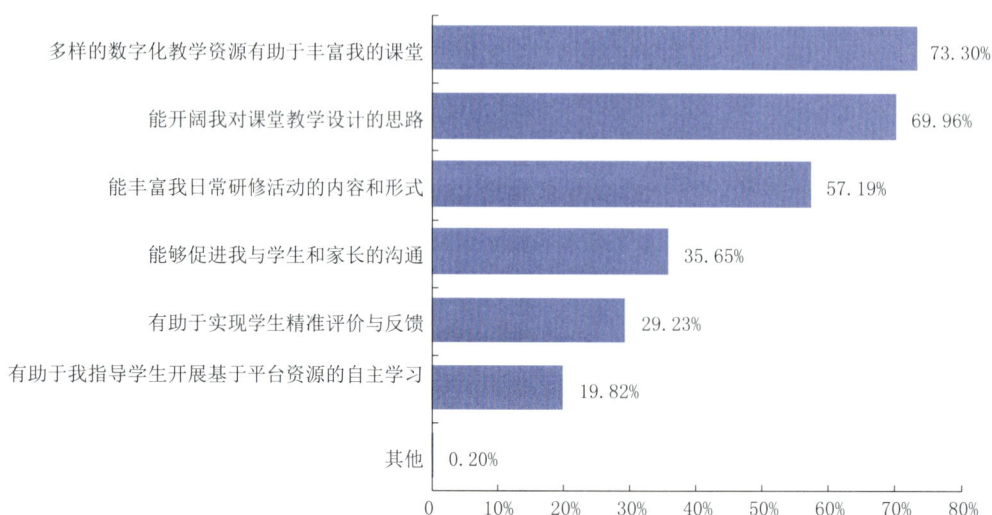

图 8-8　教师应用国平台所获帮助

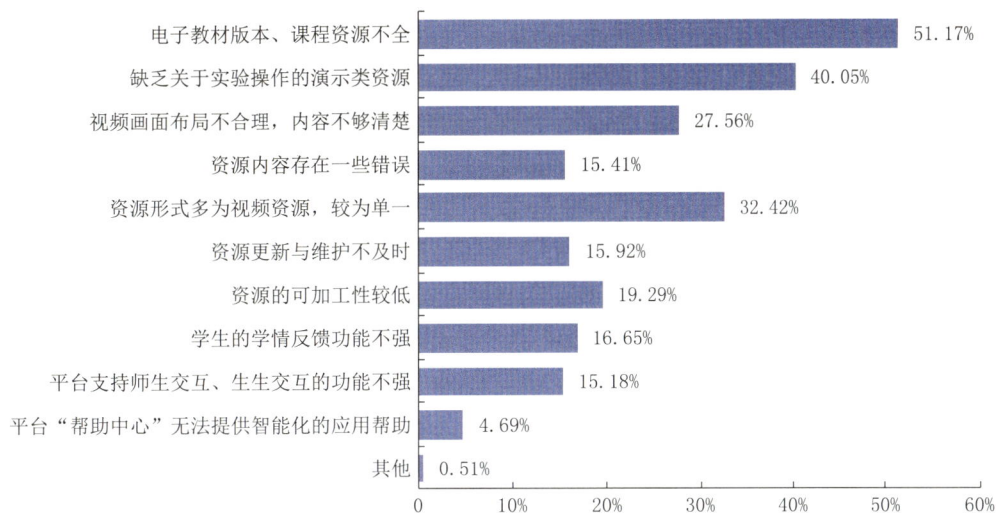

图 8-9　教师应用国平台所遇问题

8.1.4　国平台改进诉求

回应教师对国平台的改进诉求对推广国平台应用至关重要，关于教师对国平台的改进诉求的调查主要从国平台资源和国平台功能两个角度进行。

教师对国平台资源的改进诉求主要集中在增加资源内容、丰富资源形式、保证资源质量三个方面。在增加资源内容上，超过40%的教师希望增加虚拟场馆资源应用案例和增加虚拟实验室资源，38.91%的教师希望丰富手工、航模等主题探究类资源内容，38.72%的教师提及增加概念图、编程猫等认知工具类资源；在丰富资源形式上，超过50%的教师提出增加音频、动画、文本、图像等多种形式资源的诉求；在保证资源质量上，27.46%的教师提出完善资源的引入与淘汰机制，严格把控资源的引入与淘汰，在源头上保证资源质量（如图8-10）。因此，后续在改进国平台资源时可从增加资源内容、丰富资源形式、保证资源质量三个方面着手，其中教师对丰富资源形式的呼声最高，应给予优先考虑。

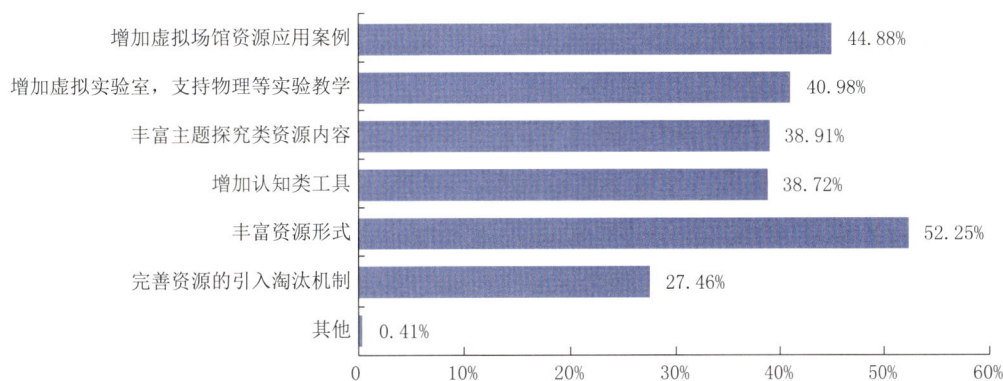

图 8-10　教师对国平台资源的改进诉求

关于教师对于国平台功能的改进诉求，排在前三位的是增加资源的智能推送功能、在线测试与作业练习功能、学情分析与学习诊断报告功能，占比均达50%以上。提出"细化资源

的评价反馈功能"与"增加外语教材的点读功能"的教师占比分别为 32.03% 和 24.38%，提及
"增加 AI 智能教师""国、省、市平台联通""开设建言献策板块"等功能诉求的教师占比均不
足 20%（如图 8-11）。可以发现，教师对于资源智能推送功能的呼声最高，希望通过智能推送
功能精准获得高质量、有针对性的资源，提高资源应用效率；第二大功能诉求是在线测试与作
业练习功能，希望通过弹题设置和作业练习监控学生学习、检验学习成果；第三大功能诉求是
学情分析和学习诊断报告功能，教师期望国平台能够依据国平台应用数据为教师及学生提供学
习诊断报告，支持精准化评价与明确学习问题。小部分教师提及细化资源平台评价反馈功能，
科学合理评价平台资源，也为后续资源引入提供数据支撑；另外有部分教师提出增加外语教材
点读功能，多是考虑到部分地区教师担心学生的发音问题。后续国平台功能的改进考虑现实条
件以及国平台定位，重点满足资源智能推送、在线测试与练习以及学情分析与学习诊断方面的
需求。

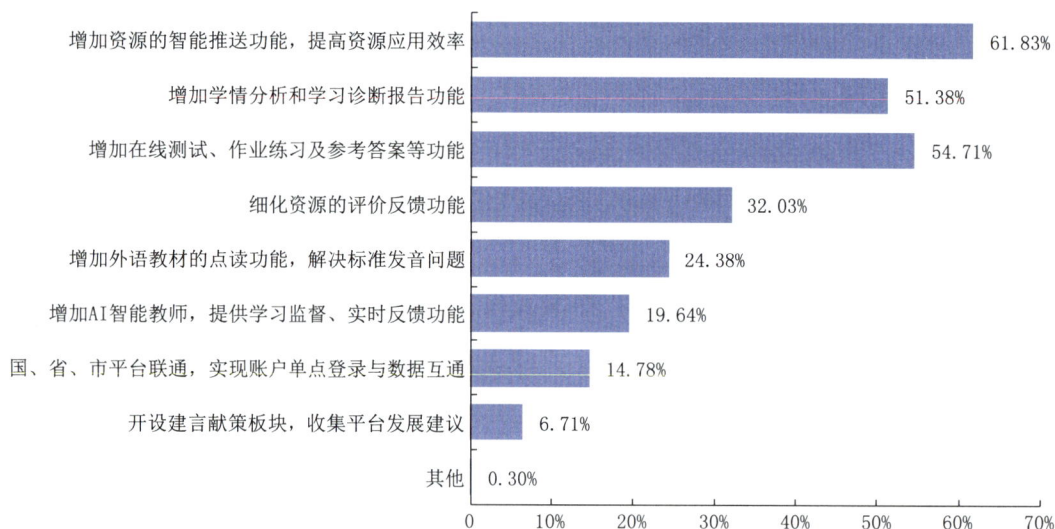

图 8-11 教师对国平台功能的改进诉求

8.1.5 推进应用建议

教师对于推进国家中小学智慧教育平台的应用建议，主要从培训和激励两个角度考虑。培
训方面，超过 60% 的教师提出"开展平台资源与工具的应用培训""开展基于平台的信息化教
学能力提升培训"；激励方面，42.53% 的教师提出区域或学校制定平台应用激励措施，33.51%
的教师建议将参与国平台研修的学时（学分）计入教师继续教育学分（如图 8-12）。总体来看，
大部分的教师建议开展国平台资源与工具的应用培训和信息化教学能力培训，让教师了解、会
用、用好国平台上的资源和工具，这是推进国平台应用最为有效的途径；部分教师还建议将国平
台应用纳入绩效考核或给予一定荣誉表彰，从而激励教师应用国平台；最后还有部分教师提出将
国平台研修学时（学分）计入教师继续教育学分，从而促使教师应用国平台开展研修。因此，后
续在推进国平台应用的过程中充分考虑应用培训和外部激励两方面，充分推进教师应用国平台。

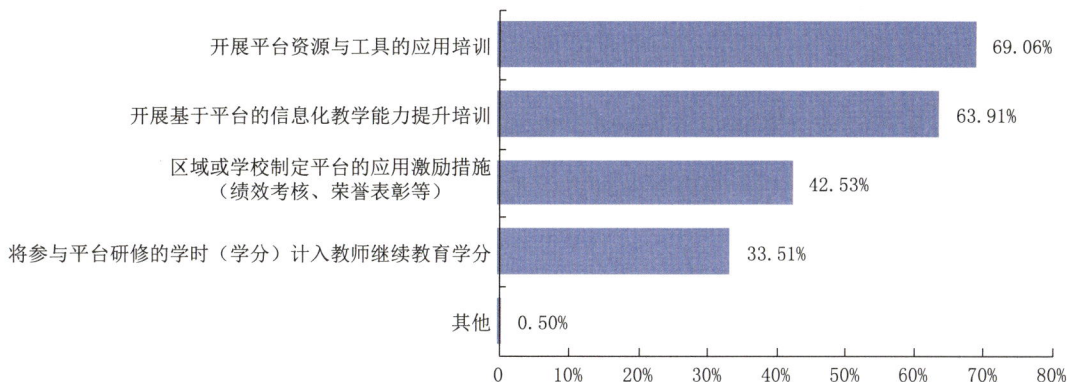

图 8-12　教师推进国平台应用建议

8.2　学生应用现状分析

8.2.1　国平台及其手机端软件使用安装情况

　　关于是否使用过国家中小学智慧教育平台的调查中，超过 70% 的学生都使用过此平台，未使用过的学生占比 28.37%（如图 8-13）。同时安装国平台手机端软件的学生占比 62.60%，未安装手机端软件的学生占比 37.40%（如图 8-14）。可以看出，基础教育领域的大部分学生都接触并使用过国平台，超过一半的学生安装了手机端软件，对学生互联网学习应用产生了一定的积极影响，但还存在小部分学生没有使用过国平台以及超过三分之一的学生未安装国平台手机端软件，说明国平台在基础教育阶段学生领域的推广应用还存在一定提升空间，和教师群体的应用比例相比还存在较大差距。因此，后续需要强化国家中小学智慧教育平台在学生群体中的推广，教师也应起到倡导作用，尽可能使每个学生都了解并使用国平台，同时在推广过程中加强国平台手机端软件的安装应用，推进国平台的深入应用。

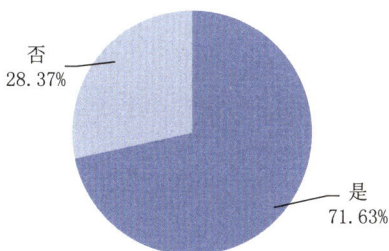

图 8-13　学生是否使用过国平台

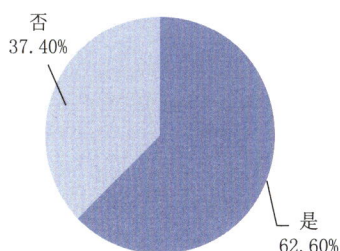

图 8-14　学生是否安装国平台软件

8.2.2　利用国平台开展活动类型

　　学生利用国家中小学智慧教育平台参与学习活动是反映学生互联网学习应用的重要体现之一。学生利用国平台参加的活动主要包括课程学习、自主学习、课后活动三种类型，其中超过 60% 的学生"利用平台进行课程学习"，"利用平台开展自主学习"的学生占比为 39.59%，"利用平台开展课后活动"的学生最少，占比 25.02%（如图 8-15）。可以看出，利用国平台进行课程学习活动的学生最多，大部分学生还是跟随教师的节奏以及安排来应用国平台，多是进行课程方面的学习应用；部分学生会根据自己的学习需求利用国平台开展自主学习，这也是国平台对于学生来说较为重要的一种应用方式；还有小部分学生从自身兴趣爱好出发，利用国平台课后服务板块资源开展较为丰富的课后活动，但应用比例相对较低。因此在深化课程学习应用的基础上，还需在自主学习、课后活动等方面进一步推广和应用国平台。

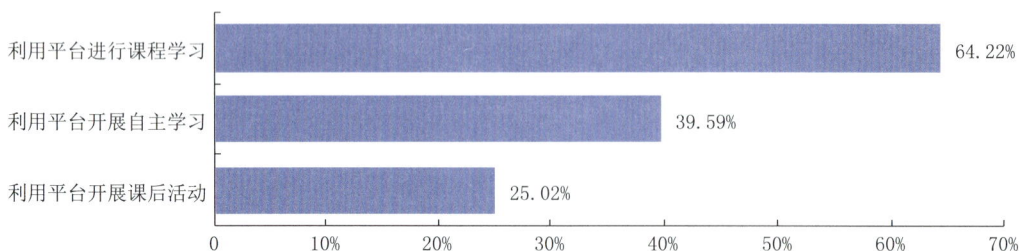

图 8-15　学生利用国平台开展活动类型

　　学生利用国平台进行课程学习的细化活动主要有四种，排在首位的是"根据老师分享或指定的平台上的资源进行课程学习"，占比 58.90%，其次是"通过师生群聊功能接受作业或活动通知，提交作业或活动成果"，占比 43.05%，再次是"通过班级群聊功能进行作业或活动成果的汇报分享"，占比 34.12%，最后是"利用平台答疑功能向老师请教学习中遇到的问题"，占比 29.41%（如图 8-16）。可以发现，学生利用国平台进行课程学习的细化活动较为丰富，按照老师分享的资源开展学习是最普遍的，这也是因为国平台上电子教材及课程视频资源都相对全面、权威，在"停课不停学"期间，学生利用教师分享的资源可以便捷地进行课程学习。部分学生利用国平台接收作业（活动）通知并提交作业（活动）成果，还有小部分学生会借助群聊功能进行作业（活动）成果的汇报分享以及向老师请教学习问题等活动。从总体应用来看，虽然学生利用国平台资源与工具参与了众多课程学习活动，但整体应用比例都不高，仍具有较大发展空间。

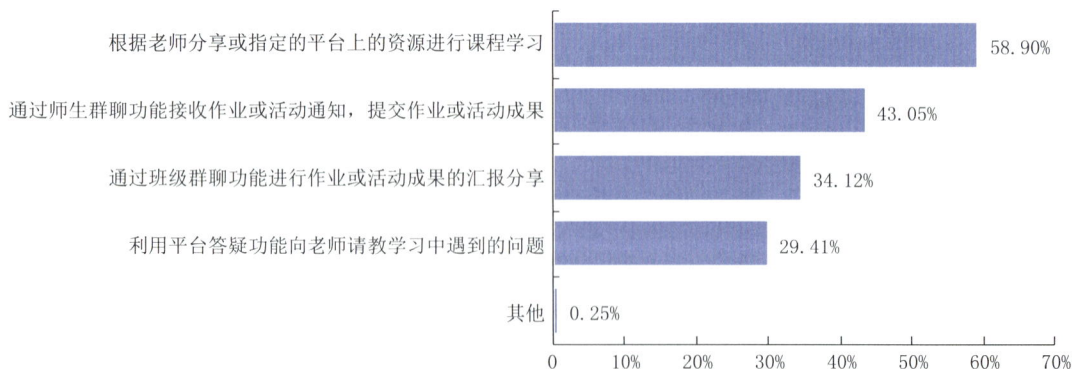

图 8-16　学生利用国平台进行课程学习细化活动

　　关于学生利用国平台开展自主学习的活动主要包括"利用平台资源（任务单、视频课程等）进行课程的预习、复习和重难点回放学习""利用平台课程资源对自己的学习查漏补缺""利用平台资源实现兴趣拓展学习""利用平台提供的虚拟场馆（如科技馆、博物馆等），开阔视野",分别占比 35.77%、32.69%、26.09% 和 17.15%（如图 8-17）。可以发现，利用国平台任务单、视频课程等资源自主开展课程预习、复习和重难点回放学习的应用最为普遍，利用虚拟场馆资源开阔视野的应用最少，这类活动应用对于农村区域的学生来说是十分必要的。整体来看，四种活动类型的学生占比均在 40% 以下，还有较大发展空间，国平台资源丰富，足以满足学生日常自主学习需要，应进一步强化自主学习应用。当然利用国平台开展自主学习对学生的网络自主学习能力也有一定要求，后续也应注重学生自主学习能力的培养，充分提升学生利用国平台资源开展自主学习的应用水平。

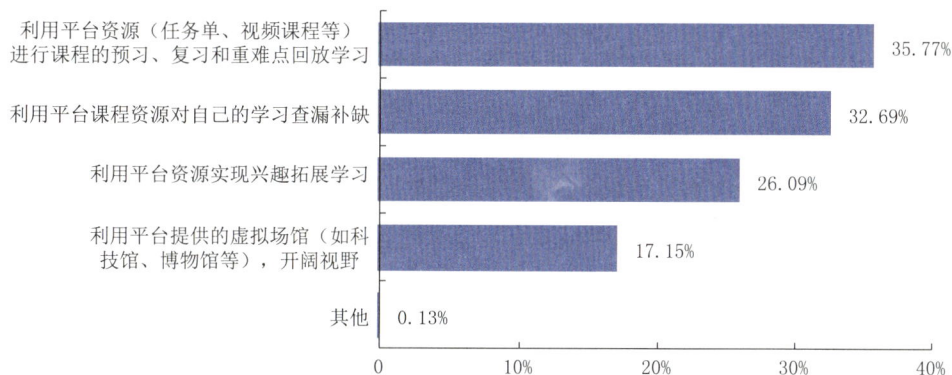

图 8-17　学生利用国平台开展自主学习细化活动

关于学生利用国平台课后服务板块资源开展课后活动类型主要包括文化艺术类、体育锻炼类、经典阅读类、科学科技类、影视教育类。其中"利用课后服务板块资源进行经典阅读类活动"的学生占比 20.66%，参与其余四种课后活动的学生占比均低于 20%（如图 8-18）。可以看出，学生利用国平台资源开展课后活动的整体比例较低，对国平台中课后服务板块资源的应用非常少，后续应强化学生课后服务板块中文化艺术类、体育锻炼类等多种资源应用，关注学生德智体美劳全面发展。

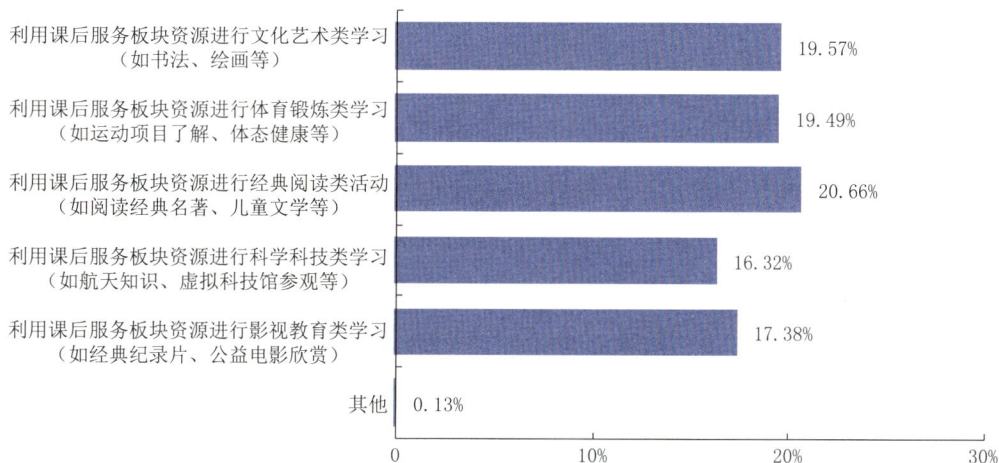

图 8-18　学生利用国平台开展课后活动类型

8.2.3　国平台应用体验

　　了解学生的国平台应用体验是升级国平台建设和推广国平台应用的重要途径。学生的国平台应用体验同教师应用体验相同，主要从应用国平台所获帮助和应用国平台所遇问题两个方面来呈现。

　　学生使用国平台所获帮助主要包括"多样的数字化学习资源有助于丰富我的学习"，占比58.78%；"有助于增进我和老师、同学的交流"，占比41.16%；"有助于我开展自主学习"，占比49.11%；"有助于开阔我的视野"，占比37.55%（如图 8-19）。可以发现，国家中小学智慧教育平台在不同方面助力学生学习，学生对于国平台的应用成效具有一定认可度。超过一半的学生认为国平台上多样的数字化学习资源丰富了学习内容；其次，部分学生提出利用国平台上对应课程资源、课后服务资源等可以自由开展自主学习；另外在促进交流沟通和利用国平台丰富资源开阔视野两个方面的应用比例差异不大。从整体比例来看，学生对于平台应用成效的认可度与教师认可度相比较低，还具有较大的提升空间，这就需要持续探索虚拟场馆在农村区域学生中的应用，强化国平台开阔学生视野方面的作用。

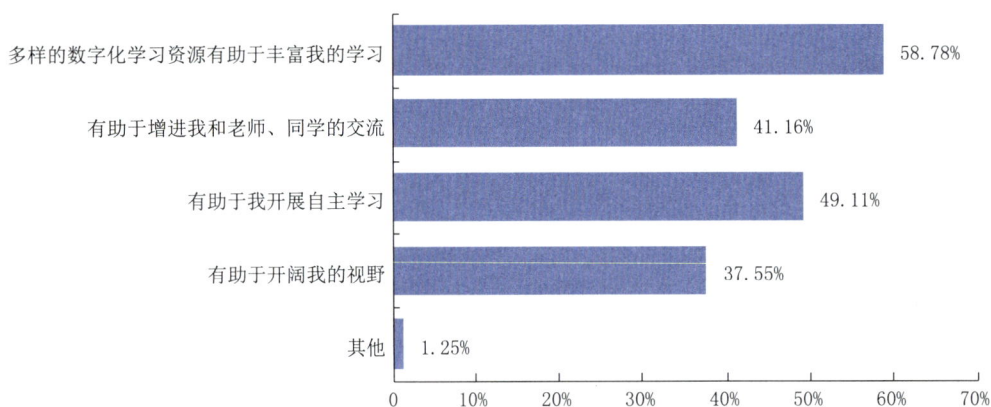

図 8-19　学生应用国平台所获帮助

　　关于学生在应用国平台过程中遇到的问题，主要包括国平台资源与功能两个方面。在资源方面，31.51%的学生反映国平台资源形式较为单一，27.52%的学生认为国平台教材版本与课程视频资源不全，21.17%的学生反映国平台课程视频时长较短，内容讲不透，还有低于16%的学生提出国平台资源趣味性不强、视频资源无字幕等问题；在功能方面，31.08%的学生反映国平台的交流互动功能不强，20.97%的学生提出国平台"帮助中心"智能化不强，14.44%的学生反映课程视频无弹题交互功能（如图 8-20）。可以看出，学生在使用国平台的过程中遇到的问题涉及多个方面，学生反映排前三位的是国平台资源形式单一、师生交流沟通的支持不足、教材版本与课程视频不全。因此，后续国平台应丰富资源形式，增加音频、文本、图像等多种资源；持续推进学生安装国平台手机端软件，强化交流互动功能；补充缺失教材版本，完善对应课程视频资源。

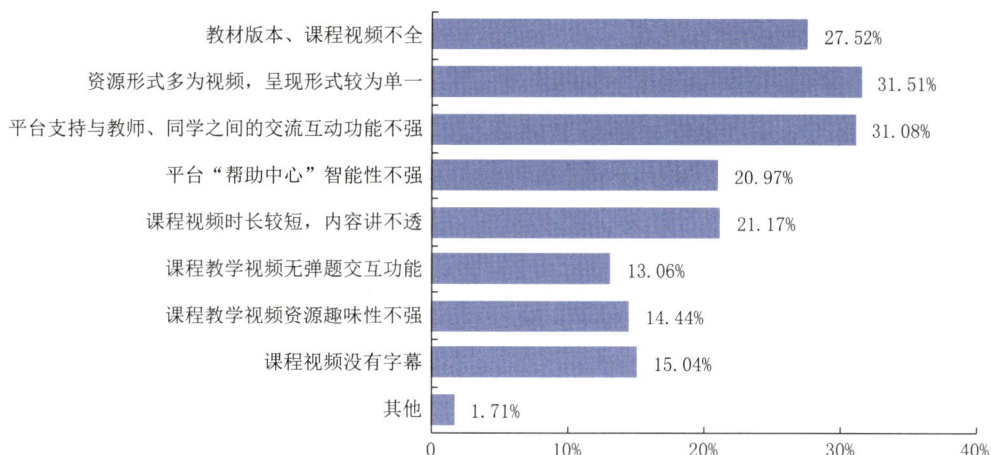

图 8-20　学生应用国平台所遇问题

8.2.4　国平台改进诉求

关于学生对国平台的改进诉求，主要包括国平台资源与功能两个方面。在资源方面，超过一半的学生提出增加课程视频配套的习题资源，35.14% 的学生提出丰富虚拟场馆类资源；在功能方面，诉求主要包括"增加课程视频学习实时笔记功能""增加个性化错题记录功能""增加学情分析和学习诊断报告功能""增加资源智能推送功能"，占比分别为 43.03%、37.38%、33.29% 和 14.35%（如图 8-21）。可以看出，学生对国平台的改进诉求排在前三位的是增加课程视频配套习题资源、增加课程视频学习实时笔记功能、增加个性化错题记录功能。因此，国平台在后续改进时可根据现实条件，优先增加习题资源，巩固学习成果；增加实时笔记功能，明晰学习重点；增加错题记录功能，实现针对性学习。逐步完善国平台资源与功能建设，提升学生应用体验，有效促进学生学习。

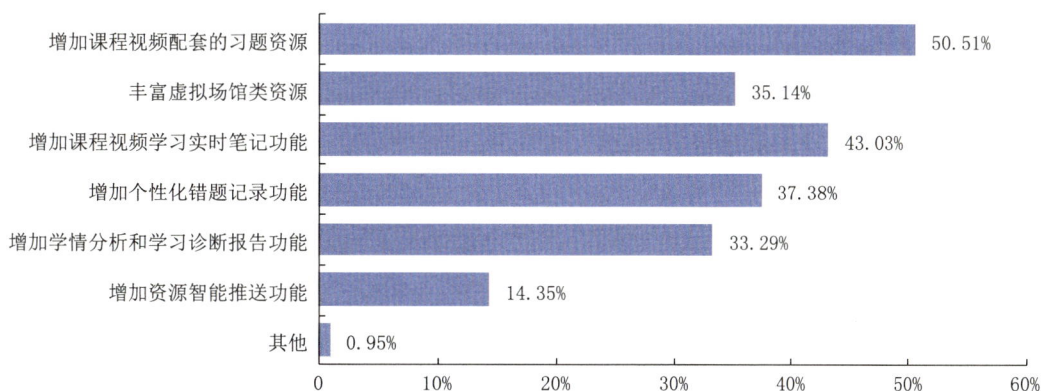

图 8-21　学生对国平台的改进诉求

8.3　管理者应用现状分析

8.3.1　国平台及其手机端软件使用安装情况

关于是否使用过国家中小学智慧教育平台的调查中，绝大多数的管理者都使用过此平台，未使用过的管理者仅占 11.62%（如图 8-22）。同时安装国平台手机端软件的管理者占比 78.59%，未安装手机端软件的管理者占比 21.41%（如图 8-23）。可以看出，基础教育领域的绝大部分管理者都接触使用过国平台，接近 80% 的管理者安装了国平台手机端软件。国平台在管理者群体中的应用推广已取得初步成效，但还存在小部分管理者没有使用过国平台以及未安装国平台手机端软件。因此，应继续推广国家中小学智慧教育平台，使国平台的应用在管理者群体中更加普及，同时在推广过程中加强国平台手机端软件的安装，推进国平台的深入应用和便捷化应用。

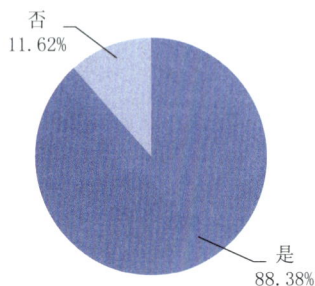

图 8-22　管理者是否使用过国平台　　　图 8-23　管理者是否安装国平台软件

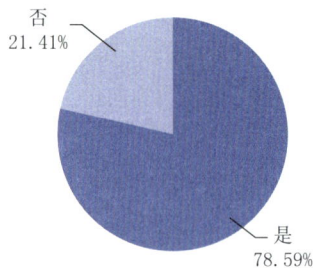

8.3.2　利用国平台开展活动类型

管理者使用国平台进行的活动类型主要包括学校信息管理、教师认证管理、学校班级管理、课后服务发布管理、查看教师研修、经验学习等六种。其中超过一半的管理者利用国平台进行学校信息管理和教师认证管理，这也是教师开展深度应用的入场券，管理者在国平台"进行学校班级管理"和"查看教师在平台上参与研修的情况"的占比几乎没有差异，占比均在 41%，"进行课后服务发布管理"和"借鉴其他学校教改实践经验"的管理者占比分别为 31.58% 和 29.76%（如图 8-24）。可以看出，管理者利用国平台开展的活动类型多为管理类，对国平台的应用也涉及多个方面。多数管理者对于国平台的应用多属于浅层次的，在利用国平台开展课后服务管理、教改经验学习等方面的应用虽有所涉及，但比例相对较低，还有极少数管理者应用国平台与教师分享优秀教学资源。因此，在课后服务发布管理、教改经验学习等方面的应用还需进一步延伸和拓展。

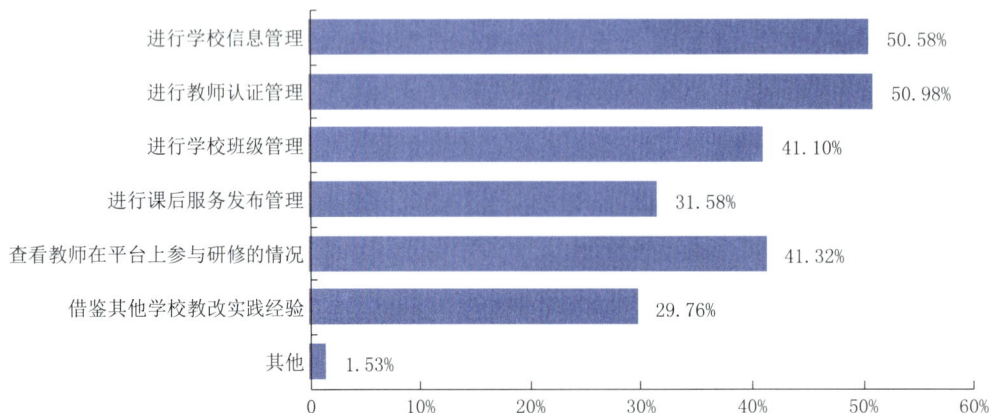

图 8-24　管理者利用国平台开展活动类型

8.3.3 国平台应用体验

管理者使用国平台所获帮助主要包括"基于平台数据，能够帮助我提高决策的科学性""有助于我高效地开展管理工作，提高管理效率""借鉴平台教改经验模块资源，有助于我推进学校教改工作"三类，分别占比 62.74%、64.39%、60.24%（如图 8-25），还有少数管理者提出利用国平台有助于获取更多更权威的教育信息。可以看到，认为利用国平台有助于提高决策科学性、管理效率与推进教改工作三方面的管理者占比均在 60% 以上，管理者对于国平台应用具备较高的认可度，国平台应用体验较好，这为国平台在管理者群体中的深入推广与应用提供良好的基础，也间接促进了学校师生的应用。

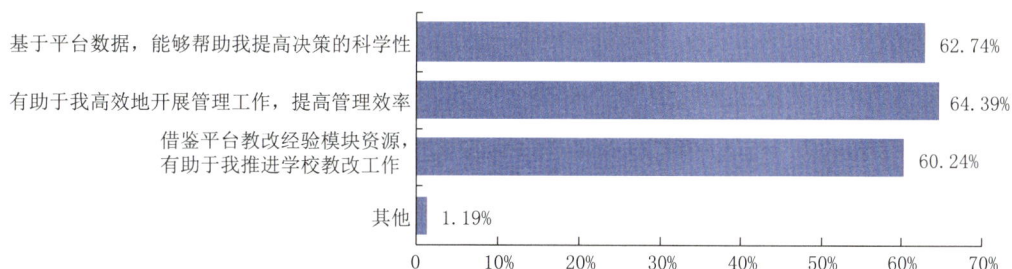

图 8-25　管理者应用国平台所获帮助（多选）

8.3.4 国平台改进诉求

管理者对于国平台的改进诉求主要包括"增加学校管理者领导力提升资源""优化对师生平台应用数据进行分析的功能"两类，分别占比 67.88% 和 76.11%（如图 8-26）。管理者最希望国平台能够优化师生平台应用数据分析功能，更加深入了解师生对国平台资源和工具的应用情况，同时也为有针对性地推进国平台应用提供数据支撑；其次，管理者希望国平台增加管理者信息化管理等领导力提升的相关资源，国平台上的资源虽较为丰富，但多是针对教师和学生使用，缺乏学校管理者能力提升等方面的资源；最后，少数管理者提出国平台资源能够更加贴近一线教学实际，促进自然流畅应用。

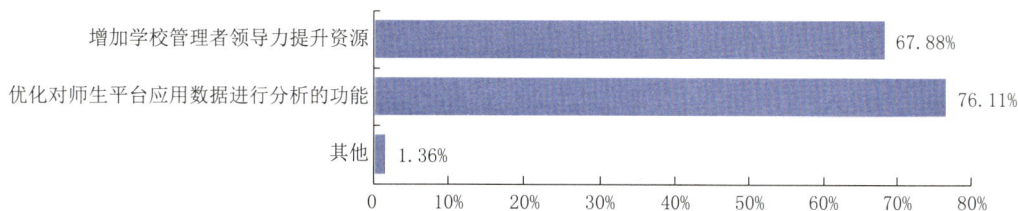

图 8-26　管理者对国平台的改进诉求

8.4　小结

本章主要从国平台及其手机端软件的使用和安装、应用活动类型、应用体验和国平台改进诉求四个方面分析了基础教育领域的国家中小学智慧教育平台应用情况。在国平台使用和国平台手机端软件安装方面，教师的使用率和安装率是最高的，国平台在教师群体中的推广应用成效最好，学生与管理者的使用率和安装率相对较低。在应用活动类型方面，教师多是利用国平台备课资源进行备课、开展日常课程教学工作及参加教师研修活动，利用国平台课后服务资源与开展家校协同育人的教师相对较少；学生多是根据老师分享的国平台资源进行课程学习，在利用国平台资源开展自主学习和课后活动参与两方面的应用不足；管理者利用国平台进行的活动多在学校信息管理与教师认证管理方面，对国平台上教改实践经验的应用较少。从应用体验来看，教师、学生与管理者对国平台的应用都具有一定认可度，一致认为应用国平台可以有效促进教学、学习与管理等一系列工作，其中教师对国平台的认可度最高，教师和学生高度反映国平台还存在教材版本与课程视频资源不全、资源形式单一等问题。在对国平台的改进诉求方面，教师、学生与管理者均从资源与功能两方面提出改进需求，教师和学生在丰富资源形式和完善教材版本、补全课程视频资源两方面诉求一致。另外由于身份不同，三者对于国平台改进的具体诉求存在一定差异，教师对国平台的学情分析与诊断报告功能以及资源智能推送功能的呼声较高，学生对增加配套习题资源及实时笔记功能的诉求占比较高，管理者主要改进诉求体现在增加领导力学习资源和师生平台应用数据分析功能两方面。

第九章

CHAPTER 9
互联网学习案例

在互联网学习的推进过程中，各级教育主管部门、学校管理者、教师发挥主观能动性，开展了多样的实践探索，使基础教育领域的学生学习方式、学习评价创新、互联网络研修、"双减"政策的落实和国家中小学智慧教育平台应用等都呈现出新的面貌，涌现出了一些富有创新价值的优秀案例。案例中的经验，能够为后续工作的开展提供鲜活的参照和借鉴。

9.1　互联网赋能学习方式变革

互联网技术在教育领域的广泛应用，为学生开启了广阔的知识宝库和个性化学习的新天地。通过网络平台，学生能够获取海量的自主学习资源，包括但不限于课程视频、电子图书、在线实验模拟等多种形式的资源，同时也拥有了各种智能化的学习工具，如自适应练习系统、虚拟实验室、互动讨论平台等，这些都极大地促进了教学模式从传统的"被动接受"向更加积极主动的"探索式学习"转变。

以天津市实验中学为代表的众多学校，在实践中创新了多种融合线上线下的混合式教学模式，比如实施"七线教学设计"，将教学环节细化并紧密结合信息技术，实现教学内容与过程的有效管理；胶州市振华中学则借助"数据+"教学策略，利用实时生成的数据对学生的学习进行深度分析与反馈，从而优化教育资源和服务供给；武汉经济技术开发区湖畔小学等学校推行智慧课堂建设，结合"融慧课堂"理念，打造出线上线下一体化的教学场景，强调学生中心地位，培养学生的高阶思维能力和知识迁移能力。此外，一些学校还积极探索物理空间和技术环境的创新改革，如汉中市汉台中学为积极探索新时代背景下学校科技创新教育的新途径和新载体，修建了微型科技馆和创客教室等新型学习空间，通过学科融合、活动融合和课程开发开展科技教育，让学生在动手实践的过程中深化对科学原理的理解，培养学生的创新实践能力，助力学生综合素养全面发展。

与此同时，大数据分析技术和人工智能（AI）被越来越多的学校融入教学过程中，以天津市和平区新星小学的"三引三学"教学模式为例，它巧妙地结合 AI 和大数据，精准识别学生的学习需求，引导学生开展自主、合作、探究性的深度学习，同时实时监测学生的学习进度和问题所在，及时给予个性化指导和反馈。平度市凤台中学应用虚拟现实技术打造多维度沉浸式教学体验，激发学生兴趣，提高学习效率。温州市实验中学则将人工智能与物联网技术相融合，通过项目驱动的方式鼓励学生积极参与，发展创新能力。芜湖市周皋学校、武汉经济技术开发区第一初级中学、南京江北新区浦口外国语学校以及无锡经济开发区教育局等，它们依托智慧课堂建设与大数据技术的支持，深入挖掘学生的学习行为数据和过程性评价信息，进而制订出精细化、个性化的教学方案，确保教师可以针对每一位学生的特点进行精准教学，同时赋予学生更多自我调控和个性化发展的机会。天津市河西区教育局为深化信息化教学应用，依托区域教育云服务体系、智能技术及教育大数据，建立走班选课系统和学习"诊断—矫正"体系，努力创造条件搭建个性化的教学环境，一切围绕着尊重和发展学生的个性化需求展开，力求在教育教学实践中真正落实精准化教学的理念，从而全面提升教育质量，助力每一位学子全面发展，成长为具有创新精神和实践能力的未来人才。

9.2　互联网推动教育均衡

多地教育局及学校充分发挥互联网平台和工具的联通作用，积极推动优质教育资源共享，通过"三个课堂"、同步课堂、发展共同体等形式，实现优质教育资源共享，为偏远乡村、山区的学生提供学习支持。如天津经济技术开发区第一小学与天水市堡山小学构建了依托思政课程实施智慧化、精准化教育帮扶新生态模式，充分利用信息技术手段，积极开展"三个课堂"活动，通过线上线下融合的教育帮扶措施，有效促进了"教"与"研"的深度融合，赋能教师教学能力和专业素养的提升，助力智慧教育精准帮扶。杭州市萧山区为解决教学薄弱地区长期存在的师资发展不均衡问题，创新教学帮扶机制，开展"城乡携手、同步课堂"，将全自动常态化录播与互动系统进行深入融合，建设互动录播主讲教室、互动听课教室，充分发挥网络同步课程资源优势，实现跨班级、跨校区、跨区域互动教学，有力推进"教"与"学"的有效性。衢州市柯城区教育局借助信息化工具，立足"三个课堂"，提升乡村教育质量，促进教学资源共享，同时结合区域发展实际，逐步升级"三个课堂"应用，让虚实空间融合、线上线下互动、城乡优势互补，不断推动教育观念更新、教学模式变革、课程体系重构，聚焦有质量的教育。温州市为解决云端教学操作吃力的问题，将"空中飞课"支教活动与"慧美育"智能云平台有机结合，创设专递课堂，共享平台课程资源，突破时空限制，跨学校、跨区域传播分享，为山区孩子输送优质教学服务，促进跨地区的协同提质、城乡美育教育均衡。三明市沙县区教育局为破解基础教育发展城乡间、校际间不均衡等难题，依托智慧教育实践"三个课堂"，建立"一校带多点、一校带多校"的教学和教研组织模式，有效缩小校际、城乡差异。同时创新运用优质教学资源共建共享良性互动机制，增强资源开放性与流动性，提高资源共建共享水平。

9.3　互联网助力网络研修

借助"互联网＋教研"的模式，网络研修已成为教师提升专业素养、突破时空限制的关键路径。网络研修鲜明的地域联动性、内容实用性及时空交互性特征，使其在促进教师专业化进程上扮演着核心角色。

以网络名师工作室为例，这种借助互联网技术构建的创新教研平台为教师们提供了线上交流、学习研讨的一体化环境。通过组织专题讨论、案例分享、在线培训等活动，各区域和学校依据实际情况定制个性化研修内容，精准对接一线教学需求，有力推动了教师专业技能的升级转型以及教育教学改革的深化实施。如天津市南开区教师发展中心依托本地基础教育网络教研平台，搭建起"网络名师工作室"，形成了上下联动的机制，利用"名师课堂"模式有效助力区域内教师的专业成长。芜湖市湾沚区教师发展中心则整合各级教研员和名师资源，运用网络学习空间和名师直播课程等形式，全面提升了全区教师队伍的信息化教学创新能力。各地学校也纷纷采用网络名师工作室的形式进行网络研修并取得显著成效。例如，天津经济技术开发区国际学校建立了一种融合"网络协同备课""网络协同教研"及"名师课堂专递"的区域协作教研模式；天津市静海区模范小学通过内外结合的培养策略，探索出"5+1"教研体系；天津市宝坻区潮阳小学携手农村学校组成城乡联盟，借助名师工作室实现资源共享，促进整体师资力量的协同发展；南京市软件谷第二小学成立方玉春网络名师工作室，研究基于网络环境的教学创新，并推广到区域内其他学校。

智能技术的引入进一步强化了网络教研的精准化。不少区域探索了依托各种智能技术实现教师画像，开展基于智能技术支持的精准教研。如连云港市教育局通过整合人工智能等先进技术，实现了对教师成长过程的实时追踪与可视化，为评价考核提供了客观科学的依据。利用AI 进行教学现状诊断，结合大数据分析与编程技术，推动了精细化教学策略指导，有效促进了教师专业技能提升和整体教学质量的优化。温州市鹿城区教育局以实践场景为基础，研发了模型与算法体系，充分挖掘数据价值，应用于教育教学预警与决策支持。在教师个人成长路径规划、干部培养、教师专业发展等方面，实现了全面的数据驱动决策服务，旨在打造区域内高素质教师队伍。石家庄市教育局积极采用 AI 技术，研发适应不同学科需求的学习资源库，满足教师个性化进修需求。通过智能化系统，实现了对各学科教学要点的精准聚焦，提高了教研活动的针对性和效率，从而提升了区域教研水平。基于数据的循证教研使教师的反思与发展更加精准化，方向性更强，更具实效性，有效推动区域和教师教科研的高质量发展。

综上，互联网支持下的网络教研已成为教育现代化进程中不可或缺的部分，它充分利用互联网、智能技术等工具，打破时空界限，精准定位教学问题，深入挖掘教师潜能，全方位优化教育资源配置，有力驱动了教师队伍的专业发展与教学质量的整体提升。

9.4 互联网驱动教育评价创新

互联网学习评价体系的革新，已从单纯的学习结果评估转变为对学习过程及学习效果的全面、深入审视。这一新型评价模式充分利用互联网环境和多元化的技术工具，系统性地涵盖了对学生学习行为、内容理解、策略运用及所处学习环境等多维度的评价。其优势体现在多元化评价主体、实时反馈、丰富的内容覆盖以及灵活多样的评价手段上，不仅有助于学生自我调整和进步，也向教师提供了及时的教学反馈，有效提升了教学质量。以天津市边远城镇初中的创新实践为例，该校将传统与现代技术相结合，通过互联网平台实现对学生情况的即时了解，并根据教学策略动态调整，促进了学生的全面发展。青岛市崂山区麦岛小学秉承"情趣教育"理念，借助大数据智能分析挖掘学生潜能，并运用云平台、钉钉和 AI 作文批改系统等智能工具进行精准辅助评价，满足了学生的个性化学习需求。此外，临淄市各区县教育和体育局引进科大讯飞智慧体育运动系统，在体育课程中实施信息化精准评价；汉中市西乡县金牛小学建立了基于德智体美劳五育的智慧评价体系，鼓励学生争做新时代好青年。通过对互联网学习评价的深入应用，我们能更准确地把握教师与学生的需求与问题，提供全面、精准且个性化的支持服务。这不仅能够提升教育教学质量和效率，更有助于推动师生全面发展，持续激发教育创新活力。

此外，多所学校积极打造智慧校园环境，构建教学评价系统，推行数字化教学，实践多元化评价模式。例如，青岛市西海岸新区第一高级中学依据《教育信息化 2.0 行动计划》精神，构建了一系列智慧教学场景，探索信息技术与教育教学深度融合，利用数据分析完善学生综合素质评价系统。武汉经济技术开发区湖畔小学在实践中坚持以学生为中心，构建数智学习空间，培养面向未来教育的师资队伍，通过建构多元评价模式，让学生成为评价的积极参与者，实现教育数字化转型和师生发展路径的创新研究。青岛君峰路中学打造智慧校园，构建教学评价系统，营造数字化教学环境，同时积极探索新技术解决方案，优化教学流程，提高教师备课效率，创新教研活动形式，形成数据驱动的教学决策机制。温州市瓯海区教育局自主研发"慧观课"课堂评价系统，构建具有区域特色的课堂观察策略，用数据驱动课堂改进，促进学生素养和教师专业能力的发展。

互联网技术在教育评价领域的深度应用与广泛实践，正不断推动我国教育评价体系的智能化转型与创新升级，以全面、客观、精准地评估学生学习过程和结果为核心，有效促进了学生的全面发展。

9.5 互联网推进"双减"政策深度落实

2021 年 7 月 24 日，中共中央办公厅、国务院办公厅印发了《关于进一步减轻义务教育阶段学生作业负担和校外培训负担的意见》，简称"双减"政策，旨在减轻中小学生过重的课业负担和课外培训压力，提升教学质量。随着互联网科技的迅速发展，新一代信息技术如云计算、人工智能与大数据等，在推动"双减"政策落实的过程中扮演着至关重要的角色。

在实际应用层面，各地学校纷纷探索利用信息技术优化教学过程，实现作业量的有效减少以及学习成效的显著提升。以合肥市第四十五中学为例，该校借助教育云平台创新实践"一二一"精准作业模式，通过系统智能推送精选基础题及变式题，根据学生答题情况提供个性化拓展或辅导资源，实现了作业的精准化设计与布置，有效提升了学习效率。温州市瓯海区牛山实验学校则采用错题软件平台，将学生的校内作业进行智能化处理，教师可以快速批阅并录入错题信息，学生无须手动抄写错题，同时平台可根据个人学情生成个性化的阶段性作业，确保每位学生能够针对自身弱点进行强化训练，打破了传统作业千篇一律的模式，提高了教学针对性。

部分区域积极布局，借助科技手段创新教育教学方式。三明市沙县区运用数据分析，为初高中学生定制个性化学习手册，精准定位知识薄弱点，推荐个性化考后练习；芜湖市弋江区联手科大讯飞等企业推广智慧课堂，依托大数据分析实现学情诊断和个性化学习资源推荐；合肥市全面采集学生学业数据，形成"四单三关"作业管理模式，并结合线上线下的高效课后托管服务，规范校外培训机构行为，切实减轻学生负担。沈阳市大东区常态应用智慧课堂和学业采集分析系统，教师能够实时掌握学生学习状况，按需推送个性化课后作业，形成了私人定制式的"一人一册"学习手册，定期摸底考试结果转化为精准学情报告，引导教学转向数据驱动，提高教学质量。杭州市的智慧作业系统则构建了特色鲜明的区域精品作业库，并配备 AI 作业机等智能设备，实现实时作业批改、学情数据无感知伴随采集与精准分析，形成智能错题本，帮助教师依据学生个体差异布置多元、个性化的作业内容，解决了当前作业设计单一、质量难以保证的问题。

综上所述，在推进"双减"政策落实过程中利用互联网技术，不仅有效地降低了学生作业负担和课外培训压力，而且极大地促进了教育资源的个性化配置和教学质量的整体提升，有力地推动了教育公平与素质教育的发展。

9.6 国家中小学智慧教育平台应用经验

国家中小学智慧教育平台作为中国互联网技术与教育资源深度融合的产物，自 2022 年 3 月正式运行以来，在推进教育现代化、促进教育公平和提升教学质量方面发挥了重要作用。在基础教育领域，国家中小学智慧教育平台得到了广泛应用。该平台以六大核心栏目为支撑，包括专题教育、课程教学、课后服务、教师研修、家庭教育以及教改实践，全方位服务于教育教学全过程。

在专题教育方面，国平台为各级各类学校策划和实施专题教育活动提供了有力的资源支撑。例如，天津市东丽区教师发展中心巧妙地借助这一平台在暑期期间策划了一场以"生命安全"为主题的实践活动，引导学生积极参与，从而内化了"珍视生命、安全至上"的核心价值观。不仅如此，该中心还深度挖掘并有效运用国家中小学智慧教育平台上丰富的思政课程资源，以此为基础组织了超过 30 场红色主题的教学研究与实践活动。南昌市红谷滩区南昌师范附属实验小学红谷滩分校结合国平台中的特色板块，如"红色文化教育"与"劳动教育"，开展了系列内涵丰富且形式多样的少先队活动，旨在通过这些活动进一步增强学生的爱国情怀与实践能力。天津市滨海新区教师发展中心更是创新性地发起了一次基于国家中小学智慧教育平台的"云端评选"活动。在这次活动中，滨海新区内的各中小学校被要求利用国平台德育、体育、美育及劳动教育等多个领域的专题资源，精心设计并开展一次全员参与的线上教育活动，确保学生即使在假期也能接受全面而均衡的素质教育。

在课程教学方面，各地学校积极运用国平台提供的各类教育资源创新教学方式。天津市静海区王官屯中学通过预设课前学习内容，让学生提前熟悉教材，教师则能精准掌握学生需求并有效指导学习；天津市第一百中学利用国平台的微课资源及师生互动功能，推动自主学习，并实现作业布置与批阅的线上化；芜湖市沱津学校和天津市宝坻区双站路小学等采取"双师课堂"模式，结合线上线下优质资源进行融合式教学，提高了教学质量和效果。在课后服务上，国平台提供了丰富的个性化辅导资源，弥补了部分学校在此方面的不足。衢州市常山县育才小学借助科普教育、文化艺术等板块资源拓宽学生知识面，激发兴趣。天津市宁河区桥北街第一小学与七里海镇任凤庄小学充分利用国家中小学智慧教育平台"课后服务"栏目资源，开展素质拓展活动，以促进学生全面发展。桥北街第一小学选取经典阅读、科普教育等六项优质内容，通过研读《弟子规》培养学生的良好行为习惯；而任凤庄小学则成立音体美社团及科技、书法小组，利用国平台中的体育锻炼、民族传统运动和书法教学资源，提升学生技能、兴趣与课后服务质量。

针对教师专业成长，国家中小学智慧教育平台同样发挥着关键作用。如天津市津南区双港联合小学建立线上教研协作平台，支持教师共享资源、交流心得，并基于国平台数据分析优化教学方法；衢州市柯城区礼贤小学教师通过国平台观摩名师授课，集体备课，提升课堂教学质量。此外，各地区纷纷组织教师研修培训，利用国平台组建学科教研群，深化对国平台功能和应用场景的理解。家校共育方面，许多学校积极推动家长使用国家中小学智慧教育平台的"家庭教育"栏目资源，加强家庭与学校的紧密联系。天津市西青区梅江富力小学等学校定期向家长推荐平台资源，帮助家长树立正确的教育观念，提高家庭教育能力，形成良好的家校协同育人环境。最后，国平台对于推动教学改革与实践具有显著成效。天津市咸水沽第四中学、军粮城中学等学校积极探索国平台与线下教学深度融合的新模式，通过分级课程研修体系和多样化的资源应用案例，转变教师的教学方式，切实提高教学质量。天津市西青区梅江富力小学则利用国平台资源重构教学内容，坚持以生为本，尊重学生的主体地位，进一步提升了课堂教学效率。

总之，国家中小学智慧教育平台的应用经验表明，它已成为我国教育信息化的重要载体，有力地推动了教育的均衡发展、教师的专业成长、学生的全面素养提升以及家校合作的深化，为中国教育事业的发展注入了新的活力。

第十章

CHAPTER 10
互联网学习存在的问题

调研发现，当前互联网学习的接受度较高、应用较为广泛，但在互联网学习环境、数字资源整合、师生数字素养、教师互联网教学能力、智能评价系统应用以及顶层设计与推进机制等方面，仍需进一步优化和提升。

10.1　互联网学习环境需要持续升级

学习环境是互联网教与学开展的基础。互联网学习环境既是开展教与学活动的主要载体与发生场所，也是支撑"互联网＋教育"创新实践的重要基础，其质量高低直接影响着使用者的学习体验和学习效果。当前通过备课、上课、作业管理、学习评价以及教务管理可以极大地提高教学与学习支持系统进行教育工作的效率和效果，实现资源管理的信息化，并利用家校互动，加强学校与家庭之间的联系，提高家长参与教育的积极性，共同促进学生的健康成长和全面发展。但调查发现，当前互联网学习环境对一些地区的 Wi-Fi 覆盖不均、交互式白板难以与 PC 端相连、学生终端满足需求困难以及智能机器人的感知与执行功能差等问题严重影响学习效果。为了使思维得到发展，学习资源更加丰富，实现智能化实验和数据分析，激活数字化服务生态是互联网学习环境持续发展和完善的关键。只有不断创新和完善互联网基础设施，才能确保互联网学习环境始终保持领先地位，有效促进学生的学习和发展。

10.2　优质数字资源有待深入推广

优质数字教育资源的深入推广是提升教学质量和教育公平的重要手段，同时也是推进教育现代化、实现教育强国目标的基础工程。目前，大多数学校都通过建设智慧校园、开展"三个课堂"等途径，建构了丰富的互联网教育资源，且形成了优秀资源共建共享的教育生态，基本实现了精准教学和个性化学习的深度融合；在区域教育发展中，通过建设区域性的教育资源公共服务平台，汇集区域内各学校的特色和优势资源，打破学校间的壁垒，初步实现了优质资源的共建共享。此外，国家通过主导构建国家级的智慧教育平台、政策鼓励和支持各地开展数字资源的开发与应用研究等措施，保障了资源的有效传播和合理使用。数字资源虽数量庞大、种类繁多，但优质数字资源的推广工作仍有较大提升空间。由于缺乏有效的推广策略，许多优质数字资源在教育领域的应用严重不足。例如，智慧教育平台和生成式人工智能资源等优质资源由于宣传不足，很多学生和教师并不知道这些资源的存在。此外，一些包含丰富教育内容的数字图书和资料库，由于使用门槛较高或宣传不够，也没有得到充分的利用。同时，一些地区的学校和教育机构由于技术条件、资金等因素的限制，无法充分利用现有的优质数字资源。这在一定程度上加剧了数字鸿沟的形成。因此，我们需要加大优质数字资源的推广力度，提高其在教育领域的应用率。通过多种渠道进行宣传，降低使用门槛，提供技术支持和培训，以及鼓励学校和教育机构积极利用这些资源。真正实现教育资源的均衡配置，提高全域教育质量，推动教育的可持续发展。

10.3 师生数字素养需要进一步提升

数字素养指通过数字技术安全恰当地获取、管理、理解、整合、交流、评估和创造信息的能力，它通常指包含计算机素养、信息通信技术素养、信息素养和媒体素养的各种能力。近年来，移动互联、虚拟现实、云计算、人工智能、大数据等数字技术得到迅猛发展，并被广泛应用于教学中，改变了教学方式，拓宽了教学范围，师生数字素养逐渐成为制约和影响教育发展的重要变量。为扎实推进师生数字素养提升，部分区域采取了很多措施，如开发优秀数字教育资源、提升教育新型基础设施建设、开展师生信息素养提升实践活动等。调研结果显示，虽然大多数学校的教学环境和设备相对完善，但师生利用信息技术开展有效学习以及解决问题的能力并不强，其数字素养亟待提升。部分教师对于数字工具和资源的应用较为表面化，教学观念亟待转变，应用水平还需提高。为进一步提升师生数字素养，学校需要创造良好的数字教育环境，并建立数字化教育的评价体系，鼓励教师通过专业发展和培训提升其数字素养。教师需要不断跟进信息技术的发展，合理使用各种信息技术工具来提高教育的质量，并帮助学生取得最佳学习效果。同时，师生要正规使用辅助教学设备，避免资源浪费。

10.4 教师互联网教学能力仍需强化

互联网教学能力是教师有效利用互联网开展教学所必备的关键能力，提升教师的互联网教学能力是互联网教学发展的重要目标。当前，基础教育领域教师互联网应用情况均处于较高的水平，教师对互联网的应用意愿较强，应用频率也相对较高，教师愿意通过线上线下混合式教学、双师课堂、翻转课堂等教学模式开展互联网教学。但是，教师在互联网的应用方式和应用效果这两方面得分较低，仍需强化。究其原因，部分教师很少参与互联网应用的培训，导致其并不熟悉相关工作软件，教师的信息化教学知识主要源于同事间的相互学习、入职前的积累或自主学习，而向专业人员请教或来自针对性培训的相对较少；还有部分教师在开展互联网教学时，运用信息技术的教学设计较为单一，仅仅将互联网作为向学生输出的工具，教师双向互动方面的能力较弱，与学生之间缺乏有效的互动交流，使得教学效果并未达到预期。此外，部分学校缺乏对于新兴教学模式的尝试和创新，多数教师处于对信息技术应用的浅层次阶段，还不能很好地将技术应用于课堂教学当中，并未改变传统的教学模式，创新能力也有待提升。

因此，后续需要从多方面采取措施来提升教师的互联网教学能力。学校可以采用多样化的培训方式，如线上线下相结合的混合式培训，利用线上的测试和线下的个性化指导，有针对性地提升教师的信息技术教学应用技能；在实际培训时，学校还须为教师多安排操作性和针对性较强的智能技术培训内容，让教师都能够学到实用性的应用技能，同时还应安排专业人员不定期地为教师答疑解惑，保障信息化教学技术服务的持续推进；学校还可以采取一定的奖惩措施，激励教师主动发展专业技能，鼓励教师走出课堂，多参加信息化教学的比赛，在活动中提升教师的技术应用水平和教学反思能力。总之，学校应通过以上多方面的措施来强化教师互联网教学能力，促进互联网教学的发展。

10.5　智能评价系统与应用有待创新

　　2020 年，中共中央、国务院印发《深化新时代教育评价改革总体方案》，指出应充分发挥教育评价的引导推动作用，坚持科学有效，改进结果评价，强化过程评价，探索增值评价，健全综合评价。随着技术的发展，智能评价系统逐步成为支持教育评价改革的有力工具。因此，为了更好地实现教育评价改革，需要研发科学合理且高效的智能评价系统，并且推广这种智能评价系统的应用。但是当前的智能评价系统仍存在诸多问题急需解决，一方面，当前智能评价系统的数量过少，无法为相关领域的发展提供有力的支持；另一方面，由于评价系统需要面向不同学科、学段以及不同性质的教育，不同的教育活动又需要不同的评价方法，而目前的智能教育评价体系还无法完全满足这些需求。因此，我们需要立足当下不断发展的新的需求，只有不断地引入新的技术，建立新的评价模型，开发出新的评价系统，推广它的应用并持续完善和创新，才能支持评价改革的实现，从而提高评价的效率，为教育教学的改进和优化提供支持。

10.6　顶层设计与推进机制有待完善

　　完善互联网学习的顶层设计与推进机制是推动互联网学习持续健康发展的关键所在。过去几年内，各区域在互联网学习发展的顶层设计与推进机制方面已取得了明显成效。通过政策引导、技术支持和资源整合，构建了一系列互联网学习平台和资源中心，为广大学习者提供了丰富多样的学习机会和方式。同时，各级政府和教育机构之间的合作逐渐加强，成立了一把手负责、多部门参与的工作小组，形成了较为完善的推进机制，有效推动了互联网学习的普及和发展。但互联网学习的顶层设计与推进机制仍存在一些问题和不足。在顶层设计方面，首先，顶层设计的系统性和前瞻性需要进一步加强。目前，互联网学习资源和服务虽多，但缺乏统一规划和整合，导致资源分散、重复建设现象泛化。同时，面对新技术、新模式的快速发展，顶层设计在预见性和适应性方面有待提升。其次，区县及学校互联网学习发展存在目标不聚焦、顶层设计缺乏、特色不鲜明等问题。在推进机制方面，执行力和创新性有待提高。尽管各级政府和教育机构在推进互联网学习方面付出了努力，但仍存在执行不力、监管不到位等问题。此外，推进机制缺乏足够的创新动力，创新的技术机制、合作机制、激励机制等还不够成熟。因此，后续互联网学习发展应持续优化顶层规划，创新推进机制，加强机制落实，有效推进互联网学习的高质量发展。

第十一章

CHAPTER 11
互联网学习发展趋势

随着信息技术与教育领域的深度融合，教育教学正经历着深刻的变革，互联网学习获得了空前的接受度和认可度。互联网学习将持续发挥重要作用，助力建立一个更加开放、共享、智能的教育环境，为培养创新型人才和构建学习型社会贡献力量。

11.1 智能化资源与工具将进一步得到推广应用

随着人工智能、大数据等技术的不断发展，智能化教育资源和工具不断涌现，为教育教学实践变革提供了前所未有的机遇。例如，接入 AIGC 的智能导学系统赋能学生高效开展自适应学习[①]，大数据分析系统助力教师开展精准教研[②] 等。同时，随着社会数字化程度的提高，教育管理者、教师和学生对教育数字化的认识也在不断深化。管理者期望通过技术实现教育过程的精准化管理与治理；教师希望借助智能化工具解放出更多时间，专注于教学设计与指导；学生则需要更加灵活、多样化的学习方式来满足个性化学习需求。这些教学需求的更新进一步推动智能化资源与工具的应用与推广。总的来说，技术发展与教学需求之间的双重作用是智能化教育资源与工具推广应用的关键动力之一。教学实践中的需求驱动着技术的创新与发展，同时技术的进步也为满足这些需求提供了更多可能性。在这种相互作用下，新型智能化教育资源与工具将进一步得到推广应用。

11.2 国家中小学智慧教育平台将持续赋能互联网学习

国家中小学智慧教育平台通过高效整合和优化各类教育资源，为学生、教师和教育管理者提供了全方位的支持与服务。国家中小学智慧教育平台汇聚和整合全国范围内的优质教育资源，包括但不限于数字教材、名师课程、特色专题、实验实践、教师研修等内容，实现教育资源的优质共享和高效利用。此外，国家中小学智慧教育平台还提供了包含自主学习、教师备课、双师课堂、教师研修、家校交流、课后服务、区域管理等九大应用场景，能够满足不同用户的使用需求。同时，国平台还提供了丰富的接口和工具，方便教育机构和开发者进行二次开发和定制，从而进一步丰富和拓展平台的功能和应用场景。值得一提的是，国家中小学智慧教育平台还具备强大的数据分析和智能推荐功能。通过对用户行为数据的收集和分析，国平台能够精准地了解用户的使用需求和兴趣偏好，并为其推荐更加合适的资源和服务，有效提升平台服务的精准性，同时也为管理者和教师提供了更加科学、全面的数据支持，有助于他们更好地优化管理和教学。另外，国家中小学智慧教育平台公益性和开放性的特质有效提升了其用户可及性，具备庞大的用户基础，积累了较为丰富的应用经验。综上所述，国家中小学智慧教育平台作为推动互联网学习发展的新引擎，其强大的资源整合能力、丰富的应用场景、高效的可及

---

① 白雪梅，郭日发.生成式人工智能何以赋能学习、能力与评价？[J].现代教育技术，2024，34（01）：55-63.

② 王超，顾小清，郑隆威.多模态数据赋能精准教研：情境、路径与解释 [J].电化教育研究，2021，42（11）：114-120.

性以及智能的数据分析功能，都为互联网学习的未来发展提供了强有力的支撑和保障。

11.3　人机协同重塑互联网学习新范式

　　随着人工智能技术的快速发展与普及，人机协同已成为推动各行各业创新升级的重要动力，特别是在教育领域，它正深度重塑互联网学习的新范式。在这个新范式中，教师与人工智能充分发挥各自优势，相互合作，共同促进学生的全面发展，实现高效教学。[①]一方面，人工智能凭借其强大的数据处理能力、个性化推荐算法以及实时反馈机制，能够根据每个学习者的特点和需求，提供定制化的学习内容和路径，实现精准教学。同时，智能化的教学工具如智慧学伴、虚拟助教等，能够随时随地解答学生疑惑，提升学习效率，弥补传统教育在时间和空间上的局限性。另一方面，人机协同强调人的主体地位，机器更多的是作为辅助角色存在，帮助学习者挖掘自身潜力，激发学习兴趣，培养创新思维和解决问题的能力。学习者在与智能系统的互动过程中，不仅是在获取知识，更是在实践与反思中提高自主学习能力和适应未来社会发展的综合素质。因此，人机协同为互联网学习开辟了新的可能性，它正在构建一个以学习者为中心，融合个性化、智能化、情境化的高效学习环境，重新定义着我们对互联网学习的认知与实践，使之成为更具活力、更加人性化的教育新范式。

11.4　智能技术支持的精准教研赋能教师专业发展

　　精准教研是以教师专业发展为愿景，基于信息技术环境收集多模态数据进行分析与应用，以支持课堂教学改进、教学行为优化与宏观教研精准决策的一种教研形态。[②]随着智能技术的发展，教研活动也将更加精准和高效。通过利用大数据、人工智能等技术手段进行多模态数据采集和分析，充分还原课堂教学情境，全面分析师生的行为、情感及认知状态，更加深入地了解学生的学习状态、学习的发生发展规律和学科教学的内在规律[③]，从而更加有针对性地进行教学改进。同时，智能技术使得跨地域、跨学校的教研合作成为可能，教师可以根据自身专业发展需求，通过网络平台参加虚拟教研室、观摩优秀课堂实录、名师工作室，从而进行个性化专业发展。精准教研助力教师专业素养的高效提升，教师可以更好地适应互联网学习的需求和挑战，提升教学水平，促进学生的个性化发展。

11.5　"互联网＋"教学评价与管理更加精准高效

　　随着互联网技术的深入发展和广泛应用，互联网学习环境下的教学评价与管理正在进行着变革。"互联网＋"教学评价与管理不仅变得更加精准，而且更加高效。通过大数据、云计算、

---

① 余胜泉，王琦．"AI+教师"的协作路径发展分析［J］.电化教育研究，2019，40（04）：14-22+29.
② 林梓柔，胡小勇．精准教研：数据驱动提升教师教研效能［J］.数字教育，2019，5（06）：42-46.
③ 陈锋娟，章光琼，张思，等．精准教研的内涵特征、价值取向与发展路径［J］.中国远程教育，2024，44（03）：68-78.

人工智能等智能技术采集全面、多元、客观、海量的教学数据和学习行为数据，并利用学习分析技术对多模态数据进行多维刻画和可视化展现，从而为教学评价与管理提供科学化、精准化和个性化的指导和反馈。[①]同时，通过实时的数据监测和分析，教师可以及时发现问题、调整教学策略，从而确保教学效果的持续优化。同时，这种动态高效的评价与管理方式还能够激发学生的学习兴趣和动力，促进他们的自主学习和持续发展。另外"互联网 +"可以简化教学管理流程，提高工作效率。如人工智能技术的应用使得教学管理更加智能化，通过智能排课系统，可以自动根据学生的课程需求和教师的教学资源进行合理排课；通过智能评估系统，可以自动对学生的作业、考试等进行批改和评估，提高管理效率。同时，还能够实现信息的即时更新和共享，确保管理者能够实时掌握教学动态和学生学习情况。综上，通过数据驱动、智能化管理、实时反馈、个性化支持等手段，可以实现教学评价与管理的精准化和高效化，为互联网学习提供有力保障。

---

① 刘选，刘革平.我国智慧教育研究十年：聚焦、困境与突围［J］.成人教育，2024，44（02）：30-36.

第二部分
区域基础教育领域互联网学习发展报告

第十二章

CHAPTER 12
北京市基础教育领域互联网
学习发展报告

12.1 概述

12.1.1 北京市互联网学习发展概述

2023 年，北京市教育数字化转型实现新跨越。为落实《北京教育信息化"十四五"规划》，北京市着重加强教育信息化规划引领与顶层设计，编制《北京市智慧教育总体规划方案（2022—2025）》，建立以技术赋能为支撑的数字化发展机制，提出夯实统一的基础底座、打造统一的教育应用场景、构建统一的教育数字通达空间的智慧教育发展总体框架。北京市教育委员会实施 13 项重点工程，提升教育数字保障能力，统筹"互联网＋"基础教育、人工智能与基础教育融合发展、国家智慧教育云平台建立分层多样的试点体系，打造面向未来的智慧教育新生态，实现从技术驱动向教育自身变革驱动的方式转变。

12.1.2 年度特征词及其解释

（1）智慧校园建设

2023 年，北京市加快了学校基础网络、数字资源、信息系统和科学性软件工具的普及应用，着力提高学校教育教学创新能力，促进以学习者为中心的教育教学方式变革。智慧校园建设是创新智能时代学校办学条件，打造技术赋能新空间，推进物联网技术及各类智能感知设备校园应用，实现校园公共设施统一管理和智能调度，提升学校管理能力的重要举措。北京市制定智慧校园建设评估标准，开展智慧校园达标评定，努力实现全市中小学智慧校园达标率85%，并遴选100所新型智慧校园示范校。"互联网学校""未来学校"等试点示范建设正在开展。开放课堂、贯通课程、突破边界，智慧校园建设正引导学校逐渐创建新技术条件下数据驱动、自适感应、泛在互联的下一代学习环境，创新人才培养模式。北京市还将培育挖掘智慧校园"标杆""灯塔"案例，打造智慧教育创新高地。

（2）深化大数据应用

2023 年，北京市经规划建设覆盖全市、多级联动的教育大数据平台，形成统采共用、分采统用、全面汇聚、循环迭代的数据共享交换机制，构建以教育大数据为基础底座的信息系统建设模式。充分利用市大数据平台赋能，使用其共性组件服务，研发教育数据大脑，构建学生、教师、学校三类全息画像，促进数据应用，服务于学校评价、教师发展和学生成长。深化大数据应用工作，聚焦学位预测、招生入学、教学质量、体质健康、评估监测、校园安全等热点难点问题，开展建模分析和趋势研判，推动数据驱动的教育科学决策和精准治理，同时将聚合的教育数据和信息产品向市大数据平台反哺，为管理决策及相关业务需求提供服务；发挥数据在教育教学中的基础要素作用，做到共性复用、数据贯通、融合计算，不断形成教育数据应用的典型模式。

12.1.3 互联网学习特征指数

按照项目组统计安排，北京团队在全市范围内，利用项目组设计的 CASE 模型网络调研问卷，对中小学师生进行调研。调研收到教师问卷 1 176 份，学生问卷 9 555 份，管理者问卷

87 份。调研中呈现的关键数据见表 12-1、表 12-2，所有特征指数均处于 3.5—4.1，达到较高水平。

表 12-1　北京市教师教学能力核心指标的特征指数汇总表

教师核心指标	特征指数	核心指标题项	核心指标题项特征指数
教学能力（C）	4.09	C11. 我能够熟练掌握多种技术工具，支持开展在线教学	4.14
		C21. 我能够根据教学目标与方法搜索与选择合适的互联网教学资源	4.17
		C22. 我能够根据教学目标与方法合理改编或制作互联网教学资源	4.03
		C31. 我能够利用互联网开展多种类型的教学活动来提升教学效果，如探究式学习、项目式学习、同伴教学等	4.02
		C32. 我能够利用互联网加强自身与学生之间的互动与交流，以及时为其提供有针对性的指导	4.09
		C41. 我能够利用互联网针对学生自身情况实现个别化和差异化的教学或指导	4.05
		C51. 我能利用互联网对学生进行过程性评价和总结性评价	4.05
		C52. 我能够通过收集与分析学生的互联网学习数据来合理调整教学策略	4.04
		C61. 我能利用互联网上的资源与课程持续促进自身专业发展	4.15
		C62. 我能够利用互联网加强与其他教育工作者的交流合作、经验分享	4.12
教学应用（A）	3.89	A11. 我会经常利用互联网开展教学	3.96
		A21. 我在课堂教学中经常利用互联网提供的资源和工具	4.12
		A22. 我在教学中经常使用线上线下混合式教学形式，如翻转课堂、探究学习等	3.84
		A31. 我经常利用互联网开展各种教学活动，如交流、投票、测试、虚拟实验等	3.76
		A41. 我很满意互联网教学的效果	3.85
专业发展支持（S）	3.72	S11. 我有机会参与国家级、省级、市级举办的互联网教学能力提升活动，如讲座、培训、研讨、研究等	3.62
		S21. 我所参加的互联网教学能力提升活动，能够为我开展互联网教学实践提供参考，并引发自主探究与反思	3.82
		S31. 我的互联网教学探索经常能够得到本地教研小组、在线学习社群等专业共同体的支持	3.71
教学环境（E）	3.94	E11. 我很容易获取到满足教学需求的多样化网络教学资源，如文本、图片、视频等	3.87
		E21. 现有的教学平台与应用能够支持我开展多种类型的教学活动，如雨课堂、课堂派、钉钉、腾讯会议等	4.01

表 12-2 北京市学生学习能力核心指标的特征指数汇总表

学生核心指标	特征指数	核 心 指 标 题 项	核心指标题项特征指数
学习能力（C）	3.95	C11. 我能够熟练操作互联网学习所需的软件和设备	4.05
		C21. 在利用互联网搜索时，我能够准确识别所需信息，过滤掉不相关的内容	3.99
		C22. 我能够整理好搜集到的互联网信息与数据，以便后续查找与使用	3.92
		C23. 从互联网获取信息与数据时，我能够有自己的判断，不盲从他人观点	4.04
		C31. 我进行在线交流与合作时，能够尊重、理解他人观点，并简明清晰地表达自己的观点	4.22
		C32. 我经常向他人分享高质量的学习资源	3.75
		C41. 我可以利用互联网资源和工具创作图片、文字、音视频等多种形式的作品	3.85
		C42. 我常常通过互联网平台发布自己的作品，如朋友圈、QQ 空间、抖音等	3.42
		C51. 我能制订好学习目标和学习计划来支持互联网学习的开展	3.84
		C52. 利用互联网进行学习时，我能够及时总结相关知识，巩固所学内容	3.92
		C61. 我能够在互联网学习过程中保护好自己与他人的隐私，如不随意填写个人、家庭、朋友的相关信息	4.21
		C62. 我能够有意识地规避互联网安全风险，如不轻易点击不明来源的链接与弹窗	4.12
学习应用（A）	3.78	A11. 我非常愿意利用互联网进行学习	4.08
		A21. 我经常利用互联网进行学习	3.93
		A31. 我经常上网搜索并获取学习资料	4.00
		A32. 我经常参与多种类型的互联网学习活动，如在线测试、在线讨论、在线答疑等	3.71
		A41. 我认为通过互联网学习的效果优于在教室学习的效果	3.27
学习服务（S）	3.98	S11. 我会从老师或同伴那里学到有用的在线学习策略与方法，比如搜索技巧、学习工具、学习习惯等	4.03
		S21. 在互联网学习过程中，我能够从老师或同学那里获得有用的反馈与评价	4.03
		S22. 学习平台根据我的学习表现提供的反馈与评价，对于我改进学习很有帮助	3.98
		S31. 在学习中遇到问题时，我总能通过互联网获得老师或同伴的有效支持	3.98
		S41. 互联网上的学习内容与活动总是对我很有吸引力	3.90

续　表

学生核心指标	特征指数	核 心 指 标 题 项	核心指标题项特征指数
学习环境（E）	3.94	E11. 我总能通过互联网获得许多好用的学习资源	4.00
		E21. 我在互联网学习时不会受到网速卡顿的影响	3.75
		E22. 现有的学习平台和工具能够很好地满足我的学习需求	4.02

12.2　互联网学习发展现状

12.2.1　区域政策与保障措施

（1）《北京教育信息化"十四五"规划》

2022 年 3 月，为贯彻党中央、国务院关于推进"互联网＋教育"发展的部署要求，落实《北京市"十四五"时期信息化发展规划》《北京市"十四五"时期教育改革和发展规划》任务，统筹推进"十四五"时期北京教育信息化工作，以信息化支撑北京教育高质量发展，北京市教育委员会研究制定了《北京教育信息化"十四五"规划》。

《北京教育信息化"十四五"规划》对北京市教育信息化发展现状与形势做了分析，明确了北京市教育信息化发展指导思想、基本原则和发展目标，提出了"加快新型基础设施建设，提升云网承载能力"等 11 项主要任务，制定了健全组织保障、打造专业队伍、保障经费投入、强化监督评估等方面的保障措施。

（2）《北京市中小学智慧校园建设规范（试行）》

2023 年 4 月，为落实国家教育数字化战略行动，加快推进教育数字转型和智能升级，按照《北京市"十四五"时期智慧城市发展行动纲要》和《北京教育信息化"十四五"规划》任务要求，加快智慧校园建设，打造智慧教育新高地，北京市教委制定了《北京市中小学智慧校园建设规范（试行）》。

《北京市中小学智慧校园建设规范（试行）》界定了智慧校园的基本概念与特征，明确了智慧校园的建设原则，从智能环境、应用融合创新、学校教育数据及应用、互联网服务及应用、数字素养与技能、保障及运行服务、数字资源、信息案例与可信环境、信息化特色发展 9 个方面搭建起中小学智慧校园建设的总体框架，引领学校数字化转型与智能升级发展。

12.2.2　互联网学习环境建设情况

2023 年，北京市互联网学习基础环境和安全保障能力稳步增强。市、区、校三级基础环境建设持续完善，市级教育骨干网络不断升级扩容，存储和基础算力不断增强，稳步推进 IPv6 部署，校园互联网接入率达 100%，无线网络覆盖率达 90% 以上。建立了网络安全管理保障体系，常态化安全防护工作机制健全，网络安全管理工作不断规范，安全防线更加巩固。

调查问卷数据显示，北京地区的中小学师生拥有较为良好的互联网学习与教学环境，互联网教学环境指数与互联网学习环境指数的综合特征指数均为 3.94。所有问题中除了学生对网速方面满意度略低，师生对于学习平台、学习资源、学习场所等方面满意程度均较高（如图 12-1）。

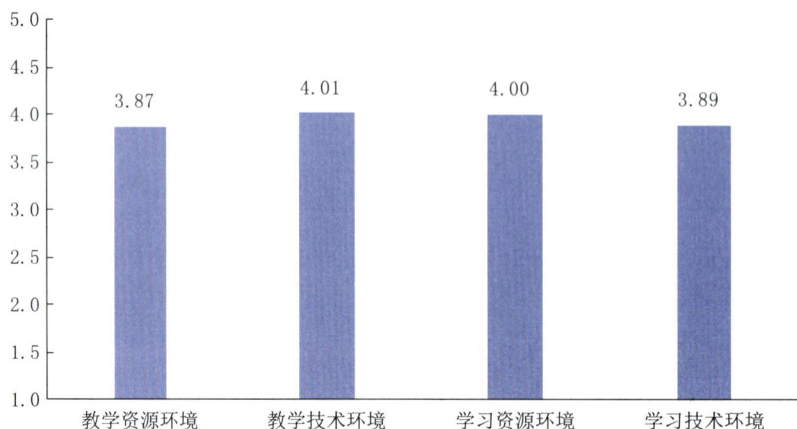

图 12-1　北京市基础教育互联网学习环境指数

12.2.3　师生互联网应用现状

调查问卷数据显示，北京市中小学师生互联网应用现状总体较好，教师应用综合特征指数为 3.89，学生应用综合特征指数为 3.78，除学生应用效果指数稍低，其他各项指数均高于 3.76（如图 12-2）。

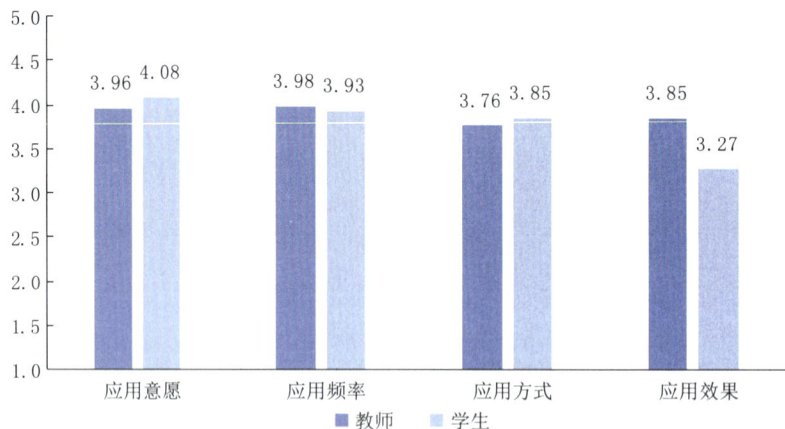

图 12-2　北京市基础教育互联网学习应用指数

12.2.4　师生互联网能力水平

调查问卷数据显示，北京市中小学师生互联网能力水平总体较高，教师能力水平综合特征指数为 4.09，学生能力水平综合特征指数为 3.95；除学生内容创造指数稍低，其他各项指数均高于 3.88；学生网络安全能力指数比较突出，为 4.17（如图 12-3、图 12-4）。

12.2.5　互联网支持教与学水平

调查问卷数据显示，北京市中小学师生互联网支持教与学水平总体较高，教师专业发展支持综合特征指数为 3.72，学生学习服务综合特征指数为 3.98（如图 12-5、图 12-6）。

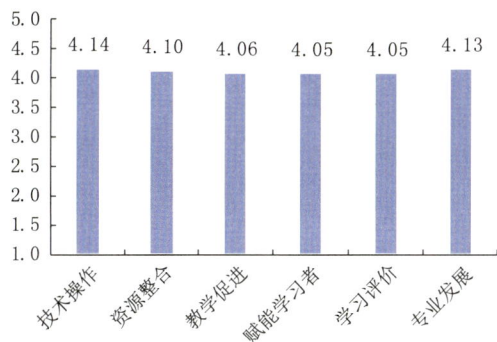

图 12-3　教师互联网能力水平指数

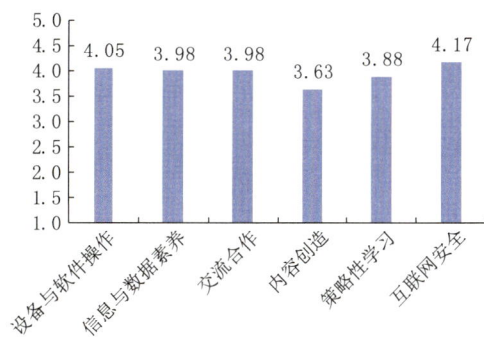

图 12-4　学生互联网能力水平指数

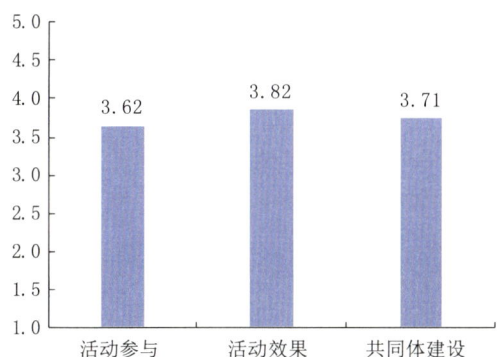

图 12-5　教师互联网支持教学水平指数

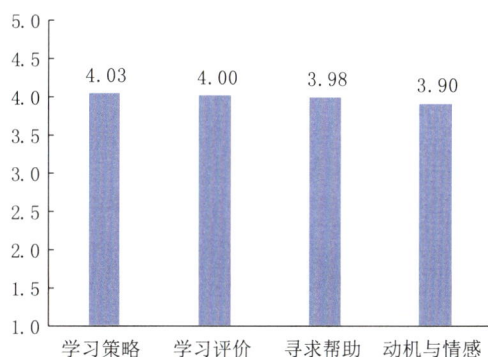

图 12-6　学生互联网支持学习水平指数

12.2.6　国家中小学智慧教育平台应用情况

（1）教师应用现状

北京市教师应用国家中小学智慧教育平台现状调研数据如图 12-7 至图 12-17 所示。

绝大多数教师使用过国平台，75% 的教师使用过国平台 App。教师使用国平台最多的用途是进行教学研修。

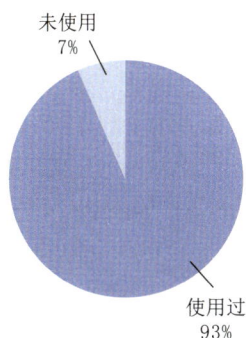

图 12-7　国平台教师使用率

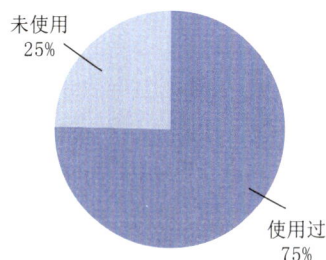

图 12-8　国平台 App 教师使用率

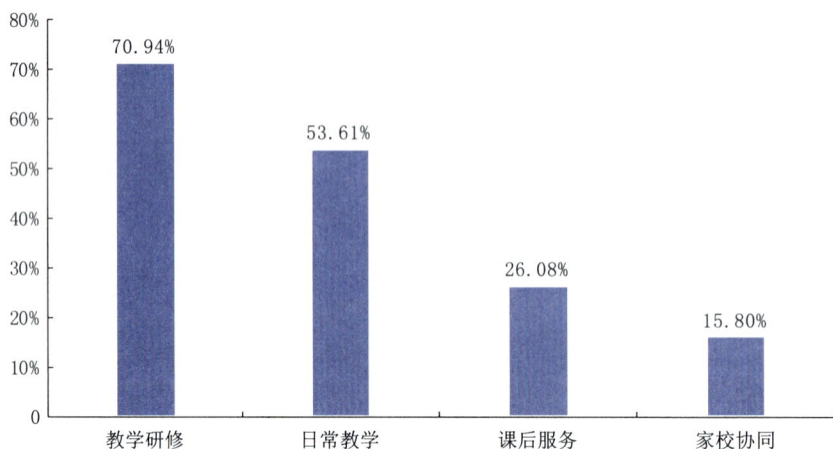

图 12-9　教师使用国平台用途统计

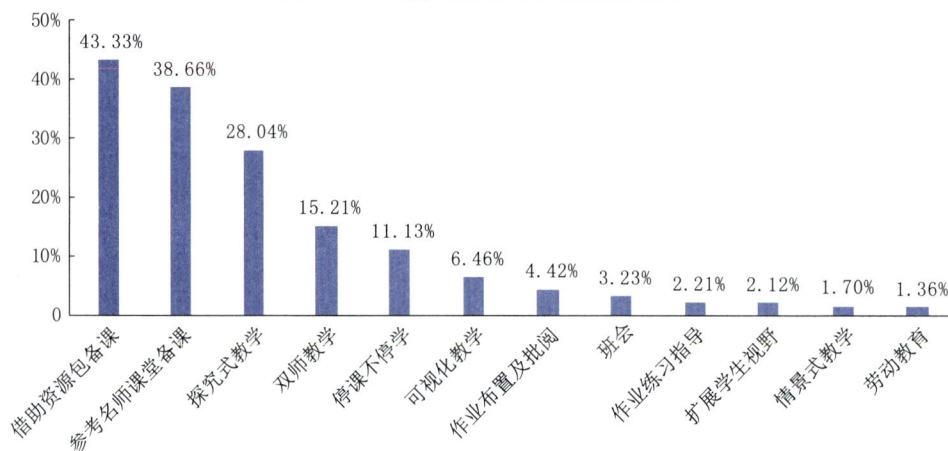

图 12-10　教师使用国平台开展教学方式统计

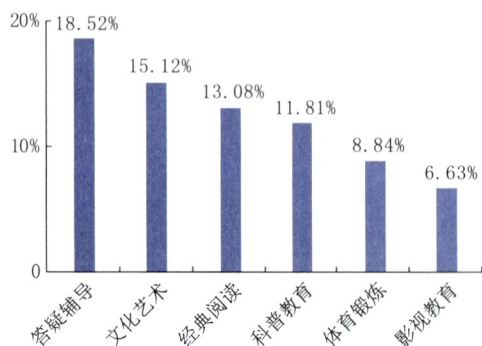

图 12-11　教师使用国平台开展课后服务方式统计

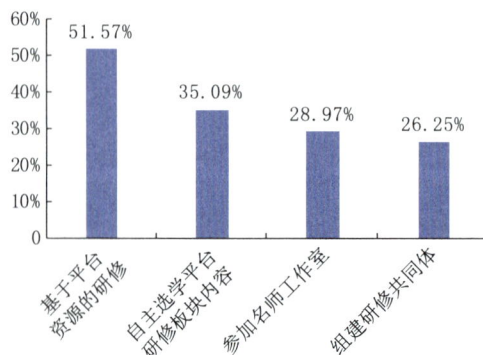

图 12-12　教师使用国平台开展研修方式统计

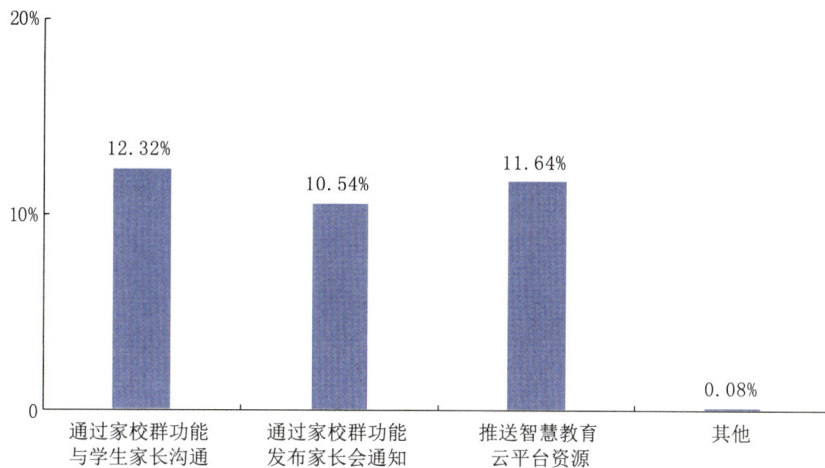

图 12-13　教师使用国平台开展家校协同育人方式统计

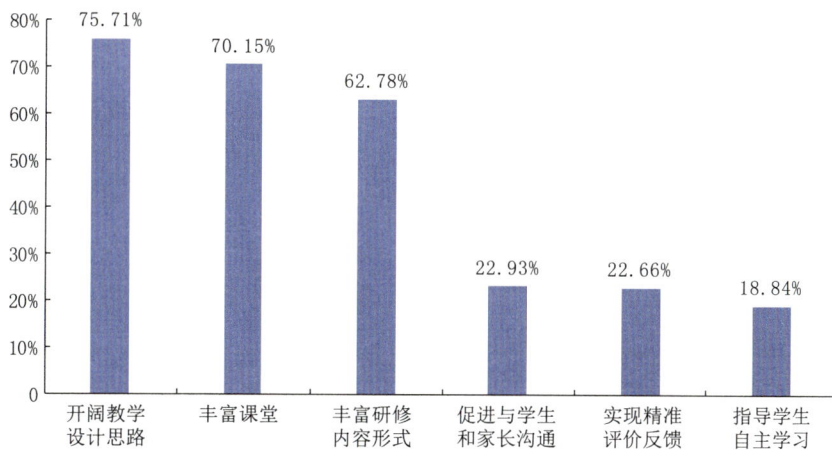

图 12-14　教师使用国平台开展获得帮助方式统计

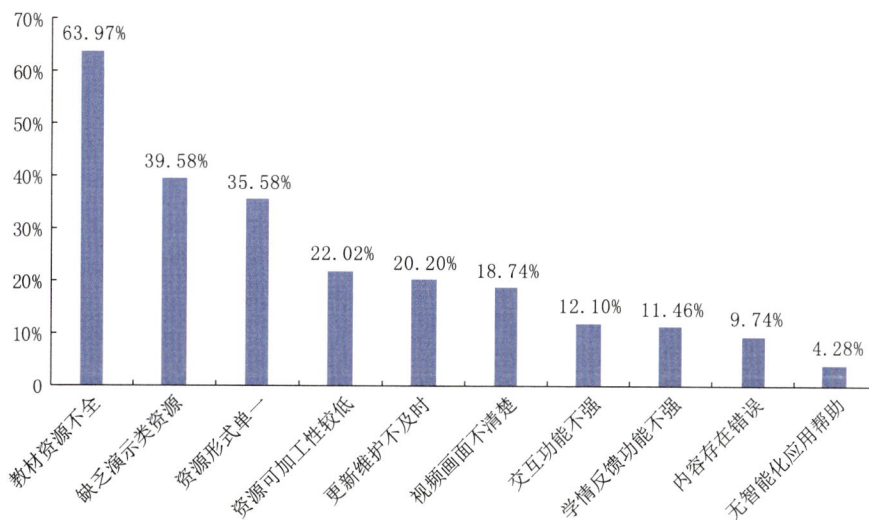

图 12-15　教师使用国平台问题统计

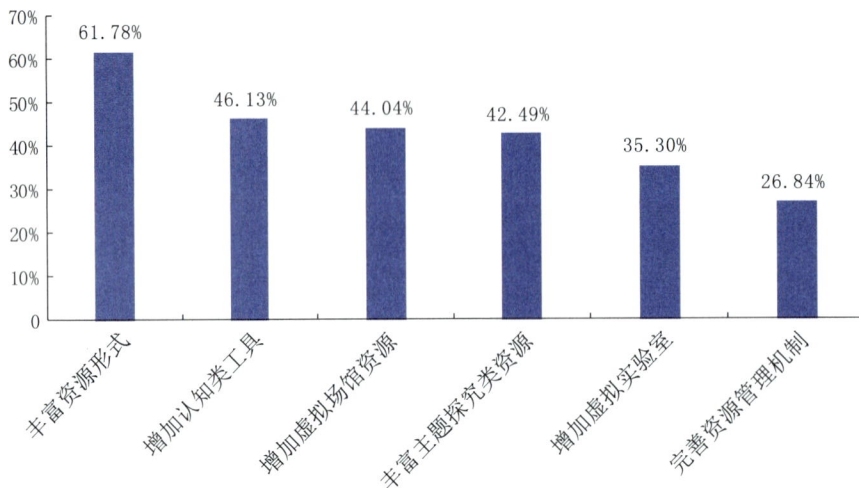

图 12-16　教师对国平台资源改进建议统计

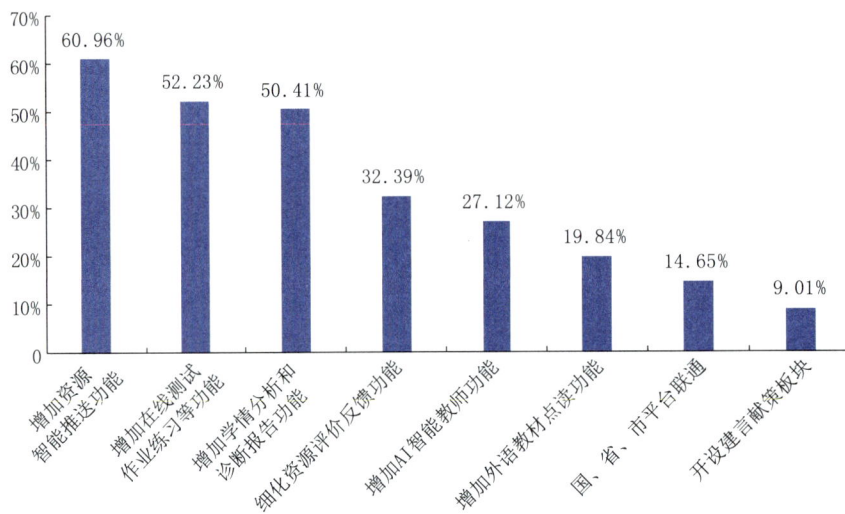

图 12-17　教师对国平台功能改进建议统计

（2）学生应用现状

北京市学生应用国家中小学智慧教育平台现状调研数据如图 12-18 至图 12-26 所示。

近三分之二的学生使用过国平台，使用过国平台 App 的学生不到一半。学生使用国平台最多的用途是进行课程学习。

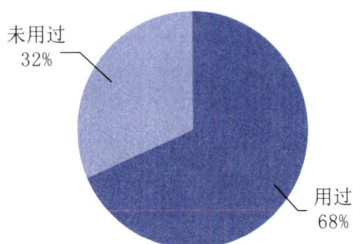

图 12-18　国平台学生使用率

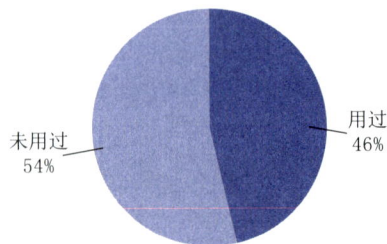

图 12-19　国平台 App 学生使用率

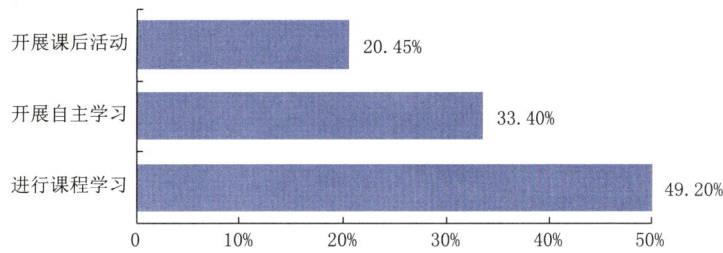

图 12-20　学生使用国平台用途统计

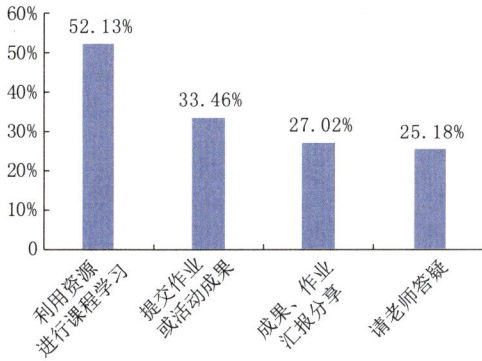

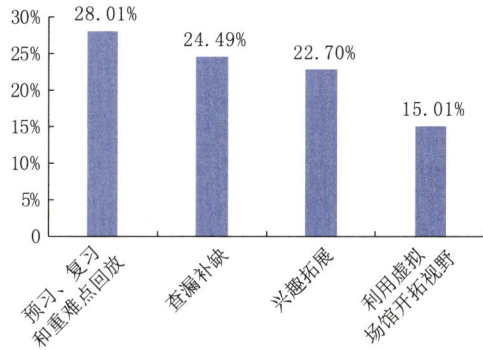

图 12-21　学生使用国平台开展课程学习方式统计　　图 12-22　学生使用国平台开展自主学习统计

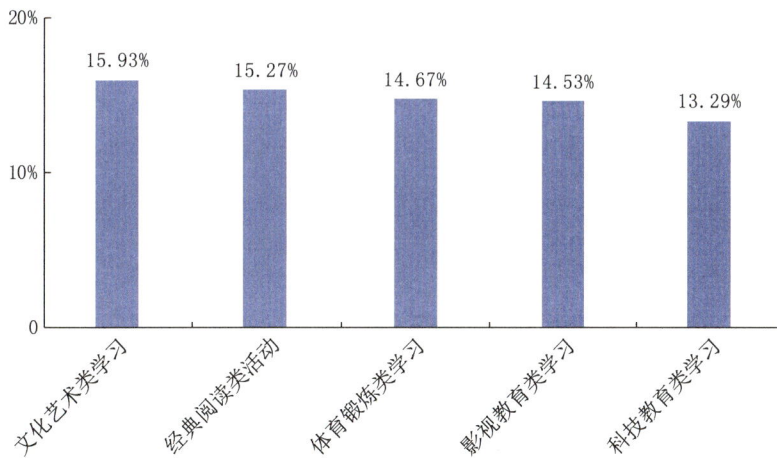

图 12-23　学生使用国平台开展课后学习方式统计

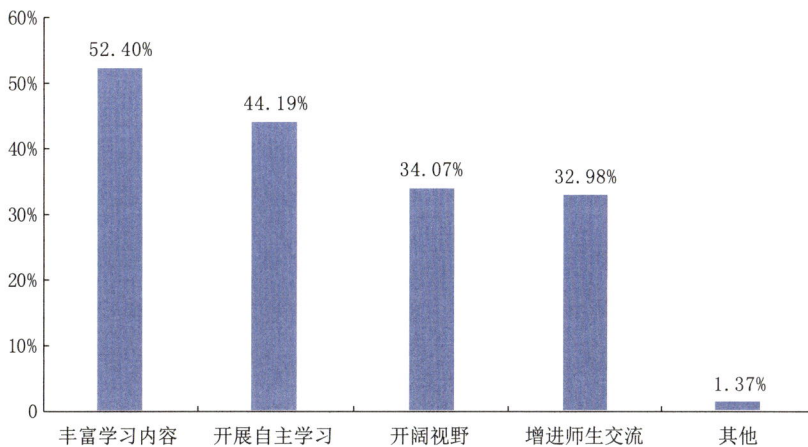

图 12-24　学生使用国平台获得帮助统计

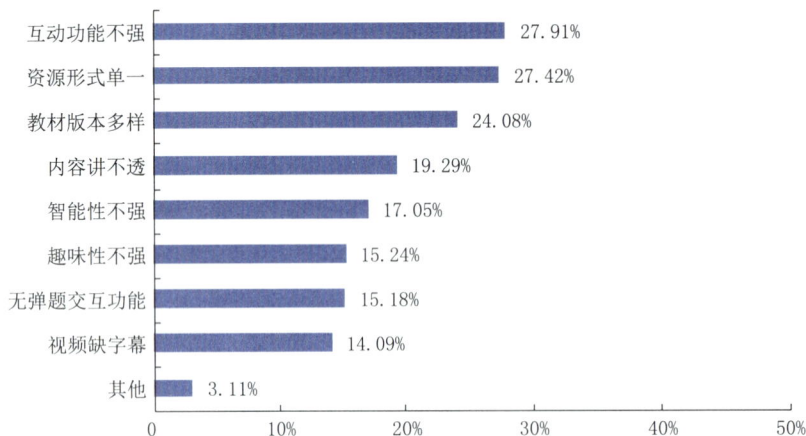

图 12-25　学生使用国平台问题统计

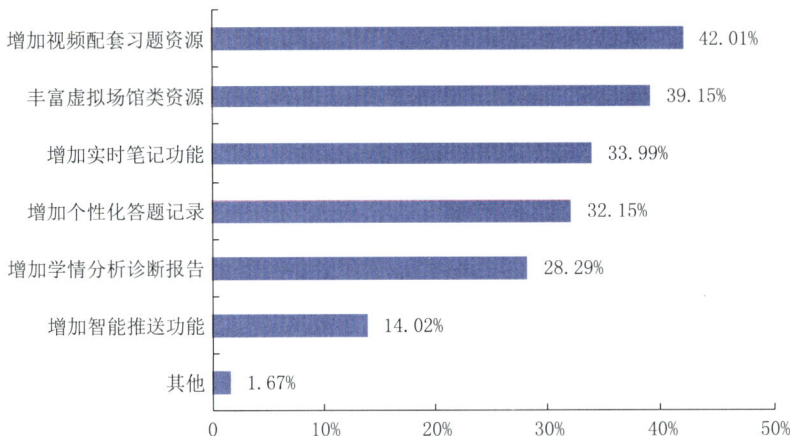

图 12-26　学生对国平台改进建议统计

12.3　互联网学习的典型案例

12.3.1　北京芳草地国际学校远洋校区线上线下相融合促进学生思维发展

北京芳草地国际学校远洋校区从线上线下相融合角度入手，探索互联网支持的混合式教学新模式。学校重视网络化学习环境的建设和优化，借助朝阳智慧校园电子书包实验项目，构建了无线网全覆盖的互动教学系统，多功能教室配备交互式电子白板，形成满足师生个性化发展需要的泛在式学习环境，使手持移动终端成为学生的重要资源与学习工具；引进 ClassIn 线上线下融合教学平台，实现真正互动式教学，使教师和学生可随时随地远程进入任何一个教室进行授课和学习；引进课后服务一站式平台"飞象双师素质课堂""飞象智能作业系统"，支持课后服务和作业设计的智能化；新建了小学天文 AR 实验室，将 AR 增强现实技术运用到天文教学课堂上，使学生获得的主题体验更加真实、直观，为学生创建良好的具身学习环境。

完善的信息化教学环境，为收集教学和学习过程性数据提供了有力支持，帮助教师全面掌握学生学情，根据学生个体精准实施对应教学策略；大量优质的学习资源给予学生更多自主选择权，能根据个人的认知情况选择相应学习材料，满足个性化学习需求。信息化课题及项目的开展使学生学习积极性得到极大激发，学生勇于发表意见，认真倾听发言，思维活跃，善于观察。

学校基于对信息化环境和工具的充分应用，探索线上线下教学无缝衔接的创新教学模式，通过课前、课中、课后三个步骤，精准入学、精准定学、精准导学、精准互学、精准展学、精准诊学、精准推学、精准固学八个环节，将教师与学生紧密联结，形成精准衔接教学闭环，促进师生教学相长，使学校在朝阳区三年级、六年级学业质量监测中，取得了学生三科全优的优秀成绩，语文、数学、英语的学业水平均高于区平均水平。

12.3.2 北京十一学校丰台小学技术赋能线上教学

学校重视利用信息技术支持教师、学生和管理者实现高质量的教学、学习、师训和管理，形成了一套较为成熟的校本网络化教学模式（如图12-27）。该模式由技术赋能的教学、教师信息素养培训、在线教学支持与保障三个部分，教师、学生、学校三类角色，课堂教学、共研发展、培训赋能、支持保障四个方面构成，其中共研发展同时支撑着技术赋能的教学和教师信息素养培训。

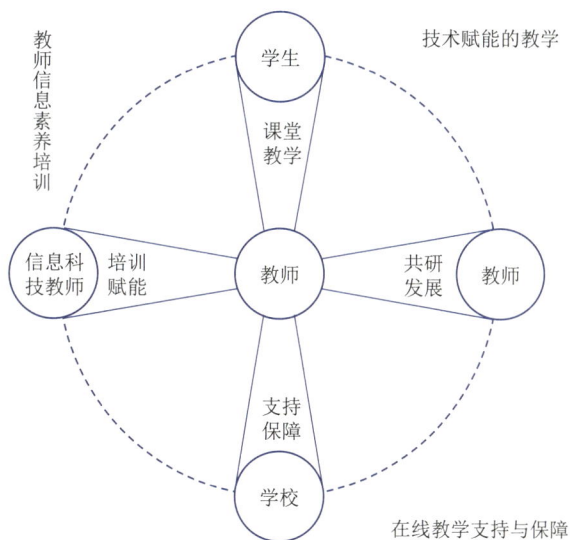

图 12-27 以技术为中心的在线教学模式

技术赋能的教学是核心，包括课堂教学（主要指教师在教学活动中合理有效应用信息技术优化在线教学，提升学生学习效果的过程）与共研发展（教师结合自身优势，促进同行专业素养不断提升的过程）。教师信息素养培训是对教学的再赋能，包括共研发展（学科教师总结信息化工具使用经验并分享）与培训赋能（信息科技教师针对教师信息素养的培训过程）。在线教学支持与保障则为教学和培训保驾护航，提供支持保障。

12.4 关键问题

北京市教育信息化虽然取得了较大发展，但面对新形势、新任务、新要求，还存在学校数字化、网络化和智能化发展水平有待提高，优质资源多元汇聚和精细化服务供给机制有待完善，信息技术与教育教学融合度有待提升，信息技术赋能教育创新发展的作用有待加强，网络安全防护能力有待夯实，面向深度融合的市、区、校新型教育信息化体系建构有待突破等问题。

12.4.1 云网承载能力亟须提升

随着互联网学习的推进，师生对提高教育局域网的承载能力的需求不断扩大，优化市、区、校各级网络，完善北京市教育专网，接入国家教育专网，实现网络提质增速，是当前北京市互联网学习发展与网络基础建设中的重点。北京市已经计划尽快实现学校千兆接入率、班级百兆接入率、校园无线网络覆盖率达到 100%；推进 5G、IPv6 和新一代局域网等网络技术规模化部署，建成北京教育云，为各级各类学校提供便捷、稳定、安全的信息基础设施服务，有序推进教育信息化应用入云，构建云网一体的集约化、规模化发展模式。

12.4.2 智能教育信息管理与服务能力有待加强

北京市已初步建立智能教育信息平台，但管理与服务能力有待进一步提升。推进各级各类教育信息系统深度整合，实现教育公共管理平台智能升级，使之具备需求快速响应和功能弹性扩展能力，支撑管理流程优化与业务协同，推动教育管理流程智能化转型，实现教育治理体系和治理能力现代化，是当前教育信息化与互联网学习推进的又一项重要工作，主要内容是以智能技术支撑依法治教，实现监管科学化、数字化；健全教育公共服务体系，统筹入学、考试、综合实践、学籍、就业、督导、数字档案等业务；拓展数字教育资源供给主体，为资源持续迭代与汇聚共享提供制度保障，探索将在线课程资源融入日常教学体系，支持优质数字资源开放共享。

12.4.3 师生数字素养与信息技术应用能力需要进一步提升

教育信息化发展对师生的数字素养与信息技术应用能力提出了更高要求。中小学校长的教育信息化发展理念与信息化统筹规划、组织实施、绩效评价能力对互联网学习发展的作用突出，建立校长信息化线上线下培训机制非常重要。北京市需要深入实施中小学教师信息技术应用能力提升工程，将教师信息素养纳入教师培训内容，加快构建以校为本、基于课堂、应用驱动、注重创新的教师信息化素养发展机制，打造符合时代发展需要的高素质教师队伍。另外，将数字素养纳入学生综合素质评价，将信息意识、计算思维、信息技能和信息道德等有机融入教育教学过程；深化网络学习空间应用，鼓励学生建设个性化网络学习空间，提升学生自主学习和自我发展能力，同样必不可少。

12.5 发展趋势

12.5.1 向"七个全面"发展

到 2025 年，北京市教育信息化将实现"七个全面"的发展目标，即教育新型基础设施全面建成、教育大数据应用全面深化、智能化教育管理服务全面普及、师生信息素养和能力全面提升、信息技术与教育教学全面融合、信息化育人环境全面升级、网络安全保障能力全面增强。教育信息化推动人才培养模式改革创新的作用更加凸显，促进教育公平、提高教育质量、优化教育结构的作用充分彰显，在建设高质量教育体系中发挥重要的支撑引领作用。

12.5.2　泛在灵活的动态学习组织方式逐渐形成

互联网学习为突破时空边界的教育奠定了基础。北京市近年来努力推广新技术，支持走班选课、校际协同、校企联动等开放的教学模式，实现差异化的"教"和个性化的"学"，有效减轻了学生作业负担和校外培训负担。下一步，北京市还将深入探索人工智能、虚拟现实、智能感知等新技术应用，打造网络化、沉浸式、智能化的新型教学模式，提升教育教学效果。智能助教将普遍融入教学环境，为教师提供好用、爱用的新型教学工具，支持教师完成备课、课堂教学、作业批改、学习评价等任务，实现人机共教、人机共育。空中课堂、双师课堂、融合课堂等教学模式的推广，将进一步发挥名师引领作用，实现名师资源全市共享，实现高质量课程资源全天候供给，创新网络化、智能化、沉浸式教学方式，实现学生随时、随地、随需学习。北京市还将加强对海量资源及应用数据的挖掘分析，构建自适应学习系统，师生精准获取优质资源，形成在教育教学中成就教师、成长学生、师生共同发展的良好生态。

第十三章

CHAPTER 13
南京市基础教育领域互联网
学习发展报告

13.1　概述

13.1.1　南京市互联网学习发展概述

2023 年，南京市在互联网学习方面取得较好进展。在互联网学习环境建设方面，实现省、市、区、校四级平台应用融合发展、数据互联互通、资源共建共享，并开展了"未来教室"教育场景探索试点工作；在互联网学习创新实践方面，以教育部教育技术与资源发展中心和教育部教师工作司的"人工智能＋教育"类研究项目为依托，借助新技术手段提升教研决策科学化、学情诊断精准化等，展示南京市信息化创新应用实践；在互联网学习队伍建设方面，已初步建成全市教育信息化专项培训体系，并组织了面向中小学生的互联网学习应用的系列实践活动；在互联网学习支持服务方面，以"名师网络工作室"建设为抓手，持续促进教师专业成长。

13.1.2　年度特征词及其解释

（1）"金陵微校 2.0"的应用推进

"金陵微校 2.0"是有江苏味道、南京特色的集教育、教学、综合评价、学生自主学习于一体的网络平台，纵向连接国家、省、市、区、校五级资源库，横向联通各类社会化资源，全力实现南京区域创新特色资源体系及实现资源的深度融合。"金陵微校"专递课堂拍摄制作各学段多学科共 502 节视频资源，在"金陵微校"、江苏有线等多平台播出，单日最高访问量达 50 万人次。截至 2023 年 12 月，全市使用"金陵微校"在线教学平台的中小学有 267 所，覆盖 11 537 个班级，使用教师超 3.67 万名。发布涵盖中小学各学科同步资源 1.8 万个，专题资源数 5 037 个。资源访问量约为 10.8 亿次，智能终端使用量约为 1 613 万人次。

（2）数智素养的提升行动

南京市积极推进数智素养的提升行动，关注重点教师与学生数字素养的提升。在教师层面，以教育数字化转型推进教师信息化培训，积极开展面向教师的系统化、多元化的信息化专题培训，依托建邺区、江北新区这两个教育部人工智能助推教师队伍建设的试点区和 14 所试点学校开展人工智能助推教师专业化发展的研究，在全市范围内面向在职教师开展人工智能培训，探索教师人工智能素养与智能化教学能力，构建以校为本、精准测评的人工智能培训机制；在学生层面，南京市积极探索中小学人工智能课程建设和实际应用，为提升师生的信息素养、促进人工智能课程教学的实践与改革打下坚实的基础，已逐步形成了具有校本特色的人工智能课程体系。

（3）基于未来教室的场景变革

南京市积极开展基于"未来教室"的研究与实践，探索未来学习的新模式。"未来教室"融合现代教育技术，以数据为纽带，以各类空间为载体，以内容和课程为核心，以跨学科应用和学科工具为抓手，旨在探索以学生为中心的、线上线下融合的全场景智能教学体系，做到无缝融合、无感知切换，构建不受时空限制的泛在智能教学环境。南京市已推进 15 所试点学校进行"未来教室"建设，建设学校涵盖小学、初中学段，范围覆盖城市学校与农村学校。南京市分别在 2021 年和 2022 年分两期打造，"未来教室"的建设与使用受到教师们的认可。

13.1.3 研究设计与数据收集

本报告中的数据主要包括问卷数据与案例数据。问卷数据包括 597 份管理者问卷、7 578 份教师问卷、79 865 份学生问卷；案例数据包括遴选出的 16 个案例。教师教学能力核心指标的特征指数、学生学习能力核心指标的特征指数如表 13-1、表 13-2 所示。

表 13-1 南京市教师教学能力核心指标的特征指数汇总表

教师核心指标	特征指数	核 心 指 标 题 项	核心指标题项特征指数
教学能力（C）	4.05	C11. 我能够熟练掌握多种技术工具，支持开展在线教学	4.05
		C21. 我能够根据教学目标与方法搜索与选择合适的互联网教学资源	4.11
		C22. 我能够根据教学目标与方法合理改编或制作互联网教学资源	4.02
		C31. 我能够利用互联网开展多种类型的教学活动来提升教学效果，如探究式学习、项目式学习、同伴教学等	4.05
		C32. 我能够利用互联网加强自身与学生之间的互动与交流，以及时为其提供有针对性的指导	3.99
		C41. 我能够利用互联网针对学生自身情况实现个别化和差异化的教学或指导	4.02
		C51. 我能利用互联网对学生进行过程性评价和总结性评价	4.03
		C52. 我能够通过收集与分析学生的互联网学习数据来合理调整教学策略	4.02
		C61. 我能利用互联网上的资源与课程持续促进自身专业发展	4.09
		C62. 我能够利用互联网加强与其他教育工作者的交流合作、经验分享	4.08
教学应用（A）	3.89	A11. 我会经常利用互联网开展教学	3.96
		A21. 我在课堂教学中经常利用互联网提供的资源和工具	4.12
		A22. 我在教学中经常使用线上线下混合式教学形式，如翻转课堂、探究学习等	3.83
		A31. 我经常利用互联网开展各种教学活动，如交流、投票、测试、虚拟实验等	3.80
		A41. 我很满意互联网教学的效果	3.86
专业发展支持（S）	3.85	S11. 我有机会参与国家级、省级、市级举办的互联网教学能力提升活动，如讲座、培训、研讨、研究等	3.80
		S21. 我所参加的互联网教学能力提升活动，能够为我开展互联网教学实践提供参考，并引发自主探究与反思	3.90
		S31. 我的互联网教学探索经常能够得到本地教研小组、在线学习社群等专业共同体的支持	3.84
教学环境（E）	4.04	E11. 我很容易获取到满足教学需求的多样化网络教学资源，如文本、图片、视频等	4.03
		E21. 现有的教学平台与应用能够支持我开展多种类型的教学活动，如雨课堂、课堂派、钉钉、腾讯会议等	4.05

表 13-2　南京市学生学习能力核心指标的特征指数汇总表

学生核心指标	特征指数	核 心 指 标 题 项	核心指标题项特征指数
学习能力（C）	3.70	C11. 我能够熟练操作互联网学习所需的软件和设备	3.77
		C21. 在利用互联网搜索时，我能够准确识别所需信息，过滤掉不相关的内容	3.74
		C22. 我能够整理好搜集到的互联网信息与数据，以便于后续查找与使用	3.64
		C23. 从互联网获取信息与数据时，我能够有自己的判断，不盲从他人观点	3.80
		C31. 我进行在线交流与合作时，能够尊重、理解他人观点，并简明清晰地表达自己的观点	4.04
		C32. 我经常向他人分享高质量的学习资源	3.59
		C41. 我可以利用互联网资源和工具创作图片、文字、音视频等多种形式的作品	3.51
		C42. 我常常通过互联网平台发布自己的作品，如朋友圈、QQ 空间、抖音等	3.05
		C51. 我能制订好学习目标和学习计划来支持互联网学习的开展	3.57
		C52. 利用互联网进行学习时，我能够及时总结相关知识，巩固所学内容	3.67
		C61. 我能够在互联网学习过程中保护好自己与他人的隐私，如不随意填写个人、家庭、朋友的相关信息	3.98
		C62. 我能够有意识地规避互联网安全风险，如不轻易点击不明来源的链接与弹窗	3.94
学习应用（A）	3.57	A11. 我非常愿意利用互联网进行学习	3.78
		A21. 我经常利用互联网进行学习	3.47
		A31. 我经常上网搜索并获取学习资料	3.70
		A32. 我经常参与多种类型的互联网学习活动，如在线测试、在线讨论、在线答疑等	3.44
		A41. 我认为通过互联网学习的效果优于在教室学习的效果	3.28
学习服务（S）	3.73	S11. 我会从老师或同伴那里学到有用的在线学习策略与方法，比如搜索技巧、学习工具、学习习惯等	3.78
		S21. 在互联网学习过程中，我能够从老师或同学那里获得有用的反馈与评价	3.79
		S22. 学习平台根据我的学习表现提供的反馈与评价，对于我改进学习很有帮助	3.75
		S31. 在学习中遇到问题时，我总能通过互联网获得老师或同伴的有效支持	3.72
		S41. 互联网上的学习内容与活动总是对我很有吸引力	3.65

续　表

学生核心 指标	特征 指数	核 心 指 标 题 项	核心指标题 项特征指数
学习环境 （E）	3.69	E11. 我总能通过互联网获得许多好用的学习资源	3.73
		E21. 我在互联网学习时不会受到网速卡顿的影响	3.55
		E22. 现有的学习平台和工具能够很好地满足我的学习需求	3.73

13.2　环境建设情况

南京市通过依托智能技术发展，持续变革与优化以学生为中心的互联网学习环境，探索新技术背景下智慧学习环境发展的新样态。

13.2.1　资源环境建设情况

当前大多数学校都已建设了丰富的互联网教育资源，且形成了优秀资源共建共享的教育生态。教师感知的互联网学习资源环境建设情况良好（如图 13-1），倾向于以自己搜索和国家、省、市等平台提供等方式获取资源。资源种类以教学素材、在线教学类居多（占比分别为86.22% 和 67.25%）。学生感知的互联网学习资源环境建设情况相对较弱（特征指数为 3.69），

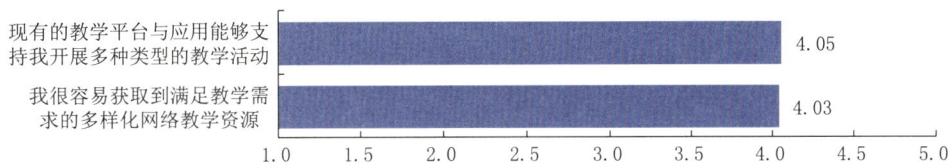

图 13-1　教师互联网教学的资源建设情况

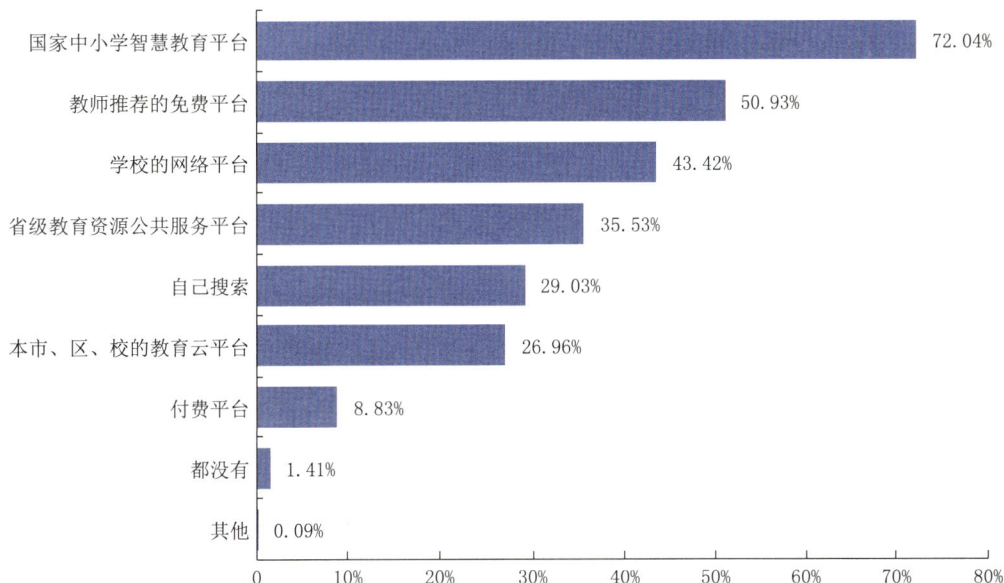

图 13-2　学生获取互联网学习资源的途径

有 72.04% 的学生倾向于从国平台获取学习资源，有 50.93% 的学生倾向于从教师推荐的免费平台获取资源。学生对互联网付费学习平台的使用意愿较低（如图 13-2），后续应加大对公共服务平台的建设力度，可依托国家中小学智慧教育平台推进师生持续教学应用。

13.2.2 技术环境建设情况

在互联网学习技术环境建设方面，大部分学校的教学、办公区域已经实现了无线网络全覆盖，并建立了专门的技术团队为互联网学习提供支持和保障，但仍有部分学校没有对师生开展互联网教学和学习的要求（如图 13-3），后续南京市将更关注对师生使用互联网教学和学习的要求与评价标准。绝大部分教师认为现有互联网教学平台和工具能够很好地满足教学需求，但易遇到网络环境不稳定的障碍（占比 58.00%）。大多数学生会使用手机（占比 65.07%）与平板电脑（占比 59.66%）进行互联网学习，认为在互联网学习时不会受到网速卡顿的影响，能够很好地满足学习需求（如图 13-4）。

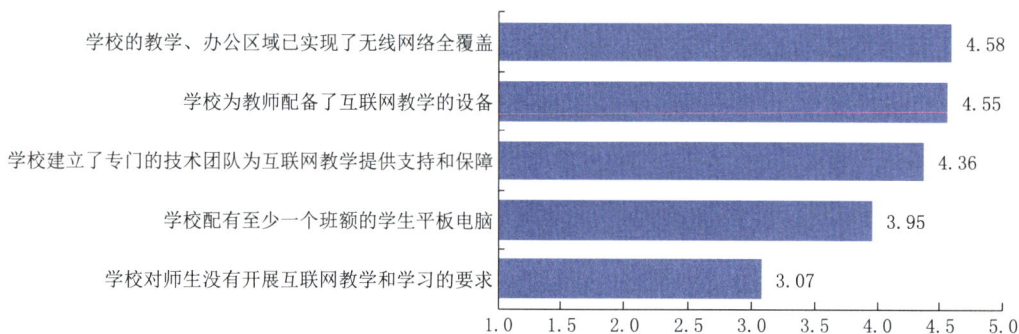

图 13-3 学校互联网教育技术环境建设情况

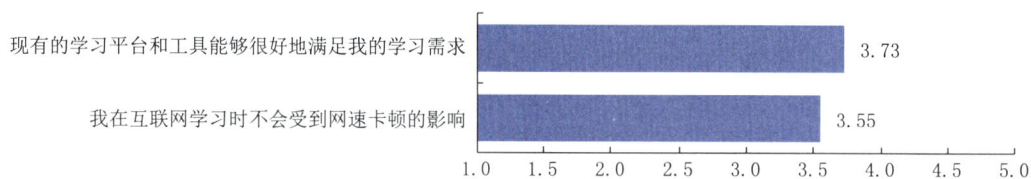

图 13-4 学生互联网学习技术环境建设情况

13.3 学生互联网学习发展现状

在学生互联网学习部分，重点关注学生面向真实与未知世界所需要具备的关键能力。

13.3.1 学习能力发展情况

学生互联网学习能力水平总体较高（特征指数为 3.70）。其中，学生的互联网安全意识水平相对最高（特征指数为 3.96），说明学生在互联网学习过程中能够保护自己和他人的隐私，应对互联网学习中潜在的风险。学生信息处理与数据素养能力水平较高（特征指数为 3.91），互联网交流合作和设备与软件操作能力尚佳（特征指数分别为 3.82、3.77），策略性学习表现仍有进步空间（特征指数为 3.62）。在学习内容创造上，学生运用互联网资源或工具进行多种媒体形式的内容创造的能力相对较弱（特征指数为 3.28），尤其是缺乏个人作品的分享与传播方面相应的意识（特征指数为 3.05），后续需要增强学生用互联网工具和他人进行知识共享的意识，促进学习内容的改进与迭代（如图 13-5）。

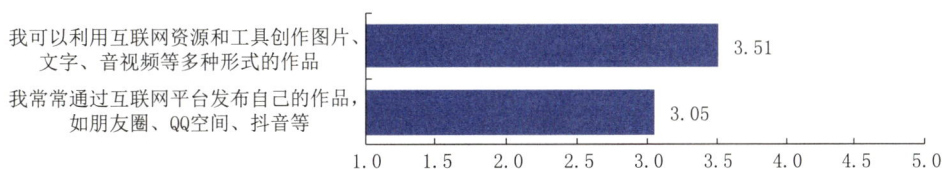

| 我可以利用互联网资源和工具创作图片、文字、音视频等多种形式的作品 | 3.51 |
| 我常常通过互联网平台发布自己的作品，如朋友圈、QQ空间、抖音等 | 3.05 |

图 13-5　学生互联网内容创造能力

13.3.2　学习应用现状

　　学生在学习中应用互联网的意愿、策略与效果等方面的整体表现一般（如表 13-3）。其中，学习应用意愿较高（特征指数为 3.78），学习应用方式水平较高，学生能够充分利用互联网开展多种类型的学习活动（特征指数为 3.75）。然而，学生在应用频率和对应用效果满意度方面表现相对较低（特征指数分别为 3.47、3.28），仅有 35.41% 的学生对互联网学习效果表示满意，这可能与互联网学习应用的使用率有关，有 33.74% 的学生的互联网学习时长仅有 0.5—1 小时，有 8.18% 的学生完全不使用互联网学习。后续建议学校和教师加强对学生的引导和培训，提高他们对互联网学习的认识和使用技巧，同时关注学生的学习需求和反馈，调整教学策略以提高学习效果。

表 13-3　学生互联网学习应用现状

维　　度	特征指数
学习应用意愿（A1）	3.78
学习应用频率（A2）	3.47
学习应用方式（A3）	3.75
学习应用效果（A4）	3.28
学习应用（A）	3.57

13.3.3　学习支持服务情况

　　学生在互联网学习中能够获取较好的支持服务（如表 13-4）。其中，在学习策略和学习评价上学生获得的支持指数最高（特征指数分别为 3.78、3.77），说明学生在互联网学习中能够轻松获取相应的在线学习策略与方法，并能有效获得来自教师、同伴与互联网学习平台的评价与反馈。

　　学生在互联网学习中获得动机激励与情感支持相对较低（特征指数为 3.65），有 36.96% 的学生表示互联网学习动机不高。大部分学习是为了完成老师布置的任务、理解所学知识（如图 13-6），满足自我的兴趣爱好和与他人交流的原因占少数，外部的动机难以促进学生开展互联

表 13-4　学生互联网学习支持服务

维　　度	特征指数
学习策略支持（S1）	3.78
学习评价支持（S2）	3.77
寻求帮助支持（S3）	3.72
动机与情感支持（S4）	3.65
学习支持服务（S）	3.73

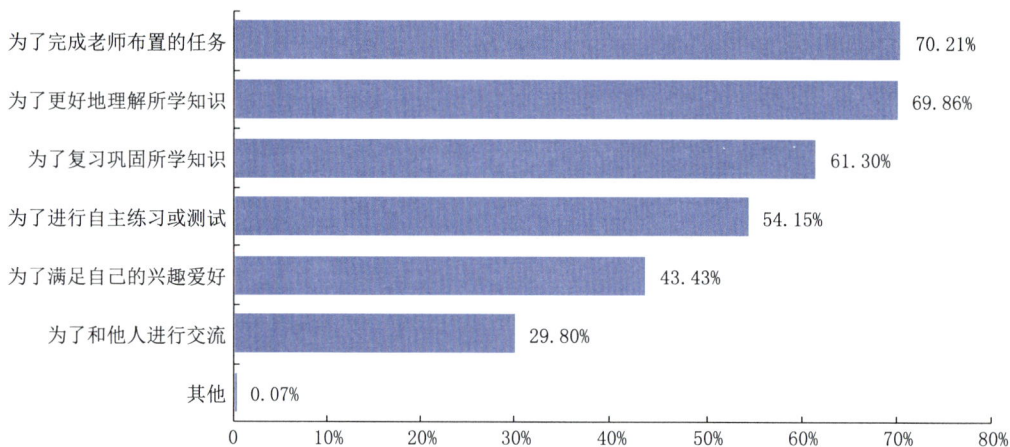

图 13-6　学生开展互联网学习的主要原因

网学习，因此学生开展互联网学习的情感支持也随之下降。

13.4　教师互联网教学发展现状

在教师互联网教学部分，重点关注教师在互联网教学中的教学能力、教学应用以及互联网对教师专业发展支持等方面发挥的重要作用。

13.4.1　教学能力发展现状

教师在互联网教学的专业发展支持方面表现较好（如表 13-5），说明教师在互联网教学中十分重视专业能力的培养以及专业知识的提升。其次，教师在互联网教学资源整合方面，整体处于较高水平（特征指数为 4.07），说明教师能够较好地对实际教学中的教学资源进行整合。同时，教师在利用互联网促进教学方面（特征指数为 4.02）和赋能学习者学习方面（特征指数为 4.02）整体均处于较高水平，表明教师不仅能有效利用互联网对教学方法进行改进并支持自主学习，还能在教学中持续促进学习者的主动参与和深层学习。此外，教师在互联网学习评价方面的表现也较好（特征指数为 4.03），说明教师能够较好地利用互联网开展教学评价，帮助学习者进一步改善与提升。

表 13-5　教师互联网教学能力发展情况

维　度	特征指数
技术操作（C1）	4.05
资源整合（C2）	4.07
教学促进（C3）	4.02
赋能学习者（C4）	4.02
学习评价（C5）	4.03
专业发展（C6）	4.08
教学能力（C）	4.05

13.4.2　教学应用现状

互联网时代的教师教学应用需重点关注教师在互联网教学中的应用意愿、应用频率、应用方式与应用效果（如表 13-6）。其中，教师在互联网教学的应用意愿方面表现较好（特征指数为 3.96），说明教师对于开展互联网教学的意愿较为强烈，但在应用方式等方面还有待加强（特征指数为 3.80）。

表 13-6　教师互联网教学应用现状

维　度	特征指数
应用意愿（A1）	3.96
应用频率（A2）	3.92
应用方式（A3）	3.80
应用效果（A4）	3.86
教学应用（A）	3.89

13.4.3　专业发展支持情况

教师互联网专业发展重点关注教师在互联网教学中的活动参与、活动效果与共同体建设（如表 13-7）。其中，教师活动效果较好（特征指数为 3.90），表明教师认为互联网对教研活动的开展有显著效果；但在活动参与方面相对其他维度来说该维度特征指数偏低（特征指数为3.80），后续应探索多种运行机制促进教师活动参与情况。

表 13-7　教师互联网专业发展支持

维　度	特征指数
活动参与（S1）	3.80
活动效果（S2）	3.90
共同体建设（S3）	3.84
专业发展支持（S）	3.85

13.5　学校互联网管理发展现状

在学校互联网管理部分，重点关注教育管理应用的现状、针对互联网教与学采取的激励措施等方面。

13.5.1　互联网教育管理应用现状

学校互联网教育管理应用现状重点关注学校管理者利用互联网平台的态度与意愿、管理应用现状和教学应用现状三方面。学校管理者互联网管理的态度与意愿处于很高水平（如图 13-7），说明管理者不仅认可教育信息化的推进可以对学校发展起到重要作用（特征指数为 4.55），而且愿意利用互联网开展日常管理工作（特征指数为 4.55），但在引导教职员工利用互联网平台或工具开展工作方面有待加强（特征指数为 4.51）。

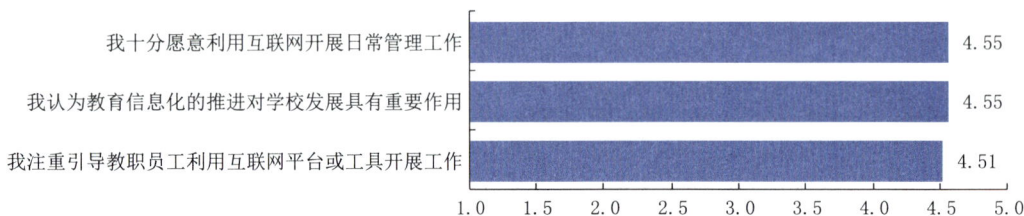

我十分愿意利用互联网开展日常管理工作　4.55
我认为教育信息化的推进对学校发展具有重要作用　4.55
我注重引导教职员工利用互联网平台或工具开展工作　4.51

图 13-7　学校管理者互联网管理的态度与意愿

学校互联网管理应用整体处于较高水平（如图 13-8）。管理者可以利用互联网学习教育信息化管理方面的知识（特征指数为 4.47），也能利用学校的各项数据（如学生成绩）通过网络汇集，支持学校的管理和决策（特征指数为 4.45）。

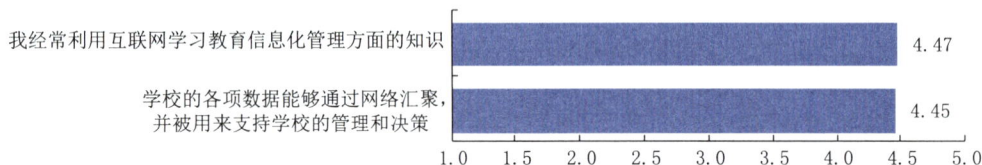

我经常利用互联网学习教育信息化管理方面的知识　4.47
学校的各项数据能够通过网络汇聚，并被用来支持学校的管理和决策　4.45

图 13-8　学校管理者互联网管理应用的情况

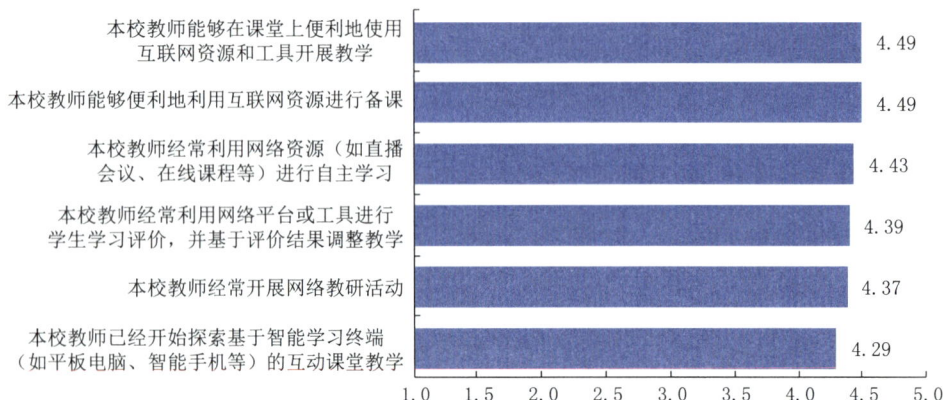

本校教师能够在课堂上便利地使用互联网资源和工具开展教学　4.49
本校教师能够便利地利用互联网资源进行备课　4.49
本校教师经常利用网络资源（如直播会议、在线课程等）进行自主学习　4.43
本校教师经常利用网络平台或工具进行学生学习评价，并基于评价结果调整教学　4.39
本校教师经常开展网络教研活动　4.37
本校教师已经开始探索基于智能学习终端（如平板电脑、智能手机等）的互动课堂教学　4.29

图 13-9　学校互联网教学应用的情况

互联网教学应用现状整体表现处于较高水平（如图 13-9）。其中，教师能够便利地利用互联网资源进行备课与便利地利用互联网资源和工具开展教学的得分并列最高（特征指数为 4.49），说明在学校管理者的带领下教师基本已经可以利用互联网辅助教学；但教师在探索基于智能学习终端的互动课堂教学方面得分较低（特征指数为 4.29），其次较低的是教师开展网络教研活动（特征指数为 4.37）。这表明后续学校管理者需要加强对学校教师在利用终端学习设备进行教学方面的培训，同时也要发挥引领作用，带领学校教师开展网络教育活动。

13.5.2 互联网教与学的激励措施

互联网教与学的激励措施部分重点关注激励与保障、困难与挑战以及期待与支持三方面。在对管理者激励与保障整体情况的调查中发现（如图 13-10），学校管理者在奖励互联网教学相关竞赛或评比中获奖的教师方面表现很好（特征指数为 4.50），但在定期举办与互联网教学能力有关的培训、教育活动或教学竞赛方面得分有所欠缺（特征指数为 4.42）。

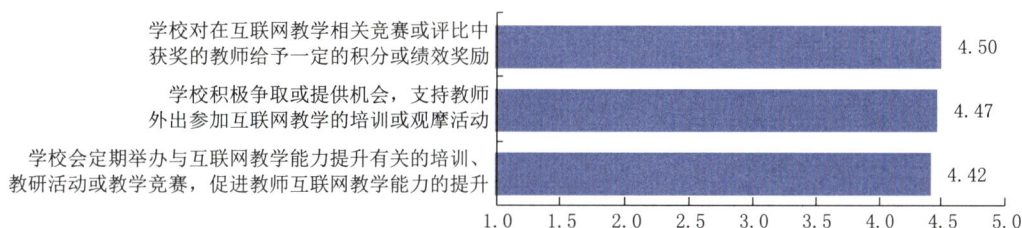

图 13-10　学校互联网教与学的激励与保障情况

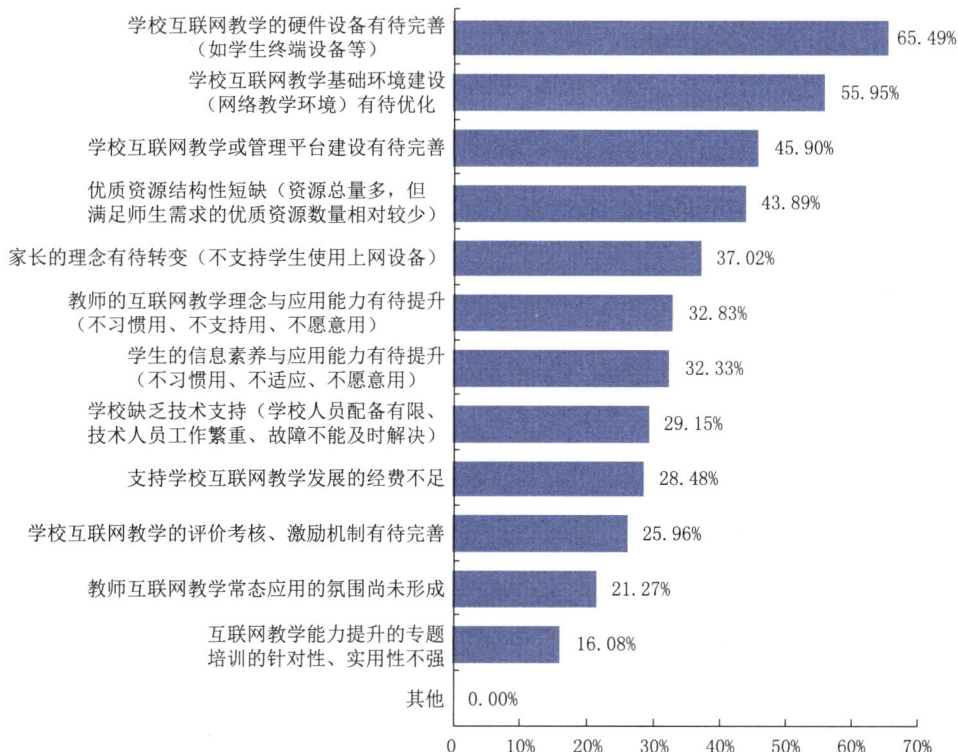

图 13-11　学校互联网教与学的困难与挑战

关于困难与挑战（如图 13-11），65.49% 的学校管理者认为学校互联网教学的硬件设备有待完善；有半数以上的学校管理者认为学校互联网教学基础环境建设有待优化（占比 55.95%）；只有 16.08% 的学校管理者认为互联网教学能力提升的专题培训的针对性或实用性不强。这说明之前开展的专题培训受到大部分学校管理者的好评，后续需要在硬件设备和基础环境建设等方面加大发展力度。

关于学校互联网教与学的期待与支持（如图 13-12），85.26% 的学校管理者希望得到更加优质的在线教学资源，76.55% 的学校管理者希望有更加优质的在线教学与管理平台，60.64% 的学校管理者希望搭建兄弟学校合作交流平台，实现优质教师资源的共享。这说明学校管理者对于在线资源、在线平台、在线交流等的需求与期待较大。

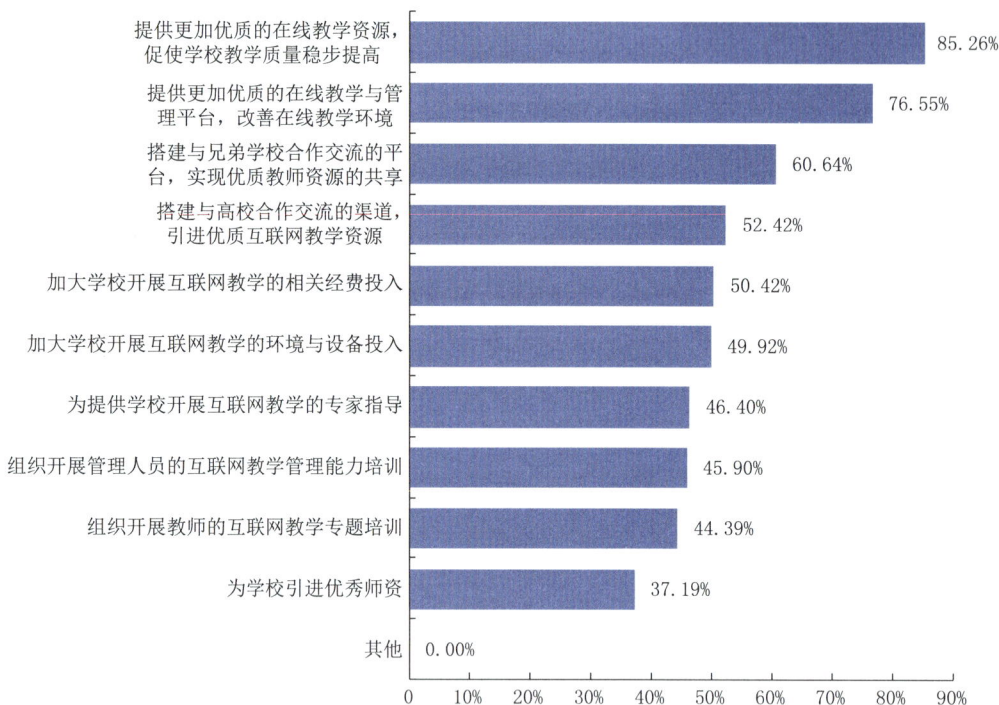

类别	百分比
提供更加优质的在线教学资源，促使学校教学质量稳步提高	85.26%
提供更加优质的在线教学与管理平台，改善在线教学环境	76.55%
搭建与兄弟学校合作交流的平台，实现优质教师资源的共享	60.64%
搭建与高校合作交流的渠道，引进优质互联网教学资源	52.42%
加大学校开展互联网教学的相关经费投入	50.42%
加大学校开展互联网教学的环境与设备投入	49.92%
为提供学校开展互联网教学的专家指导	46.40%
组织开展管理人员的互联网教学管理能力培训	45.90%
组织开展教师的互联网教学专题培训	44.39%
为学校引进优秀师资	37.19%
其他	0.00%

图 13-12　学校互联网教与学的期待与支持

13.6　国家中小学智慧教育平台应用情况

在国家中小学智慧教育平台部分，重点关注国家中小学智慧教育平台的应用频率、活动支持和应用建议等方面。

13.6.1　应用频率

89.45% 的管理者使用过国家中小学智慧教育平台，86.14% 的管理者安装了国家中小学智慧教育平台手机端 App（智慧中小学）；90.27% 的教师使用过国家中小学智慧教育平台，84.45% 的教师安装了国家中小学智慧教育平台手机端 App（智慧中小学）；70.82% 的学生使用过国家中小学智慧教育平台，88.47% 的学生安装了国家中小学智慧教育平台手机端 App

（智慧中小学）。

13.6.2 活动支持

国家中小学智慧教育平台的活动支持重点关注国平台对学校管理者的管理活动支持、教师的教学活动支持以及学生的学习活动支持等方面。学校管理者利用国家中小学智慧教育平台可以开展丰富多样的活动（如图 13-13），包括进行学校信息管理（占比 64.23%）、进行教师认证管理（占比 63.88%）、查看教师在国平台上参与研修的情况（占比 51.87%）、进行学校班级管理（占比 48.13%）等。其中，借鉴其他学校教改实践经验（如"双减"工作开展、教育信息化发展等）和进行课后服务发布管理占比较小（分别占比 35.77% 和 33.90%），后续可以强化国家中小学智慧教育平台对学校间互相借鉴经验和课后服务的支持。

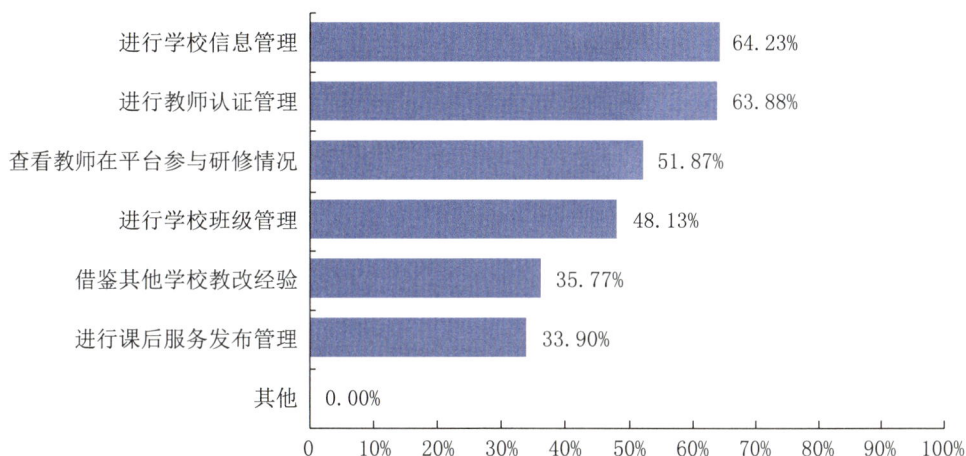

图 13-13　学校管理者利用国家中小学智慧教育平台开展管理活动的情况

国家中小学智慧教育平台为教师的教学活动提供了多种支持（如图 13-14）。教师可以利用国平台开展日常教学工作（75.85%）、进行教师研修（62.39%）、开展课后服务（46.38%）、实现家校协同育人（30.51%）。这说明国平台为教师教学和教师研修提供了较多帮助，在后续建设中可以研发国平台在课后服务和家校协同育人方面的功能。

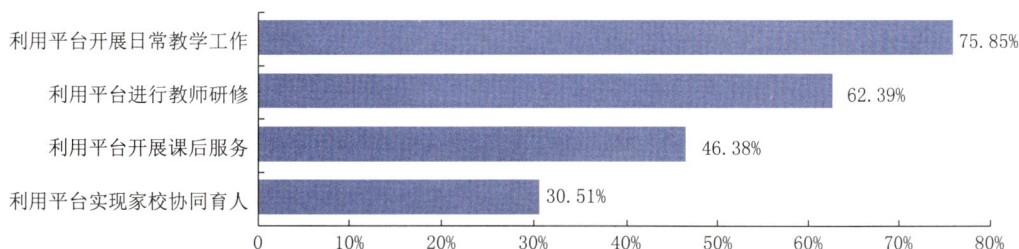

图 13-14　教师利用国家中小学智慧教育平台开展教学活动的情况

国家中小学智慧教育平台为学生学习活动提供了相应支持（如图 13-15）。学生可以利用国平台进行课程学习（91.04%）、开展自主学习（55.59%）、开展课后活动（38.41%）。可以看出，学生主要利用国平台开展课程学习，在后续建设中应依据学生的学习需求、学习习惯、教学要求等优化平台，以支持学生自主学习、开展课后活动。

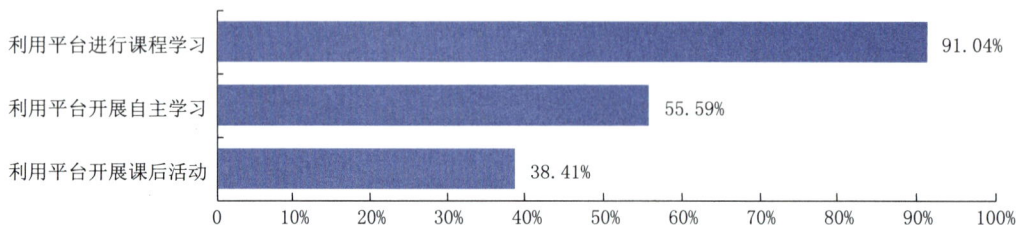

图 13-15 学生利用国家中小学智慧教育平台参加活动的情况

13.6.3 应用建议

针对国平台存在的问题，分别从学校管理者、教师和学生角度了解其对国平台的建设建议。从学校管理者的角度出发，学校管理者从国平台的数据功能和资源内容方面提出希冀（如图 13-16）。88.76% 的管理者建议优化对师生平台应用数据进行分析的功能，81.27% 的管理者建议增加学校管理者领导力提升资源。

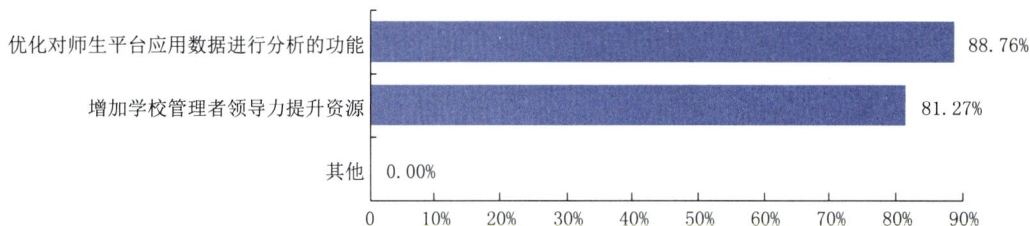

图 13-16 学校管理者对国家中小学智慧教育平台的改进建议

从教师的角度出发，在平台的资源建设方面（如图 13-17），56.69% 的教师希望可以丰富资源形式，增加音频、动画、文本、图像等多种形式资源；50.12% 的教师希望增加虚拟场馆资源的应用活动设计案例；还有部分教师关注平台所包含的认知类工具、虚拟实验室和探究类资源内容的建设（分别占比 42.90%、42.68% 和 42.45%）；此外还有 30.42% 的教师建议完善资源的引入、淘汰机制，保证平台资源质量。

从学生的角度出发（如图 13-18），74.09% 的学生建议增加课程视频配套的习题资源，53.76% 的学生建议丰富虚拟场馆类资源（如海洋馆、博物馆、天文馆等）。此外，国平台还可以增加实时笔记功能、个性化错题记录功能、学情分析和学习诊断报告功能以及资源智能推送功能（分别占比 59.15%、52.44%、46.18%、17.23%）。

13.7 典型案例

南京市在持续推进互联网学习方面涌现较多优秀学校与案例，项目组共收集全市 9 个区的 52 个案例，评审遴选出 16 个较为有代表性的优秀案例。

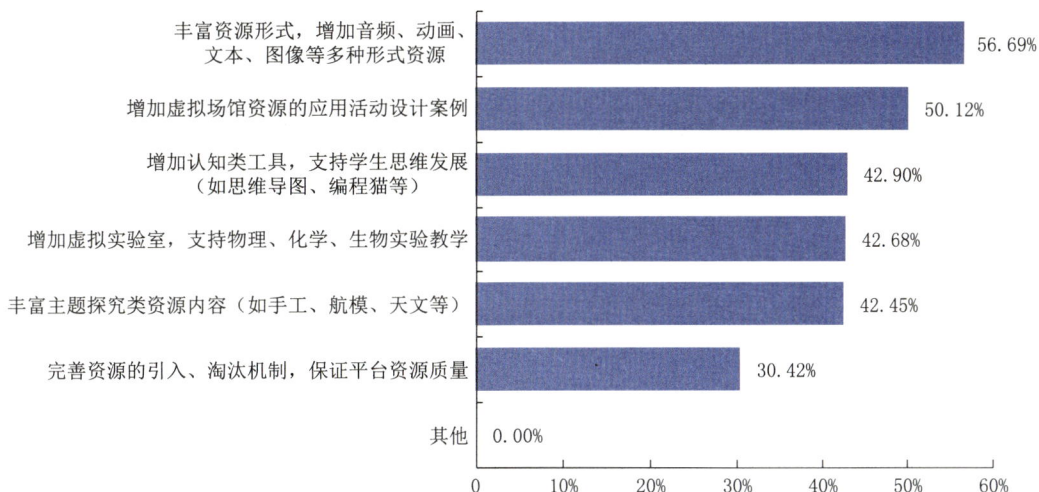

图 13-17　教师对国家中小学智慧教育平台资源的改进建议

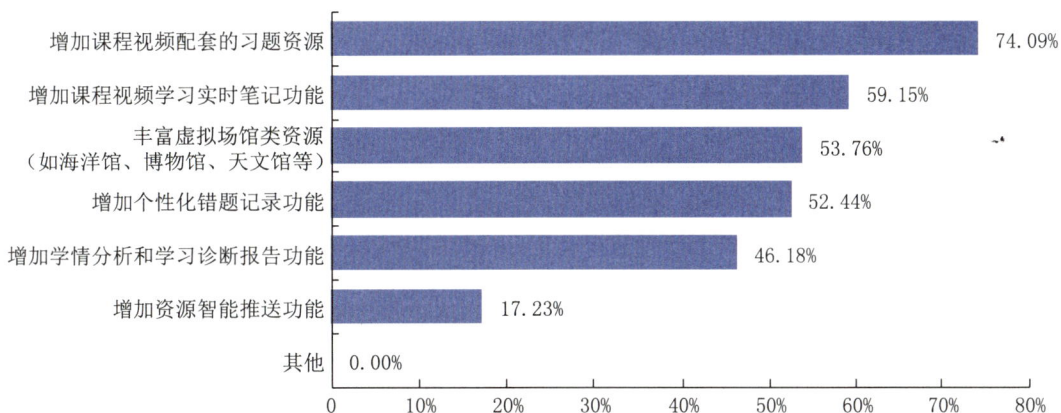

图 13-18　学生对国家中小学智慧教育平台的改进建议

13.7.1　"创客 +X"，助力教学与科技的融合

南京师范大学附属中学丁家庄初级中学创客教育起步于 2018 年，同步在探究"E 型教育"项目。学校积极参与南京市教育局、栖霞区教育局举办的各类教师创新教育培训以及创客教育培训。经过两年积累和沉淀，学校逐渐凝练出创客课堂的一般范式"微课 + 双师"，形成了创客校本课程，面向市区开设了示范课。学校又拓宽了创客教育的外延，借助双师的形式，尝试将创客与其他学科相结合。学校以创客为载体，学生化身创客，在做中学，在做中反思和实践。

目前学校的创客课程初具体系化，并开设了四门课程：①"创客——Robot"课程，教师借助 Rush 虚拟机器人平台，在平台进行机器人教学；②"创客——最强大脑"课程，课程中开展 Arduino 智能硬件的教学；③"创客——天工造物"课程，课程中学生利用激光切割机进行创意外形的设计；④"创客——微缩艺术"课程，课程中学生进行模型的设计和加工。四门课程四位一体，旨在打造立体、融合的创客课程体系。学校通过前期课程试点，制定了适应本校校情、学情普及性的基于双师课堂的"创客 +X"课程（如图 13-19）。由学校统一部署安

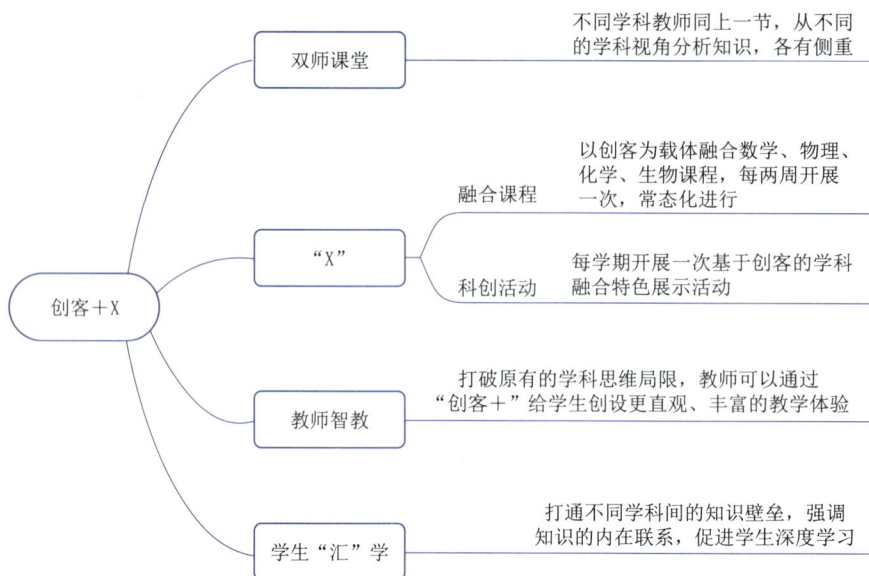

图 13-19　基于双师课堂的"创客 +X"课程

排，以融合实验室为依托，7 年级和 8 年级班级每两周一节课，常态化开展。每学期开展一次学科融合科创活动。学校在基于创客教育和学科融合的"创客 +X"课程的开设过程中建立课程体系，按照建立的课程体系实施开展教学，建立学校的特色课程资源库，最终形成以点带面的发展路径，为学校融合教育的持续发展积累经验。

13.7.2　未来教室——智慧学习空间赋能育人变革

南京师范大学附属小学仙鹤门分校自 2015 年建校以来，重点以学习空间变革的研究与实践为着力点，建设"未来教室"，探索未来学习的新模式。学校积极申报"智慧教育"技术装备项目，成立以校级领导引领、骨干教师参与讨论的推进小组，引进校外信息技术专业团队，积极开展信息化教师专业培训，形成了以信息技术专业人员为核心，年轻教师和骨干教师为主的"未来教室"项目专业团队。在专业团队、资金和技术的大力支持下，"未来教室"逐渐被

图 13-20　场景化的新型学习空间

改造成为场景化的新型学习空间（图 13-20）。

　　学校基于未来教室进行了以课程融合为核心的"未来教室"系列教学实践活动。学校积极举办未来教室相关的研讨活动，如举办了基于"'未来教室'学习场景下跨学科'新教学'研讨活动"，充分展示了学习与环境场景的变革、技术与学科的深度融合。同时，学校基于未来教室进行了跨学科的教学实践，开展了不同学科的融合课程，例如将科学和美术学科中的内容融合形成《羽毛》一课（图 13-21），师生围绕大问题"羽毛不只是飞行"展开了对一根羽毛的功能、特点的探索和艺术创作，教师借助智慧黑板、多屏互动等多种现代化信息技术，让学生在课堂中对比、归纳，运用所搜集的证据解释自己的观点，引导学生现场创作羽毛胸针；将语文和音乐学科中的内容融合成《送别》一课，两位教师从李叔同作词的《送别》入手，借助未来教室教学平台及"金陵微校"教学场景开展跨学科课堂教学，以大问题方式探讨别离所带来的深层情感。

图 13-21　科学和美术融合课《羽毛》

13.7.3　"五联·四式"："玩·美"馆联动新样态的建构与实施研究

　　"玩·美"馆是柏春花名师工作室依托开放性材料，基于探究、设计、创造、合作理念，综合教学、社团、创客在内的启蒙教育空间，内含八个特色场馆，分别是味稻城、草雕坊、渔歌村、诗意居、绘本馆、小菜园、纸挥家、泥好玩。"玩·美"即以玩创美，玩中达美，是"玩·美"馆的设计理念。每一个场馆以一类开放性材料（如纸、木头、布、泥等）建馆，通过配备学生适用的工具、创设审美的环境、宽松的氛围、开放的管理，支持学生围绕创意开展基于项目的学习，让学生得以在玩中学、玩中做、玩中发展。

为促进"玩·美"馆课程的统整建设，柏春花名师工作室以"完整学生、经验整合、统整学习、整体发展"为理念，秉持"发展性、关键性、开放性、交互性、有机性"的原则，以"联动"为课程植入融合因子，建构与实施了"五联·四式"联动新样态（如图 13-22）。"五联"即五项联动要素和五项联动运作。五项联动要素是指引入联动资源、激发联动主题、畅通联动场域、重建联动角色、流通联动成果；五项联动运作是指优化联动合作、发展个性联动、可视联动进程、活力联动关系、提升联动成就。"四式"即四类以外显或内隐的"联动"促进课程融合的联动活动实施范式，分别是"联感官·玩材料""联非遗·玩民俗""联生活·玩创意""联绘本·玩表演"。"五联"是"四式"的前提条件和基础要素，"四式"是依托"五联"生成的联动实施范式。工作室成员先后从联动要素和联动运转两方面进行变革和转型，以促进学生快乐和谐、全面个性成长为理念，持续完善优化"玩·美"课程，在促进融合性课程体系方面形成了一定经验。

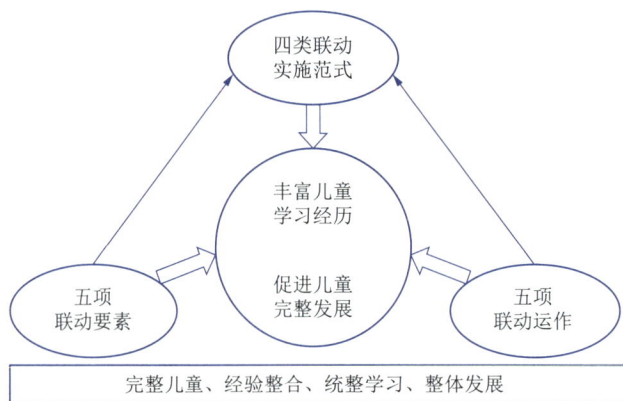

图 13-22 "五联·四式"新样态

13.8 关键问题

13.8.1 混合式学习空间应用尚待深化，教师数字化专业发展需关注

南京市已顺利打通各级各类平台及资源，为教师开展教学工作提供全方位的支持。但在支持教师持续探索与深化应用线上线下混合式教学，以及利用互联网提高专业能力、建设学习共同体等方面仍有较大的提升空间。后续应进一步朝着深化互联网技术与教育教学深入融合的方向建设，依托国家中小学智慧教育平台、"金陵微校"等已有的优质平台，在线上线下的混合式学习空间深入探究应用模式，并始终持续关注互联网技术对教师数字化专业能力发展的价值，努力构建数字化培训体系，打造示范性网络教研共同体。

13.8.2 学习环境支持仍有提升空间，学生数智素养能力有待加强

当前南京市学生的互联网学习能力总体较好，并在学习过程中获得了持续、优质的支持服务。但是部分因素仍对学生的互联网学习造成影响：一方面是学生感知到的网络卡顿较为明

显，以及学生感知的互联网学习资源环境的建设情况偏弱；另一方面是学生虽保持较强的互联网学习意愿，但自身数智素养能力的不足，对于学生创造内容和感知应用效果等造成了影响。后续需进一步关注与重视学生对于互联网学习的真实诉求，持续优化基础设施建设，补齐短板，并在人才培养体系的建设上下足功夫，通过综合运用课程教学、教师辅导、协作互动以及竞赛活动等多元方法，全面提升学生的数智素养能力。

13.9　发展趋势

13.9.1　把握教育数字化转型的浪潮，构建以学习者为中心的新学习场景

南京市各学校将抓住新一轮教育数字化转型的变革机遇，一方面守住已有的智慧校园建设的优势，充分发挥互联网等技术在教学、管理、服务等方面发挥的作用；另一方面不局限于现有成果，继续打造以学习者为中心的"未来教室""未来学校"，促进教学流程再造、课程体系重构、评价方式转型和管理模式变革，始终围绕着便于学生、利于学生的宗旨，为学习者打造量身定制的学习空间、学习方式、评价方式等，构建新学习场景，让学习者站在教育发展变革的舞台的正中央。

13.9.2　推进"金陵微校"数字化建设，创新数据驱动的精准教学新样态

南京市将进一步延续"金陵微校"在 2.0 建设期间形成的特色应用与资源优势，着力推进有南京特色的创新教育教学模式变革。重视教育大数据的利用价值，在完善数字化学习资源的同时，进一步构建智慧教学应用动态跟踪数据库，加强常态化课堂教学过程的数据分析，探索性构建数据驱动的精准教学模式，有效提高应用效率与质量。此外，平台还将大力支撑智慧课堂建设，激励教师深化平台应用及资源，探索常态化运行机制，努力打造混合式学习空间下的教学新样态。

第十四章

CHAPTER 14

青岛市基础教育领域互联网学习发展报告

　　青岛市以建成全国智慧教育示范区为指引，推进信息技术与教育教学、教育管理深度融合，加快开发优质网络教育资源，建立灵活开放的教育服务体系和教育云资源平台。青岛市构建以信息化带动教育现代化机制，打造青岛教育新优势，构建青岛人工智能教育课程体系，完善基础环境，汇聚教育资源，建设专业教师队伍，提升人工智能素养，培养专业人才，争创全国人工智能教育示范引领城市。积极实现数字智能技术对学校运行的全面管理、动态跟踪和实时监控，深入探索教育数据多层次应用，让教育数据"可汇、可管、可用"，实现"可视化、助决策"。

14.1 概述

14.1.1 青岛市互联网学习发展概述

（1）教师对数字化教学资源和平台使用日趋常态化

　　青岛市中小学教师普遍能够认识到数字化教学的重要性，能有意识地利用数字化手段进行教学。积极使用以国家中小学智慧教育平台、省级教育资源公共服务平台以及市级教育资源公共服务平台为代表的数字化教学资源和平台。

　　多数教师对开展互联网教学有着比较强的应用意愿，能够根据教学目标与方法合理改编或制作互联网教学资源，以及搜索与选择合适的互联网教学资源，加强自身与学生之间的互动与交流，以便及时地为其提供有针对性的指导，实现个别化和差异化的教学赋能学习者，并能借助互联网相关资源与课程持续促进自身专业发展。

（2）学生互联网学习使用更为深入和普遍

　　学生在互联网上的学习已从基础应用扩展到深入参与，从被动学习转向主动探究，从单一学习发展为多元互动，显示出互联网时代下学生的学习日趋深入和多样化的特点。青岛市中小学生的互联网学习应用意愿较强且互联网学习应用方式多样，经常参与多种类型的互联网学习活动。在应用意愿、应用频率以及应用方式的基础上，青岛市中小学生对互联网学习效果较为满意，学生在互联网学习中形成了良好的互动与合作习惯。除了在互联网学习中接受学习资源外，还能在互联网学习中发挥自身的主动性和创新性，并普遍具有较高的互联网安全意识。

（3）互联网学习的细分差异明显

　　青岛市互联网学习的区域差异和城乡差异显著，西海岸新区、崂山区以及市南区的发展水平较高，教育信息化的程度明显高于其他区域，莱西市和平度市等其他地市能够结合区校实际情况进行散点式应用。数字化赋能学科教学已在初步试验阶段并有一些成功的应用案例，但学科教育信息化教学程度整体上处于弱势，信息技术与学科教学深度融合的程度还未达到预期，从全域范围来看严重不足。

　　互联网学习的细分差异还体现在学段差异层面，小学生在基本技能和简单应用方面较为突出，而高中生在复杂思维和创新能力方面表现更好，学段之间的数字化学习能力差异显著。

教师和学生的使用频度和水平差异也是互联网学习的细分差异的重要体现。不同地区的教师对新兴数字技术的了解程度不同，在数字化教学策略和方法上的创新程度也存在较大差异，且不同区域的教师在对学生学习情况进行评价和分析的能力上存在差异。学生的平台使用情况不同，且终端设备类型存在差异，不同学生使用互联网学习的应用频率不同，应用方式各异，且在信息获取与筛选能力以及信息安全意识和行为上也存在差异。

14.1.2 年度特征词及其解释

（1）精准教学

青岛市在 2022 年、2023 年对精准教学投入了大量的关注，青岛市西海岸新区整区使用智能教学平台支撑的精准教学，崂山区在原有的教学云平台基础上开展智慧纸笔课堂应用，都是为了实现大规模精准教学。青岛的其他区（市）也在各个学校尝试应用一些智慧教学平台着力实验精准教学模式。

（2）生成式人工智能背景下的数字资源

青岛市虽还未在全市或某个区（市）在整体层面开展大规模的生成式人工智能教育的应用，但由于生成式人工智能是一种现象级的应用，已经形成很多较为成熟的产品。走访调研发现，广大学校、一线教师拥有较高的应用生成式人工智能进行教学探索的改革热情，如借助生成式人工智能辅助教案撰写、辅助命题，还有应用这项技术开展作文批阅、人机协同教学等丰富多样的探索。

（3）国家中小学智慧教育平台

青岛市对国家中小学智慧教育平台的应用已经迅速展开，并形成了较为深入的应用。青岛市教育局率先印发了《青岛市"国家中小学智慧教育平台"全域普及实施方案》，成立国家平台试点领导小组和工作小组，统筹规划、全域推进，并且实现了与"青岛教育 e 平台"、中小学智慧作业系统的三方融通。由青岛市联合烟台、威海、潍坊、日照四市，共同申报成立国家中小学智慧教育平台应用省级专家指导团队山东一队，在各自推进基础上，逐步形成跨地市、跨区县、跨学校、跨学科的交流机制，面向中小学校和广大师生，建立市、区、校三级平台应用推进模式。如青岛市西海岸新区珠江路小学、平度市凤台中学等较好地应用了双师课堂，让双师共同助力每一名学生课堂成长。

（4）教师数字素养

青岛市各区市教体局、广大学校和教师真切地认识到了教育教学数字化转型背景下教师专业发展的重要性。对教师教育技术能力的培训越来越多地被教师数字素养培训、数字素养考核取代。教师数字素养不仅需要通过培训培养，还需要在日常教学中深入应用，以应用促进数字素养水平的提高，以教学改革促进数字素养水平的提高。不仅是广大教师，教育教学的管理者也参与到数字素养提升计划之中。

14.1.3 互联网学习特征指数

表 14-1 青岛市教师教学能力核心指标的特征指数汇总表

教师核心指标	特征指数	核 心 指 标 题 项	核心指标题项特征指数
教学能力（C）	4.25	C21. 我能够根据教学目标与方法搜索与选择合适的互联网教学资源	4.26
		C31. 我能够利用互联网开展多种类型的教学活动来提升教学效果，如探究式学习、项目式学习、同伴教学等	4.21
		C32. 我能够利用互联网加强自身与学生之间的互动与交流，以及时为其提供有针对性的指导	4.26
		C41. 我能够利用互联网针对学生自身情况实现个别化和差异化的教学或指导	4.22
		C52. 我能够通过收集与分析学生的互联网学习数据来合理调整教学策略	4.21
		C61. 我能利用互联网上的资源与课程持续促进自身专业发展	4.30
教学应用（A）	4.12	A11. 我会经常利用互联网开展教学	4.22
		A21. 我在课堂教学中经常利用互联网提供的资源和工具	4.31
		A22. 我在教学中经常使用线上线下混合式教学形式，如翻转课堂、探究学习等	4.06
		A31. 我经常利用互联网开展各种教学活动，如交流、投票、测试、虚拟实验等	3.96
		A41. 我很满意互联网教学的效果	4.12
专业发展支持（S）	4.09	S11. 我有机会参与国家级、省级、市级举办的互联网教学能力提升活动，如讲座、培训、研讨、研究等	4.04
		S21. 我所参加的互联网教学能力提升活动，能够为我开展互联网教学实践提供参考，并引发自主探究与反思	4.15
		S31. 我的互联网教学探索经常能够得到本地教研小组、在线学习社群等专业共同体的支持	4.08
教学环境（E）	4.26	E11. 我很容易获取到满足教学需求的多样化网络教学资源，如文本、图片、视频等	4.22
		E21. 现有的教学平台与应用能够支持我开展多种类型的教学活动，如雨课堂、课堂派、钉钉、腾讯会议等	4.29

从表 14-1 可以看出，2023 年青岛市基础教育教师在利用数字化资源、教学平台等方面都表现出较强的教学能力。利用互联网开展教学日趋成为常态，并且教师对自身利用互联网的能力表现出较高的自我认同，仅"我经常利用互联网开展各种教学活动，如交流、投票、测试、

虚拟实验等"这一项的特征指标低于 4.00，通过访谈也发现，教师较少利用互联网开展投票、测评和虚拟实验等方面的应用，虚拟实验类工具平台以单款产品使用为主。

表 14-2　青岛市学生学习能力核心指标的特征指数汇总表

学生核心指标	特征指数	核心指标题项	核心指标题项特征指数
学习能力（C）	4.25	C21. 在利用互联网搜索时，我能够准确识别所需信息，过滤掉不相关的内容	4.25
		C22. 我能够整理好搜集到的互联网信息与数据，以便后续查找与使用	4.18
		C23. 从互联网获取信息与数据时，我能够有自己的判断，不盲从他人观点	4.33
		C31. 我进行在线交流与合作时，能够尊重、理解他人观点，并简明清晰地表达自己的观点	4.45
		C51. 我能制订好学习目标和学习计划来支持互联网学习的开展	4.05
学习应用（A）	3.91	A11. 我非常愿意利用互联网进行学习	4.13
		A21. 我经常利用互联网进行学习	3.87
		A32. 我经常参与多种类型的互联网学习活动，如在线测试、在线讨论、在线答疑等	3.73
学习服务（S）	4.09	S11. 我会从老师或同伴那里学到有用的在线学习策略与方法，比如搜索技巧、学习工具、学习习惯等	4.21
		S21. 在互联网学习过程中，我能够从老师或同学那里获得有用的反馈与评价	4.20
		S22. 学习平台根据我的学习表现提供的反馈与评价，对于我改进学习很有帮助	4.18
		S41. 互联网上的学习内容与活动总是对我很有吸引力	3.89
学习环境（E）	3.99	E11. 我总能通过互联网获得许多好用的学习资源	4.08
		E21. 我在互联网学习时不会受到网速卡顿的影响	3.72
		E22. 现有的学习平台和工具能够很好地满足我的学习需求	4.10

2023 年，青岛市基础教育阶段学生对互联网的认知与使用程度都得到强化，尤其在获取资料、信息方面特征指数甚至达到 4.33，开展互联网交流方面的特征指数达到 4.45，这方面超过教师的能力表现。学生对工具的使用表现出较强的兴趣，能够感知到学习平台所做的反馈和评价。但限于每位同学所处区域、家庭条件的差异，以及所访问资源平台的网络配置，在互联网卡顿方面仍有特征指数低于 4.00 的情况。

14.2 互联网学习发展现状

14.2.1 区域政策与保障措施

（1）建设智慧教育示范区，营造智慧教育新生态

中共青岛市委办公厅、青岛市人民政府办公厅印发的《青岛市基础教育优质资源倍增三年行动计划》（以下简称《行动计划》）中提到在基础教育阶段应坚持优先发展、超前布局，同时加强资源保障、政策供给。《行动计划》指出在基础教育阶段应实施智慧教育赋能行动，全面扩大优质教育资源。坚持以新技术培育新动能，建立新技术支撑引领基础教育高质量发展体系，到 2024 年青岛市建成全国智慧教育示范区。

（2）建设智慧校园，构建智慧学习环境

青岛市教育局制定了《青岛市中小学智慧校园示范校建设应用指南（试行）》（以下简称《应用指南》）和《青岛市中小学智慧校园示范校评估标准（试行）》，积极探索教育治理和教学新模式，努力构建智慧校园教育新生态，推进实施教育数字化转型，为建设高质量教育体系、促进学生全面而有个性地发展提供有力支撑。《应用指南》明确指出智慧校园要实现教育管理方式、教育教学模式、学习评价方式和沟通传播方式现代化，促进学生综合素质全面发展的智能生态系统。全市在智慧校园的建设上，全面加强统筹领导市、区（市）、校三级联动，协同推进智慧校园建设。

（3）出台创新行动计划，确立清晰的行动路线

《青岛市基础教育优质资源倍增三年行动计划》《青岛市中小学智慧校园示范校建设应用指南（试行）》等文件要求，以数字化支撑引领教学深层次、系统性、全方位变革创新，推进青岛市教育现代化建设和教育优质均衡发展。为此又制定了《青岛市基础教育数字化赋能教学创新行动计划（2023—2025 年）》计划方案，推动数字技术赋能教育教学，以习近平新时代中国特色社会主义思想为指导，深入贯彻落实党的二十大精神，主动适应数字时代的新特征、新趋势。

（4）强化平台支撑和资源保障，全力支持教育教学数字化转型

截至 2022 年 3 月底，青岛市投资 10.39 亿元构建了"专网专用、高速互联"的教育城域网和"分级负责、多重防护"的网络安全保障体系。通过打造"青岛教育 e 平台"，整合五级教育信息系统，实现政务服务、数据资源跨层级、跨部门融合共享，全面支撑管理、教学、教育公共服务等各类业务的分发推广和应用。除此之外，全市中小学广泛应用各类多样化的智能教育教学平台。

14.2.2 互联网学习环境建设情况

（1）学校和家庭网络环境基础

青岛市全部中小学、幼儿园建成标准化校园网，实现光纤接入和无线覆盖，按照二级等保要求构建教育城域网网络架构并定期开展等保测评，建成"两地三中心"教育城域网数据中心，实现重要数据实时异地备份，构建完善的网络安全体系。与此同时，也积极优化提升家庭

网络宽带使用效果，力促数字经济发展及数字化转型，积极发展全市宽带网络搭建。

（2）互联网学习环境基座和资源基础

建成集资源平台、业务数据、赋能场景于一体的教育数字基座，全市持续加快推进智慧校园建设，全面升级校校通、班班通设备，实现网络万兆到学校、千兆到终端，无线网络全覆盖。建成丰富的同步课堂及录播教室资源，全市中小学实现万兆网络接入和无线网络覆盖，同步课堂、线上同步教研等全面推广应用。

14.2.3 师生互联网应用现状

图 14-1 所示为青岛市基础教育教师互联网教学应用情况。青岛市基础教育教师互联网教学应用除应用方式外，各维度指数均在 4.00 以上，均达到较高水平。

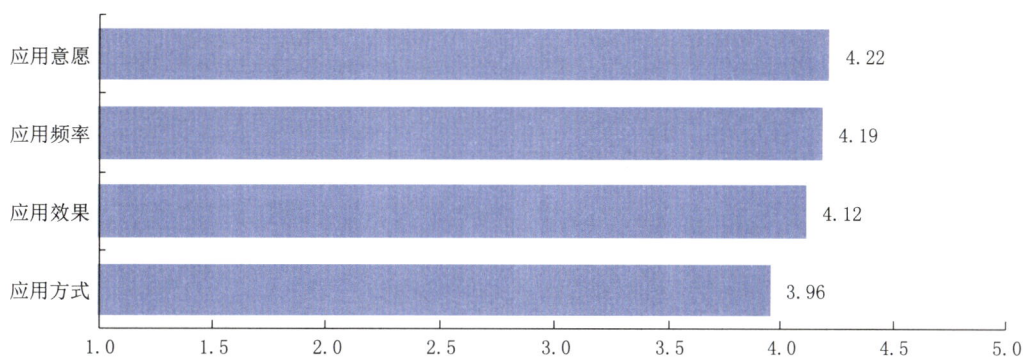

图 14-1 教师互联网教学应用发展指数

图 14-2 所示为青岛市基础教育阶段学生互联网学习应用情况。其中，学生在互联网学习应用频率、应用方式和应用效果等方面指数都达到 3.00 以上。学生互联网学习的应用意愿较强，指数为 4.13，相对于教师，学生对互联网等信息时代产物总是抱有更高的兴趣，因此有着较高的应用意愿。

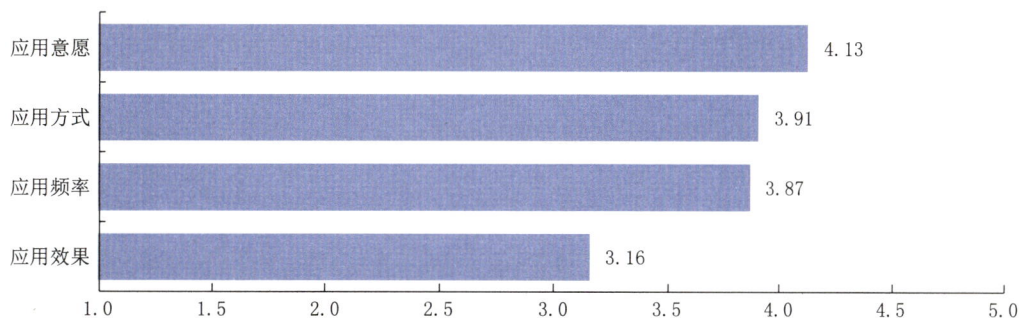

图 14-2 学生互联网学习应用发展指数

14.2.4 师生互联网能力水平

（1）教师能力水平

1）教师互联网教学能力发展概况

图 14-3 所示为青岛市基础教育教师互联网教学能力发展情况。青岛市基础教育教师互联

网教学能力各维度得分均在 4.00 以上，均达到较高水平。当前时代环境下，信息技术不断更新迭代，新的技术与工具不断运用于教育教学中，这给教师了解、操作与使用互联网教学工具带来了困难。2023 年，青岛市积极动员与组织开展教师信息化技能培训，解决教师信息化教学工具操作难的问题，全面提高教师互联网教学能力。

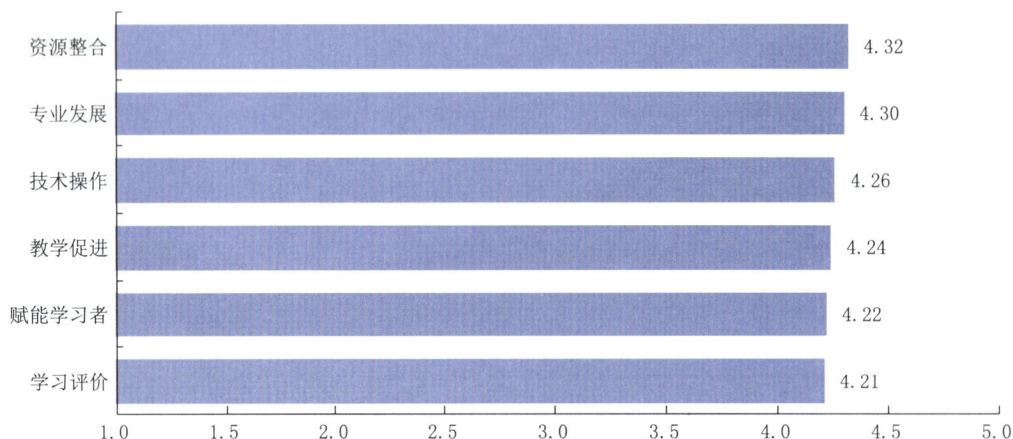

图 14-3　2023 年青岛市基础教育教师互联网教学能力发展指数

2）青岛市基础教育教师互联网教学能力的差异性分析

① 不同教龄教师互联网教学能力对比分析

不同教龄教师互联网教学能力的对比如图 14-4 所示。差异性结果分析表明，不同教龄教师在技术操作、资源整合、教学促进等互联网教学能力方面均不存在显著性差异（$F=1.082$，$p>0.05$；$F=1.213$，$p>0.05$；$F=0.890$，$p>0.05$；$F=0.718$，$p>0.05$；$F=1.183$，$p>0.05$；$F=0.83$，$p>0.05$）。教龄短的教师对于新的信息技术与工具的学习意愿更强烈、接受度更高，在互联网教学的技术知识积累方面比教龄较长的成熟型教师更为丰富。要发挥教龄较长的教师与新入职教师的各自特长与优势，进一步促进互联网教学的深度融合与应用，达到更有效、更生动的互

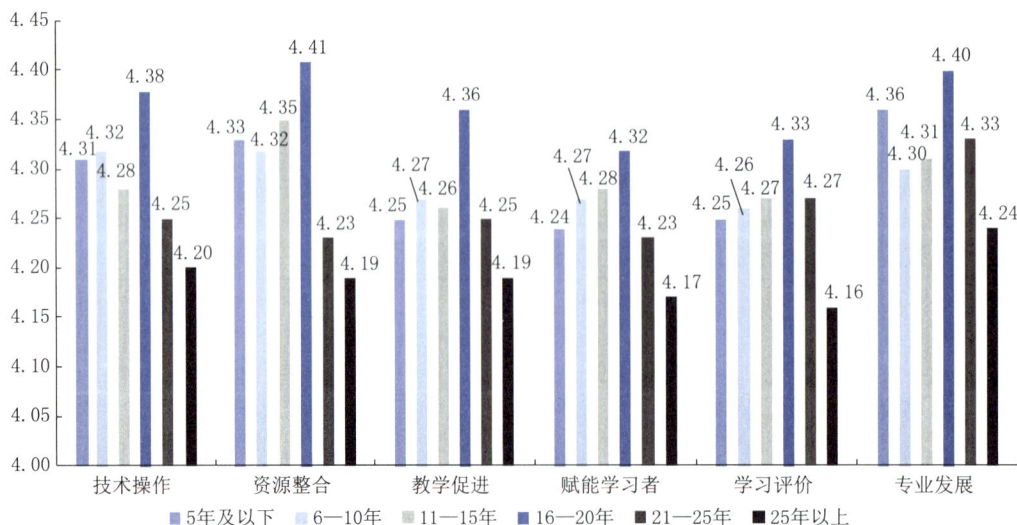

图 14-4　不同教龄教师互联网教学能力发展指数

联网教学效果。

② 基础教育各学段教师互联网教学能力对比分析

基础教育各学段的教师互联网教学能力的对比如图 14-5 所示。差异性分析结果表明，不同教育学段的教师在技术操作、资源整合、教学促进等方面均不存在显著性差异（$F=0.546$，$p>0.05$；$F=0.277$，$p>0.05$；$F=0.22$，$p>0.05$；$F=0.358$，$p>0.05$；$F=0.306$，$p>0.05$；$F=0.214$，$p>0.05$）。

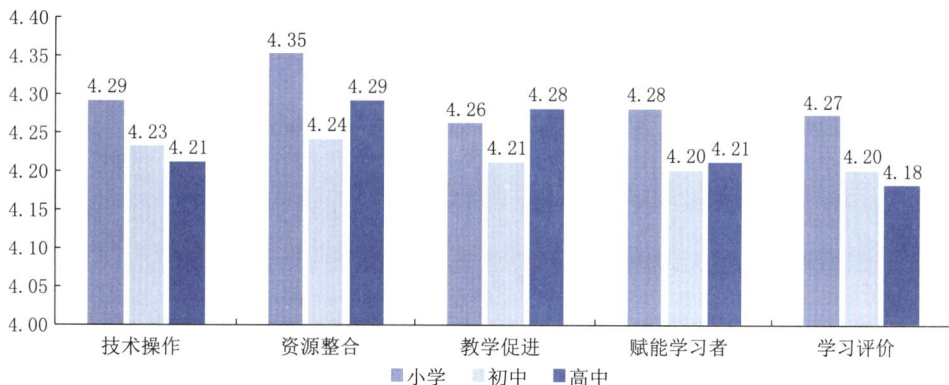

图 14-5　各学段教师互联网教学能力发展指数

（2）学习者能力水平

1）学习者能力水平发展概况

结合青岛市基础教育学习者能力水平发展实际，从设备与软件操作、信息与数据素养、交流合作、内容创造、策略性学习、互联网安全六个方面对学习者有效利用互联网开展学习所需的能力情况进行分析。如图 14-6 所示，青岛市基础教育学生互联网学习能力在各维度上均达到了较高水平，青岛市基础教育现代化建设成效显著。

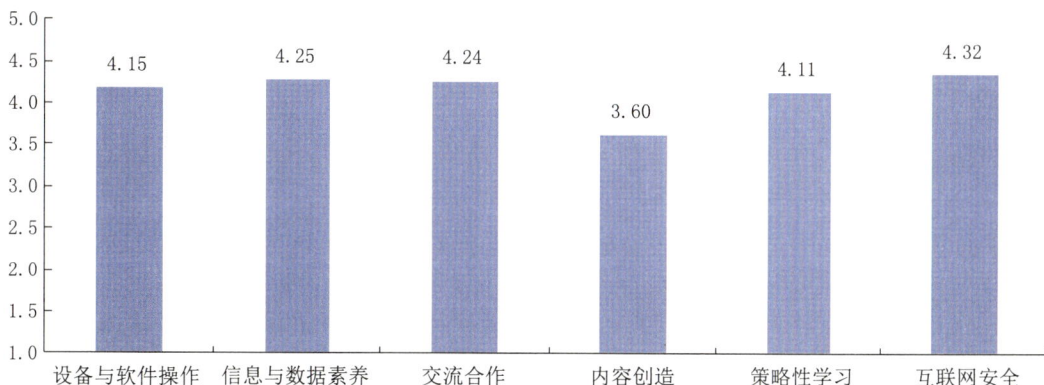

图 14-6　学生互联网学习能力发展指数

2）青岛市基础教育学生互联网学习能力的差异性分析

① 基础教育各学段互联网学习能力对比分析

图 14-7 为基础教育各学段互联网学习能力发展情况。小学、初中、高中各学段在设备与

软件操作、信息与数据素养等互联网学习能力与意识等维度均达到较高水平，但各学段的发展存在显著性差异（F=4.786，p<0.05；F=16.659，p<0.05；F=6.875，p<0.05；F=21.130，p<0.05；F=10.112，p<0.05；F=7.405，p<0.05）。其中，高中生在设备与软件操作、信息与数据素养、交流合作、内容创造、策略性学习和互联网安全等方面能力与意识发展指数均高于小学高段的学生和初中生。

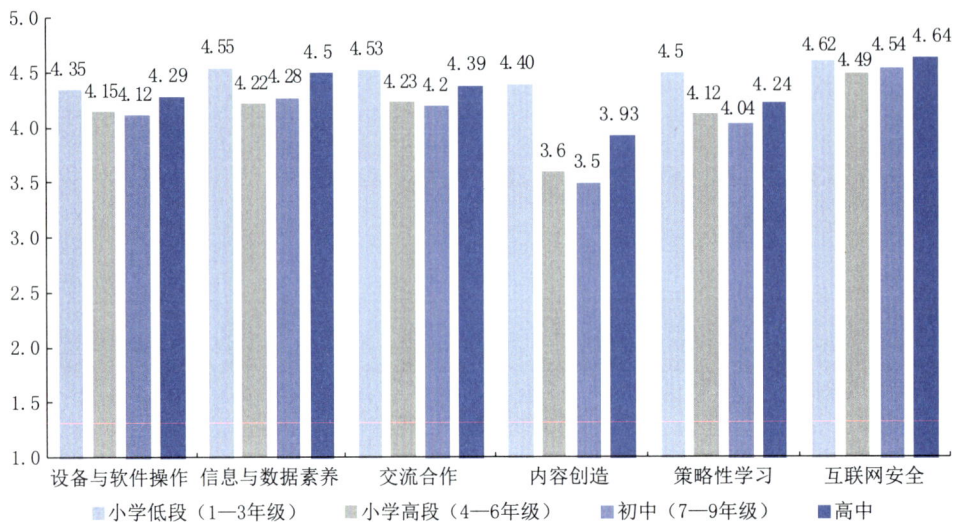

图 14-7 各学段学生互联网学习能力发展指数

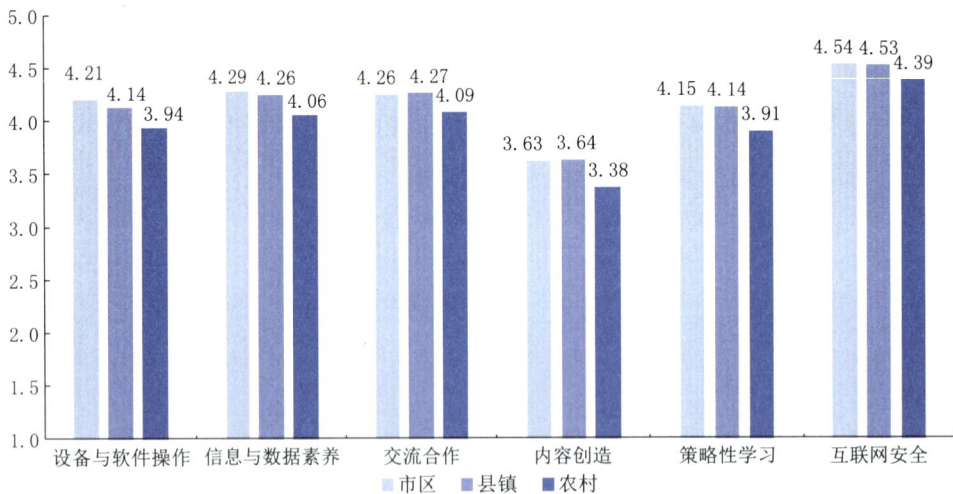

图 14-8 各地区学生互联网学习能力发展指数

② 城乡学生互联网学习能力对比分析

城乡地区基础教育学生互联网学习能力发展情况如图 14-8 所示。县镇、市区等地区互联网学习能力在设备与软件操作、信息与数据素养、交流合作、策略性学习、互联网安全五个维度得分均为 4.00 以上，达到了较高水平。农村地区学生在设备与软件操作、信息与数据素养、交流合作、策略性学习、内容创造、互联网安全这六个方面能力与意识的发展指数均略低于市区和县镇地区学生，且具有统计上的显著性（F=44.719，p<0.05；F=31.793，p<0.05；F=28.029，p<0.05；F=31.022，p<0.05；F=23.172，p<0.05；F=32.970，p<0.05）。

14.2.5　青岛市着力提升师生数字素养

全市建立"以校为本、基于课堂、应用驱动、注重创新"的师生信息素养发展机制，全方位推进中小学师生信息素养提升，推进信息技术支持的项目式、探究式和体验式等学习方式，引导学生从学习用技术到用技术学习，培养未来数字公民。一方面，青岛市教育部门正在不断优化和健全中小学信息素养提升质量评估模式，对全市师生信息素养进行科学、系统、持续性的测评。另一方面，一些企业也积极参与这一工作，通过承接"青岛市中小学信息素养评测系统建设项目"，进一步推动师生信息素养测评领域的深入发展。

14.2.6　互联网支持教与学

（1）互联网支持课堂教学应用模式

近年来，青岛市为促进信息技术与教育教学深度融合，提升师生的信息素养，改革原有教育模式，提升智能教育质量水平，全市大部分中小学都已根据现实条件及学校教学需求，在课

表 14-3　互联网课堂教学模式

课堂教学类型	模式简介	应用规模	应用效果
平板教学	该模式利用平板电脑等智能设备，通过与互联网连接，构建更加灵活、多样化的教学方式。师生可以通过平板电脑进行学习和互动。平板电脑提供丰富的教学资源的同时，还可为学生提供个性化的教学指导	当前全市平板智慧教学模式已得到大面积的推广和应用。大部分学校已创建平板实验班、平板课堂等智慧课堂环境	平板智慧教学模式辅助课堂学习资源收集、即时学习情况反馈、精准化教学指导，助力个性化学习
基于点阵笔的精准教学	点阵笔是一种基于光学点阵技术的智能书写笔，在丰富课堂评价形式、激励学生的学习兴趣、更好地了解学生的课堂表现等方面具有显著作用，可实现对课堂学习和教学数据的实时采集和分析，进行个性化学习诊断，方便教师精准调整教学策略	2015年，青岛市市南区教育和体育局为全区近2 500名中小学教师配备"E笔微课"。2023年，崂山区部分学校引入智慧纸笔进行课堂教学，实现教学减负增效	点阵笔教学模式赋能课堂伴随式数据采集，丰富师生互动；生成阶段式数据报告，推送靶向作业；海量教师备课资源；学情记录留痕，利于教师课后复盘总结
基于精准作业的智能教学	该模式依托教学云平台开展，教学云平台配备打印机及扫描仪等信息化设备，教师可以利用云平台与该设备对接，实现自动批阅、靶向作业布置及设计等教学工作，切实提高教学效率	青岛市崂山区39所公办中小学都配有专门的打印机、扫描仪，全区学科教师都能够独立使用教学云平台进行课堂教学和作业设计	打印机和扫描仪可辅助实现课堂数据统计实时显示，让师生及时了解到学生的学习状态和水平，为教学改进提供数据支持

堂教学中引入智能化教学设备，构建新型互联网教学模式，目前平板教学、点阵笔教学以及打印扫描教学等三种互联网教学模式在全市应用较为广泛。

（2）互联网支持课后辅导应用模式

青岛市教育局为进一步做好学生课后服务工作，要求各区市各大学校广泛深入宣传课后服务实施方案和服务特色，积极引导有需要的学生自愿选择参加课后服务，课后服务实行"5+2"模式，即学校每周5天（工作日）都要开展课后服务，每天至少开展2课时，结束时间要与各区（市）正常下班时间相衔接，实施弹性离校制度。

表14-4 互联网课后辅导模式

课后辅导类型	模式简介	应用规模	应用效果
市级名师"e辅导"	使用齐鲁名师、青岛名师、名师工作室等优质教师资源，面向全市中小学生开展名师在线公益辅导，创建"e辅导"课后服务平台	青岛市"e辅导"平台为全市师生免费提供每周名师导学课、一对一直播答疑、问答中心、微课资源等学习模块	充分发挥优质师资力量，丰富学生课后学习生活，助力学生学习能力有效提升
市南区课后辅导	市南区各校开展课后服务三种模式："教师+志愿者"免费服务模式，学生"弹性离校"模式，"学校家委会主导、学校参与配合、第三方提供服务"的模式	2022年，市南区中小学课后服务覆盖率100%，惠及学生46 481人，参与率约为99.38%；8所公办初中初三年级全面开设晚自习，惠及学生2 368人，参与率约为81.94%。未来，市南区将进一步优化"三好"课后服务模式，将课后服务课程纳入学校课程规划	减轻学生作业负担，切实地落实"双减"政策；巩固当天所学知识，提高学习效率；开设兴趣爱好培训班，培养学生的兴趣爱好
西海岸新区课后辅导	西海岸新区课后服务坚持"基础资源为主，特色资源为辅"，鼓励各学校将托管工作和"十个一"项目实施紧密结合，指导学生利用托管时间进行阅读、艺术、体育、科技等项目的学习，满足更多学生个性化发展需求	西海岸新区已实现课后服务义务教育学校全覆盖，有需求的学生全覆盖。课后服务以促进学生核心素养发展为目标，落实"双减"要求。充分挖掘整合社会资源，开展多元课后服务。各学校整合教师、家长和社会资源，组建课后服务志愿者库，全区共建设1 191个课程超市，开发了1 184门课后服务课程，包括艺术类、运动类、科技类、语言类、手工类、实践类等特色课程	西海岸新区课后服务对学生进行特长培养，大大提高了课后服务的质量和水平，培养学生核心素养，减轻家长与学生的教育负担

（3）智慧教学的特色应用模式

1）智慧体育教学

青岛市中小学十分重视智慧体育体系的建设，市政府对智慧体育的发展给予了极大的支持，通过政策引导、资金扶持等方式推动智慧体育在中小学的普及。同时，全市部分中小学还积极引进和研发先进的智慧体育设备和技术，支持智慧体育体系的建设。例如智能操场，可以通过传感器实时监测学生的运动数据，包括运动量、心率、疲劳度等，从而为学生在合理范围内运动提供保障。建设 VR 体验馆，可以让学生身临其境地体验各种运动场景，大大提高他们的学习热情。这些设施和技术不仅使体育教学更加科学化、个性化，还在潜移默化中帮助学生养成科学锻炼的好习惯。

2）智慧书法教学

青岛市教育局不断推进中小学书法教育，将智慧书法教育纳入中小学课程体系。部分中小学将"点阵笔"技术应用于书法练字场景，借助点阵识别、笔迹识别、学习分析和机器学习等技术，实现手写笔迹提取和手写汉字的识别，并依托智能教学系统支持师生互动教学。即在传统练字帖的基础上铺上点阵码，通过点阵笔书写的轨迹进行 AI 评分，告诉用户所写字的笔画是否正确，书写是否工整。在不改变学生传统书写习惯的基础上，教师可同步监控所有学生书写过程，任意调取一位或多位学生的书写作品进行多种形式的案例解说。

3）信息化赋能支教

为缩小城乡信息化教育差距，帮助偏远农村地区学生获得更好的信息化学习资源和教育机会，城阳区教育和体育局开展"接力帮——信息支教"活动，为山区孩子义务送教。六年时间里，城阳区教师累计进山 2 000 余人次，行程 50 000 余公里，为山区学生义务送教信息科技课 1 000 余节，"接力帮——信息支教"活动的持续开展，不仅推动城阳区信息科技学科优质资源横向流动，促进教育优质资源均衡，同时也加快城阳区人工智能在教育领域的创新应用，推进智慧教育建设，目标指向学生互联网素养的提升。

14.3 互联网学习的典型案例

14.3.1 市南区加速推进数字化转型，培育智慧教育新样态

市南区认真贯彻落实教育部"教育数字化战略行动"要求，应用智能技术加速推进技术与课堂深度融合，以第一名的成绩入选山东省智慧教育示范区建设单位，《市南区"智优市南"智慧教育新生态》案例获第一届中国新型智慧城市创新应用大赛一等奖。在对标国家智慧教育示范区创建与应用成效的基础上，结合市南区教育的迫切需求，建议加速推进教育数字化转型，培育智慧教育新样态。

市南区教育数字化工作历经三个阶段：一是以教育信息化 1.0 行动为代表的"数字化转换"阶段；二是以教育信息化 2.0 行动为代表的"数字化升级"阶段；三是以智慧教育为代表的"数字化转型"阶段。

通过落实 100% 学校万兆网络全覆盖、100% 学校开展人工智能学科教学等 8 个 100%，市南区实现教育数字化转换和升级的阶段性突破。在省级智慧教育示范区创建过程中，聚焦"一体系、两提升、三集群"建设目标，全力打造"智优市南"智慧教育特色品牌，以"智优"助推"最优"，促进区域教育高质量发展。

14.3.2　胶州市振华中学建立起较为完善的信息化教学支撑体系

振华中学坚持以"统筹规划、分步实施、注重实效、融合创新"为原则，以管理体制、机制和队伍建设为保障，以学校网络及信息化基础设施建设为基础，以资源、信息交换和应用软件建设为重点，建立了较为完善的信息化教学支撑体系，建立了行政与技术两条线管理的共管机制。行政方面，从基础设施、支持服务两个方面制定完善管理办法；技术方面，从资源建设、教学应用、用户行为三个方面实现从网络平台到信息资源再到用户的全程监管。

建立全员培养长效机制与优化课堂教学长效机制，以电子书包应用为突破口改进教学，强化学生的科技意识，提高科学文化素质。学校在科技楼建设了创客体验馆、机器人实验室、数字史地教室等，开设了相关特色兴趣课程，开展各种学习实践和比赛活动，借机拓展学生的科技视野，培养学生的科技创新能力。

14.3.3　青岛西海岸新区第一高级中学以智慧教育赋能，以精准教学提质

青岛西海岸新区第一高级中学围绕学校信息化教学环境建设工作，积极推进信息化工程，建构智慧教研、分层教学、实验教学、培优教学、教学评一体化等应用场景，探索信息技术与教育教学深度融合，创新应用模式，智慧教育赋能，精准教学提质。启动"因材施教人工智能 + 教育创新应用行动"项目，共创智慧教育示范区。学校作为第一批试点学校，在项目启动之初就配备了教室"超脑"教师机、学生机等设备，快速推进智慧课堂大规模常态化使用，并使之服务于高考备考。

面向新高考的精准备考，首先要建设校本资源库，形成更加适合新高考要求、更加贴合学生实际的"新区一中智慧教育资源库"。基于智慧课堂系统的教学资源建设，突出应用导向，并进行基于新课标知识图谱的试题资源库建设。对关键学生群体进行重点培养，使精准学生管理落地。

14.3.4　青岛君峰路中学搭建智慧教育应用场景，全面推进智慧学校建设

学校建立了与国家、省、市、区资源融合的校本特色数字资源库，研发了学生综合素养评价软件，精准绘制学生成长数字画像，赋能学校教育教学管理，促进学校高质量发展。

引进教学评价系统，创建新型智慧教室，营造数字化教学环境，构建教师画像。引进 AI 听说课堂系统，让英语听说不是梦。建立与国家、省、市、区资源融合的校本特色数字资源库。研发综合素养评价工具，精准绘制学生成长数字画像。数字社团，撬动学生成长内驱力；教科研引领，提升教师信息化素养；数字化平台，赋能师生轻松教与快乐学；无感大数据，赋能综合评价；家校一码通万家，赋能家校共育；建立学校数据驾驶舱，赋能管理数字化。

14.3.5　平度市凤台中学基于人工智能视域下大数据教学的建模和实施

大数据教学模块是云计算、大数据和人工智能等信息技术与教育教学的完美融合。平度市凤台中学通过国家中小学智慧教育平台的云端 App，实现多所学校优质教育资源的共建共享，让学生足不出户即可享受来自其他名校优秀老师的题库、视频等学习资源。同时在课前预习、

课堂检测及课后巩固三个阶段，实现智能推送、实时学情诊断分析、多元评价，能针对每位学生提供智能个性化诊断、治疗、提升方案，满足学生个性化学习需求。基于人工智能视域下大数据教学的尝试和推进，引发了教师和学生教学的教研方式、教学方式和学习方式较大程度的改革，将教师从繁杂的批改工作中解放出来，腾出精力研究学情；将学生从重复的作业中解放出来，进行深入有效的自主学习，学习的主动性和实效性得到了大幅度提升。

14.4　关键问题

14.4.1　互联网学习需要高投入，但绩效和产出较难衡量

不同于其他方面以校为单位的投入方式，如果整建制地在学校、区域开展大规模的精准教学，对软硬件的投入需求都很大，尤其是在使用以学生电子终端为主要模式下的精准教学，往往需要以学生为单位购买电子终端，资金需求量巨大，而且必须财政投入，不能采取家长出资、自带设备等方式。但在高投入的同时，互联网学习方式（数字化赋能教学）还存在见效慢、周期长、成效不易量化、绩效难以衡量的问题。

（1）教育数字化转型经费投入的多元需求

每个学校以及学校所在区域对教育发展的经费都有着紧张的规划，单凭学校自身的力量推进教育信息化的发展很难实现，很多学校难以推进校园信息化建设正是受到了资金的巨大限制。硬件设施需要持续投入，软件资源的购置与开发已经成为常态性的资金需求，教师数字素养的提升需要较高的投入作为保障。

（2）顶层设计和政策规划还需系统性安排

第一，缺乏整体规划和统筹部署。部分区域的教育政策，缺乏对教育信息化发展的整体规划和统筹部署，导致各个部门之间的信息化发展存在不协调和重复建设的情况。第二，政策引导和支持还需更为明确和清晰。在一些地方的教育政策中，缺乏对教育信息化发展的明确引导和支持，导致一些学校缺乏明确的发展方向和动力。第三，数字化转型政策和转型效果都较难评估，难以量化评估教育信息化的实际效果和质量。第四，支持教师信息化素养提升的政策仅在部分区（市）得以落实，常态性、持续性的科学培训还需加强。

（3）区（市）间数字化转型进度差异大、不均衡

区域的经济发展差异是导致教育信息化资源分配不均的重要因素之一，经济发展水平高的地区通常更有能力投入更多的教育经费，而经济欠发达的地区则缺乏足够的财政资金和家庭经济支持，导致教育支出相对较低。

（4）数字化转型需要持续性投入和对教育数据的有效管理

硬件设施在使用过程中需要定期维护和管理，以保障其正常运转。然而，一些学校的设备维护和管理不到位，导致设备故障率高、使用寿命短等问题。不少学校表示在发展的初级阶段可以获得信息化硬件设备方面的政策拨款，但后续对于相关信息化培训和软件服务的花销却难以支撑。

14.4.2 平台和资源配置既需全面统筹，又面临个性化需要差异较大的矛盾

统筹建设互联网学习平台、工具、资源，能够有效降低各单位投资难度，更易上手，对于投入能力薄弱的农村薄弱学校尤其如此，更利于促进均衡；但统筹建设容易忽略区（市）、学校个性化需求，造成个性化需求无法满足，或不符合本区（市）、学校实际情况，从而无法应用的问题。同时，如果不统筹建设，交由区（市）、学校分别开展个性化建设，又容易带来区域、学校间差异巨大，不均衡，数据资源分散建设，形成信息孤岛，缺乏统一标准，无法有效整合共享的问题。

（1）国家中小学智慧教育平台的应用所面临的困难

不少一线教师表示国家中小学智慧教育平台的视频资源、电子教材等内容无法直接下载，且该平台主要以提供教学资源为主，互动性不强。

（2）在区（市）层面对融合性区域e平台的配置还需优化

缺乏智慧教育融合性平台，会导致教育资源分散，难以实现资源的有效整合和共享；同时会导致教育数据的利用不足，难以实现数据驱动的教育决策和管理；还会导致教育协作不畅，难以实现跨部门、跨学科、跨地域的协作和交流，这使得教育过程中缺乏合作和互动，难以提高教育的整体质量和效果；最后会导致教育创新受阻，难以推动教育教学的改革和创新，这使得教育难以适应社会发展和科技进步的需求，降低了教育的竞争力和影响力。

（3）各平台间的对接存在较大困难

1）区域智慧教育平台难以链接到国家相关平台

受调查的中小学学校教师表示主要使用学科网进行教学有关活动，但区域精准教学云平台的题库存在更新不及时且涉及的范围不全面等问题，所以很多教师仅将云平台作为上传课件、教学设计的网站使用。云平台与学科网链接的打通存在相当大难度，现阶段云平台的题库量不足，题目设置深度太浅。因此，将学科网与云平台打通是目前最需要解决的问题。

2）各学段成长轨迹数据互联困难

学习者全过程的电子成长档案对学生的成长性评价以及综合评价具有十分重要的作用，但是目前阶段小学、初中、高中三个学段的学情没有实现有效的对接。不少学校表示小学阶段的成长记录很少伴随学生进入下一阶段的学习学校中去，小学、初中、高中各学段的成长数据无法互联，全方位地观测一名学生的成长轨迹存在很大难度，后续无法以专业数据为学生的未来职业规划及发展提供更加专业的参考。

14.4.3 互联网学习意识和观念仍是影响数字化转型进度的重要原因

互联网学习或数字化赋能教学的有效性在于其能够真正提升教学质量，能够将新的教育理念、学习方法贯穿其中，如个性化教学、大单元教学、项目式教学等教学方法，在数字化赋能后可以更好地实施，数字化赋能有其独特价值，这需要广大教师、教育管理者和家长形成共识。

（1）教育管理者对教育教学数字化转型的认知还有提升空间

部分教育管理者未认识到信息化管理的重要性，不知如何利用数字化工具进行数据分析、决策支持和质量控制等。一些学校缺乏较为完善的信息化管理体制和规范，信息化管理的内部分工不够明确，内部管理责权相对较混乱，且缺乏整体规划和顶层设计，各个部门和环节的信息化管理相对独立，无法实现信息的互通和共享，影响了信息化管理的效果和效率。

（2）师生数字化素养不足

青岛市的中小学教师已经具有比较强的数字化意识，能清楚地意识到数字技术在教育中的重要性，能够主动适应并利用数字技术进行教育教学。但是教师在数字技术知识与技能、数字化应用、数字社会责任以及专业发展等方面的数字化素养还有所欠缺。

当前阶段学习者在数字化素养方面欠缺的具体表现体现在信息获取和筛选能力不足、信息安全意识薄弱、缺乏良好的数字化学习习惯、缺乏批判性思维和独立解决问题的能力几个方面。

（3）家长和社会对技术支持学习的认知不足

家长和社会对技术支持学习的认知不足主要体现在对技术支持学习的了解有限、对教育信息化的认知偏差以及对孩子使用数字设备的担忧三个方面。一些家长和社会人士对数字化学习工具和资源的可靠性持怀疑态度，认为数字化学习可能会导致学生的身心健康问题，或者质疑数字化学习的效果。他们对教育信息化持有一种误解，认为教育信息化只是用电脑代替传统的教学方式，而没有真正理解教育信息化的本质和价值。他们担心孩子沉迷于网络游戏、社交媒体等，或者担心孩子接触到不良信息，从而限制和约束孩子的数字化学习。

14.4.4　互联网学习资源不够丰富，难以满足场景多样化的学习需要

互联网学习资源不够丰富意味着现有的在线学习平台、课程和教材等资源数量有限，可能无法涵盖所有学科和知识点。这可能导致学生在某些特定领域的学习需求得不到满足，或者需要花费更多的时间和精力去寻找相关的学习资源。其次，难以满足学生场景多样化的学习需要指的是学生在学习过程中可能会遇到不同的学习场景，例如课堂学习、自主学习、小组合作学习等，然而现有的互联网学习资源可能更多地关注传统的课堂教学模式，而忽视了其他学习场景的需求。这可能导致学生在自主学习和小组合作学习等场景下无法找到合适的学习资源或工具。

14.5　发展趋势及对策建议

14.5.1　教育信息化发展趋势

（1）层次化教育数据汇聚，构筑区域教育数据大脑

随着大数据、云计算和人工智能技术的不断深入发展，数据逐渐成为推动未来教育科学研究和教学实践改革的核心要素，通过数据建模的方式实现精准教育评价与决策是目前以及未来教育研究的趋势。构建区域教育数据大脑是目前利用新一代智能与数字技术，实现对多元学习

场景中学生学业数据的精准采集和智能分析，增加数据采集的维度和粒度，实现多场景、过程性、伴随式的数据采集和建模分析，为构建区域教育数据大脑提供全景化的数据支撑。

（2）生成式人工智能教育应用

生成式人工智能指通过人工智能相关技术，自动化生成文本、图像、视频、音频等多种类型内容。生成式人工智能具有启发性内容生成能力、对话情境理解能力、序列任务执行能力以及程序语言解析能力四项核心能力，可在教师教学、学生学习、教育评价以及学业辅导等方面进行教育应用。生成式人工智能在引导学习者思维可视化表达、助力语言学习等方面将发挥巨大的作用。

（3）虚拟仿真沉浸式学习场景应用

VR 技术的引入可以打破传统体育教学中单纯依靠教师讲授，以及书本图册平面展示的局限性，能够将体育技能中的空间、技巧、方位等深层次的知识内容进行全方位描述，在体育技能的学习中使动作具体化和完整化更能激发学生的表象能力。虚拟实验是利用计算机通过软件模拟现实实验中的内容进行实验操作，能有效降低实验药品、实验仪器带来的成本，虚拟实验可以使实验课程变得高效。

（4）智慧课堂教学模式进阶发展

中国方案的教育现代化倡导并践行智慧教育，而智慧教育的落地实施催生智慧教学新模式和智慧学习新方式。智慧教学模式是在智慧课堂环境下，教师创设学习环境和空间，深度融合和创新应用教学资源与教学技术，重构课堂教学组织和生态，为学生开展体验式学习、混合式学习和个性化学习提供精准指导的解决方案与流程。这种模式是在学为中心、能力为先、创新教学和个性化学习等理念引领下，教学双方基于智慧教育原理，深度融合与创新应用信息技术为高效学习赋能加力的教学活动构架、流程和策略的集成系统。

（5）教育数字化转型的技术走向

1）数字技术嵌入全局

数字技术的融入能极大地提高基础教育的质量和效率，数字技术融入教育成为当前以及今后教育发展的一个重大趋势。云计算用于在线学习平台的建设，可提供更加灵活的学习方式和更加丰富的学习资源。随着移动互联网的快速发展，通过移动终端获取的教育服务也不断增强。移动互联技术已经成为教育信息化的重要支撑，移动互联技术在教育环境中广泛应用。大数据技术能够实现对教育数据的挖掘和分析，为教育决策提供更加科学和准确的数据支持。物联网技术可以将各种设备、物品和人员连接在一起，实现更加智能和高效的教育管理和服务。

2）人工智能助力人机协同教学与精准教学

首先，在智能化教学策略的制订和实施方面，人工智能技术将基于学生的学习行为和成绩，为他们制订更加个性化的学习计划和教学策略。其次，在精准的学业自动化评估和反馈系统的构建方面，人工智能技术可以助力构建自动化评估和反馈系统，对学生的作业、考试和练习进行智能化的批改和分析。同时，人工智能技术将增强人机协同教学的互动性和参与度。再次，在个性化和差异化的教学资源与学习路径生成方面，人工智能技术可以为学生提供更加个性化和差异化的教学资源。此外，智能助教和学习伙伴的角色增强。最后，在智能化实验室和实验设备的研发上，人工智能技术可以与实验设备和实验室结合在一起，实现智能化实验和数据分析。

3）数字画像赋能智慧评价

智慧评价是新时代深化教育评价改革发展的新航向，以综合素质评价平台为依托，家、校、社三方共同参与学生数字画像描绘的智慧评价是探寻数据时代教育评价的新路径。数字画像的教育应用是教育数字化战略行动的题中应有之义，自上而下与自下而上相结合进行数字画像建设。学生数字画像生态建设应当与教育教学发展协调共生，将其置于学校复杂适应性系统中，将数字画像建设与课程建设、教学空间建设、评价体系建设、教育管理体系建设同步协调开展。

14.5.2 对策与建议

（1）做好基础保障，强化顶层设计与部署

1）合理分配教育经费，提高资金使用效率

要制定合理的投资规划，明确教育信息化建设的重点和优先级，避免盲目投入和浪费。同时，学校也可以通过与企业合作，提供技术支持和服务，实现教育资源的共享和优化。此外，还可以开展多元化融资。最后，要提高资金使用效率。

2）颁布有关教育政策，制定整体规划和统筹部署

首先，教育行政部门应该加强对教育信息化发展的研究和规划，制定整体规划和统筹部署，确保各个部门之间的信息化发展相互协调和有序推进。其次，必须要有明确政策引导和支持。同时，要建立科学评估机制。最后，要加强教师信息化素养提升的支持。

3）统筹协调教育资源，做好设备维护与管理

鉴于区域教育信息化投入分布极度不均匀的现状，应统筹协调教育资源的分配，完善教育资金分配机制，优化教育资源配置。此外，要加强对硬件与软件设备的维护与管理。

（2）资源整合与平台配置优化

1）建立综合性区域教育数据融合平台

区域教育数据融合平台的建设需要综合考虑数据的集中存储、加工和管理等方面，构建新的教育生态系统。区域教育数据融合平台的建设需要立足于现有的技术和资源，充分考虑教育的多元性和复杂性，以实现教育的现代化和高效化。

2）加快教育知识图谱构建

首先，对整合后的教案中的知识点进行提炼，利用可视化工具，如数据库管理系统，生成比较完整的多模态课程知识图谱。其次，在知识获取的过程中注意提取课程中的重要内容，跨学科融合多个来源、互有关联的知识信息，使学习者个人知识的体系更加全面。构建知识图谱要注意知识点之间承前启后的关系，以及各类知识点的相同与不同。教育知识图谱构建完成后

要与学科网、国家中小学智慧教育平台以及区域特色平台、系统进行关联互通，根据学习者的薄弱知识点进行强化练习并智能推送对应相关练习题目，直到学生掌握该知识点为止。

3）各学段网络空间互联，畅通学生教育成长轨迹

首先，建立统一的电子档案袋平台，制定一套统一的标准和规范，提供相应的培训和支持，并建立一套审核和更新机制。通过大数据和人工智能技术，对电子档案袋进行智能分析和管理，要通过一系列的数据分析，发现学生的学习习惯和兴趣，从而提供更个性化的教育服务。最后，为了实现学段电子档案袋的互通，需要将电子档案袋与如学籍管理系统、教学管理系统等其他系统进行集成，从而实现数据的共享和交换。

（3）鼓励区域与学校教师的协同创新同步进行

市、区、校有效协调，信息技术部门与包括教研部门在内的其他部门之间融合对区域之间进行资源共享以及优势互补起着至关重要的作用，没有高质高效的协同机制将严重阻碍教育信息化的高质量发展。市南区和市北区没有将数字化转型赋能智慧教育的重点放在硬件投入上，而是充分发挥"人"的优势，在理念与工具缺少资源与平台的支撑的背景下，转向关注教研人员素质的提升，依靠雄厚的师资力量积极整合教研机构并实施教研机制的改革。

（4）数字化赋能教师队伍建设

整合各个学段、各个学科优质教师培训资源，积极开展各类教研活动，形成个性化的教师专业发展数字档案。着力提升教师的数字素养和专业技能，加强数字化支持，提升教师管理服务水平，积极探索教师队伍建设与人工智能深度融合的新模式和新路径，支持智能化教学、教研、管理、评价等教育活动中的人机协同和数据驱动。推进教师数据治理，构建教师数字画像。

第十五章

CHAPTER 15

石家庄市基础教育领域互联网学习发展报告

15.1 概述

15.1.1 石家庄市互联网学习发展概述

石家庄市已建成覆盖全市 22 个县（市）、区的教育城域网，截至 2023 年底，全市中小学校全部接入互联网，95% 的学校接入教育城域网，教育城域网总出口带宽达到 3 万兆，总体建成高质量教育数字化公共服务体系，教育城域网升级为"光网 +5G""多网融合"和"安全运行"的智能化教育城域网，基本实现校园网无线网络覆盖。石家庄市以筑台强基、提质赋能为关键，大力推进教育数字化，助力"人人皆学、时时能学、处处可学"的学习型社会建设。以教育信息化课题、信息技术学科优质课评比、信息技术与教育教学深度融合优质课评比、基于"互联网 +"的数字教育技能大赛、教师教育教学信息化交流活动、国家中小学智慧教育平台应用示范区与示范校建设、创客教育实验校建设、数字美育教育示范校建设、数字校园示范校建设、双师课堂常态化应用等为抓手，以信息科技学科、创新创客教育、信息技术与学科融合、网络技术和摄录编五个中心教研组及县（市）区教研小组为核心，全面推进"互联网 + 教育"。

15.1.2 年度特征词及其解释

（1）国家中小学智慧教育平台

石家庄市根据本地区经济社会和教育发展实际需要，制定《石家庄市"国家中小学智慧教育平台"应用推广工作方案》，引领和促进各中小学校全面深入探索应用国平台资源与功能；进行区、校示范创建工作，多次组织国平台应用优秀案例遴选、开展国平台尝试应用微视频征集、进行专项课题研究等活动；建立专家指导机制，成立 1 个省级专家团队和 22 个市级专家团队，通过"一对 N"的方式，以线上线下相结合的形式，培训指导学科教师做好国平台融合应用、教学模式创新等，力求进一步培育成可供学习借鉴的优秀案例或可推广的创新应用模式。

截至 2023 年 12 月，石家庄市国家中小学智慧教育平台用户注册人数为 133.1 万，居全省之首。省级国家中小学智慧教育平台应用示范创建石家庄市所属 11 个示范区、第一批 137 所示范校进入省厅的评估验收阶段。

（2）智能研修平台

智能研修平台以课堂为核心，构建教学行为大数据资源库，为教师教学行为和学生学习状态提供实证化数据服务。依托技术支持，通过"回顾课堂实况录像 + 智能分析报告"的方式，将人工智能与教师教育相结合，帮助授课教师开展科学有效的教学反思，从而促进教师专业成长。

石家庄市现有智能研修平台试点区 1 个，试点校 13 所。依托信息技术和学科融合教研组，打造智能研修技术环境，通过同课异构和同课同构，让课堂提质增效，打造精品课堂。通过课堂表现曲线图、课堂行为占比图、教学行为时序表等课程类型数据分析，开展切片式智能精准教研，调整教学策略，优化教学方法，使备课、上课、反思等环节"有据可依"，大大提升了教师的教育教学和教研能力，实现了人工智能和课堂教学的高效融合。

（3）数字美育教育

石家庄市在促进信息技术与审美教育教学的深度融合与创新过程中，按照"以点带面，逐步推进"的思路，开展"数字美育"的实践与探索。数字美育即借助现代化数字技术，以美育教育为抓手，全面实施以美育人、以美化人、以美培元，全面提升学生的审美素养和人文素养。目前，长安区作为石家庄市数字美育教育示范区，带领石家庄市盛和小学等 12 所小学石家庄市数字美育教育示范校，在中小学美术学科石家庄市信息技术与学科深度融合张永红名师工作室指导下，立足新课程改革，在艺术学科大力开展项目式学习、学科综合化等艺术实践活动，引导学生感悟美、表现美、创造美，全面提升学生的审美素养和人文素养。

（4）人工智能教育

为打造"一校一 AI 课程、一校一智能空间、一区一特色主题"的人工智能教育生态体系，石家庄市教育局于 2023 年 5 月 19 日发布了《石家庄市教育局关于做好石家庄市中小学人工智能教育试点工作的通知》，各县（市、区）教育局、直属学校高度重视该试点工作，共计申报试点学校 408 所，并于 8 月 25 日起陆续完成试点学校人工智能设备接收的工作。

9 月 14 日起，分学段、分课程、分批次，以线上线下相结合的方式开展师资培训工作，建立 AI 智慧教育平台，为中小学人工智能教育试点学校教师提供优质的数字资源，以确保其能顺利开课与教学。为进一步搭建高质量 AI 师资建设体系，于 2023 年 12 月、2024 年 3 月至 5 月，不同课程陆续开展 13 次线上线下相结合的教研活动。

15.1.3 互联网学习核心指标特征指数

根据"基础教育互联网学习发展水平评估框架"，研究团队从"互联网学习 CASE 模型"抽选出核心指标题项进行呈现（如表 15-1、表 15-2），较为系统地呈现了石家庄市基础教育领域互联网学习发展现状。

表 15-1　石家庄市教师教学能力核心指标的特征指数汇总表

教师特征指标	特征指数	核 心 指 标 题 项	核心指标题项特征指数
教学能力（C）	4.04	C11. 我能够熟练掌握多种技术工具，支持开展在线教学	4.05
		C21. 我能够根据教学目标与方法搜索与选择合适的互联网教学资源	4.15
		C22. 我能够根据教学目标与方法合理改编或制作互联网教学资源	3.98
		C31. 我能够利用互联网开展多种类型的教学活动来提升教学效果，如探究式学习、项目式学习、同伴教学等	3.99

续　表

教师特征指标	特征指数	核 心 指 标 题 项	核心指标题项特征指数
教学能力（C）	4.04	C32. 我能够利用互联网加强自身与学生之间的互动与交流，以及时为其提供有针对性的指导	4.05
		C41. 我能够利用互联网针对学生自身情况实现个别化和差异化的教学或指导	4.00
		C51. 我能利用互联网对学生进行过程性评价和总结性评价	4.00
		C52. 我能够通过收集与分析学生的互联网学习数据来合理调整教学策略	3.99
		C61. 我能利用互联网上的资源与课程持续促进自身专业发展	4.11
		C62. 我能够利用互联网加强与其他教育工作者的交流合作、经验分享	4.09
教学应用（A）	3.89	A11. 我会经常利用互联网开展教学	3.99
		A21. 我在课堂教学中经常利用互联网提供的资源和工具	4.11
		A22. 我在教学中经常使用线上线下混合式教学形式，如翻转课堂、探究学习等	3.79
		A31. 我经常利用互联网开展各种教学活动，如交流、投票、测试、虚拟实验等	3.68
		A41. 我很满意互联网教学的效果	3.90
专业发展支持（S）	3.71	S11. 我有机会参与国家级、省级、市级举办的互联网教学能力提升活动，如讲座、培训、研讨、研究等	3.63
		S21. 我所参加的互联网教学能力提升活动，能够为我开展互联网教学实践提供参考，并引发自主探究与反思	3.82
		S31. 我的互联网教学探索经常能够得到本地教研小组、在线学习社群等专业共同体的支持	3.69
教学环境（E）	3.97	E11. 我很容易获取到满足教学需求的多样化网络教学资源，如文本、图片、视频等	3.95
		E21. 现有的教学平台与应用能够支持我开展多种类型的教学活动，如雨课堂、课堂派、钉钉、腾讯会议等	3.98

表 15-2　石家庄市学生学习能力核心指标的特征指数汇总表

学生核心指标	特征指数	核 心 指 标 题 项	核心指标题项特征指数
学习能力（C）	3.52	C11. 我能够熟练操作互联网学习所需的软件和设备	3.41
		C21. 在利用互联网搜索时，我能够准确识别所需信息，过滤掉不相关的内容	3.51
		C22. 我能够整理好搜集到的互联网信息与数据，以便后续查找与使用	3.42

续　表

学生核心指标	特征指数	核 心 指 标 题 项	核心指标题项特征指数
学习能力（C）	3.52	C23. 从互联网获取信息与数据时，我能够有自己的判断，不盲从他人观点	3.66
		C31. 我进行在线交流与合作时，能够尊重、理解他人观点，并简明清晰地表达自己的观点	3.91
		C32. 我经常向他人分享高质量的学习资源	3.44
		C41. 我可以利用互联网资源和工具创作图片、文字、音视频等多种形式的作品	3.28
		C42. 我常常通过互联网平台发布自己的作品，如朋友圈、QQ空间、抖音等	2.99
		C51. 我能制订好学习目标和学习计划来支持互联网学习的开展	3.39
		C52. 利用互联网进行学习时，我能够及时总结相关知识，巩固所学内容	3.51
		C61. 我能够在互联网学习过程中保护好自己与他人的隐私，如不随意填写个人、家庭、朋友等相关信息	3.91
		C62. 我能够有意识地规避互联网安全风险，如不轻易点击不明来源的链接与弹窗	3.85
学习应用（A）	3.3	A11. 我非常愿意利用互联网进行学习	3.62
		A21. 我经常利用互联网进行学习	3.34
		A31. 我经常上网搜索并获取学习资料	3.59
		A32. 我经常参与多种类型的互联网学习活动，如在线测试、在线讨论、在线答疑等	3.13
		A41. 我认为通过互联网学习的效果优于在教室学习的效果	2.80
学习服务（S）	3.57	S11. 我会从老师或同伴那里学到有用的在线学习策略与方法，比如搜索技巧、学习工具、学习习惯等	3.63
		S21. 在互联网学习过程中，我能够从老师或同学那里获得有用的反馈与评价	3.60
		S22. 学习平台根据我的学习表现提供的反馈与评价，对于我改进学习很有帮助	3.59
		S31. 在学习中遇到问题时，我总能通过互联网获得老师或同伴的有效支持	3.54
		S41. 互联网上的学习内容与活动总是对我很有吸引力	3.48
学习环境（E）	3.45	E11. 我总能通过互联网获得许多好用的学习资源	3.54
		E21. 我在互联网学习时不会受到网速卡顿的影响	3.27
		E22. 现有的学习平台和工具能够很好地满足我的学习需求	3.54

15.2　研究设计与数据收集

　　研究团队以基础教育领域互联网学习指标体系为依据，设计开发了基础教育领域互联网学习管理者、教师、学习者问卷，依托在线调研平台在全市范围内收集数据。经数据清洗后，共得到有效问卷 123 529 份。其中，学生问卷数量 175 325 份，教师问卷数量 30 612 份，管理者问卷数量 4 202 份。

15.3　互联网学习发展现状

15.3.1　区域政策与保障措施

　　2023 年，石家庄市以"教育新基建""互联网＋教育"、河北省教育厅印发的《2023 年教育信息化工作要点》和"中国式现代化石家庄场景"的要求为抓手，大力推进教育数字化，助力"人人皆学、时时能学、处处可学"的学习型社会建设。

　　（1）区域政策

　　2023 年，石家庄市有序推进教育专网建设，推动 5G 网络进校园和校园无线网络建设，校园网络进一步实现提速升级；加快教育数据中心统筹规划建设，将市教育城域网打造成"光网＋5G""IPv6 规模部署"和"安全运行"的智能化教育城域网；持续推进数字校园建设，编制《石家庄市中小学数字化校园建设指导意见》；开展智慧校园试点建设，建设智慧教育云平台和全对象、全场景、全时空的新区智慧教育应用支撑体系；加强教育优质数字资源汇聚，推进教育资源平台整合与应用，整合各类教育数据资源，实现数据互联互通；提升师生数字素养，推动课堂教学模式变革，实施城乡联校网教共同体工程，编制《石家庄市双师课堂建设管理应用的指导意见》，深化"三个课堂"应用。

　　（2）保障措施

　　2023 年，石家庄市促进数字赋能，实现统筹管理、上下联动，部门协同、区域共建新局面。整合教育信息化多方力量，形成教育数字化转型工作合力，发挥专家智库团体、应用研究机构、创新服务平台等主体优势，实现教育链、人才链、产业链、科技链有效结合。持续加大教育信息化建设投入力度，落实关于生均公用经费可用于购买信息化资源和服务的政策。积极引导各级各类经费投向教育信息化基础薄弱地区、有利于资源普惠的建设领域和方向，推动社会团体、企业等多方参与的教育信息化多元保障机制建设。加强数字教育应用优秀案例宣传推广，利用官网、公众号等平台展示各地教育数字化转型成果经验。加强与主流媒体的沟通联系，组织新闻单位多方式多途径宣传石家庄市教育信息化的重大部署、重要政策和进展成效。

15.3.2　互联网学习环境建设情况

　　（1）教师互联网教学环境

　　石家庄市基础教育领域教师互联网教学环境情况总体处于较高水平，如图 15-1 所示，不管是资源环境建设还是技术环境建设，还有很多可以改进的地方，借教育数字化东风，未来应

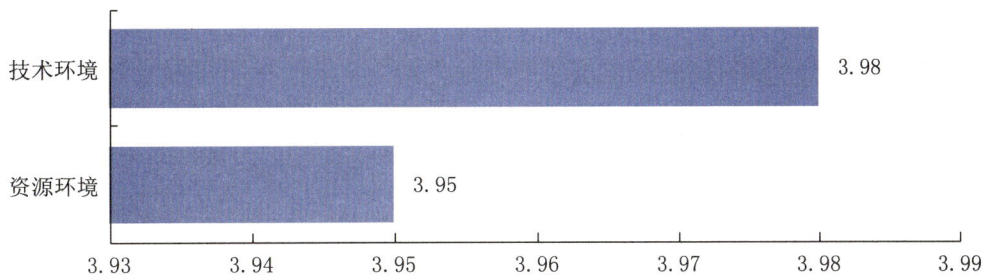

图 15-1　教师互联网教学环境情况

该加大建设力度，创新建设模式，进一步完善教师互联网教学环境。

（2）学生互联网学习环境

石家庄市基础教育领域学生互联网学习情况基本上处于一般水平，如图 15-2 所示，与教师问卷之间形成很大的差距，尤其是技术环境方面，结合问卷中"我在互联网学习时不会受到网速卡顿的影响"（3.27）这项指标，可以看出石家庄市在上网速度方面有待提高，未来应在注重教师教学环境建设的同时，兼顾学生学习环境的建设，尤其要重点加大学生互联网学习所需的技术环境方面的投入力度，让平台和资源建设有效落地。

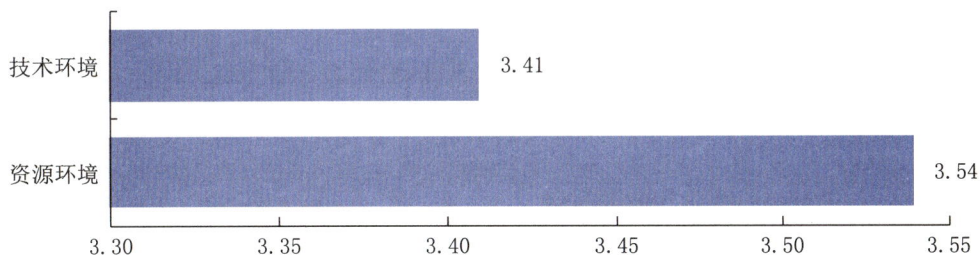

图 15-2　学生互联网学习环境情况

15.3.3　师生互联网应用现状

（1）教师应用情况

石家庄市基础教育领域教师互联网应用情况均处于较高水平，如图 15-3 所示，尤其是应

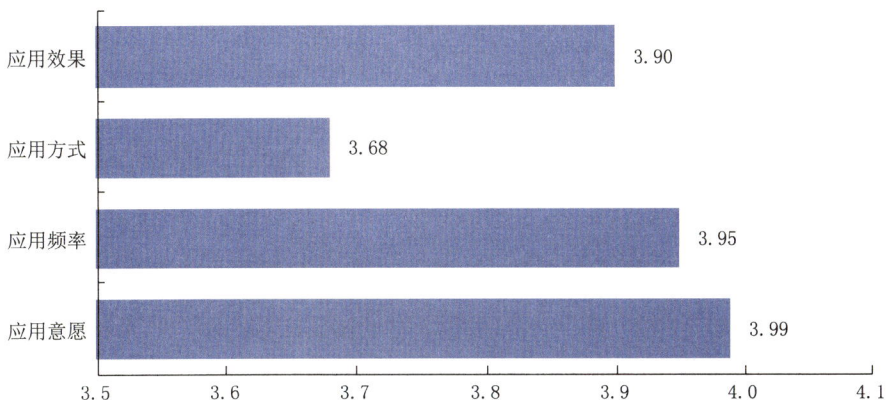

图 15-3　教师应用情况

用意愿，其指标达到 3.99，说明石家庄市教师非常愿意开展互联网教学活动，对互联网的应用意愿十分强烈，应用频率和应用效果也不错，但是应用方式的指标明显偏低，未来应充分利用信息技术与学科融合教研组和智慧教育名师工作室的架构，引领教师充分利用互联网开展线上线下混合式教学、同步课堂、专递课堂、翻转课堂等各种教学活动。

（2）学生应用情况

石家庄市基础教育领域学生互联网应用情况不太理想，只有应用意愿处于较高水平，其他均处于一般水平，如图 15-4 所示，未来应在学生使用互联网进行学习方面制定合理的政策，提供更多的应用方式，培养学生利用互联网学习的能力，让学生可以在互联网学习中有更大的收获。

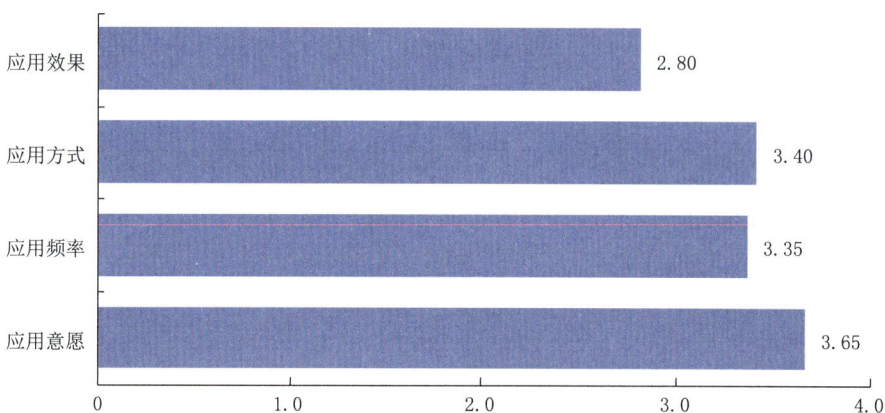

图 15-4　2023 年石家庄市学生应用情况

15.3.4　师生互联网能力水平

（1）教师能力水平

石家庄市基础教育领域教师能力水平情况均处于较高水平，如图 15-5 所示。其中，教师的专业发展水平相对较高，说明石家庄市"中小学教师信息技术应用能力提升工程"、市县两

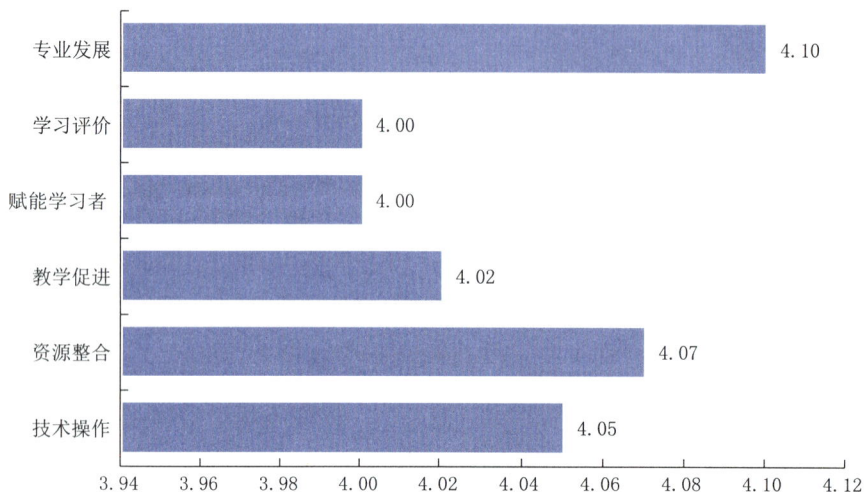

图 15-5　教师能力水平情况

级信息技术与学科融合兼职教研员制度、信息技术与学科融合优质课评比活动、智慧教育名师工作室建设等项目效果凸显。在未来发展中，应继续重视教师在专业发展中的主体地位，加大教师以互联网技术操作培训，在促进教师个人能力提升和持续发展的基础上，加大学习评价和赋能学习者两方面能力的培养。

（2）学生能力水平

石家庄市基础教育领域学生学习能力水平情况如图 15-6 所示。其中，交流合作、信息与数据素养和互联网安全处于较高的水平，其他均为一般水平，尤其是内容创造明显低于其他几项，未来应在巩固和提升交流合作、信息与数据素养和互联网安全的同时，加大设备建设，为学生提供良好的软硬件环境，积极开展内容创作、策略性学习等相应课程对学生进行培训和提升，鼓励学生进行网络创作，通过互联网平台发布自己的作品。教师在日常要引导学生合理规划网络学习时间，正确利用网上资源，毕竟网络是一把"双刃剑"。

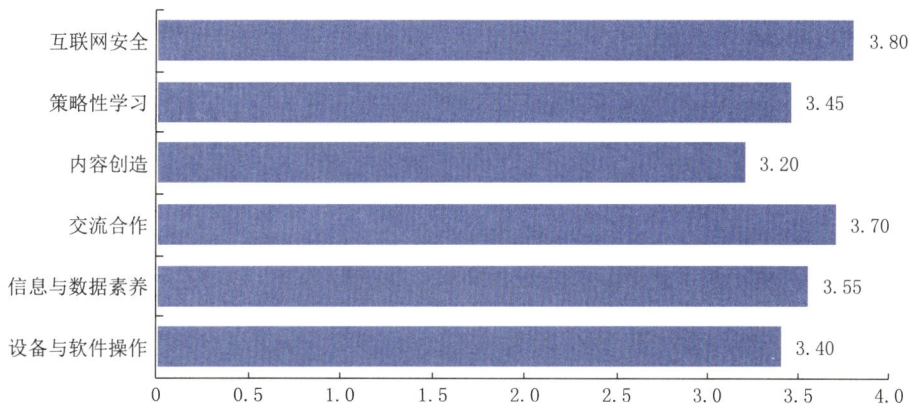

图 15-6　学生学习能力水平情况

15.3.5　互联网支持教与学情况

（1）教师专业发展支持

石家庄市基础教育领域教师专业发展支持情况均处于较高水平，其中，活动参与水平相对较低，如图 15-7 所示。基础教育教师参与互联网教学相关的能力提升活动的机会相对较多，但教师因为平时教学工作任务繁重，可能会出现没有足够的时间参与教师能力培训的情况。未

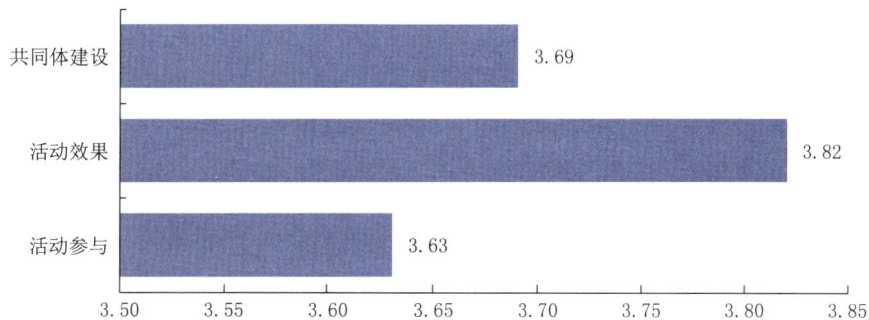

图 15-7　教师专业发展支持情况

来应在开展互联网教学相关能力提升的活动时，充分考虑活动开展的时间以及教师的时间，可制订时间灵活、形式多样的方案，供教师选择。

（2）学习支持服务

石家庄市基础教育领域学习支持服务情况均处于一般水平，如图 15-8 所示。与教师专业发展技术支持情况相比差距很大，未来应全面加大学生互联网学习支持服务力度，尤其是要重点支持开展一些对学生有吸引力的学习内容与活动。

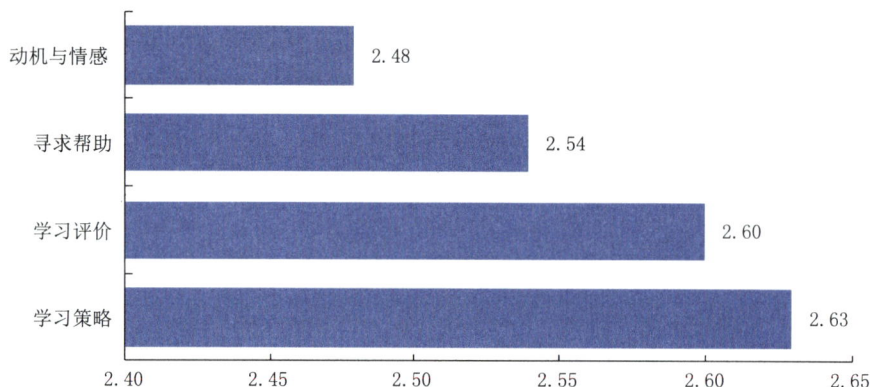

图 15-8 学习支持服务情况

15.4 互联网学习的典型案例及分析

15.4.1 数字教研：基于数据的实证化精准教研

为进一步提升广大教师的教科研能力，深化课堂教学改革，提高教育教学现代化水平，助力教育高质量发展，石家庄市开展了基于数据的实证化精准教研，即通过技术，无感式采集课堂教学数据，有针对性地解决教师在日常教学中出现的问题，激活教师的研究意识，激发教师的教育内驱力。

2023 年，石家庄市小学数学评优课展示培训活动采取线下和线上直播形式进行，线下约 370 人，线上观看点超过 1 万，约计观看人数 1.5 万。为了精准分析本次赛课的质量，借助了人工智能研修平台，采集到了 58 位教师的赛课情况。

课堂的教学模式包括练习型、混合型、讲授型、对话型。在收集到的 58 节课中，对话型占比 17.24%，混合型占比 48.28%，讲授型占比 34.48%。这说明石家庄市大约一半的小学数学教师践行着以生为主的教学理念。通过对本次课例中学生行为、教师行为的时间占比的分析，了解到生生互动的平均时长是 1.68 分钟，需要加强学生间的交流；教师讲授的平均时长为 20.10 分钟，占课堂总时长的 67%，给学生的时间仅有 33%，教师需要转变教学观念，把更多的时间交给学生。为了让各区（县）了解自己选手的水平，我们做了 9 种教学行为的市级均值与各区（县）选手均值的比对数据统计图。从各区县选手的各种行为均值与市级各种行为均值对比看整个县（市、区）教师的状况，制订针对不同领域、不同属性知识内容的课例研讨方案，改变和提升区域内全体教师的教学水平。结合课堂表现度曲线、参与度曲线、关注度曲线，开展课堂教学效果的初步诊断。教师可以通过"回顾课堂实况录像＋智能分析报告"的方式，精准找到改进课堂教学的着力点和方向，促进教师的快速专业成长。这次活动覆盖面广，指导性强，系统化地诠释了教研工作的核心价值和重要属性。教研工作给予课堂关键环节中组织方式、教学方法创新性的指导，完美诠释了以大数据为要素的精准教研，有力促进了新课标的落实和教师的专业成长。

15.4.2 创客教育双师课堂

石家庄市创客教育源于 2012 年，经过 10 多年的开展，主城区基本得到了普及，为促进石家庄市中小学创客教育（人工智能）普及和高质量发展，解决薄弱地区薄弱学校师资不足问题，石家庄市创新创客教研组、创新创客教育工作室在石家庄市教育信息化管理中心统一领导下，开展了创客双师教育模式试点工作，将新华区、鹿泉区的优质师资资源通过双师课堂模式向元氏县提供常态化的教学支撑。2022 年初，元氏县完成了 12 所乡村中心小学创客实验室的建设，利用信息化手段开展市区教师和元氏县教师共同执教的创客双师课堂教育模式。在石家庄市信管中心的指导下，"双师"共同制订方案，确定创客教师人选，召开了由创客学校主要领导和创客教师参加的创客工作会议，开展了视频会议和创客设备（教具）使用培训。市区执教教师按照教学计划提前将教学设计、课件等资源上传到群，元氏县创客教师提前学习，熟悉教学内容和教学流程，辅助做好组织教学工作。在教学过程中，除了基本的互动外，还让学生现场上传作品，利用平台组织学生对作品进行投票，通过群和圈子展示学生作品进行交流。通过这些活动锻炼了学生小组协作能力、设计能力、动手能力和语言表达能力，调动了学生参与的主动性和积极性，也营造了异常活跃的双师课堂氛围。

如今创客教育已在元氏县扎根发芽，创客社团也在蓬勃开展，有力配合了"双减"需求，丰富了学生的课外生活，也在学生的心中播下了创新的种子。创客双师课堂实现了优质资源共享共建，也为义务教育均衡发展探索了一种可行方案。

15.5 关键问题

15.5.1 关注国家中小学智慧教育平台创新应用

按照教育部办公厅印发的《关于开展国家智慧教育平台地方和学校试点工作的通知》要求，为切实做好国家中小学智慧教育平台全方位、全过程应用，创新资源建设与应用模式，实现从用"好资源"到"用好"资源的转变，石家庄市教育信息化管理中心将持续发力，在前期大规模应用的基础之上，进一步创新应用方式，提高教师应用水平，促进学校高质量发展。

（1）教师智慧教育能力有待加强

随着信息技术与学科融合的大力推进，教师信息素养与能力的欠缺日益凸显，受学校管理和评价以及教师自身传统观念的影响，教师的信息素养提升路径不够丰富，培训不够系统，创新应用能力明显不足。在后续的发展中，一方面通过以点带面，以赛促研等方式引导教师以更加积极的态度进行自我提升；另一方面持续发挥智慧教育工作室的作用，通过智慧教育工作室的特色教研，给教师提供丰富的"选修课程"，促进教师智慧教育能力的提升。

（2）数字资源的校本化建设有待规范

数字资源建设已经成为学校推进智慧教育的共识，但区域和学校在建设的理念和路径方面较为模糊，碎片化、老旧化、功利化特点明显。在全面统筹，统一规划的基础上，应尊重学校的特色建设和管理特点，进行个性化指导，形成特色鲜明、丰富多元的校本资源建设的新局面。

15.6 发展趋势

15.6.1 "种子"教师计划

为全面开展教师信息化能力，提升储备力量，优先培养学校信息化"种子"教师。"种子"教师的产生一般通过主动申报和市局遴选相结合的方式，兼顾教学能力、年龄、学段、学科等元素进行综合考察，择优组建智慧教育"种子"教师团队，开展"种子"教师的信息技术应用能力和智慧课堂教学应用培训，分"培训学习""实践示范"和"评课指导"三个阶段进行。在市属学校和市区学校"种子"教师培养的基础上，将辐射 22 个县域，通过送课下乡、双师课堂等活动遴选并培养县域教师，埋下全面开展教师信息化能力提升的火种。

15.6.2 创建中央电化教育馆智能研修平台创新应用团队

为深入推进中央电化教育馆智能研修平台的应用，进一步促进学校高质量发展，石家庄市将建立以学科名师和学科带头人为主的核心指导团队和覆盖石家庄市区域内 22 个区县的创新应用团队，制订基于智能研修平台的教研规划方案，聚焦新课程改革，开展系列化、特色化的主题研修活动。核心团队基于数据开展精准指导，应用团队结合县域实际情况，利用智能研修平台进行精准反思，改造已有的教研模式，建立智能研修和教师成长激励机制，形成智能研修平台的特色应用。

第十六章

CHAPTER 16
合肥市基础教育领域互联网
学习发展报告

2022 年初，教育部把"实施教育数字化战略行动"列入工作要点。同年 3 月，国家智慧教育公共服务平台正式开通上线，并分批启动应用试点工作。同年 10 月，党的二十大首次将"推进教育数字化"写入报告。在此背景下，合肥市围绕智慧学校建设、巩固深化"双减"成果以及国家中小学智慧教育平台试点应用等核心工作，加快教育数字化转型步伐，以数字化开辟合肥教育发展新赛道，塑造发展新优势。

16.1　概述

16.1.1　合肥市互联网学习发展概述

（1）深化智慧学校高水平建设与创新应用

2019 年，合肥市出台了《合肥市智慧学校建设实施规划（2019—2022 年）》，全面推进合肥市中小学智慧学校建设，到 2021 年底，已经完成了全市智慧学校建设全覆盖。2022 年，以强化应用为主基调，通过培训、大练兵活动等方式提升智慧学校应用成效。截至目前，全市智慧学校应用率 100% 达标。同时，围绕课堂主阵地，重点推进智慧课堂建设，拓展信息化应用场景，推动数据的生成与反馈，全市建成智慧课堂 5 553 间，开课次数超过 264 万节，生成学情报告超过 437 万份。通过智慧学校建设与智慧课堂的广泛应用，教师教育信息化应用水平和师生信息素养得到普遍提高。

（2）多措并举扎实推动"双减"政策落地见效

数据赋能，支撑作业减负。全面采集学生课堂、练习、测验和考试数据，赋能教师精准教学与辅导，并根据学生知识点掌握情况，智能推送个性化练习、微课等学习资源，实现作业分层、个性化布置。

平台支撑，构建服务体系。依托市云平台，构建中小学生课后服务系统。免费向学生提供高质量专题教育资源和覆盖各年级各学科的学习资源，鼓励学生自主学习。同时搭建名师课堂在线答疑系统，面向全市中小学生，"面对面"提供在线答疑。目前，课后服务覆盖率已达100%，参与学生 75.2 万人。

长效监管，营造良好生态。继续优化常态化长效监管机制，通过第三方随机评估、网上巡查、明察暗访等多种方式督查初中"减负"工作，定期调度并实时通报结果。

（3）国家中小学智慧教育平台建设与应用

2022 年 8 月，市级、各县（市）区教育主管部门确定专人负责平台应用管理工作。围绕国平台自主学习、教师研修、课后服务等 6 个应用场景开展试点工作，同时结合合肥市实际，提出"数字化研学"新型场景应用模式，并明确了全市试点工作推进路径，即部分学校先行试点、各类型应用共同体陆续加入、市县协同推进的三段式试点推进模式。自参加国平台试点工作以来，各单位领导高度重视，结合各自信息化发展实际，相继成立本级试点工作指导团队和应用团队，制订试点应用实施方案，开展应用创新活动，颇有成效。截至目前，合肥市国平台总注册用户 73 万人，其中教师 14.3 万人，学生 41.2 万人，页面浏览量达 2.7 亿次，累计参加线上研修专题培训 14.4 万人次。

16.1.2 年度特征词及其解释

（1）"双减"支撑自主学习

"双减"政策实施以来，为满足学生和家长对教育的需求，不断提升课后服务水平，合肥市以教育云平台为依托，为学生自主学习搭建内容体系，提供各类资源和学科工具。同时，设置答疑专区，定期开展教师直播，支持学生互动式学习。

（2）"云网端"三位一体

基于合肥市教育"云"的服务与运算能力，充分发挥智慧校园"网"的联通与纽带作用，不断拓展信息化应用"端"的数据采集与反馈功能，构建开放共享、数据互通、应用协同的教育数字化发展体系。

（3）"教学评管"四维应用

聚焦教学、评价、"双减"、治理四个核心应用场景，突出数据赋能作用，通过转变师生教与学方式，建设立德树人评价系统，强化作业管理与课后服务，完善教育管理与监测体系等方式，推动教育教学变革。

16.1.3 互联网学习特征指数

对教师、学生、管理者等不同群体的调研，可以从多个视角了解合肥市互联网学习阶段特征与不足，为下一阶段工作策略的制定与实施提供依据。调查统计数据显示，教师、学生、管理者互联网应用情况的综合得分分别为 3.85、3.76、4.32。三者互联网应用的综合得分均处于较高水平，教师的实际教学应用情况与管理者预期存在差距，学生的互联网应用情况水平整体偏低。

表 16-1　合肥市教师教学能力核心指标的特征指数汇总表

教师核心指标	特征指数	核 心 指 标 题 项	核心指标题项特征指数
教学能力（C）	3.93	C11. 我能够熟练掌握多种技术工具，支持开展在线教学	3.95
		C21. 我能够根据教学目标与方法搜索与选择合适的互联网教学资源	4.08
		C22. 我能够根据教学目标与方法合理改编或制作互联网教学资源	3.93
		C31. 我能够利用互联网开展多种类型的教学活动来提升教学效果，如探究式学习、项目式学习、同伴教学等	3.87
		C32. 我能够利用互联网加强自身与学生之间的互动与交流，以及时为其提供有针对性的指导	3.94
		C41. 我能够利用互联网针对学生自身情况实现个别化和差异化的教学或指导	3.87
		C51. 我能利用互联网对学生进行过程性评价和总结性评价	3.90

教师核心 指标	特征 指数	核 心 指 标 题 项	核心指标题 项特征指数
教学能力 （C）	3.93	C52. 我能够通过收集与分析学生的互联网学习数据来合理调整教学策略	3.90
		C61. 我能利用互联网上的资源与课程持续促进自身专业发展	3.98
		C62. 我能够利用互联网加强与其他教育工作者的交流合作、经验分享	3.94
教学应用 （A）	3.82	A11. 我会经常利用互联网开展教学	3.94
		A21. 我在课堂教学中经常利用互联网提供的资源和工具	4.07
		A22. 我在教学中经常使用线上线下混合式教学形式，如翻转课堂、探究学习等	3.71
		A31. 我经常利用互联网开展各种教学活动，如交流、投票、测试、虚拟实验等	3.65
		A41. 我很满意互联网教学的效果	3.78
专业发 展支持 （S）	3.70	S11. 我有机会参与国家级、省级、市级举办的互联网教学能力提升活动，如讲座、培训、研讨、研究等	3.73
		S21. 我所参加的互联网教学能力提升活动，能够为我开展互联网教学实践提供参考，并引发自主探究与反思	3.74
		S31. 我的互联网教学探索经常能够得到本地教研小组、在线学习社群等专业共同体的支持	3.64
教学环境 （E）	3.93	E11. 我很容易获取到满足教学需求的多样化网络教学资源，如文本、图片、视频等	3.94
		E21. 现有的教学平台与应用能够支持我开展多种类型的教学活动，如雨课堂、课堂派、钉钉、腾讯会议等	3.91

表 16-2　合肥市学生学习能力核心指标特征指数汇总表

学生核心 指标	特征 指数	核 心 指 标 题 项	核心指标题 项特征指数
学习能力 （C）	3.89	C11. 我能够熟练操作互联网学习所需的软件和设备	3.98
		C21. 在利用互联网搜索时，我能够准确识别所需信息，过滤掉不相关的内容	4.04
		C22. 我能够整理好搜集到的互联网信息与数据，以便后续查找与使用	3.95
		C23. 从互联网获取信息与数据时，我能够有自己的判断，不盲从他人观点	4.13

续 表

学生核心 指标	特征 指数	核 心 指 标 题 项	核心指标题 项特征指数
学习能力 （C）	3.89	C31. 我进行在线交流与合作时，能够尊重、理解他人观点，并简 明清晰地表达自己的观点	4.24
		C32. 我经常向他人分享高质量的学习资源	3.53
		C41. 我可以利用互联网资源和工具创作图片、文字、音视频等多 种形式的作品	3.83
		C42. 我常常通过互联网平台发布自己的作品，如朋友圈、QQ 空 间、抖音等	2.87
		C51. 我能制订好学习目标和学习计划来支持互联网学习的开展	3.73
		C52. 利用互联网进行学习时，我能够及时总结相关知识，巩固所 学内容	3.84
		C61. 我能够在互联网学习过程中保护好自己与他人的隐私，如不 随意填写个人、家庭、朋友的相关信息	4.30
		C62. 我能够有意识地规避互联网安全风险，如不轻易点击不明来 源的链接与弹窗	4.30
学习应用 （A）	3.56	A11. 我非常愿意利用互联网进行学习	3.99
		A21. 我经常利用互联网进行学习	3.58
		A31. 我经常上网搜索并获取学习资料	3.76
		A32. 我经常参与多种类型的互联网学习活动，如在线测试、在线 讨论、在线答疑等	3.46
		A41. 我认为通过互联网学习的效果优于在教室学习的效果	3.04
学习服务 （S）	3.81	S11. 我会从老师或同伴那里学到有用的在线学习策略与方法，比 如搜索技巧、学习工具、学习习惯等	3.93
		S21. 在互联网学习过程中，我能够从老师或同学那里获得有用的 反馈与评价	3.85
		S22. 学习平台根据我的学习表现提供的反馈与评价，对于我改进 学习很有帮助	3.85
		S31. 在学习中遇到问题时，我总能通过互联网获得老师或同伴的 有效支持	3.74
		S41. 互联网上的学习内容与活动总是对我很有吸引力	3.71
学习环境 （E）	3.78	E11. 我总能通过互联网获得许多好用的学习资源	3.85
		E21. 我在互联网学习时不会受到网速卡顿的影响	3.56
		E22. 现有的学习平台和工具能够很好地满足我的学习需求	3.86

16.2　互联网学习发展现状

16.2.1　区域政策与保障措施

（1）区域政策支持

2019 年，《安徽省智慧学校建设总体规划（2018—2022 年）》发布，提出"以推进智慧教学、智慧学习、智慧管理、智慧生活、智慧文化为主要内容，以人才队伍和基础环境建设为支撑，构建'5 项基本功能 +2 项支撑条件'的智慧学校结构，推动信息技术在德智体美劳等方面全方位应用，形成以学习者为中心的个性化智慧学校生态体系"。同年，合肥市印发《合肥市智慧学校建设实施规划（2019—2022 年）》，并相继印发一系列配套政策，如《普通中小学智慧学校建设指导清单》《合肥市推进"互联网 + 教育"发展实施方案》等，指导各县（市）区、学校制定教育信息化发展规划，形成市、县、校三级规划体系，着力构建齐抓共管、协调联动的"全市一盘棋"工作格局。

（2）区域保障措施

在组织领导方面，成立以市委、市政府领导为组长，分管教育工作的副秘书长、市教育局局长为副组长，相关部门主要负责人为组员的信息化领导小组，加强领导，提供组织保障。

在资金保障方面，将教育信息化项目纳入公益性项目计划，设立专项资金予以保障；安排转移支付专项资金，支持县（市）区教育信息化建设。

在督导考核方面，制定各县（市）区信息化建设与应用督导考核指标，开展专项督导与考核，确保全市教育信息化建设扎实推进。

在总结推广方面，通过试点先行、示范引领、整体推进模式，推动示范区、示范校、示范项目建设和应用，总结经验、提炼成果，并在全市推广。

16.2.2　互联网学习环境建设情况

互联网学习环境质量高低直接影响着使用者的学习体验和学习效果。教师在"我很容易获取到满足教学需求的多样化网络教学资源"和"现有的教学平台与应用能够支持我开展多种类型的教学活动"方面，整体处于较高水平，指数分别为 3.94 和 3.91（如图 16-1）。但在"您在当前'互联网 +'环境下开展教学遇到的障碍主要有哪些？"这项调查中，"网络环境不稳定"以 58.89% 的比例成为"互联网 +"环境下开展教学遇到的首要障碍。学生的调研数据也反映

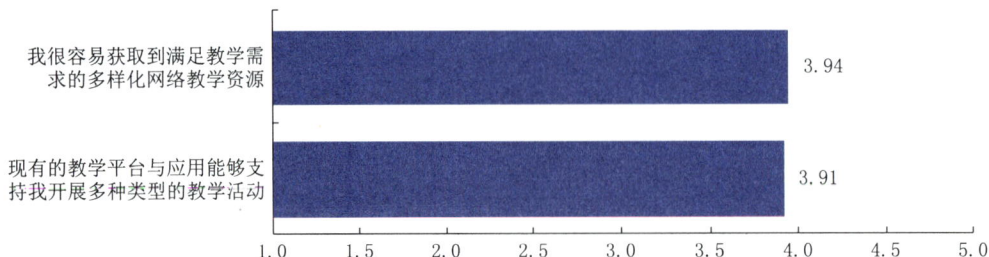

图 16-1　教师教学环境建设情况

出了同样的问题，在"我在互联网学习时不会受到网速卡顿的影响"这项调查中，统计指数为3.56，属于较高水平，但仅略高于临界值，表明学习者在进行互联网学习时，网络卡顿在一定程度上影响到了学生的学习体验，削弱了互联网技术对学习提质增效的效果。

16.2.3　师生互联网应用现状

（1）教师互联网应用现状

教育数字化转型背景下，教师利用先进的互联网技术手段和平台，突破传统课堂的诸多限制，实现教学模式的创新，已经成为教师共识。调查发现，教师对互联网的应用意愿指数为3.94，态度整体积极。其中，"我在课堂教学中经常利用互联网提供的资源和工具"指数为4.07，而"我经常利用互联网开展各种教学活动"指数为3.65（如图16-2），说明教师对互联网教学中资源和工具的使用较多，但由于对教学环境、教学进度等方面的考量，教师没能利用互联网常态化开展各类教学活动。

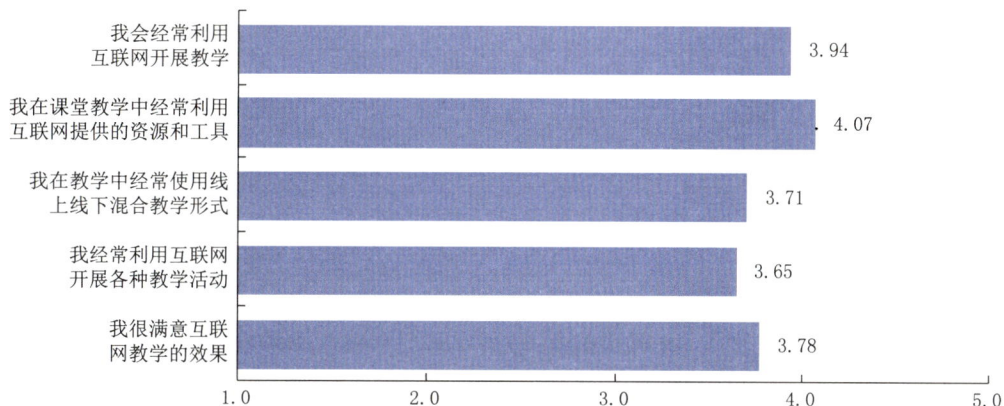

图 16-2　教师互联网应用现状情况

（2）学生互联网应用现状

调查发现，一方面，学生对互联网的应用意愿指数为3.99，处于较高水平，态度整体积极；另一方面，在"我认为通过互联网学习的效果优于在教室学习的效果"这项调查中，指数

图 16-3　学生互联网应用现状情况

仅为3.04（如图16-3），说明学生对于利用互联网学习持正面态度，但并未十分认可互联网学习的效果。这可能是因为学生习惯传统教室学习环境，对借助互联网开展学习存在不适感。另外，教师缺乏对学生利用互联网技术开展学习的系统指导，这在很大程度上限制了技术效能的发挥。此外，79.36%的学生每天在互联网上学习的时间在1小时以内。时长不足同样影响学生对互联网学习效果的判断。

16.2.4　师生互联网能力水平

（1）教师互联网能力水平

技术支持下的学习已经成为教育新常态，教师作为教学改革的主体力量，需要主动更新自身知识与能力体系，适应教学改革创新与实践的要求。调查显示，教师互联网能力水平指数为3.93，处于较高水平。其中，"我能够熟练掌握多种技术工具，支持开展在线教学"和"我能够根据教学目标与方法搜索与选择合适的互联网教学资源"的指数为3.95和4.08（如图16-4），说明教师在互联网工具使用和资源获取方面表现较好，但在赋能学习者方面的指数为3.87，教师利用互联网针对学生自身情况实现个别化和差异化的教学或指导有待加强。

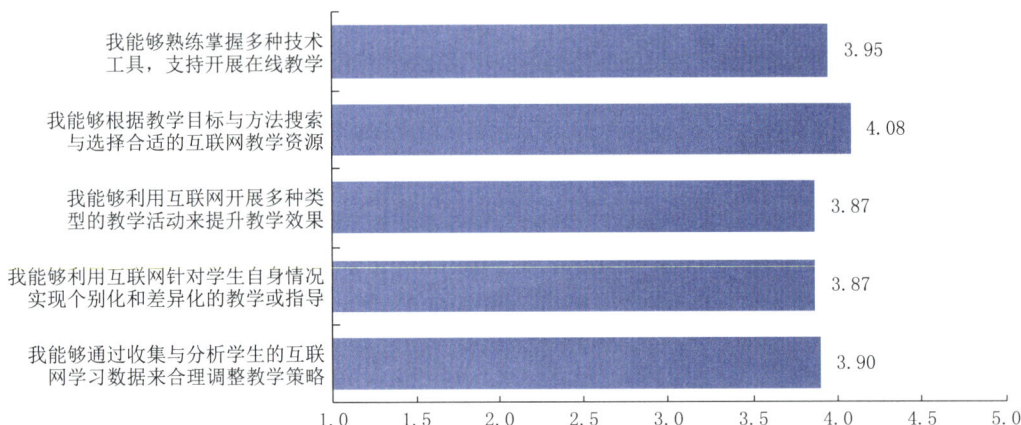

图16-4　教师互联网能力水平情况

（2）学生互联网能力水平

调查显示，学生在"我进行在线交流与合作时，能够尊重、理解他人观点，并简明清晰地表达自己的观点"和"我能够在互联网学习过程中保护好自己与他人的隐私"的指数分别为4.24和4.30（如图16-5），处于较高水平，且数值均高于4.0，说明学生在合作交流和互联网安全方面表现良好。相对而言，"我常常通过互联网平台发布自己的作品"和"我能制订好学习目标和学习计划来支持互联网学习的开展"的指数分别为2.87和3.73，内容创作能力处于较低水平，策略性学习能力处于较高水平的低数值段。利用互联网进行内容创造和发布作品是线上相互学习交流的重要方式，教师可以设计互联网实践型任务，并给予学生针对性指导，学生在征得家长的理解和支持后，合理利用互联网完成内容创造的实践任务，补齐内容创作短板。

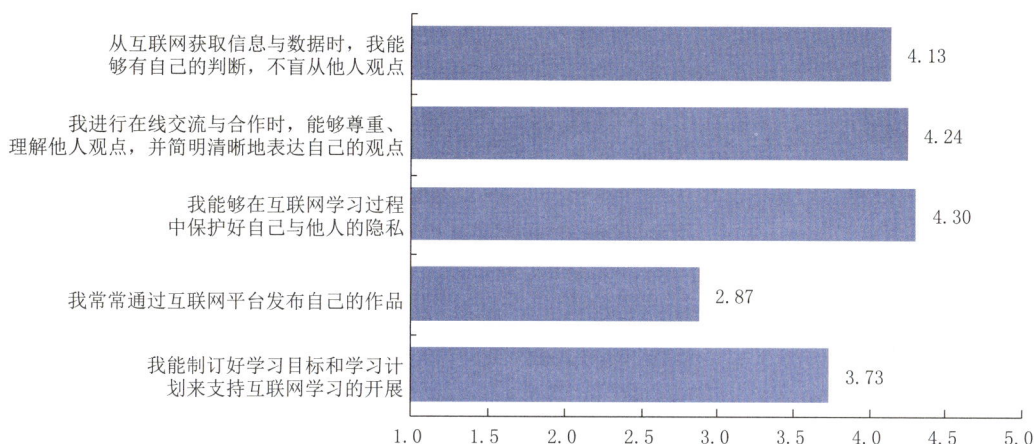

图 16-5　学生互联网能力水平情况

16.2.5　互联网支持教与学情况

（1）互联网支持教师专业发展

随着互联网、大数据、人工智能等技术在教育领域的普及应用，教师专业发展迎来新的考验。为教师提供针对互联网教学相关的培训、研讨、学习的机会，才能更好地帮助教师提升理论素养和实践能力。教师在"我有机会参与国家级、省级、市级举办的互联网教学能力提升活动"和"我的互联网教学探索经常能够得到本地教研小组、在线学习社群等专业共同体的支持"方面，整体处于较高水平，指数分别为 3.73 和 3.64（如图 16-6）。从调研结果可以看出，教师参与互联网教学能力提升活动的机会相对较多，且对教师能力提升有较大帮助，但专业共同体，如本地教研小组、在线学习社群在支撑教师发展方面还有较大的提升空间。因此，一方面需要继续加强不同层级、多种形式的能力活动，另一方面也要注重发挥专业共同体的支撑作用，结合教师需求，定期组织线上线下相结合的活动。

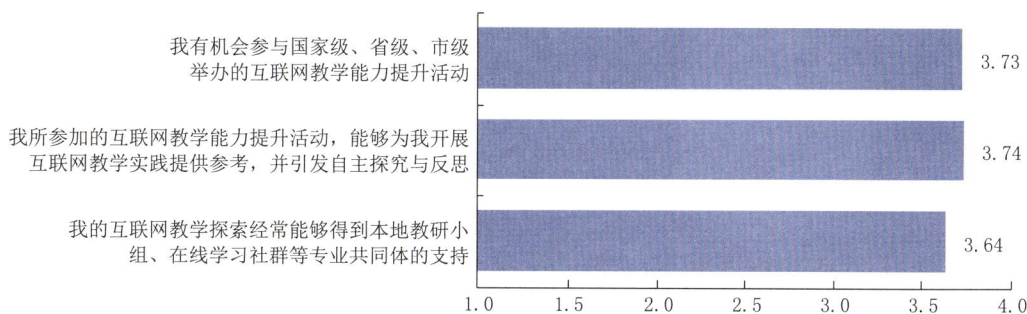

图 16-6　互联网支持教师专业发展情况

（2）互联网支持学生学习服务

学生在"我会从老师或同伴那里学到有用的在线学习策略与方法"和"互联网上的学习内容与活动总是对我很有吸引力"的调查中，都处于较高水平，指数分别为 3.93 和 3.71（如图16-7）。这说明学生在应用互联网学习过程中，很注重从教师和同伴那里获得学习策略和方法方面的经验，但互联网上学习内容和活动吸引力相对不足，在一定程度上影响了学生的参与度和持续性。为学生提供趣味性、前沿性、互动性的内容和活动设计，有助于改善学生参与互联网学习的热情。

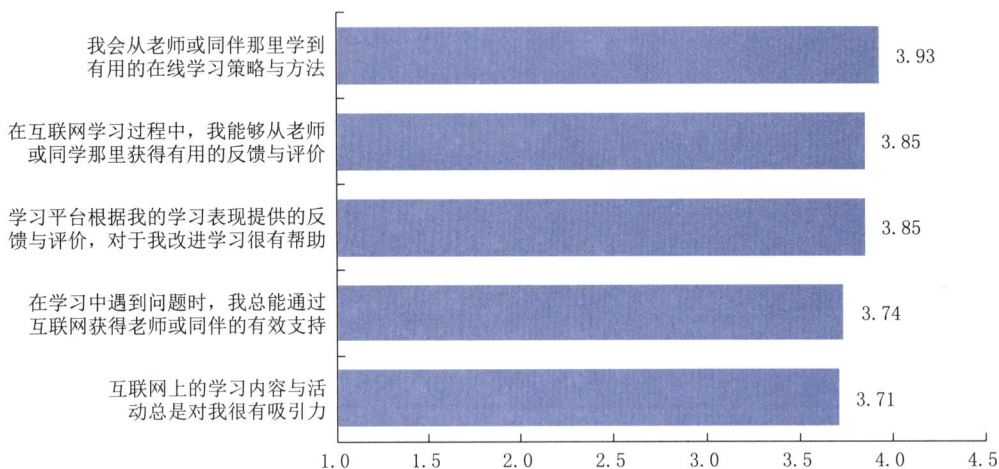

图 16-7　互联网支持学生学习服务情况

16.2.6　国家中小学智慧教育平台应用情况

（1）教师国家中小学智慧教育平台应用情况

2022 年 3 月，国家中小学智慧教育平台上线，合肥市大力推动试点工作。通过国家中小学智慧教育平台深度应用，实现数字技术赋能教育，助力教育数字化转型。统计显示，全市范围内，96.75% 的教师使用过国家中小学智慧教育平台，利用平台开展的活动以日常教学活动和教师研修为主（如图 16-8），在日常教学工作中，使用的场景主要是参考名师课堂进行备课、借助备课资源包进行备课以及利用平台资源开展探究式教学，使用率均超过 50%，但其他方面的应用率均低于 30%，探索国家中小学智慧教育平台更多应用场景是接下来需要重点突破的方向。另外，调查结果显示，教师对平台三个方面的功能提升充满期待：一是增加资源的智能推送功能，提高资源应用效率；二是增加学情分析和学习诊断报告功能；三是增加在线测试、作业练习及参考答案等功能。

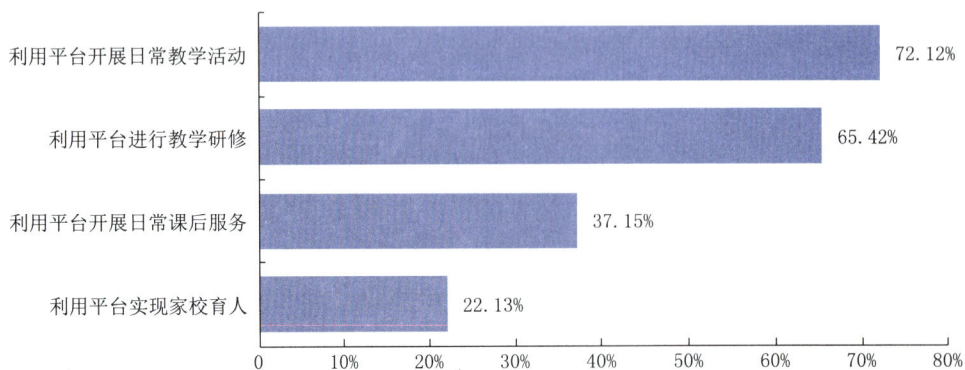

图 16-8　教师国家中小学智慧教育平台应用情况

（2）学生国家中小学智慧教育平台应用情况

调查数据显示，学生利用平台主要是根据老师分享或指定的平台上的资源进行课程学习，占比达85.75%。从自主学习的情况看，学生应用最多的有三项内容：一是利用平台资源进行课程的预习、复习和重难点回放学习；二是利用平台资源课程资源对自己的学习查漏补缺；三是利用平台资源实现兴趣拓展学习（如图16-9）。当前，学生在平台使用中面临三个问题：一是教材版本、课程视频不全；二是资源形式多为视频，呈现形式较为单一；三是平台支持与教师、学生之间的交流互动功能不强。超过六成的学生认为应该增加课程视频配套的习题资源。

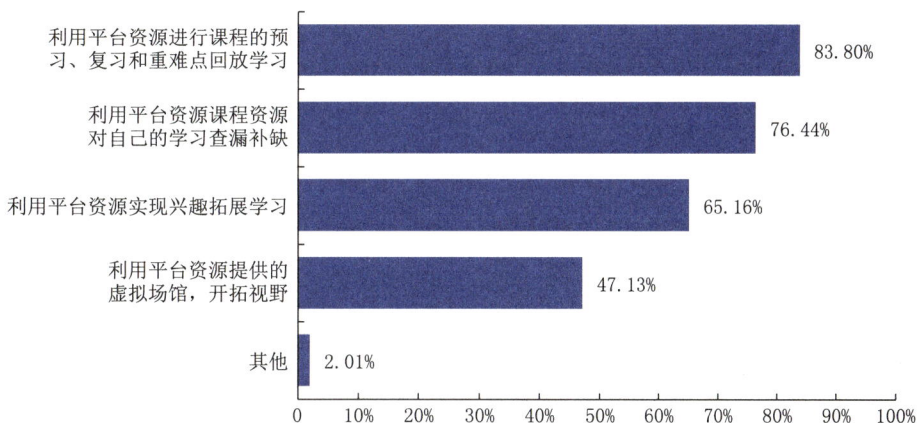

图 16-9　学生国家中小学智慧教育平台应用情况

16.3　互联网学习的典型案例

16.3.1　智慧课堂助力提质增效

依托大数据、云计算等信息技术，构建针对性、互动性和智慧化的高效课堂，让教师精准教学、应教尽教，让学生在课内外学得好、学得足。合肥市第七中学发挥课堂主阵地作用，借助智慧课堂，在课前，教师不仅可以把预习的任务提前分发下去，还可以及时获取学生预习情况，在课堂上进行重点强调。在课中，教师侧重于应用互动来提高学生学习兴趣，通过抢答、投票、拍照分享等方式充分调动学生积极性。另外，还从平台即时调取云资源进行辅助展示，为课堂增色，对枯燥的定义、定理的讲解更直观、生动，学习氛围更热烈。课后智能批改一方面大大减轻了教师的批改工作量，更重要的是可以自动生成数据分析报告，让以前只能凭感觉、经验的教师对学生有了更精准的认识、对教学有了更精准的定位。

16.3.2　精准作业助力因材施教

利用智能终端，全面采集分析学生课堂、练习、测验等数据，精准定位学生薄弱项，形成课前预习单、随堂练习单、课后巩固单、能力提升单及班级、年级、学校三级管理的"四单三关"作业管理模式。基于此，合肥市第四十五中学构建了"一二一"精准作业模式，一次作业布置六道精选基础题，每道基础题附带两道变式题。基础题解答正确，系统推送一道拓展题及相关学习资源，学生按需选做；基础题解答错误，系统推送两道变式题及微课讲解，教师酌情开展线下辅导。通过系统精准分析与推送，帮助学生提升学习成效。

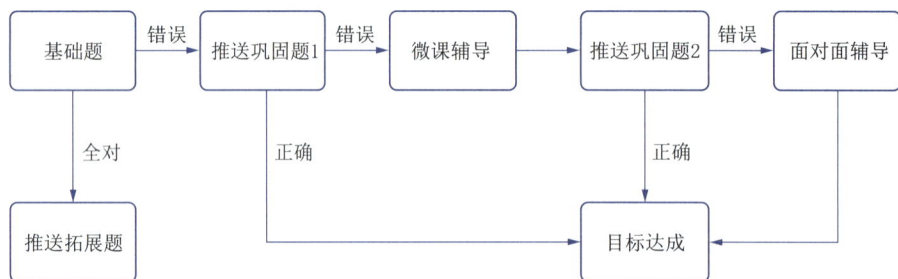

图 16-10　合肥市第四十五中学"一二一"作业模式

16.3.3　智慧平台助力个性发展

国家中小学智慧教育平台为学生主动探究、体验实践提供了资源方面的有力支撑。合肥市师范附属小学借助国家中小学智慧教育平台，拓宽育人渠道，创新研学实践路径，创建"线上专题研修＋线下实践体验＋建立课程资源库"的实践育人框架，让学生足不出户，就能拓宽视野、增长见识。研学之初，学校反复研磨，挖掘国家中小学智慧教育平台资源优势，结合学生特点制订实施步骤，利用班队会进行宣传和方案解读。接下来一周，各班借助国家中小学智慧教育平台进行线上 VR 全景参观。第三步交流感受和展示每个学生动手实践完成的相关作品。第四步每班评选出五份优秀作品，通过学校电视台的录制和播放，进行全校展示。至此，线上线下混合式研学活动落下帷幕。整个研学过程强化了学生爱国、爱党、爱优秀传统文化的意识，在他们心中种下了一粒粒科技梦的种子，也锻炼了他们的语言表达能力和动手能力，在规模化办学背景下，实现了学生个性化教育与多元化发展。

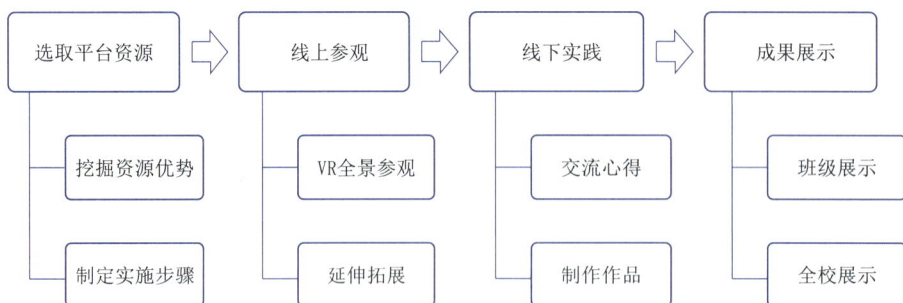

图 16-11　合肥市师范附属小学线上研学流程

16.4　关键问题

16.4.1　互联网基础环境有短板

"互联网＋"时代，高速稳定的网络环境和先进的信息技术是教育数字化转型发展的基石。

尽管合肥市已经初步形成了"云网端"三位一体的数字基座,但网络带宽不足,覆盖面不够广泛的问题依然掣肘区域大规模常态化应用与课堂教学体验。

16.4.2 互联网深度应用有差距

2021年底,合肥市已完成全市智慧学校建设全覆盖,并在智慧教学、智慧学习、智慧管理、智慧生活和智慧文化五个方面取得了初步成效。但与互联网应用发达地区相比,合肥市在应用的维度和深度上还存在差距,未能充分释放互联网赋能教育教学的潜力。

16.4.3 互联网素养水平有缺失

随着信息技术的迅猛发展,师生数字素养成为制约和影响教育发展的重要变量。调研结果显示,虽然大多数学校的教学环境和设备相对完善,但师生利用信息技术开展教学活动的比例还有很大的提升空间,这反映出师生信息意识还比较薄弱,应用能力依然不足。

16.5 发展趋势

16.5.1 升级"互联网 + 教育"平台

大力改善各级各类学校网络接入环境,建设合肥市教育专网。建设市级网络安全监测管理系统、校园安全监控系统、图书管理系统、学生健康监测系统等,不断优化升级"互联网 + 教育"平台。

16.5.2 深化智慧学校建设应用

从智慧课堂、个性化分层作业、创新实验室、智慧五育等方面进一步拓展智慧学校建设维度与深度,提升应用成效,形成具有合肥特色的智慧学校建设与深度融合应用模式。

16.5.3 提升师生数字素养水平

通过建设智能研修、精准培训、智能管理、智能助手、教师画像等内容,精准推进全市教师队伍建设。深入实施全民科学素质行动计划,打造合肥市青少年科技创新大赛科普活动品牌,以活动提升学生数字素养。

第十七章

CHAPTER 17
芜湖市基础教育领域互联网
学习发展报告

随着互联网技术的快速发展，基于在线教学和数字化教育的互联网教育已经成为全球范围内的一种新型教育模式。2022年10月，党的二十大报告提出"推进教育数字化，建设全民终身学习的学习型社会、学习型大国"。芜湖市作为安徽省省域副中心城市，近年来积极推动互联网教育发展以适应新时代的教育需求，通过"六化六力"筑牢数字基础，形成了"1452"芜湖智慧教育建设模式，打造了"'皖'美教育·智学'芜'优"数字化转型芜湖教育品牌，稳步推进芜湖教育数字化转型工作，助力芜湖教育高质量发展。

17.1 概述

17.1.1 芜湖市互联网学习发展概述

（1）教育新基建，擘画教育优质均衡新图景

为强化教育数字化基础支撑能力，芜湖市建设"芜湖智慧教育平台"。芜湖智慧教育平台一是对各类教育数据进行分析与处理，构建数据感知、测量、判断、评价、预警体系，完成服务与治理数据闭环，支撑教育科学决策。二是作为区域教育大数据超脑中心、教育数字资源中心、教研服务中心和教育应用服务中心，平台向上对接国家中小学智慧教育平台、皖教云平台，向下与学校的主要业务和教育教学关键环节深度融合，面向师生提供个性化服务，促进核心教育场景的流程再造与系统重构，切实提高区域教育公共服务与治理能力。此外，校端基础设施也逐步升级，智慧教育软硬件逐步接入，助力芜湖市实现教育优质均衡发展。截至2022年底，芜湖市已100%建成智慧学校，班级多媒体覆盖率100%，每百名教师拥有移动终端数为32.9，每百名学生拥有移动终端数为32.1。

（2）新型教与学，提升师生数字素养与能力

为强化全市数字教师队伍建设，实现学生个性化学习需求，构建泛在化学习生态，芜湖市积极探索大数据技术与教、学、测、评、管等环节的融合创新，坚持应用导向，打造个性化、互动化、智能化的教与学新模式，推进教育教学改革。

一是以培训助学习。芜湖市开展线上线下相结合培训，针对不同教师开设不同课程，从理念引领到落地实践，以培促学，进一步深化教育数字化支撑下的因材施教探索，加快推动教育教学改革进程。截至2023年11月，已开展线上培训236场，覆盖超6.3万人次。二是以活动促应用。为扎实推进师生数字素养提升，芜湖市开展各类教科研活动，如智慧课堂专项应用活动、教师信息素养提升实践活动、学生信息素养提升实践活动等，提升教师信息化教学创新能力，促进学生全面发展。截至2023年11月，已开展活动3 082次。三是建资源助五育。芜湖智慧教育平台搭建资源中心，以五育为框架，开创"阳光云课"及"五育资源"供教师及学生日常观看学习，助力芜湖特色课程体系建设，保障学生处处能学、时时可学。

（3）"星级实验学校"创建，推动全市教育数字化转型

芜湖市于2023年实施部署《芜湖市中小学"人工智能＋教育"应用星级实验学校实施方案》，围绕五大智慧场景选取应用实验项目，整体推进应用落地，并设立考核指标，十大项目

组合化，满足学校特色发展需求，为芜湖智慧学校建设与应用提供了发展方向。截至 2023 年 5 月，全市共有 312 所学校符合三星申报要求，均被列入首批芜湖市中小学"人工智能 + 教育"应用星级实验学校入选名单，其中 19 所学校申报满星十星级。以智慧学校应用为锚点，芜湖市全力推进教育数字化转型。

17.1.2　年度特征词及其解释

（1）"六化六力"

芜湖市的教育数字化转型以"六化六力"筑牢数字基础，"六化六力"举措重点围绕教育数据从平台设计、采集、建设、呈现、应用和融合进行教育数据全链条打造，分别为：平台设计的协同化，提升数字"整合力"；数据采集的智能化，提升数字"创造力"；数据治理的标准化，提升数字"引导力"；数据呈现的精准化，提升数字"影响力"；数据分析的科学化，提升数字"生产力"；数据融通的一体化，提升数字"融合力"。

（2）"1452"芜湖智慧教育建设模式

"1452"芜湖教育建设模式即依托 1 个芜湖智慧教育平台，汇聚学生、家长、教师、管理者 4 类主体数据，围绕智慧教学、智慧学习、智慧文化、智慧生活、智慧管理 5 类核心场景，强化 2 项支撑总集成、总服务。

（3）"四智"芜湖应用模式

"四智"分别为：智慧治理，让管理更高效；智慧教学，让教学更精准；智慧学习，让学习更具个性；智慧育人，让教育更科学。

17.1.3　互联网学习特征指数

本次调研面向全市基础教育学段发放，调研内容为管理者管理能力、教师教学能力及学生学习能力，共收集管理者问卷 975 份、教师问卷 3 730 份、学生问卷 28 851 份。此次调研问卷采用 CASE 指标体系，得分在 1.0 至 1.5（含）表示很低水平，1.5 至 2.5（含）表示较低水平，2.5 至 3.5（含）表示一般水平，3.5 至 4.5（含）表示较高水平，4.5 至 5 表示很高水平。

根据调查结果，管理者互联网应用平均得分为 4.13，教师平均得分为 3.76，学生平均得分为 3.44。由数据可得，芜湖市教育管理者及教师互联网应用处于较高水平，学生互联网应用处于一般水平。具体各项得分细则见表 17-1、表 17-2、表 17-3。

表 17-1　芜湖市管理者管理能力核心指标特征指数汇总表

管理者核心指标	特征指数	核 心 指 标 题 项	核心指标题项特征指数
应用现状	4.19	1. 我认为教育信息化的推进对学校发展具有重要作用	4.27
		2. 我十分愿意利用互联网开展日常管理工作	4.26
		3. 我注重引导教职员工利用互联网平台或工具开展工作	4.2

续　表

管理者 核心指标	特征 指数	核 心 指 标 题 项	核心指标题 项特征指数
应用现状	4.19	1. 我经常利用互联网学习教育信息化管理方面的知识	4.21
		2. 学校的各项数据（如学生成绩、图书流转、资源建设与应用等）能够通过网络汇聚，并被用来支持学校的管理和决策	4.16
		3. 本校教师能够便利地利用互联网资源进行备课	4.37
		4. 本校教师能够在课堂上便利地使用互联网资源和工具开展教学	4.31
		5. 本校教师经常利用网络平台或工具进行学生学习评价，并基于评价结果调整教学	4.09
		6. 本校教师经常开展网络教研活动	4.04
		7. 本校教师经常利用网络资源（如直播会议、在线课程等）进行自主学习	4.07
		8. 本校教师已经开始探索基于智能学习终端（如平板电脑、智能手机等）的互动课堂教学	3.98
环境建设	4.04	1. 本校已经建立了校本资源库	3.83
		2. 本校已将学校优秀资源或特色教育资源放在互联网上开放共享	3.85
		3. 本校已有统一应用且运行稳定的线上教学平台	3.82
		4. 学校的教学、办公区域已实现了无线网络全覆盖	4.41
		5. 学校为教师配备了互联网教学的设备	4.39
		6. 学校配有至少一个班额的学生平板电脑	4.2
		7. 学校建立了专门的技术团队为互联网教学提供支持和保障	3.96
激励与保障	4.16	1. 学校会定期举办与互联网教学能力提升有关的培训、教研活动或教学竞赛，促进教师互联网教学能力的提升	4.09
		2. 学校积极争取或提供机会，支持教师外出参加互联网教学的培训或观摩活动	4.23
		3. 学校对在互联网教学相关竞赛或评比中获奖的教师给予一定的积分或绩效奖励	4.16

表 17-2　芜湖市教师教学能力核心指标特征指数汇总表

教师核心指标	特征指数	核 心 指 标 题 项	核心指标题项特征指数
教学能力（C）	3.84	C11. 我能够熟练掌握多种技术工具，支持开展在线教学	3.87
		C21. 我能够根据教学目标与方法搜索与选择合适的互联网教学资源	4.05
		C22. 我能够根据教学目标与方法合理改编或制作互联网教学资源	3.82
		C31. 我能够利用互联网开展多种类型的教学活动来提升教学效果，如探究式学习、项目式学习、同伴教学等	3.78
		C32. 我能够利用互联网加强自身与学生之间的互动与交流，以及时为其提供有针对性的指导	3.85
		C41. 我能够利用互联网针对学生自身情况实现个别化和差异化的教学或指导	3.75
		C51. 我能利用互联网对学生进行过程性评价和总结性评价	3.79
		C52. 我能够通过收集与分析学生的互联网学习数据来合理调整教学策略	3.73
		C61. 我能利用互联网上的资源与课程持续促进自身专业发展	3.98
		C62. 我能够利用互联网加强与其他教育工作者的交流合作、经验分享	3.91
教学应用（A）	3.76	A11. 我会经常利用互联网开展教学	3.94
		A21. 我在课堂教学中经常利用互联网提供的资源和工具	4.08
		A22. 我在教学中经常使用线上线下混合式教学形式，如翻转课堂、探究学习等	3.55
		A31. 我经常利用互联网开展各种教学活动，如交流、投票、测试、虚拟实验等	3.48
		A41. 我很满意互联网教学的效果	3.79
专业发展支持（S）	3.56	S11. 我有机会参与国家级、省级、市级举办的互联网教学能力提升活动，如讲座、培训、研讨、研究等	3.48
		S21. 我所参加的互联网教学能力提升活动，能够为我开展互联网教学实践提供参考，并引发自主探究与反思	3.66
		S31. 我的互联网教学探索经常能够得到本地教研小组、在线学习社群等专业共同体的支持	3.53
教学环境（E）	3.88	E11. 我很容易获取到满足教学需求的多样化网络教学资源，如文本、图片、视频等	3.94
		E21. 现有的教学平台与应用能够支持我开展多种类型的教学活动，如雨课堂、课堂派、钉钉、腾讯会议等	3.82

表 17-3　芜湖市学生学习能力核心指标特征指数汇总表

学生核心指标	特征指数	核 心 指 标 题 项	核心指标题项特征指数
学习能力（C）	3.55	C11. 我能够熟练操作互联网学习所需的软件和设备	3.47
		C21. 在利用互联网搜索时，我能够准确识别所需信息，过滤掉不相关的内容	3.65
		C22. 我能够整理好搜集到的互联网信息与数据，以便后续查找与使用	3.54
		C23. 从互联网获取信息与数据时，我能够有自己的判断，不盲从他人观点	3.82
		C31. 我进行在线交流与合作时，能够尊重、理解他人观点，并简明清晰地表达自己的观点	3.93
		C32. 我经常向他人分享高质量的学习资源	3.41
		C41. 我可以利用互联网资源和工具创作图片、文字、音视频等多种形式的作品	3.23
		C42. 我常常通过互联网平台发布自己的作品，如朋友圈、QQ 空间、抖音等	2.81
		C51. 我能制订好学习目标和学习计划来支持互联网学习的开展	3.37
		C52. 利用互联网进行学习时，我能够及时总结相关知识，巩固所学内容	3.52
		C61. 我能够在互联网学习过程中保护好自己与他人的隐私，如不随意填写个人、家庭、朋友的相关信息	4.04
		C62. 我能够有意识地规避互联网安全风险，如不轻易点击不明来源的链接与弹窗	4.02
学习应用（A）	3.28	A11. 我非常愿意利用互联网进行学习	3.71
		A21. 我经常利用互联网进行学习	3.3
		A31. 我经常上网搜索并获取学习资料	3.54
		A32. 我经常参与多种类型的互联网学习活动，如在线测试、在线讨论、在线答疑等	3.06
		A41. 我认为通过互联网学习的效果优于在教室学习的效果	2.8
学习服务（S）	3.49	S11. 我会从老师或同伴那里学到有用的在线学习策略与方法，比如搜索技巧、学习工具、学习习惯等	3.58
		S21. 在互联网学习过程中，我能够从老师或同学那里获得有用的反馈与评价	3.52
		S22. 学习平台根据我的学习表现提供的反馈与评价，对于我改进学习很有帮助	3.55
		S31. 在学习中遇到问题时，我总能通过互联网获得老师或同伴的有效支持	3.46
		S41. 互联网上的学习内容与活动总是对我很有吸引力	3.4
学习环境（E）	3.45	E11. 我总能通过互联网获得许多好用的学习资源	3.52
		E21. 我在互联网学习时不会受到网速卡顿的影响	3.25
		E22. 现有的学习平台和工具能够很好地满足我的学习需求	3.51

17.2 互联网学习发展现状

17.2.1 区域政策与保障措施

（1）区域政策

2020年，芜湖市教育局下发《关于加强我市教育系统网课网络环境治理的通知》，2021年下发《关于建立芜湖智慧教育平台使用反馈对接机制的通知》，夯实应用基础。

2022年下发《芜湖市教育局关于芜湖市直属中小学智慧课堂移动终端使用管理的指导意见》《芜湖市直属中小学智慧课堂操作技术能力校本培训实施方案》及《国家智慧教育平台整省试点工作芜湖市实施方案》，推进技术与教育教学融合。

2023年发布《关于印发〈芜湖市中小学"人工智能＋教育"应用星级实验学校实施方案〉的通知》，旨在以规模化星级实验学校推进全市中小学教育数字化转型，下发《关于印发〈芜湖市教育系统网络安全事件应急预案〉的通知》《关于做好芜湖智慧教育平台信息发布内容安全工作的通知》，加强智慧学校建设并保障应用网络安全。

（2）保障措施

芜湖市成立智慧芜湖教育工程"人工智能＋教育"因材施教创新示范项目建设工作领导小组及建设应用工作组。

领导小组由市教育局党委书记、局长章世海担任组长；市教育局党委委员、副局长李兵担任常务副组长；三级调研员唐平、市教育局副局长周自强任副组长；教育局各科室多部门负责人共同组建，统筹协调各项工作。

建设应用工作组由市教育局党委委员、副局长李兵担任组长，市电化教育馆、教科所及装备中心负责人为副组长，各区县教育局相关负责人及市直属学校各校校长为成员，共同推进各项事务顺利开展。

17.2.2 互联网学习环境建设情况

为了紧跟教育信息化政策和满足日益增长的互联网学习需求，芜湖市持续优化教育新基建。调查发现，管理者、教师及学生对于资源环境的建设认同度均比较高，其中教师认同度最高，达到3.94。技术环境建设认同度方面，学生为3.38分，处于一般水平，这与管理者及教

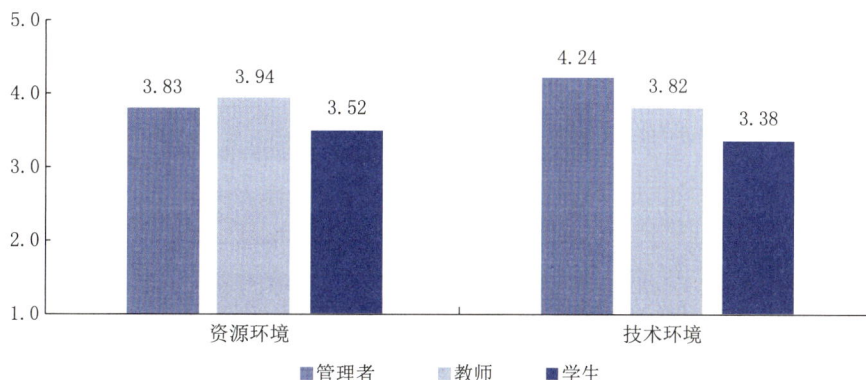

图 17-1 不同角色视角下互联网环境建设

师得分相比显著性 p 值小于 0.05，存在显著差异（如图 17-1），说明学校针对学生方面的信息化设备应用以及资源建设还比较薄弱，后续需加强相关建设。

从不同地域来看，市区、县镇及农村学校的管理者、教师以及学生对于互联网环境建设综合得分相近，差值均不超过 0.3（如图 17-2），说明在基础设施建设方面，芜湖市教育均衡有所落实，后续还需注意农村学校信息化环境建设。

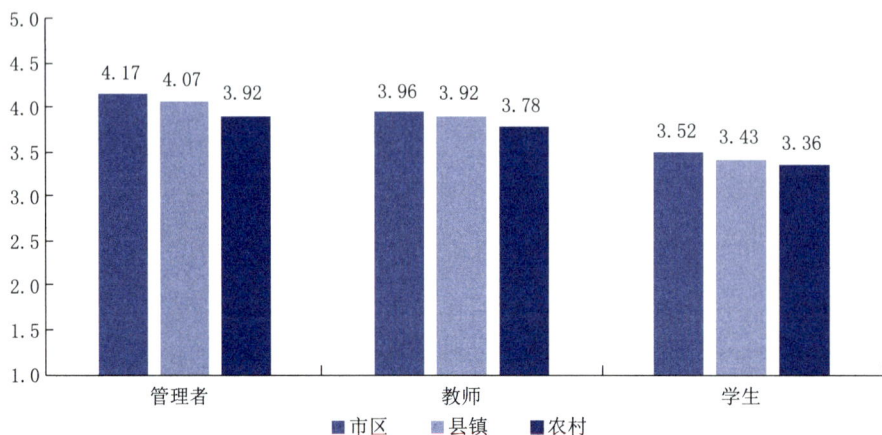

图 17-2　不同地域视角下教师视角的互联网环境建设

17.2.3　师生互联网应用现状

（1）教师互联网应用现状

自《教育信息化 2.0 行动计划》发布以来，信息技术与教育教学相融合成为趋势，教师普遍开始学习教育信息技术并将其应用于教学活动中。调查发现，芜湖市教师利用互联网开展教学意愿度、利用互联网资源及工具频率均处于较高水平；但是对于利用互联网进行新型教与学模式探索、利用互联网开展教学活动认同度较低，指数分别为 3.55 和 3.48（如图 17-3），与意愿值及教学满意值对比显著性 p 值均小于 0.05，存在显著差异。有 88.69% 的教师在互联网支持下进行过课堂教学，54.45% 的教师开展过线上教学，其余教学模式使用较少，说明教师进

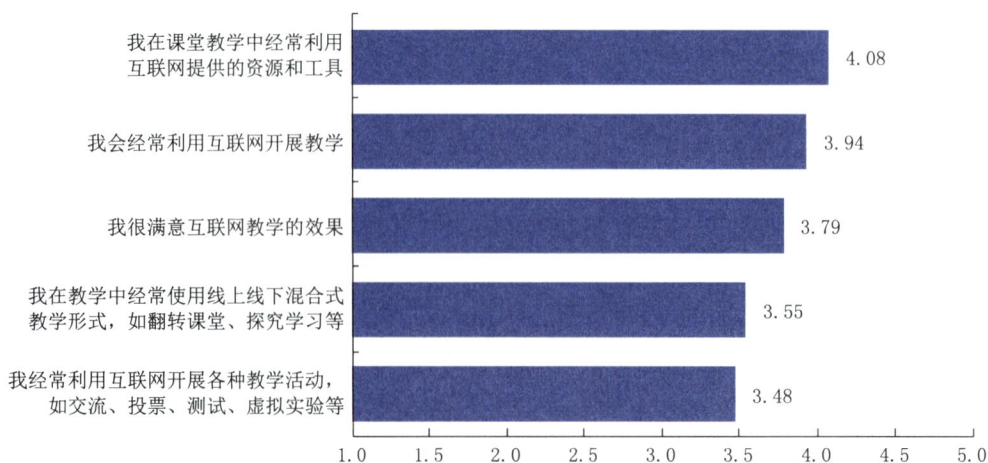

图 17-3　教师互联网应用现状

行信息技术与教学融合还处于初级阶段，大部分教师还未能将技术很好地融合进教学环节中，未改变传统教学模式。

（2）学生互联网应用现状

学生的互联网学习主要来自教师的引导。调查发现，芜湖市学生对于互联网学习意愿较高，达 3.71 分，但是学生利用互联网参与学习活动频率，以及互联网学习效果优于传统教室学习效果的认同度较低，均处于一般水平（如图 17-4），这与教师日常应用较少有直接关系。调研显示，20.32% 的学生不使用互联网学习，61.62% 的学生每天利用互联网学习时间在 1 小时以内。学生日常接触得少，无法直观感受到新型教学模式带来的能力提升，因此学生虽愿意使用，但还是保持传统的学习方式，后续需加强学生信息化设备的应用。

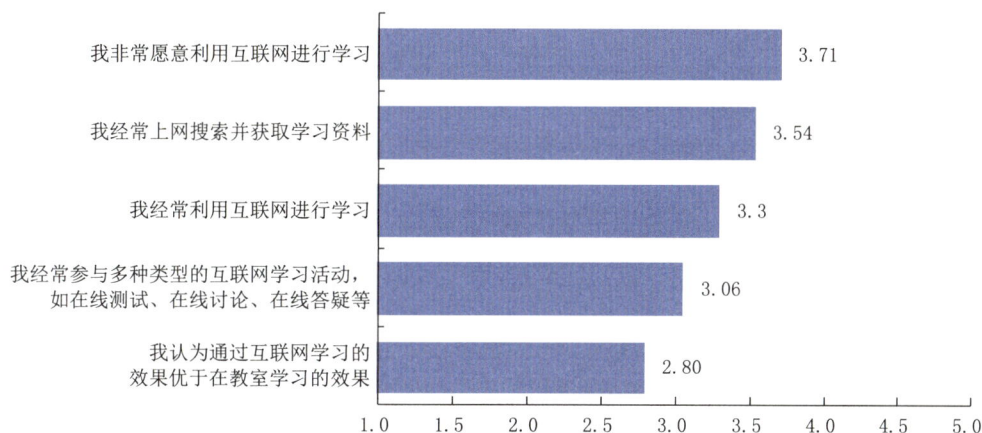

图 17-4　学生互联网应用现状

17.2.4　师生互联网能力水平

（1）教师互联网教学能力水平

教师在互联网教学方面除了获取素材外，还需应用大数据等信息化手段进行学生的教学干预及评价。调研发现，芜湖市教师在赋能学习者及学习评价方面均处于较高水平（如图 17-5），对于利用互联网进行差异化教学、调整教学策略以及多元化评价能力方面认同度较高，说明教师在教育教学与技术融合方面，已开始使用数据做科学决策。

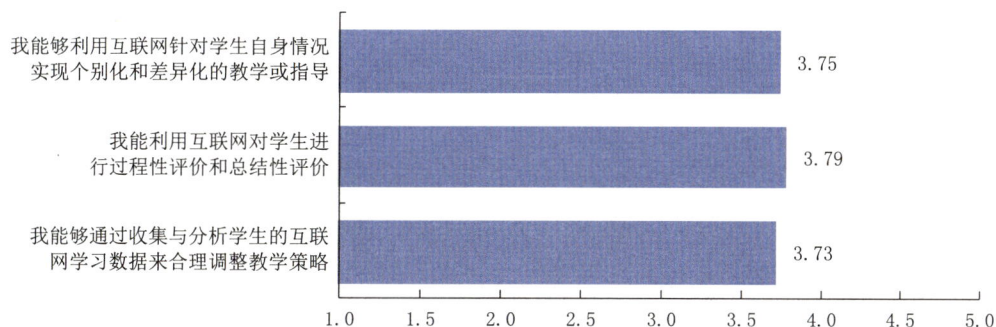

图 17-5　教师互联网教学能力水平

（2）学生互联网学习应用水平

学生应用互联网进行学习有助于提升其数字素养及应用能力。调研发现，芜湖市基础教育阶段学生在设备及软件操作方面、内容创造及策略性学习方面均处于一般水平，互联网安全方面得分达到 4.03，较其他方面得分高（如图 17-6）。说明学生日常应用较少，导致操作不熟练，进而影响到学生的创新意识与能力。由于缺乏常态化的练习，学生对于如何更好地利用互联网开展有效学习方面的能力也较为薄弱，但是对于信息安全的甄别以及信息暴露等风险意识较强。

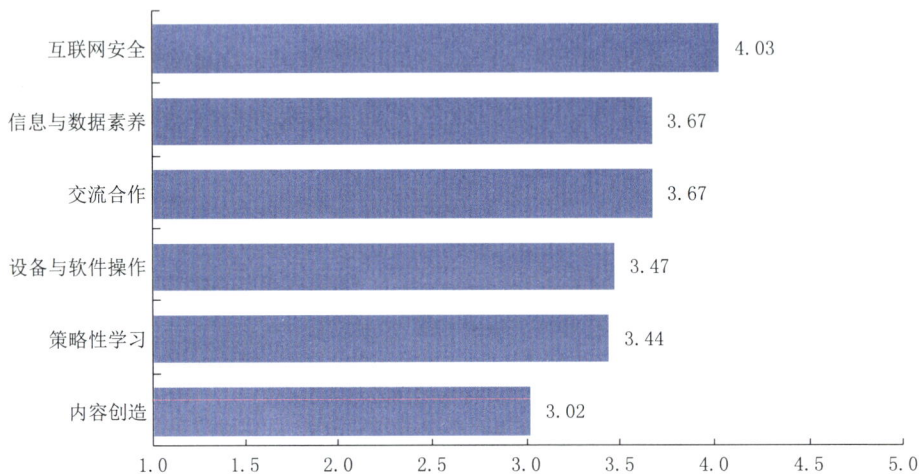

图 17-6　学生互联网学习能力水平

17.2.5　互联网支持教与学情况

（1）教师互联网专业发展支持水平

为追求教育的高质量发展，新型教师队伍建设势在必行，教师数字素养与能力的提升也至关重要。根据调研反馈，芜湖市义务教育阶段教师每年参加互联网教学培训 1—2 次的占63.97%，每年参加 3 次以上的达 22.20%，从未参加过的有 13.83%（如图 17-7）。在参加的各类活动中，能够为教师教学实践提供参考，引发自主探究与反思的认同度为 3.66，处于较高水平，但是能够参与国家级、省级、市级举办的活动认同度较低，仅 3.48，处于一般水平。这说明开展相关培训及教研活动是提升教师数字化素质及能力的有力方式，后续还应通过线上线下结合的方式，加强培训及活动覆盖面，让教师应培尽培，共享优质资源。

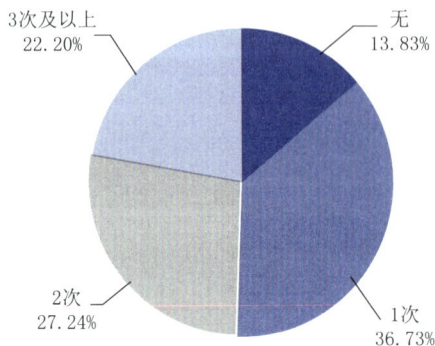

图 17-7　教师每年参加互联网教学能力提升培训频率

（2）学生互联网学习服务水平

数字能力对于学生来说也是至关重要的，学生会通过信息化设备进行各种学习活动。根据调研结果，芜湖市基础教育阶段学生使用互联网进行学习是为了更好地理解所学知识的占比为67.87%；有50.71%的学生是为了完成老师布置的任务，有44.92%的学生是为了进行自主练习或测试，仅有39.35%的学生是为了满足兴趣爱好（如图17-8）。这说明学生对于愿意利用互联网进行学习活动的认同度不高。调研问卷中反馈学生能够从教师或者同伴得到有效支撑的相关分数均不超过3.6。这说明教师对于学生学习的引导至关重要，加强学生对信息化设备的应用还需要提升教师对其认可度。

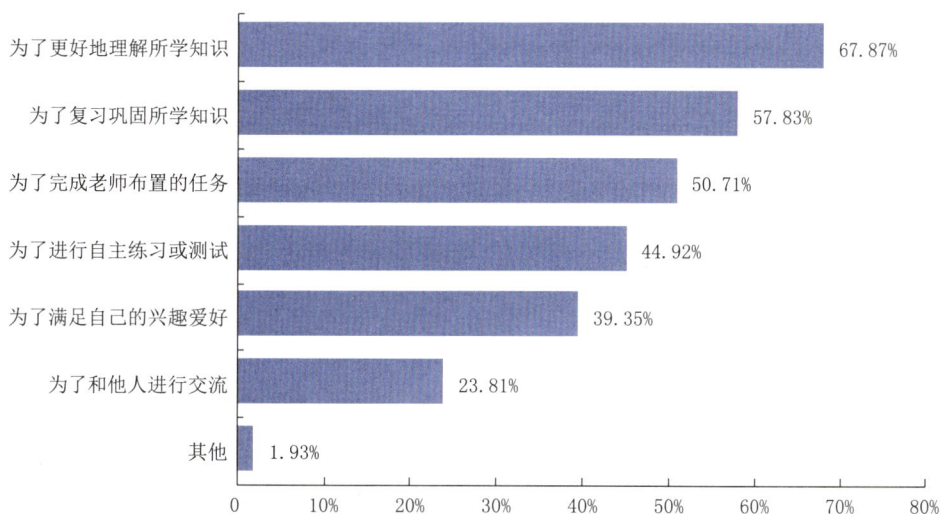

图 17-8　学生使用互联网进行学习原因

17.2.6　国家中小学智慧教育平台应用情况

国家中小学智慧教育平台是由中国教育部推出的旨在提供全方位的教育服务的线上平台，可供教师及学生日常教学和学习使用。经调研，芜湖市基础教育阶段有94.34%的教师及80.53%的学生使用过该平台，78.18%的教师及68.90%的学生安装了手机端App，说明国家中小学智慧教育平台在芜湖普及率较高。

教师应用方面，71.07%的教师应用该平台开展日常教学工作，63.43%的教师则利用该平台进行教师研修。学生应用方面，69.32%的学生经老师指引应用该平台进行课程学习，39.04%的学生则在该平台上进行过自主学习。问卷反馈，学生及教师均对该平台资源提出了更高的需求，说明教师及学生虽经常使用该平台开展各类教学和学习活动，但对于资源数量以及质量的需求仍在提升。

17.3　互联网学习的典型案例

17.3.1　打造"数字引擎"，构建区域教育社会服务和治理新生态

引擎是发动机的核心部分，是整个机器的动力源泉。当前数字大潮势不可挡，芜湖市抓住

数字化转型的时代机遇，点燃强劲"数字引擎"，重塑教育新业态。芜湖教育通过"六化六力"筑牢数字基础，形成了"1452"芜湖智慧教育建设模式，为芜湖教育数字化转型开启了加速度，注入了新动能。

教育大数据的汇聚及分析处理，助力解决了课程开足开齐开好的问题。以体育课为例，芜湖市联通智能排课系统及智慧体育监管系统，形成体育应开课与实开课数据实时对比，课程记录数据化，保障了开齐开足体育课的有效监管，同时通过智慧体育课应用数据，可实时看到学生运动平均心率、最高心率平均值、有效运动密度、运动负荷、靶心率等实时数据，有效促进学生体育运动质量，解决"小胖墩"现象。

优质教育资源的集聚共享有利于缩小区域、城乡和校际间的数字鸿沟，促进教育公平。如芜湖市"阳光云课"目前已汇聚了覆盖全学段多学科的有效课程 210 多门、有效视频 5 100余节。仅 2023 年，"阳光云课"各大平台的观看播放时长共计 23.25 万小时，观看总人次达1 005.41 万人次；"阳光云课"、五育专题资源、市优资源和校园文化资源的广泛应用，有效缩减了区域、城乡和校际间的数字鸿沟，从而促进了教育公平的实现。

智慧学校建设的全面落实，促进乡村教育，赋能乡村振兴。截至 2023 年 10 月，芜湖市 130所乡村学校共开展 79 617 节智慧课堂教学，让乡村学校师生借助智慧场景，共同成长。如芜湖市汤沟秀石学校，自 2018 年至 2021 年学生在省、市、区级各项活动中获奖的人数从 31 人提升至 60 人；自 2019 年至 2021 年教师在省、市、区级各项活动中获奖的人数从 24 人提升至 27 人。

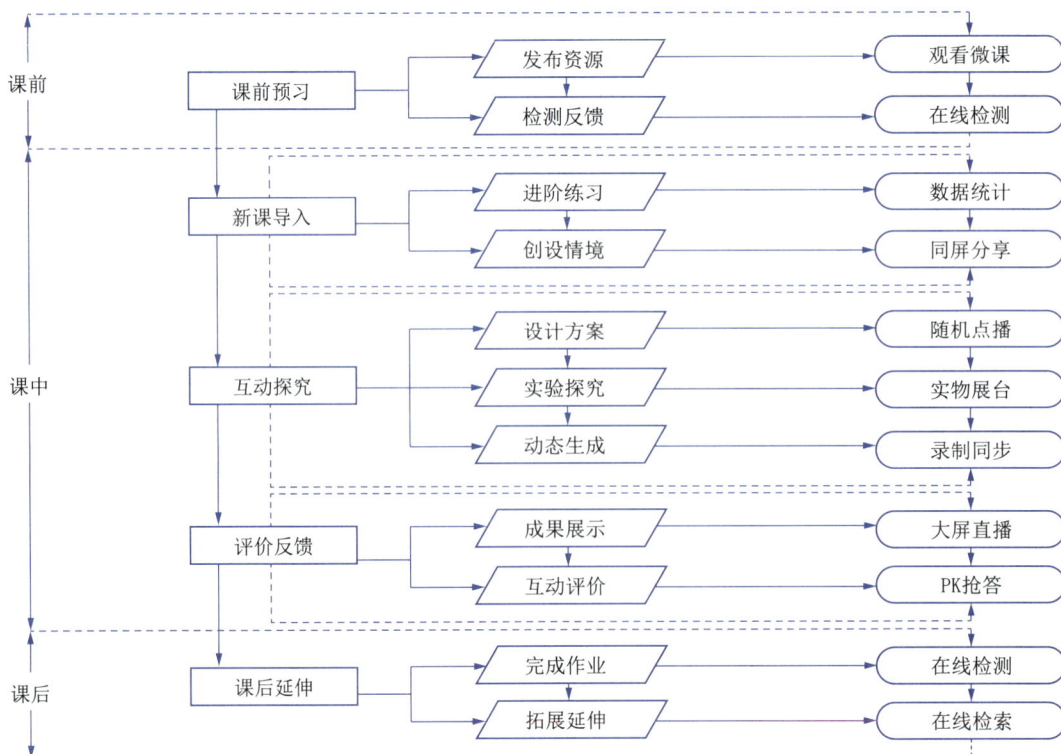

图 17-9　基于平板应用的五环节教学模式示意图

实施大数据教育精准分析，促进区域教育教学减负提质。如安徽师范大学附属外国语学校城东校区 2022—2023 学年第二学期共生成精准分析报告 2 733 份，让教师通过精准数据进行学情分析，以学定教，实现课堂教学方式的变革。

17.3.2 基于平板应用的五环节智慧课堂教学模式

芜湖市田家炳实验中学基于智慧课堂应用，形成"基于平板应用的五环节智慧课堂教学模式"。学校构建智慧课堂学习环境，利用丰富、优质的网络资源组织实施教学，并分成五大教学流程，分别为课前预习环节、新课导入环节、互动探究环节、评价反馈环节以及课后延伸环节。通过此模式开展教学，能够提升师生交互的广泛性、评价反馈的及时性以及加强资源推送的智能化。学校教师应用此教学模式参加各类教学比赛，2018 年至 2022 年间，共 85 人次获市级以上奖励。

17.3.3 大数据支撑下智慧校本作业应用实践

芜湖市第一中学以省级信息技术课题研究为抓手，探索大数据支撑下的学情诊断、智慧课堂与校本作业管理方法，用现代化技术实现减负增效，努力实现学生的个性化精准教学。

学校通过智能手段实现作业的设计、布置、批改、反馈和辅导的逻辑循环，从而减少作业内容的机械性和低效性，实现基础性作业的自主批改、全过程数据有效收集与"靶向"作业管理。同时数字化赋能教学，能够帮助学习者更准确地认识自身学习的优点和缺点，有效提高其学习过程中体验的"发展自觉"，最大限度地提高学习的效率；协助教师做好数据分析，准确

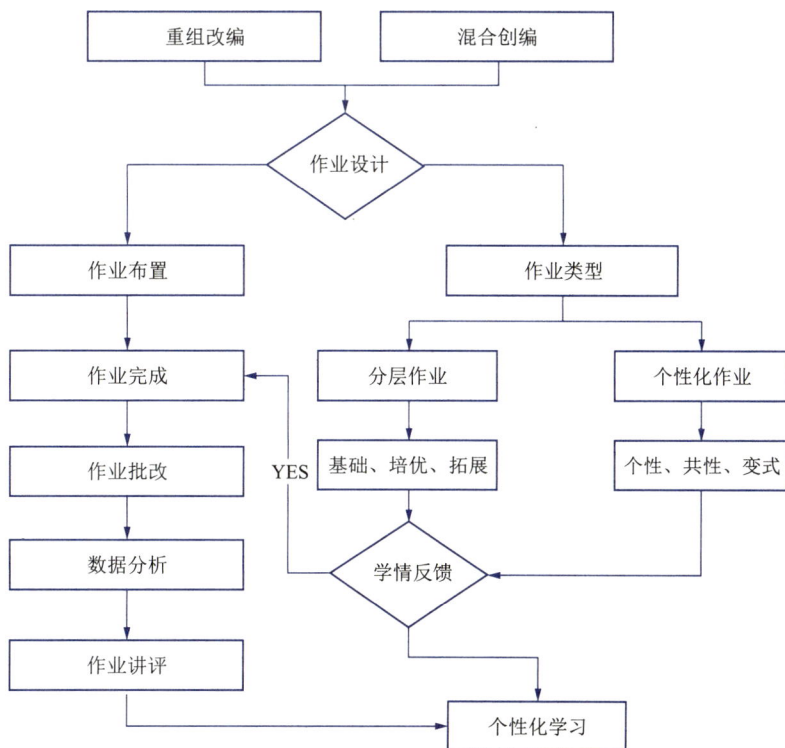

图 17-10 芜湖一中基于大数据分析的"靶向"作业流程图

定位教学重难点，提高课堂质量，提升教师的作业设计能力与命题能力，提高课堂方式转变的"转型自觉"。

17.4 关键问题

17.4.1 师生互联网教学应用场景较为单一

信息技术发展至今，教师对于其基础功能已经熟悉，但是对于如何将技术融入教育教学，部分教师还处于初级阶段，还是仅仅将技术落在课堂教学上，学生也大多只在课上互动时使用信息技术，课后自主学习较少。

17.4.2 教师专业发展支持力度较弱

由于各类赛事、活动及培训名额有限，考核力度不够强，因此部分教师对于活动的参与感较低，不是每位教师都能得到相关专家讲座的机会，教师遇到困难时周边教研团队的支持力度也较低。虽然从管理者调研反馈看，学校有积极争取或提供机会，加强激励与保障，但是教师还是觉得机会较少。

17.4.3 学生互联网学习应用较低

学生虽有意愿进行互联网学习，但是学习频率低，时间短，只够完成教师布置的任务，对于内容创造及策略性学习涉猎较少，因此学生对于互联网学习认知不够，还处于被动接受教师指引阶段。

17.5 发展趋势

17.5.1 持续完善芜湖智慧教育平台等软硬件建设，夯实数字基座

持续优化和完善芜湖智慧教育平台功能，提升教育服务能力。新增特色系统，融合已建系统，整合已有各级各类教育教学系统，提升一体化水平，建设覆盖基础教育全学段、全学科的数字化精品教育资源，打造市级"互联网＋教育"一体化大平台，不断提高全市中小学校的智慧化应用与管理水平。

17.5.2 加大"星级实验学校"建设力度，助推"四智"应用落地

继续推进星级实验学校，进一步增强星级实验学校创建工作的学习性、创新性、实效性、服务性与和谐性。以星级实验学校考核助推平台及各类信息化设备常态化应用，将"四智"落地于实践，真正实现智慧治理、智慧教学、智慧学习、智慧育人，共同推进芜湖教育数字化转型。

17.5.3 加强教师队伍建设，提升师生数字素养

持续加强应用提升培训，对教师数字化的教学设计、教学实施、学业评价、家校共育的应用水平和数字社会意识、技能和责任进行全面培养和提升。教师应尝试利用互联网设备进行课前、课中、课后的数据链接，并将教、学、考、评、管五大场景结合，激发数据价值，实现多元评价，提升自我数字素养与能力，加强对学生牵引能力的提升以及创新思维的激发，提升学生的综合素养，培养有理想、有本领、有担当的时代新人，为新型数字教师队伍建设提供人才保障。

第十八章

CHAPTER 18

衢州市基础教育领域互联网
学习发展报告

18.1 概述

18.1.1 衢州市互联网学习发展概述

衢州市坚持"以教育信息化支撑和引领教育现代化"的发展理念，以促进技术与教育教学深度融合创新为核心，认真贯彻落实《中国教育现代化 2035》《教育信息化 2.0 行动计划》和《浙江省教育信息化"十四五"发展计划》，强化教育技术装备应用实效，服务学生全面发展，坚持应用为王、需求驱动，加强基础能力和应用场景建设，积极主动投入艺术互联网学校建设，参与数字课程资源体系化建设，助力"双减"课后服务，持续深化网络学习空间普及应用，培育典型应用场景，提升师生空间应用成效。

18.1.2 年度特征词及其解释

（1）艺术互联网学校

2022 年，浙江省推出之江汇·艺术互联网学校，以实现"班班有艺术老师，生生有艺术特长"为目标。之江汇·艺术互联网学校聚焦教学需求、个性需求、发展需求，旨在通过"互联网 +"，整合社会各界优质资源，赋能乡村学校开好艺术兴趣拓展课程，做好课后托管服务，助推教育公平、精神共富。

（2）国家中小学智慧教育平台试点

国家中小学智慧教育平台实现了优质资源共享，为教育教学和自主学习提供有力支撑。浙江省教育厅根据教育部办公厅《关于深入推进国家中小学智慧教育平台试点有关工作的通知》要求，全面落实国家中小学智慧教育平台整省试点工作，衢州市被列为首批国家中小学智慧教育平台试点市，8 所学校入选国家中小学智慧教育平台试点校，1 所学校入选职业教育智慧教育平台。衢州市成立浙江衢州市专家团队工作室，充分发挥电教、教研等系统的指导作用，助推国家中小学智慧教育平台应用培训、宣传及推广。

（3）区域讲师团社团空间

为了推进数字教育资源的建设与应用，衢州市于 2023 年成立讲师团，依托之江汇教育广场社团空间，围绕教师数字素养提升，从技术操作、教学应用、成果转化等几个方面开展指导，以线上课程与线下活动为载体，专题课程与在线直播相结合，促进教师素养提升与专业成长。

18.1.3 互联网学习特征指数

本次调查问卷由教育部教育管理信息中心统一设计，依托问卷星平台，衢州市全区域基础教育领域的学生、教师、管理者参与问卷调查。为保证问卷数据的准确性、数据分析的科学性，兼顾城区和乡村、均衡各个学段，共得到有效学生问卷 14 663 份，有效教师问卷 5 300 份，有效管理者问卷 884 份，报告编写团队借助 Excel、SPSS 等工具对学生、教师、管理者问卷数据进行分析。

表 18-1　衢州市教师教学能力核心指标的特征指数汇总表

教师核心指标	特征指数	核 心 指 标 题 项	核心指标题项特征指数
教学能力（C）	3.99	C21. 我能够根据教学目标与方法搜索与选择合适的互联网教学资源	4.07
		C31. 我能够利用互联网开展多种类型的教学活动来提升教学效果，如探究式学习、项目式学习、同伴教学等	3.93
		C32. 我能够利用互联网加强自身与学生之间的互动与交流，以及时为其提供有针对性的指导	4.00
		C41. 我能够利用互联网针对学生自身情况实现个别化和差异化的教学或指导	3.96
		C52. 我能够通过收集与分析学生的互联网学习数据来合理调整教学策略	3.96
		C61. 我能利用互联网上的资源与课程持续促进自身专业发展	4.03
教学应用（A）	3.83	A11. 我会经常利用互联网开展教学	3.96
		A22. 我在教学中经常使用线上线下混合式教学形式，如翻转课堂、探究学习等	3.79
		A31. 我经常利用互联网开展各种教学活动，如交流、投票、测试、虚拟实验等	3.76
		A41. 我很满意互联网教学的效果	3.81
专业发展支持（S）	3.74	S11. 我有机会参与国家级、省级、市级举办的互联网教学能力提升活动，如讲座、培训、研讨、研究等	3.67
		S21. 我所参加的互联网教学能力提升活动，能够为我开展互联网教学实践提供参考，并引发自主探究与反思	3.81
		S31. 我的互联网教学探索经常能够得到本地教研小组、在线学习社群等专业共同体的支持	3.73
教学环境（E）	3.98	E21. 现有的教学平台与应用能够支持我开展多种类型的教学活动，如雨课堂、课堂派、钉钉、腾讯会议等	3.98

表 18-2　衢州市学生学习能力核心指标的特征指数汇总表

学生核心指标	特征指数	核 心 指 标 题 项	核心指标题项特征指数
学习能力（C）	3.71	C21. 在利用互联网搜索时，我能够准确识别所需信息，过滤掉不相关的内容	3.67
		C22. 我能够整理好搜集到的互联网信息与数据，以便后续查找与使用	3.61

学生核心指标	特征指数	核心指标题项	核心指标题项特征指数
学习能力（C）	3.71	C23. 从互联网获取信息与数据时，我能够有自己的判断，不盲从他人观点	3.77
		C31. 我进行在线交流与合作时，能够尊重、理解他人观点，并简明清晰地表达自己的观点	3.95
		C51. 我能制订好学习目标和学习计划来支持互联网学习的开展	3.56
学习应用（A）	3.55	A11. 我非常愿意利用互联网进行学习	3.73
		A21. 我经常利用互联网进行学习	3.53
		A32. 我经常参与多种类型的互联网学习活动，如在线测试、在线讨论、在线答疑等	3.38
学习服务（S）	3.73	S11. 我会从老师或同伴那里学到有用的在线学习策略与方法，比如搜索技巧、学习工具、学习习惯等	3.77
		S21. 在互联网学习过程中，我能够从老师或同学那里获得有用的反馈与评价	3.77
		S22. 学习平台根据我的学习表现提供的反馈与评价，对于我改进学习很有帮助	3.75
		S41. 互联网上的学习内容与活动总是对我很有吸引力	3.63
学习环境（E）	3.63	E11. 我总能通过互联网获得许多好用的学习资源	3.7
		E21. 我在互联网学习时不会受到网速卡顿的影响	3.51
		E22. 现有的学习平台和工具能够很好地满足我的学习需求	3.69

18.2　互联网学习发展现状

18.2.1　区域政策与保障措施

近年来，衢州市以网络学习空间为载体，以精品课开发为抓手，通过开展全员培训、评比活动和出台激励政策等方面推动全市域互联网学习发展，积极发动教师参与网络学习空间建设与应用、名师金课和网络同步课程等数字教育资源建设与共享。2023 年，衢州市组织教育信息化专项培训 9 场，参训人员近千人次，组织参加教育部"人人通"空间培训和全省首席信息官培训 27 人，确保新时代教师具备优质数字资源的开发、网络学习空间建设、互联网教学等能力，提升了教师信息技术应用与教学能力；出台艺术互联网学校线上支教评价体系和教师激励保障等相关机制，推进艺术互联网学校的长期、有效开展；成立区域讲师团，以抱团的形式构建名师示范、专业引领的应用共同体，以点带面，扩大辐射的范围。

18.2.2　互联网学习环境建设情况

互联网学习环境是互联网教与学开展的基础。从调查数据看，师生对互联网学习的资源环境和技术环境满意程度均达到较高水平，如图 18-1 所示。教师对互联网学习环境的满意度明显高于学生。

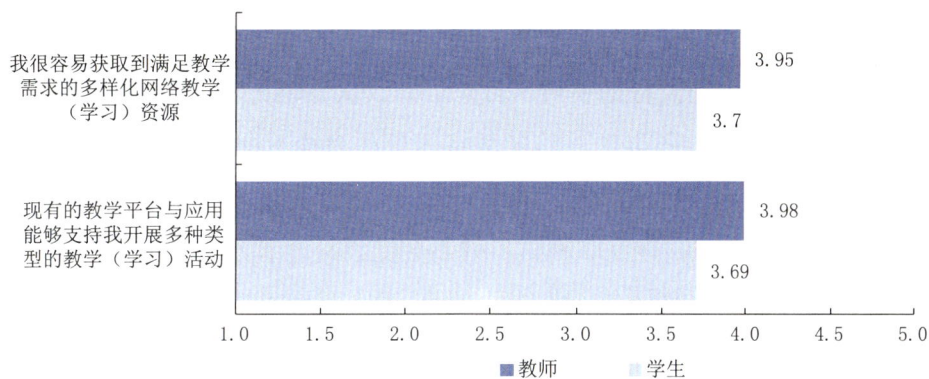

图 18-1　师生对互联网学习资源环境和技术环境的满意情况

（1）资源环境

学生在通过互联网获得资源方面的满意度指数低于教师。调查发现，教师和学生获得教学和学习资源最常用的平台是国家中小学智慧教育平台，该平台汇集全国优质教育资源，供师生免费使用。除国家中小学智慧教育平台外，教师获取资源的途径还有自己搜索和省级教育资源

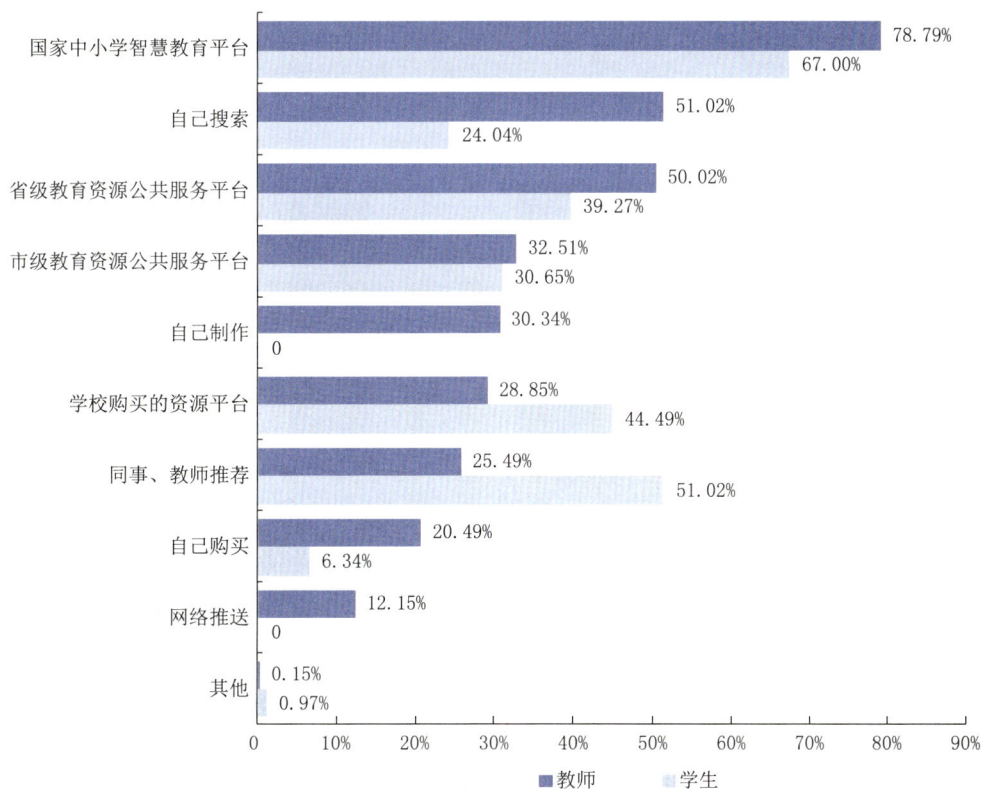

图 18-2　教师和学生获取资源的方式

公共服务平台。除国家中小学智慧教育平台外，学生获取学习资源的途径还有教师推荐和学校购买的资源平台，如图 18-2 所示。这说明教师和学生主要通过官方平台获得学习资源，但互联网学习资源的质量有待提高，特别是建设满足学生需要的高质量教学资源。

（2）技术环境

学生对平台和应用支持学习活动的满意度低于教师。首先是终端设备，调查发现，学校为教师开展互联网教学提供了设备和技术保障，但是鲜少为学生配备平板电脑。96.61% 的学生在家里进行互联网学习，常用设备是手机（77.4%），其次是笔记本电脑（26.97%），大多数学校还是采用传统的教学模式，各类先进功能教室还只是为线下课堂教学服务。其次是基础设备，虽然全市 98.57% 的中小学校拥有校园网，其中 99.64% 的学校在主要教学区实现无线网络覆盖，但是调查发现，学生在"在互联网学习时不会受到网速卡顿的影响"这一项的指标指数为 3.51，相比其他指标偏低。教师在"互联网 +"环境下开展教学遇到的障碍中，网络环境不稳定占比最高，为 56%，远高于工具平台不好用、无法快速找到想要的资源、自己的技术应用能力弱等障碍。因此，解决资源应用的"最后一公里"问题是推进互联网学习的关键。

18.2.3　师生互联网应用现状

师生互联网应用现状体现了教师和学生利用互联网开展教与学的积极性和态度。从调查数据看，师生互联网应用现状总体处于较高的水平，但教师的互联网应用各维度的得分高于学生，学生在互联网学习的应用方式、应用效果方面的指数明显低于教师，分别是 3.38 和 2.99，处于一般水平，如图 18-3 所示。

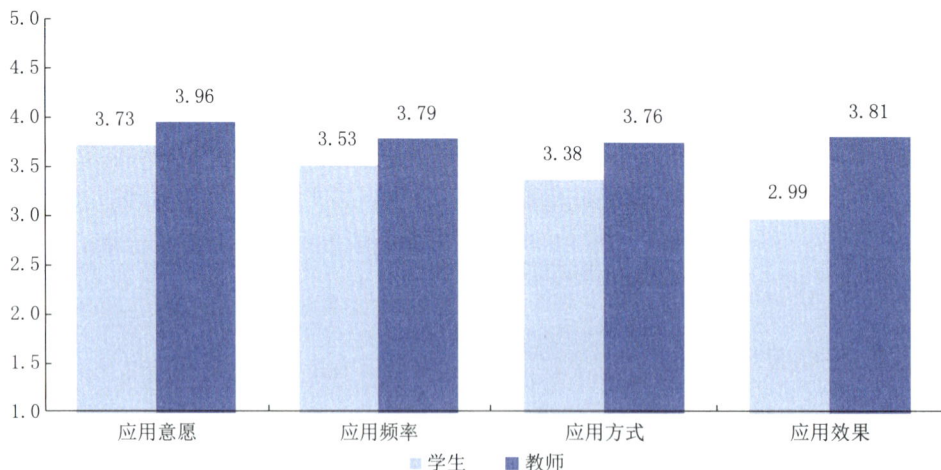

图 18-3　教师和学生的互联网教与学应用情况

在应用频率方面，教师利用互联网的时长远高于学生。学生每天利用互联网学习的时长在"0.5—1 个小时"和"0.5 小时以内"占比最高，分别为 31.31%、22.07%。教师每天进行互联网教学准备工作的时间在"1—2 小时"和"1 小时以内"占比最高，分别为 44.43% 和 26.6%。

在应用方式方面，教师基于互联网开展的教学活动明显高于学生的学习活动。学生利用互联网主要进行有目的的学习活动，如寻求问题解决办法（69.52%）、学习在线课程或观看直播讲座（67.63%）、搜索学习资源与工具（66.22%）、进行在线练习或测试（60.24%）。教师基于互联网开展的教学活动主要是发布学习任务（87.68%）、分享学习资源（82.89%）、进行讲授（59.28%），而学生基于互联网开展的学习活动主要是接受学习任务（86.74%）、听教师线上讲课（82.91%）、听教师作业点评（59.35%）。由此可见，在互联网教学活动中，教师还需要进一步提升与学生的互动，给予学生更多的自主性和参与性。

在应用效果方面，教师对互联网教学效果的满意度为3.81，教师认为互联网教学促进了学生知识与经验积累以及自主学习能力、问题解决能力等方面的提升。对学生来说，"互联网学习的学习效果优于在教室学习的效果"指标得分较低，为2.99，究其原因，主要是学生每天利用互联网开展学习的时间不长，而且在互联网教学中，学生主要是被动地接受，缺乏有效的参与，自身的积极性也没有得到充分发挥。

18.2.4 师生互联网能力水平

师生互联网能力水平是师生开展互联网学习的关键，直接影响互联网学习的顺利开展。从调查结果来看，教师的能力水平指数为3.99，学生的能力水平指数为3.71，均达到较高水平，但是教师的能力水平远高于学生。

（1）教师能力水平

教师教学能力水平关键指标如图18-4所示，从数据可以看出，教师根据教学目标与方法选择合适的互联网教学资源、开展针对性指导、促进自身专业发展几个指标得分较高，而利用互联网开展个别化和差异化教学指导、通过学习数据调整教学策略得分偏低，说明教师在利用互联网时较擅长开展单向输出的活动，而双向互动方面的能力较弱。

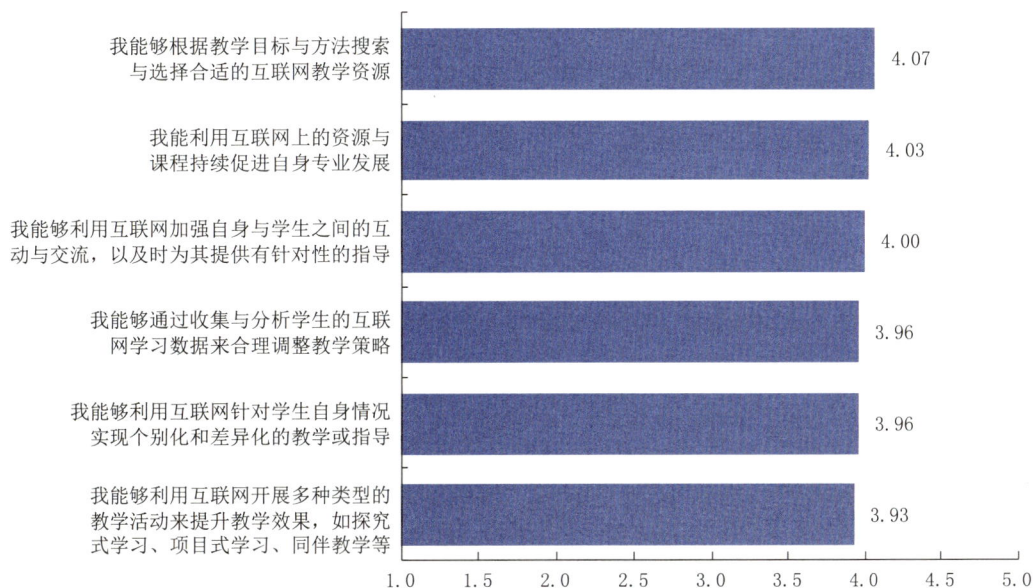

图 18-4 教师教学能力水平关键指标

（2）学生能力水平

学生学习能力关键指标如图 18-5 所示，从数据可以看出，学生在"在制订学习目标和学习计划来支持互联网学习的开展"方面得分偏低，说明在互联网学习时，教师要明确学习的内容和目标，否则学生很容易在互联网上迷失学习的方向。

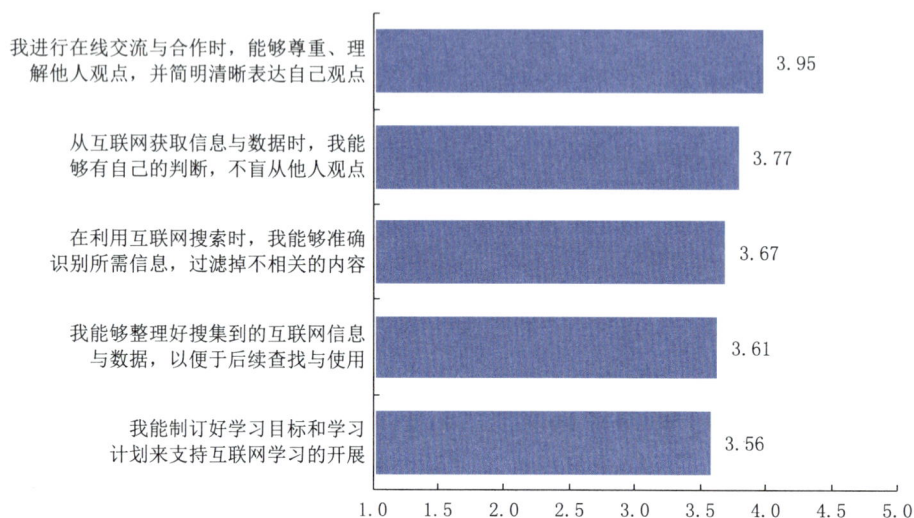

指标	得分
我进行在线交流与合作时，能够尊重、理解他人观点，并简明清晰表达自己观点	3.95
从互联网获取信息与数据时，我能够有自己的判断，不盲从他人观点	3.77
在利用互联网搜索时，我能够准确识别所需信息，过滤掉不相关的内容	3.67
我能够整理好搜集到的互联网信息与数据，以便于后续查找与使用	3.61
我能制订好学习目标和学习计划来支持互联网学习的开展	3.56

图 18-5　学生学习能力关键指标

18.2.5　互联网支持教与学情况

（1）教师专业发展支持

衢州市基础教育领域教师专业发展支持调研中的活动参与、活动效果、共同体建设三个维度的指数依次为 3.67、3.81、3.73，均处于较高水平，其中活动参与指数为 3.67，在三项指标中相对较低，具体如图 18-6 所示。从调研统计结果来看，88.57% 的教师每年至少有 1 次参加互联网教学能力培训的机会，说明基础教育领域教师参与互联网教学能力提升活动机会较多，而活动参与指数较低的原因可能是由于教师平时教学工作任务重，造成"工学矛盾"协调难度大等，从而出现了没有足够多时间参与互联网教学能力提升活动的情况。后续在开展互联网教学能力提升活动时，应将活动开展的时间节点与教师学科教学时间相统筹，制订时间灵活、形式多样的方案，供教师选择。

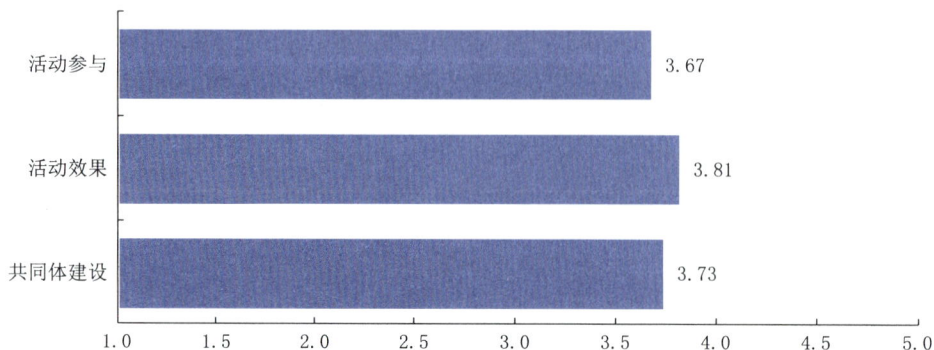

维度	得分
活动参与	3.67
活动效果	3.81
共同体建设	3.73

图 18-6　衢州市 2023 年教师专业发展支持情况

（2）学生学习服务支持

衢州市基础教育领域学生学习支持服务调研中的学习策略、学习评价、寻求帮助、动机与情感等四个维度的指数依次为3.77、3.76、3.72、3.63，均处于较高水平的低端，如图18-7所示。

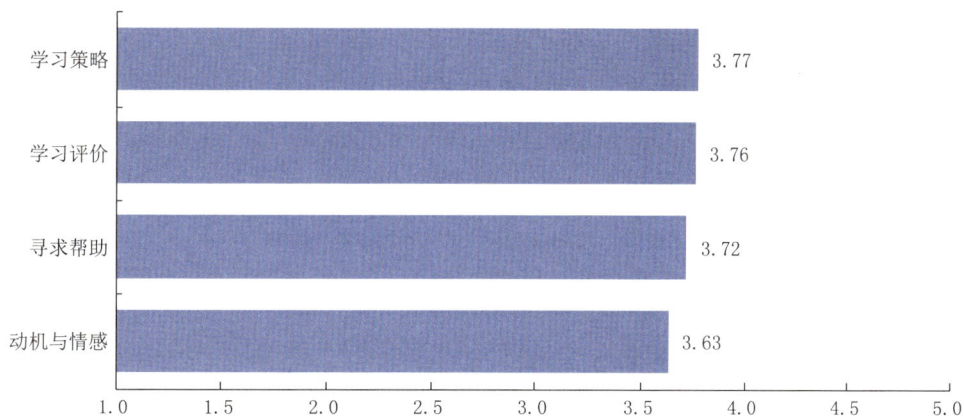

图 18-7　衢州市 2023 年学生学习服务支持情况

互联网学习过程中，学生从老师或同学处获得的评价与从学习平台获得的评价均处于较高水平，调查数据显示二者几乎相等，如图18-8所示。老师或同学对学生的评价是从经验出发的模糊型评价，以个人的主观情感居多、赞许表扬为主；学习平台对学生的评价是从数据出发的精准型评价，以模型的科学算法居多、客观公正为主；而学生对两种评价认可度基本相同。因此，学习平台对学生的评价应将科学精准与经验模糊相结合，对学生多给予激励评价，吸引学生积极参与，不断提高其认可度。

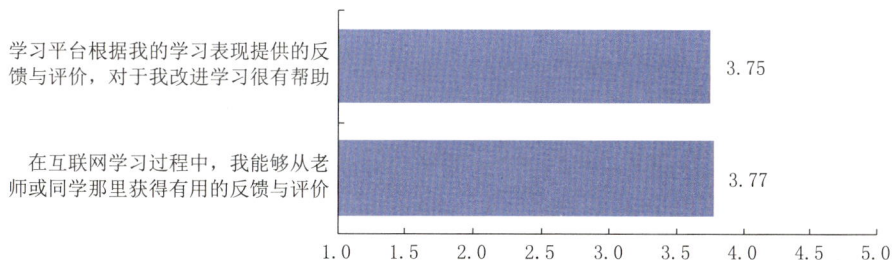

图 18-8　衢州市 2023 年学生互联网学习过程的学习评价情况

调查数据显示，学生的互联网学习动机与情感指数为3.63，处于较高水平的末端。

以调查学生总数（14 663人）为基准，数据显示学生利用互联网进行学习是为了更好地理解所学知识（68.8%）、完成老师布置的任务（67.5%）、复习巩固所学知识（61.4%）、进行自主练习或测试（52.5%）、满足自己的兴趣爱好（39.8%）、和他人进行交流（26.2%），反映学生进行互联网学习的目标比较明确。因此，教师在设计互联网学习内容与活动时，要考虑寓教于乐、师生互动、小组协作、家校互动等针对性强的正向因素，吸引学生积极参与。

以调查选项频次总数（46 492次）为基准，数据显示学生主要是为了更好地理解所学知识

（21.7%）、完成老师布置的任务（21.3%）、复习巩固所学知识（19.4%）、进行自主练习或测试（16.6%）、满足自己的兴趣爱好（12.6%）和他人进行交流（8.3%），反映出学生主动学习不足（主动学习的占比 37.5%）。因此，教师在设计互联网学习内容与活动时，要适当加大探究创新、学科融合等学习比重，促进主动学习发生。

18.3　互联网学习典型案例

18.3.1　"阙里真美"三衢艺术互联网学校

近年来，城乡教育共同体在衢州市中小学校广泛开展，以城市学校带动乡村学校发展，取得一定成效。但衢州地处山区，音乐、美术教育等方面的资源比较匮乏。衢州市在省级平台基础之上建设"阙里真美"三衢艺术互联网学校。按照"市域艺术教育均衡发展，让班班都有专任教师、生生都有艺术特长"的总体目标，构建"1+6+N"艺术互联网学校建设模式。"1"为衢州市艺术互联网学校统筹及资源中心，"6"为所辖的区县艺术互联网学校统筹及资源中心，"N"为结对的各个学校，通过两个"一主一辅"，推进全市艺术互联网学校全覆盖。组建"市县中心＋学校"艺术教育共同体，引进优质教育资源、加强经费保障、部门间开展多跨协同，全市共结对学校 208 对，实现市域艺术互联网学校持续化、常态化推进，探索新时期乡村美育新模式开展有效的实践。2023 年 10 月 30 日，浙江省全省艺术互联网学校现场会在衢州召开。

18.3.2　江山市美育共同体建设实践

2022 年，江山市依托"专业设备、专任骨干、专门平台"建立了实体化运行的智能美育教学共同体——江山市艺术互联网学校，以线上一所学校联动并援教线下十所乡村学校。依托艺术互联网学校多跨协同，实现资源汇聚，教学流程再造，兼职教师每周通过线上同步教学微课、双师课一生课，让每节兼职教学课都有"专任教师，专业教学"，大大提升了学生的艺术素养。通过平台开展活动，让学生自主参与假期艺术实践活动，他们得到名师指导，充分展示自我，获得了素养提升的快乐。通过线上一所学校援教线下多所学校的模式，以轻量化成本，数智化精准管理，快速形成了艺术教育均衡全覆盖。丰富的教育资源，创新的教学方式，赛训并进，深耕细研，构建了一个集教学服务、成果展示、智能评价于一体的智能美育服务体系，为美育高质均衡发展提供数智支撑。

18.3.3　柯城区网络治理新模式

柯城区教育局在深入推进"双减"服务与教育数字化改革过程中，坚持"技术支撑和引领教育现代化"的发展理念，以实施教育城域网 IPv6 升级改造项目为抓手，着力建设具备高可靠性、高承载能力、高安全防护的核心网络，通过建立全区各校园网的建设标准、网络配置规范和统一运维体系，实现在资源上得到最合理的使用、在网络配置上具备统一的标准、在日常运维上获得最佳的响应。通过数据中心的融合与开放体系，以"校级应用＋区域应用＋数据服务"为核心，以构建区域大数据平台为基础，以区域管理应用为抓手，以校级应用为黏性，构建区域"数智"大脑。制定教育系统首席信息官制度 (CIO)，通过"人、物、技术"的共同作用，充分挖掘教育城域网的功能与应用，推动教育供给侧改革，让数据成为高质量生产力，为教育新生态提供信息化支撑。

18.3.4 常山县育才小学"1+2+N"课后服务模式

常山县育才小学立足于国家中小学智慧教育平台，针对学校课后服务师资短缺，缺少专业性指导的实际困难，整合线下和线上资源，摸索出与学校校情相匹配的"1+2+N"服务模式，即"1作业答疑+2阳光大课间+N个性拓展"，做到"教师专业发展""学生负担减轻""家长满意度提高"的"三赢"。在校级统筹、年级推荐和班级自主的"1+2+N"辅导模式开启后，整个学校充满着快乐学习的气息。学生的家庭作业在"1"的辅导时间里面基本能完成；在"2"的时间段适时的运动量满足学生身心健康的需求，每天激发体内快乐因子；在"N"辅导时间里面呈现百花齐放，每个学生都能选择自己喜欢的课程，拓展知识面。

18.4 关键问题

18.4.1 关注互联网学习资源的应用

调查发现，优质数字化教育资源的共享和现实应用之间存在矛盾。目前从教育部到地方建设了许多优质的教育资源，但是学生在学校缺乏可以随时用来获取资源的信息终端，也没有使用信息终端的时间，甚至缺乏有效的应用场景，导致资源建设和应用之间发生脱节。因此，解决数字教育资源应用的"最后一公里"是互联网学习的关键。

18.4.2 提升教师的互联网教学能力

调查发现，学生在开展互联网学习时主要以被动地接受学习任务为主，与教师之间缺乏有效的互动交流，学生参与的积极性和主动性没有得到充分的发挥，直接影响互联网学习的效果。究其原因，一方面受制于现在的互联网教学平台，另一方面还受制于教师的互联网教学能力。因此，推进互联网学习的关键是提升互联网教学能力。

18.5 发展趋势

18.5.1 创新数字资源应用模式，推进线上线下教学的融合

衢州市以城乡教育均衡发展为出发点，坚持应用为王、需求驱动，将之江汇教育广场和国家中小学智慧教育平台的资源进行分类整合，从课前、课中、课后几个环节入手，构建不同的应用场景，使线上线下教学相辅相成，提供更加个性化、互动性、多样化的学习体验，提高教学效果和质量。

18.5.2 积极推进智慧教育，促进师生数字素养提升

近年来，衢州市通过提升教育新型基础设施建设、开发优秀数字教育资源、加强教育技术应用能力培训、开展智慧校园评比等方式，积极推进信息技术与教育教学的融合。加强基础能力和应用场景建设，从技术操作、教学应用、成果转化等几个方面开展实践，以活动为载体，促进师生的数字素养提升。

第十九章

CHAPTER 19
温州市基础教育领域互联网
学习发展报告

19.1 温州市基础教育领域年度特征词及其解释

（1）智慧校园 2.0

温州市于 2016 年开始全面推进智慧校园建设，对智慧校园的建设内容和目标进行研究与探索，对智慧校园的内涵和外延不断深化总结。2021 年，温州市出台了智慧校园 2.0 评估标准，并于 11 月颁布了《关于进一步加快中小学智慧校园 2.0 创建的实施意见（试行）》，明确全市所有学校参与智慧校园 2.0 建设，学校不仅要具备先进教育理念和现代化办学治理体系，更要紧紧围绕环境融通、数据驱动、教学变革、素养提升、体制保管、特色应用等六个方面开展建设。2022 年，申报创建智慧校园达标校、智慧校园 2.0 学校 240 所，评出了首批智慧校园 2.0 学校 14 所。在 2022 年一年时间里，8 月，温州市第二外国语学校、永嘉县第二职业学校、温州市第七幼儿园入选教育部智慧教育优秀案例；10 月，温州市第八高级中学"智融校园"应用案例成功刊入选浙江省发展和改革委员会编发的《数字化改革工作动态》；12 月，温州市第八高级中学、育英实验学校、南浦实验中学、元觉义务教育学校、温州市第二十二中学等学校作为学校代表在全国会议上做典型发言。智慧校园 2.0 学校建设和评估活动，充分发挥了引领示范、辐射带动作用，为全国智慧校园建设提供可复制、可推广的"温州"模式。

（2）教育"数字大脑"

温州市教育信息化起步较早，市、县、校都有应用系统在推广使用，全市相对独立且众多的应用系统，逐渐暴露出多个应用软件功能重复和"数据孤岛"现象，成为教育信息化发展道路上的一个障碍。2018 年，教育部印发了《教育信息化 2.0 行动计划》，对全国教育信息化工作提出了更高目标和要求，数据的汇聚共享、为教育分析决策成为教育信息化的重点工作和核心任务，建设大数据、用好大数据，成为时代发展的必然要求。温州市于 2020 年颁发了《温州市教育"数字大脑"建设实施方案（2020 年—2025 年）》，计划用 5 年时间，建设温州教育"数字大脑"，创设全方位的教育应用场景 X 个，构建信息时代基于大数据的现代化教育治理体系，全方位支撑温州"未来教育"体系建设实施。为顺利实现温州教育"数字大脑"建设目标，配套印发了《关于成立教育"数字大脑"建设工作领导小组的通知》《温州市中小学校首席信息官（CIO）岗位设立实施方案（试行）》和《温州市直教育系统信息化系统项目管理办法》，成立了教育"数字大脑"建设工作领导小组，设立中小学校首席信息官（CIO）岗位，建立数字工作专班，完善教育"数字大脑"建设专项资金和长效投入机制等，形成"1+3"的"数字大脑"建设多重推进举措。同时，积极对接市大数据局，实施部门数据共享和协同建设，为温州教育"数字大脑"建设提供有力保障。截至 2023 年 12 月，已建成温州教育大数据中心服务平台，汇聚了来自全市 12 个县区的教育数据，接入云阅卷、云图书馆、教育影院、在线答疑等 14 个全市应用系统，主数据仓数据超过 10 亿多，数据接口查询次数达千万人次以上，建立了教育基础数据分析、智慧教育应用、教育事业统计等可视化大屏 10 个，形成了温州特色的教育"数字大脑"，完成"教育智治一张图"基础搭建，有效地支持学校、区域教、育、学、考、评、管等各教育环节应用，推进数据辅助教育决策，为温州教育现代化提供全方位数据支撑。

19.2 温州市基础教育领域互联网学习发展年度概况

　　2023 年是温州市创建国家智慧教育示范区的收官之年，温州市已形成了"教育数字大脑赋能＋智慧校园标准引领"的智慧教育示范区创建模式，并积极向全国各地分享经验成果。根据 2022 年和 2023 年的《互联网学习白皮书》项目编写要求和师生"互联网学习 CASE 模型"要求，对区域互联网发展进行了问卷调查，从不同指标体系中不同维度和相应指标的特征指数做一个统计，师生的 CASE 模型中大部分特征指数比 2021 年度呈现稳中求进的态势（详见表 19-1、表 19-2）。

表 19-1　温州市教师的互联网学习能力 CASE 指标描述及分数汇总

教师核心指标	特征指数	核 心 指 标 题 项	核心指标题项特征指数
教学能力（C）	4.02	C21. 我能够根据教学目标与方法搜索与选择合适的互联网教学资源	4.16
		C22. 我能够按照版权与许可协议合理引用或分享互联网教学资源	3.99
		C31. 我能够利用互联网开展多种类型的教学活动来提升教学效果，如探究式学习、项目式学习、同伴教学等	3.90
		C32. 我能够利用互联网加强自身与学生之间的互动与交流，以及时为其提供有针对性的指导	3.99
		C41. 我能够利用互联网实现个别化和差异化的教学或指导	3.92
		C51. 我能利用互联网对学生进行过程性评价和总结性评价	4.02
		C52. 我能够通过收集与分析学生的互联网学习数据来合理调整教学策略	3.96
		C61. 我能利用互联网上的资源与课程持续促进自身专业发展	4.12
		C62. 我能够利用互联网加强与其他教育工作者的交流合作、经验分享	4.10
教学应用（A）	3.81	A11. 我会经常利用互联网开展教学	3.86
		A21. 我在课堂教学中经常利用互联网提供的资源和工具	4.17
		A22. 我在教学中经常使用线上线下混合式教学形式，如翻转课堂、探究学习等	3.61
		A31. 我经常利用互联网开展各种教学活动，如交流、投票、测试、虚拟实验等	3.63
		A41. 我很满意互联网教学的效果	3.80

续　表

教师核心指标	特征指数	核 心 指 标 题 项	核心指标题项特征指数
专业发展支持（S）	3.79	S11. 我有机会参与国家级、省级、市级举办的互联网教学能力提升活动，如讲座、培训、研讨、研究等	3.58
		S21. 我所参加的互联网教学能力提升活动，能够为我开展互联网教学实践提供参考，并引发自主探究与反思	3.75
		S31. 我的互联网教学探索经常能够得到如本地教研小组、在线学习社群等专业共同体的支持	3.61
教学环境（E）	4.00	E11. 我很容易获取到满足教学需求的多样化网络教学资源，如文本、图片、视频等	4.01
		E21. 现有的教学平台与应用能够支持我开展多种类型的教学活动，如雨课堂、课堂派、钉钉、腾讯会议等	3.99

表 19-2　温州市学生互联网学习能力 CASE 指标描述及分数汇总

学生核心指标	特征指数	核 心 指 标 题 项	核心指标题项特征指数
学习能力（C）	3.92	C21. 在利用互联网搜索时，我能够过滤掉不相关的内容以获取有用的信息	3.96
		C22. 我能够整理好搜集到的互联网信息与数据，以便后续查找与使用	3.95
		C23. 从互联网获取信息与数据时，我能够有自己的判断，不盲从他人观点	4.08
		C31. 我进行在线交流与合作时，能够尊重、理解他人观点，并简明清晰地表达自己的观点	4.18
		C32. 我经常向他人分享高质量的学习资源	3.71
		C41. 我可以利用互联网资源和工具创作图片、文字、音视频等多种形式的作品	3.80
		C42. 我常常通过互联网平台发布自己的作品，如朋友圈、QQ 空间、抖音等	3.23
		C51. 我能制订好学习目标和学习计划来支持互联网学习的开展	3.78
		C52. 利用互联网进行学习时，我能够及时总结相关知识，巩固所学内容	3.89
		C61. 我能够在互联网学习过程中保护好自己与他人的隐私，如不随意填写个人、家庭、朋友的相关信息	4.26
		C62. 我能够有意识地规避互联网安全风险，如不轻易点击不明来源的链接与弹窗	4.25

学生核心指标	特征指数	核 心 指 标 题 项	核心指标题项特征指数
学习应用（A）	3.72	A11. 我非常愿意利用互联网进行学习	4.06
		A21. 我经常利用互联网进行学习	3.74
		A31. 我很满意互联网学习的学习效果	3.91
		A32. 我经常参与多种类型的互联网学习活动，如在线测试、在线讨论、在线答疑等	3.58
		A41. 我认为通过互联网学习的效果优于在教室学习的效果	3.31
学习服务（S）	3.93	S11. 我会从老师或同伴那里学到有用的在线学习策略与方法，比如搜索技巧、学习工具、学习习惯等	4.04
		S21. 互联网学习过程中，我总是能够从老师那里获得有用的评价与反馈	3.96
		S22. 学习平台根据我的学习表现提供的评价与反馈，对于我改进学习很有帮助	3.97
		S31. 在学习中遇到问题时，我总能通过互联网获得老师或同伴的有效支持	3.90
		S41. 互联网上的学习内容与活动总是对我很有吸引力	3.80
学习环境（E）	3.84	E11. 我总能通过互联网获得许多高质量的学习资源	3.93
		E21. 我在互联网学习时不会受到网速卡顿的影响	3.67
		E22. 现有的学习平台和工具能够很好地满足我的学习需求	3.93

从"互联网学习 CASE 模型"的特征指数统计分析可以看出，温州市的区域师生互联网学习水平总体处于较高水平，教师表现较好的五个特征指数分别为 A21（我在课堂教学中经常利用互联网提供的资源和工具，得分 4.17）、C21（我能够根据教学目标与方法搜索与选择合适的互联网教学资源，得分 4.16）、C61（我能利用互联网上的资源与课程持续促进自身专业发展，得分 4.12）、C62（我能够利用互联网加强与其他教育工作者的交流合作、经验分享，得分 4.10）、C51（我能利用互联网对学生进行过程性评价和总结性评价，得分 4.02）；学生表现较好的五个特征指数分别为 C61（我能够在互联网学习过程中保护好自己与他人的隐私，如不随意填写个人、家庭、朋友的相关信息，得分 4.26）、C62（我能够有意识地规避互联网安全风险，如不轻易点击不明来源的链接与弹窗，得分 4.25）、C31（我进行在线交流与合作时，能够尊重、理解他人观点，并简明清晰地表达自己的观点，得分 4.18）、C23（从互联网获取信息与数据时，我能够有自己的判断，不盲从他人观点，得分 4.08）、A11（我非常愿意利用互联网进行学习，得分 4.06）。

2023 年，温州市教育技术工作坚决贯彻落实新时期党对教育的全面领导和决策部署，立足新时期教育发展，特别是"十四五"教育技术工作新要求，围绕温州市打造教育新高地和未来教育发展目标，以国家智慧教育示范区创建为统领，着力推进全市教育领域数字化改革，持续加强中小学生研学实践和劳动教育发展，全面提升教育技术装备水平，深化教育教学信息化融合应用。主要体现在以下几个方面。

19.2.1 智慧教育示范区创建成果凸显

研制《温州市区域智慧教育发展水平评价指标体系（试行）》，开展示范区创建中期调研，形成 11 份调研报告，反馈指导各县、区（市）。制定"加快发展县"和海岛智慧教育发展的"五定"指导机制，区域智慧教育发展各具成效。如鹿城区、瓯海区等基于"云"数字基座的项目式区域推进模式，文成县基于智能教学平台赋能的推进模式、苍南县基于"班级智慧大屏的区域智慧校园建设"模式。瑞安市、洞头区被列为省国家中小学智慧教育平台区域试点，平阳县被列为省级"人工智能＋教育"试点区域。2023 年 8 月，《温州"六大行动"推进智慧教育迭代升级》等 4 个案例入选教育部智慧教育优秀案例，朱景高副局长代表温州在全球智慧教育大会上做《构建"'1+3+X'数字大脑"赋能温州智慧教育新生态》经验分享。9 月，《创建国家智慧教育示范区，温州教育插上数字化翅膀》一文在《浙江日报》专栏刊出，《2021 温州智慧教育发展报告》正式发布。11 月，承办"2022 年教育部'智慧教育示范区'创建项目经验交流研讨会"，在主论坛上郑焕东局长做《推进教育数字化　打造智慧教育发展新样态》专题报告，在分论坛上有 4 个县域、7 个学校做经验交流，区域智慧教育共同发展，亮点纷呈，智慧教育全国影响力逐渐加强。

19.2.2 教育领域数字化转型深入推进

教育"数字大脑"体系更加完善，基础数据库数据汇聚数据 12.5 亿条。全域推广"好学温州"应用微门户，汇聚应用系统共 38 个，19 个应用单点登录。教育应用上架"浙里办"共 12 个，11 个项目入围 2022 年省教育领域数字化改革试点名单，数量均居全省前列。"学问通"名师在线全省推广升级为"浙里问学"，区域民办教育智治系统迭代升级为"浙江校外培训"模块。乡村美育"空中飞课"做法被《光明日报》《浙江日报》、浙江卫视等权威新闻媒体宣传报道，与温州市第二十二中学启航科创中心共同入选省基于学习方式变革的新型教学空间典型范例。举办第二届温州市教育领域数字化改革大赛，涌现瓯海区"慧学评"、鹿城区"鹿成长"学生综合素质评价系统，乐清市"校园安全治理一件事集成改革系统"、瓯海区"教师多维度发展画像"、南浦实验中学的"璞实智脑"、育英实验学校"作业闭环管理与评价"等一系列数改项目，部分案例被《中国基础教育大数据 2020—2021：走向数据驱动的规模化因材施教》《魔方转动教育数治》等书籍收录。

19.2.3 师生信息素养水平得实质提升

教师信息化领导力与科研素养进一步提高，未来教育技术学院开展全市 CIO 微团队培训，面向苍南县、龙湾区等地区提供"四力"订单式培训，千余名教师受益。省教育信息化研究课题立项 22 个，结项 20 个，省教育信息化研究"提升工程 2.0"认定性课题 6 个，信息化研究质量提升。学生信息素养明显提升，印发《温州市中小学推进人工智能教育实施方案》，在全国人工智能教育研讨会上做典型经验介绍。省"人工智能＋教育"试点区、试点校总体数量名列全省前茅。温州学子在全国性人工智能交流、竞赛性活动中成绩卓越，参赛学生在第二十三届全国学生信息素养提升实践活动中获"信息素养良好"评价，2022 年世界机器人大赛锦标赛一等奖获奖人数占全国同等获奖人数的 50%。

19.2.4　劳动研学实践教育再探新发展

制定《温州市儿童友好实践基地建设导引（试行）》。认定 34 个研学基地、4 个营地，19 个劳动基地，18 个儿童友好实践基地。开展全市培训和教研活动共 7 期，受培教师 350 余人。温州市率全国之先，实施研学指导师项目制培训和执证上岗制度，提供 1000 人次免费专项培训，《中国教育报》、"学习强国"等做了专题报道。"少年瓯越行"平台公益研学活动受益学生 6000 余人。

19.2.5　网络安全与教育装备稳中求进

网络安全进一步提升。根据网络安全管理部门要求，温州市经常性开展全域性现场安全检查和钓鱼安全演练活动，组织开展网络安全技术检测，监测到安全事件 135 条，现已全部闭环，平均每月捕获网络攻击 119.89 万次。制定《温州市教育网络安全白皮书》，并作为依法治网的优秀成果推荐到市委网信办。2023 年 9 月，朱景高副局长作为地市级教育局唯一代表在全省教育系统网络安全工作推进会上做经验介绍。装备建设亮点纷呈。温州市下发《温州市中小学校实验室危险化学品管理指导意见（试行）》，率全省之先完成实验室危险化学品闭环管理。完成中小学实验室危化品管理系统开发，完成危化品购置权责分配，受到省中心领导高度肯定。全市首次发布《中小学校教室照明技术规范》《手摇式升降课桌椅》两个教育装备类团体标准，举办实验技能大赛，涉及 6 个学科 1200 多名教师，连续三年全省规模最大、学科最全、人数最多。全市完满完成市直学校（单位）预算申报、采购指导和集中采购工作，做到全年无投诉。

19.3　温州市基础教育领域互联网学习发展案例及分析

19.3.1　瓯海区探寻数字化时代的课堂观察之变——以"慧观课"课堂评价系统的开发与应用为例

2021 年以来，瓯海区教育局提出构建"以学生为中心"的"未来课堂"变革行动，以创建"未来教育"创新区为目标，探索构建多种形式的课堂教学评价模式。通过"互联网＋"手段，就如何构建"以人为中心"的课堂评价指标体系、如何促进教师积极主动参与课堂评价、如何利用数据精准高效开展教研活动、如何推进技术精准助力课堂变革等进行有效研究；以"美好课堂"评价体系为核心，研发"慧观课"数字化课堂观察系统，以研究的视角推进课堂观察，用数据推进课堂改进，赋能学生素养成长和教师专业发展。通过几年的努力，终于成功研发了"慧观课"数字课堂观察系统，并在全区域推广使用，在一定程度上改进了区域课堂观察的效率，为区域基于数据的课堂品质的研究提供了参考。其中构建的"美好课堂"评价指标体系，突出"以人为中心"的课堂教学理念,为促进教师专业发展和学生全面成长提供了创新性实践探索。

19.3.2 牛山实验学校在"双减"背景下的精准教学模式探索

"双减"政策对教师教学方式、学生学习方式的变革提出了更高的要求,同时,政策要求教师应优化教学方式,强化教学管理,帮助提升学生在校学习效率,减轻学生校内作业负担。由此,"双减"背景下,教师要更精准地掌握学生学情,而精准掌握学情的最好选择无疑是进行精确的数据统计,从而精准地布置作业以切实减轻学生负担。温州市瓯海区牛山实验学校,利用信息化手段,聚焦课堂,改进传统教学的行为范式,探索以"错题本"为载体,以数据为核心驱动力的精准教学模式,同时进行作业改革,使作业到课堂,能以最低的时间成本,让学生有最大的学习成果。

随着"双减"背景下的精准教学在学校的不断推进,学校教师在作业设计方面更加注重精准和简化,在教学过程中更加关注教与学的数据收集与分析,全面提升了师生数字化素养,有效减轻教师和学生的负担,提高了教育教学质量。

19.3.3 四阶慧融:"慧美育"教学评研一体化平台建设与应用

瑞安市教育局从教、学、评、研四慧要素入手,以"个性化发展"为主旨,以"慧美育"智能云平台为技术支撑和载体,通过构建"智能化+交互化"的教学体系、"精准性+个性化"的评价体系和"主题化和共享化"的教研体系,形成以创新教学模式为手段、以学生素质培训为重点、以教师专业发展为保障的互相促进的成长循环系统,实现教学评研一体化的有效协同与衔接。

19.3.4 Alt_space:让每个学生站在人工智能教育的中心

2012 年,温州市实验中学率先在义务教育阶段开展创客教育,将其全面纳入学校课程体系。在探索的过程中,学校发现部分学生受工具或能力的限制难以开展从无到有的创造工作。随着人工智能技术的发展,特别是 AIGC 工具的广泛使用,知识与信息的获取与整合变得简易,程序编写、作品草图设计等环节也可以在 AI 的辅助下快速完成。面对时代和未来学生发展的需求,学校在创客教育的基础上迭代人工智能教育,打造由学生设计的理想 AI 学习中心——Alt_space,重构课程融入多维度人工智能内容,让每一个学生借助 AI 实现创造,探索新的学习方式,帮助学生与 AI 共生共成长,力求打造人工智能教育新样态,让每个学生站在人工智能教育的中心。

19.3.5 数据赋能:鹿城教育教师队伍治理

温州市鹿城区经过数据源梳理、业务集成流程、智能分析和集成流程监控,形成场景任务整体画像(包含教师专业发展画像、教师干部画像、教师队伍画像),建立了教师队伍智治基础教师管理库、业务表单和一套画像体系,实现了多跨业务和多跨部门应用,完成教师招聘实现区域教师职业生涯全生命周期管理,支撑教师招聘、专业发展、干部培养、教师考核、教师交流、队伍建设等重大场景预警与战略目标管理,满足鹿城区美好教师队伍智治创新需求。

19.4　关键问题和发展趋势

19.4.1　关键问题

（1）数据管理与安全有待提高

教育应用系统繁多，各应用系统都有自己相应的数据库系统，温州市教育"数字大脑"将招生、行政智治、智慧校园、远程教学、教育评价等数据信息进行了集中和共享，实现了大数据科学管理，提高了管理效能和工作效率，但越发集聚、庞大的教育数据也增加了数据风险和管理难度。目前14个全市性教育应用汇聚了10亿多条数据，且每天进入教育"数字大脑"的数据还在大幅度增加，每年不仅要增加不少的数据存储空间，也要增加数据清洗、归类的工作量，更是对数据管理和安全提出了更高要求。今后，不仅要增加物理网络的安全投入，还要每年对软件安全等级保护、教育数据安全进行专业评估，添置必要的安全设备和管理系统，确保数据安全。

（2）应用系统有待进一步整合

当前，我们已进入教育信息化2.0和教育大数据时代，教育管理和教学软件品种繁多且采用开发技术各异，尽管教育管理部门和各级大数据管理局强调部门协同、避免重复建设，但依然存在着一些"僵尸"软件和"信息孤岛"，整合应用系统、提高投资效益迫在眉睫。要做好区域系统整合工作，首先是加强用户单点登录和权限统一管理，教育系统应用的软件使用主要对象是师生，从终身教育来说是为每一个公民服务，每个应用软件都有自己的特定的用户群体，许多应用软件的用户对象存在重叠，甚至是相同用户，梳理各应用软件用户、开发区域统一登录界面势在必行；其次要加强部门协同合作，要在区域、行政大局的高度做好整体教育应用软件部署规划，不能以各处室、部门的角度擅自开发应用软件，出现工作职能交叉的时候，应确定上级行政主管部门软件开发牵头单位和配合单位，明确职责、分工合作，使得每开发一个软件都可达成一次开发、多方使用、权限明晰、流程合理、数据共享的效果。

（3）智慧评价有待进一步研发

教育评价是教育工作的重要内容，教育行政机构通过评价，可掌握教育发展情况和问题所在，制订教育发展规划和方案，实行科学行政决策，提高工作效率；教育业务管理部门通过评价能了解教育教学效果，改进工作思路和方法，指导各项教学业务顺利开展；教师通过评价可以更好地了解学生的学习需求、兴趣和潜能，从而制订更加个性化的教学计划。当前我们已进入人工智能时代，技术将引领教育评价进入智能、智慧化时代，利用物联网技术、大数据技术开发学业评价、心理健康、学生综合素质、教育发展性等智慧评价系统，让教育评价更便捷、更科学、更有效，使智慧评价有效推进教育改革和发展。

19.4.2　发展趋势

（1）构建新一代区域物理网络，完善安全保障机制

深化各类应用系统IPv6和国家"信创"改造，推进区域、校园全光网络新建和改造工作，

推进市直学校统一网络运维试点工作，探索 Wi-Fi6、5G、物联网等应用融合研究，优化教育数据中心网络结构，建立视频直播、大开发应用、云端服务响应等网络技术服务保障机制，规范流程，确保温州教育城域网高速、稳定。进一步落实风险评估与加固、应急处置、现场值守保障、网络安全监控、网络运维管控、终端安全准入、综合安全管理、网站安全防护等措施，切实保障基础设施、共享交换、应用服务的安全运行，并着重对系统安全、平台安全、应用安全、服务接口安全、数据安全等技术安全体系进行进一步规划设计，为教育数字化转型保驾护航。

（2）借国家智慧教育示范区东风，提升教育"数字大脑"效能

温州市是全国首批智慧教育示范区，并于 2023 年成功承办了全国智慧教育论坛。近年来，温州市委、市政府高度重视教育信息化，全市教育信息化整体水平有了较大提升，对标全国兄弟城市，离上级的高标准要求和温州人民对教育的期盼还有距离。温州市将借国家智慧教育示范区的东风，继续打造温州"教育一张网、办公一张桌"体系，深化智慧校园 2.0 建设，继续建设全市单点登录系统，完善教育数据及数据接口标准，整合各级各类应用软件系统，用科学的管理、可靠的技术来保障教育"数字大脑"安全运行，让丰富的数据为教育教学改革与发展提供有效的支撑。

第二十章

CHAPTER 20

无锡经济开发区基础教育领域互联网学习发展报告

20.1 概述

20.1.1 无锡经济开发区互联网学习发展概述

2023 年，无锡经济开发区（以下简称"无锡经开区"）严格执行《无锡市"十四五"教育事业发展规划》以及《教育数字化三年行动计划（2023—2025 年）》(以下简称《行动计划》)，细化工作内容，确定职责分工，确保重点任务条条落实、件件落地。参与建设无锡教育大数据中心以及教育管理、教师发展、学生成长、智慧教学、社会服务五大核心平台；构建智慧教育"1+5+X"公共服务体系；加大数字化领导力培育，注重师生数字化能力提升，健全数字人才培育体系；推进学生成长、教师发展、教育管理等评价改革创新，完善教育数字化评价机制等。

无锡经开区深入推进教育数字化战略行动，探索数字时代教育新路径，2023 年初正式启动"因材施教"项目，数字赋能教育高质量发展取得亮眼成绩。无锡经开区入选江苏省智慧教育样板区拟培育区域。在 2022 年开启数字化入学报名新模式的基础上，2023 年升级打造基于大数据技术的"锡学通"入学服务数字场景，扩大服务范围、集成服务功能、强化数据治理，设置幼儿园入园、小学入学、初中入学和中考中招四个服务板块，具有学区查询、学区预警、注册报名、教育缴费等十大核心功能，实现了入学报名一网办、掌上办，彻底解决了传统入学"家长跑断腿、老师磨破嘴"以及耗时多、焦虑重等问题。2023 年，包括无锡经开区在内的幼儿入园报名首次在网上平台完成，数据显示，该场景共为 296 所幼儿园、307 所中小学提供入学服务，16 万余名学生享受了"数字赋能"的便利。

20.1.2 年度特征词及其解释

（1）锡学通

2023 年，无锡市聚力打造"锡学通"入学服务板块，扩大了服务范围，涵盖了幼儿园、小学、初中、中考、中招高中和职业教育。通过"灵锡教育专区"，家长可在"锡学通"入学服务板块进行注册报名、录取查询、线上缴费，学校及时审核落实，管理部门能够实时掌握动态，督促监管，实现了入学报名的全流程闭环，让所有入学服务能够"一次办、一网办、掌上办"。同时，无锡市在"十四五"期间还将聚焦教育管理、教师发展、教学研修，打造教学研评训一体化的"锡教通"数字场景，全面提升教育管理效率，促进教学模式创新和教育教学评价改革，办好人民满意的教育。

（2）行动计划

无锡市继 2022 年出台《无锡市"十四五"教育信息化发展专项规划》后制定、发布《行动计划》，细化工作内容，确定职责分工，确保重点任务条条落实、件件落地。《行动计划》确定重点推动数字教育新环境、数据治理新生态、智慧教学新模式、数字人才新梯队、教育评价新体系五项工程建设，包含了推进新型基础设施建设和加快智慧校园转型升级；建设无锡教育大数据中心以及教育管理、教师发展、学生成长、智慧教学、社会服务五大核心平台，并围绕教育领域热点、痛点、堵点问题，打造跨层级、跨部门、跨系统、跨业务的 X 个数字场景，构建无锡市智慧教育"1+5+X"公共服务体系；共建共享优质教学资源，打造课堂教学新模式，创新智慧教学融合应用；加大数字化领导力培育，注重师生数字化能力提升，健全数字人才培育体系；推进学生成长、教师发展、教育管理等评价改革创新，完善教育数字化评价机制等。

（3）"因材施教"项目

无锡经开区深入推进教育数字化战略行动，探索数字时代教育新路径，于 2023 年初正式启动"因材施教"项目，项目围绕数字化战略行动落地、区校一体化协同发展、高质量减负增效、提升数字化治理能力四大工程，深化信息技术在教育各领域的应用，落实师生减负增效，促进教育优质均衡发展。

20.1.3 互联网学习特征指数

无锡经开区基础教育领域互联网学习的发展现状主要从教师的互联网教学能力和学生的互联网学习能力两方面体现，相应的 CASE 模型一级、二级指标及特征指数如表 20-1、表 20-2 所示。

表 20-1　无锡经开区教师教学能力核心指标特征指数汇总表

教师核心指标	特征指数	核 心 指 标 题 项	核心指标题项特征指数
教学能力（C）	3.96	C11. 我能够熟练掌握多种技术工具，支持开展在线教学	3.95
		C21. 我能够根据教学目标与方法搜索与选择合适的互联网教学资源	4.07
		C22. 我能够根据教学目标与方法合理改编或制作互联网教学资源	3.95
		C31. 我能够利用互联网开展多种类型的教学活动来提升教学效果，如探究式学习、项目式学习、同伴教学等	3.92
		C32. 我能够利用互联网加强自身与学生之间的互动与交流，以及时为其提供有针对性的指导	3.95
		C41. 我能够利用互联网针对学生自身情况实现个别化和差异化的教学或指导	3.91
		C51. 我能利用互联网对学生进行过程性评价和总结性评价	3.95
		C52. 我能够通过收集与分析学生的互联网学习数据来合理调整教学策略	3.92
		C61. 我能利用互联网上的资源与课程持续促进自身专业发展	4.04
		C62. 我能够利用互联网加强与其他教育工作者的交流合作、经验分享	4.04
教学应用（A）	3.83	A11. 我会经常利用互联网开展教学	3.89
		A21. 我在课堂教学中经常利用互联网提供的资源和工具	4.05
		A22. 我在教学中经常使用线上线下混合式教学形式，如翻转课堂、探究学习等	3.74
		A31. 我经常利用互联网开展各种教学活动，如交流、投票、测试、虚拟实验等	3.70
		A41. 我很满意互联网教学的效果	3.83

教师核心指标	特征指数	核心指标题项	核心指标题项特征指数
专业发展支持（S）	3.81	S11. 我有机会参与国家级、省级、市级举办的互联网教学能力提升活动，如讲座、培训、研讨、研究等	3.82
		S21. 我所参加的互联网教学能力提升活动，能够为我开展互联网教学实践提供参考，并引发自主探究与反思	3.84
		S31. 我的互联网教学探索经常能够得到本地教研小组、在线学习社群等专业共同体的支持	3.78
教学环境（E）	3.98	E11. 我很容易获取到满足教学需求的多样化网络教学资源，如文本、图片、视频等	4.02
		E21. 现有的教学平台与应用能够支持我开展多种类型的教学活动，如雨课堂、课堂派、钉钉、腾讯会议等	3.94

表 20-2　无锡经开区学生学习能力核心指标特征指数汇总表

学生核心指标	特征指数	核心指标题项	核心指标题项特征指数
学习能力（C）	4.25	C11. 我能够熟练操作互联网学习所需的软件和设备	4.21
		C21. 在利用互联网搜索时，我能够准确识别所需信息，过滤掉不相关的内容	4.38
		C22. 我能够整理好搜集到的互联网信息与数据，以便后续查找与使用	4.17
		C23. 从互联网获取信息与数据时，我能够有自己的判断，不盲从他人观点	4.51
		C31. 我进行在线交流与合作时，能够尊重、理解他人观点，并简明清晰地表达自己的观点	4.51
		C32. 我经常向他人分享高质量的学习资源	4.16
		C41. 我可以利用互联网资源和工具创作图片、文字、音视频等多种形式的作品	4.02
		C42. 我常常通过互联网平台发布自己的作品，如朋友圈、QQ 空间、抖音等	3.18
		C51. 我能制订好学习目标和学习计划来支持互联网学习的开展	4.32
		C52. 利用互联网进行学习时，我能够及时总结相关知识，巩固所学内容	4.35
		C61. 我能够在互联网学习过程中保护好自己与他人的隐私，如不随意填写个人、家庭、朋友的相关信息	4.65
		C62. 我能够有意识地规避互联网安全风险，如不轻易点击不明来源的链接与弹窗	4.64

续 表

学生核心指标	特征指数	核 心 指 标 题 项	核心指标题项特征指数
学习应用（A）	4.08	A11. 我非常愿意利用互联网进行学习	4.47
		A21. 我经常利用互联网进行学习	4.08
		A31. 我经常上网搜索并获取学习资料	4.21
		A32. 我经常参与多种类型的互联网学习活动，如在线测试、在线讨论、在线答疑等	4.01
		A41. 我认为通过互联网学习的效果优于在教室学习的效果	3.66
学习服务（S）	4.33	S11. 我会从老师或同伴那里学到有用的在线学习策略与方法，比如搜索技巧、学习工具、学习习惯等	4.43
		S21. 在互联网学习过程中，我能够从老师或同学那里获得有用的反馈与评价	4.37
		S22. 学习平台根据我的学习表现提供的反馈与评价，对于我改进学习很有帮助	4.41
		S31. 在学习中遇到问题时，我总能通过互联网获得老师或同伴的有效支持	4.34
		S41. 互联网上的学习内容与活动，总是对我很有吸引力	4.17
学习环境（E）	4.29	E11. 我总能通过互联网获得许多好用的学习资源	4.34
		E21. 我在互联网学习时不会受到网速卡顿的影响	4.11
		E22. 现有的学习平台和工具能够很好地满足我的学习需求	4.39

20.2 互联网学习发展现状

20.2.1 区域政策与保障措施

（1）区域政策和文件

无锡市教育局基于《教育部基础教育司 2022 年工作要点》《江苏教育现代化 2035》《无锡市国民经济和社会发展第十四个五年规划和二〇三五年远景目标纲要》制定的《"十四五"教育事业发展规划》（以下简称《规划》）具有高度一致性和统一性，《规划》中明确提出，到 2025年，加快智慧教育建设，优化智慧教育基础环境，完善智慧教育资源体系，创新智慧教育育人模式。利用 5G 网络、大数据、人工智能等新型基础设施升级全市教育信息化环境，打造"云 + 大数据中心 +5G 专网 +AI 智能应用"的智慧教育新生态。升级无锡智慧教育云平台，实现全市各类教育业务系统互联互通，提升平台应用效能。建设无锡教育大数据中心，实现全市教育大数据汇聚与深度应用，形成规范化教育大数据服务体系。

无锡市教育局在《2023 年全市教育工作要点》中再次强调要强化教育数字化赋能，建设新型教育专网，打造融合、开放、共享的无锡市智慧教育公共服务体系，规划并启动实施教育数字化"一中心、五平台"。建设教育大数据中心，统一标准、统一管理、汇聚数据，实现数据的综合治理。根据无锡市委、市政府全面谋划建设高水平"数字无锡"的总命题、路线图和时间表，结合无锡经开区身处太湖湾科创带核心区的区位特点及高新企业集群的产业优势，制定《无锡经济开发区教育数字化转型三年行动计划》，制定了"1234"数字化改革战略构想："1"是指打造一套智慧教育治理体系；"2"是搭建政务服务和在线教育两个平台；"3"是形成学校、教师、学生三类数字立体画像；"4"是开发课堂教学、人工智能、行政管理、数字资源四大应用集群。从硬件升级到应用支持，从队伍建设到思维革新，从教育教学到日常管理，将数字化转型融入教育系统运转的各个层级。

（2）保障措施

2023 年，无锡经开区为加快推进高质量发展进程，促进教育教学与技术深度融合，实现教育质量全面提升，将教育数字化转型纳入教育现代化发展大局统筹推进，建立决策部署与跨部门统筹协调机制。加强数字专班建设，形成数字专班统筹组织、业务部门应用推动技术部门支撑保障、社会机构参与服务的工作体系，确保各项工作落到实处。

一是完善基础支撑环境构建，保障教育数字化改革。

1）强化基础设施建设。基础设施建设是校园信息化建设的重要前提。全区实现省级智慧校园全覆盖，全部实现万兆到校，国家级、省级智慧平台覆盖率 100%，全部拥有有多媒体交互设备的教室，省级信息技术应用能力参培率 100%，为区域内教育数字化改革提供了基础设施。

2）优质教育资源互联互通。搭建面向全区教育高质量发展的数字底座，在国家中小学智慧教育平台的总要求下，依托无锡经开区智慧教育云平台，在"1+5+X"引领下，实现从自动采集、智能诊断、精准教学到个性学习的 AI 全流程支持，在区域层面实现 AI 资源共享。通过 AI 创新课堂云服务平台创设备课、教学、答疑、作业检测、评价、反馈等教育全场景，跨校跨班构建智慧课堂。通过智慧课堂，为学生提供教育资源菜单式选择，在教师及大数据分析的指导下形成个性化学习方案，实现时时可学、处处能学、人人皆学。

二是构建以智慧课堂为核心的课堂教学协同发展体系。

以学情数据和教学资源双轮驱动，覆盖课前、课中、课后的教学主场景，提供高效备课、精准教学、智能评阅、个性化学习、智能管理等应用系统。基于课堂 AI 能力，实现高效的备课资源供给、个性化教学资源供给、学情数据供给；基于智能语义分析和图像识别，实现智能批阅，实现批改减负增效；通过 AI 学习引擎，构建精准知识图谱，实现个性化学习路径规划，汇聚课堂资源，加强本地资源供给能力，形成教学资产。

三是成立智慧课堂教学改革研究中心。

在无锡经开区智慧课堂改革的过程中，无锡经开区教育局作为牵头单位，组建项目建设领导小组，由教育局局长担任组长，办公室设在教育局，区发改局、区大数据局等外部相关部门参与，设立项目管理专员和应用系统开发需求调研小组，保证项目设计、应用开发、系统集成、系统调试、推广应用等工作的有效实施。同时设立专家组和技术支撑团队，邀请相关人员组成专家组和技术支撑团队，对建设标准和实施方案的制定提供技术支持。

项目领导小组为智慧课堂教学改革提供全方位的支持，根据教师类别、专业发展需求开展专项调研，制订有针对性的教师信息素养分层分类培训计划，构建训、学、评、研、管"五位一体"的教师信息素养提升方案，通过教研指导、深度培训、交流研讨，提升骨干教师的信息技术融合创新能力，通过"走出去、引进来"的形式，借鉴先进区域智慧学校建设经验，提升学校管理者的信息化领导力，打造区域教师队伍建设"十、百、千"工程，实现提升有分层、管理有目标、评测有标准、模式有创新、成果有沉淀，教师信息素养显著提升，全面促进信息技术与教育教学融合创新发展。通过 AI 教研平台组织无锡经开区智慧教育应用能力提升培训1.0 工程，覆盖全区 1 637 位教师，覆盖率达 100%，教师考核通过率 97.99%。

20.2.2 互联网学习环境建设情况

无锡经开区重视基础教育领域智慧教育基础环境的构建和优化，利用 5G 网络、大数据、人工智能等新型基础设施升级教育信息化环境，打造"云 + 大数据中心 +5G 专网 +AI 智能应用"的智慧教育新生态。升级智慧教育云平台，实现各类教育业务系统互联互通，提升平台应用效能。建设教育大数据中心，实现教育大数据汇聚与深度应用，形成规范化教育大数据服务体系。调查发现，管理者互联网学习环境建设的综合得分为 4.36，教师互联网学习环境建设的综合得分为 3.98，学生互联网学习环境建设的综合得分为 4.29。以管理者调查数据为例，包含校长、副校长、德育主任、教研室主任、年级组长等在内的人员认为其所在学校已经在市、区两级教育机构领导下建立了校本资源库、线上教学平台、教学办公区域无线网络全覆盖环境、互联网教学设备等互联网教育教学环境，具体如图 20-1 所示。

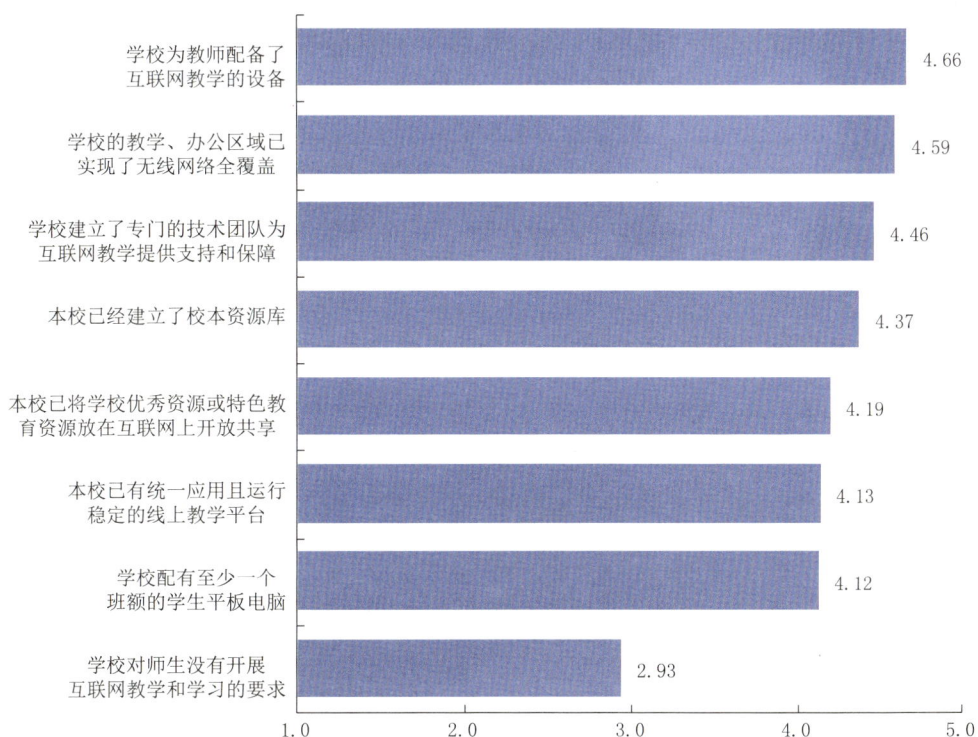

项目	得分
学校为教师配备了互联网教学的设备	4.66
学校的教学、办公区域已实现了无线网络全覆盖	4.59
学校建立了专门的技术团队为互联网教学提供支持和保障	4.46
本校已经建立了校本资源库	4.37
本校已将学校优秀资源或特色教育资源放在互联网上开放共享	4.19
本校已有统一应用且运行稳定的线上教学平台	4.13
学校配有至少一个班额的学生平板电脑	4.12
学校对师生没有开展互联网教学和学习的要求	2.93

图 20-1　管理者互联网学习环境建设调研结果图

20.2.3 师生互联网应用现状

（1）师生应用意愿

2023 年，教师基于新冠疫情期间互联网教育教学经验，无锡经开区继续利用先进的互联网技术手段和平台，深化基础教育领域创新教育模式与传统教育模式的深度融合。调查发现，教师对互联网的应用意愿综合得分为 3.83，学生对互联网的应用意愿综合得分为 4.47，总体均呈现积极意愿，且学生对互联网学习的接受意愿更加强烈，反映了现代基础教育学生学情特点。师生互联网的应用意愿情况如图 20-2 所示。

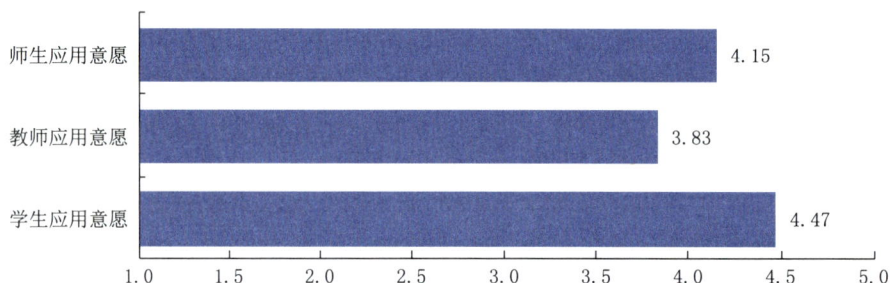

图 20-2　师生互联网的应用意愿情况

（2）师生应用频率

实现互联网教学常态化应用需要师生利用互联网技术设计和平台开展教学和学习，利用资源、工具开展翻转课堂、探究学习。调查发现，教师对互联网的应用频率综合得分为 3.89，学生对互联网的应用频率综合得分为 4.08，数据与师生对互联网的应用意愿具有高度一致性，反映了学生能够经常利用互联网开展学习。师生互联网的应用频率情况如图 20-3 所示。

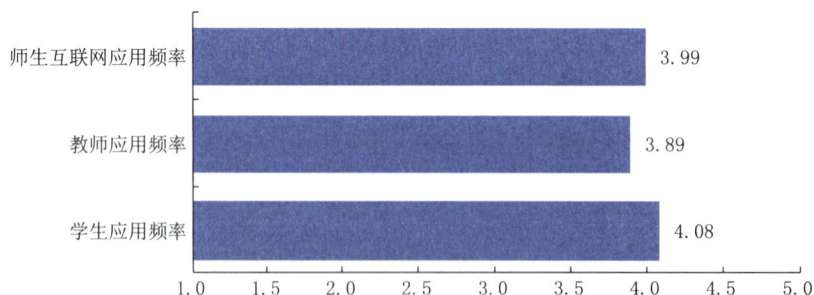

图 20-3　师生互联网的应用频率情况

（3）师生应用方式

调查发现，教师对互联网的应用方式综合得分为 3.70，教师应用的主要方式包括开展各种教学活动，如交流、投票、测试、虚拟实验等；学生对互联网的应用方式综合得分为 4.11，学生的应用方式主要是获取学习资料，开展多种类型的互联网学习，如在线测试、在线讨论、在线答疑等；数据与师生对互联网的应用方式同样具有高度一致性，体现了师生对互联网学习方式的认同。师生互联网的应用方式情况如图 20-4 所示。

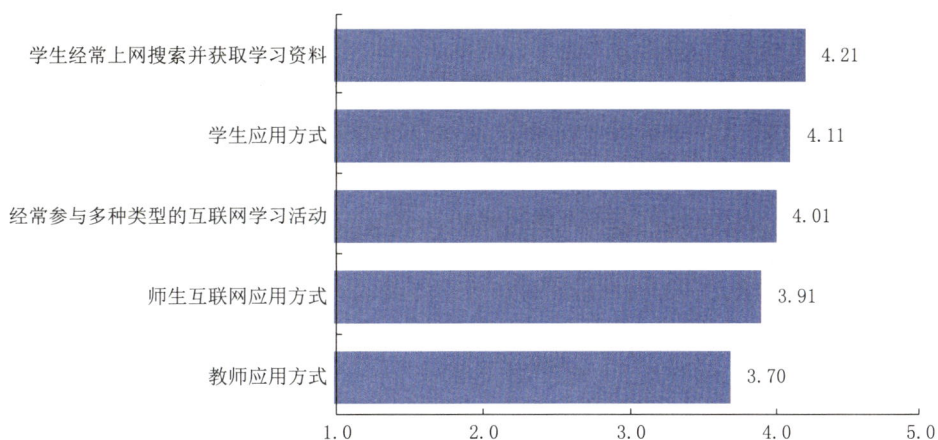

图 20-4　师生互联网的应用方式情况

（4）师生应用效果

调查发现，教师对互联网的应用效果综合得分为 3.83，学生对互联网的应用效果综合得分为 3.66；相比应用意愿、应用频率、应用方式，学生认为通过互联网学习的效果尚有不足之处，相反，教师则认为互联网教学的效果达到了预期。师生互联网的应用效果情况如图 20-5 所示。

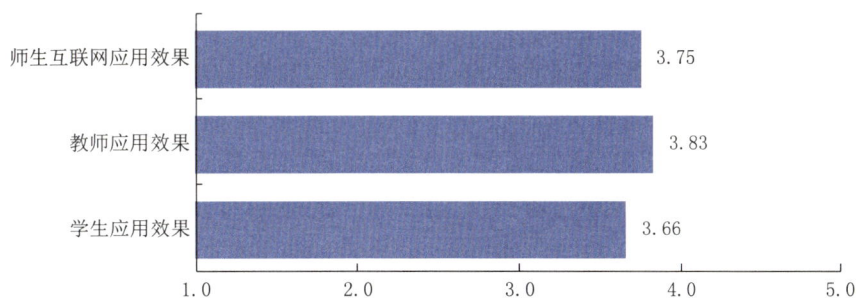

图 20-5　师生互联网的应用效果情况

20.2.4　师生互联网能力水平

（1）教师互联网教学能力水平

师生互联网能力水平的评价指标不同，教师通过技术操作等六个指标反映有效开展互联网教学所需的能力水平综合得分为 3.96，其中技术操作能力得分为 3.95，资源整合能力得分为 4.01，教学促进能力得分为 3.93，赋能学习者能力得分为 3.91，学习评价能力得分为 3.93，专业发展能力得分为 4.04。从资源整理能力调研结果来看，相比合理改编或制作互联网资源能力方面（得分为 3.95），教师在搜索和选择合适的互联网教学资源（得分为 4.07）方面具有更好的能力，从能力水平上来说，后者的层次水平也更高；从教学促进能力来看，教师不仅能够利用互联网资源、工具等提升教学效果、开展"三教"改革（得分为 3.92），也能够开展师生互动指导学生（得分为 3.95）；从教师专业发展能力来看，教师通过互联网资源和课程促进自身专业发展与利用互联网开展教学交流活动得分相同，为 4.04。整体上教师互联网学习发展的能力水平保持了较高的水准，各项能力水平也较为平衡。教师互联网教学能力水平情况如图 20-6 所示。

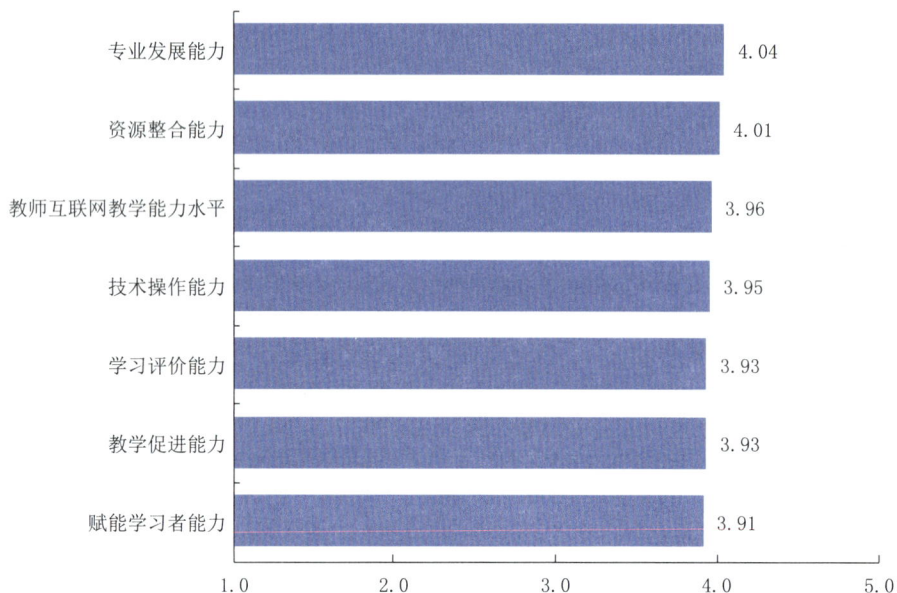

图 20-6　教师互联网教学能力水平情况

（2）学生互联网学习能力水平

学生通过设备与软件操作等六个指标反映有效利用互联网开展学习所需的能力水平综合得分为 4.25，其中设备与软件操作能力得分为 4.21，信息与数据素养能力得分为 4.35，交流合作能力得分为 4.34，内容创造能力得分为 3.60，策略性学习能力得分为 4.34，互联网安全能力得分为 4.65。从整体来看，学生利用互联网软硬件设备、搜索信息与数据、开展交流活动、提升

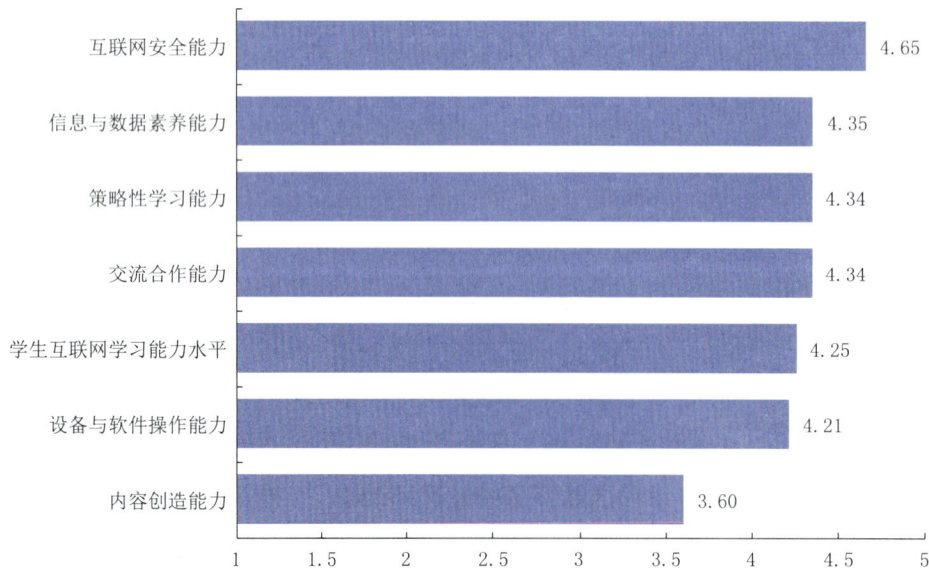

图 20-7　学生互联网学习能力水平情况

学校效率与效果等能力水平仍然保持一定的水准，但是利用互联网资源或工具进行多种媒体形式的内容创造能力稍有欠缺。学生互联网教学能力水平情况如图 20-7 所示。

20.2.5　互联网支持教与学情况

（1）教师专业发展支持

调查显示，通过活动参与等三个指标反映的教师为提升互联网教学能力所需的专业发展支持综合得分为 3.81，其中活动参与得分为 3.82，活动效果得分为 3.84，共同体建设得分为 3.78，说明教师能够从互联网学习提升教学能力、优化教学实践，但来自专业共同体的支持稍显薄弱。教师专业发展支持情况如图 20-8 所示。

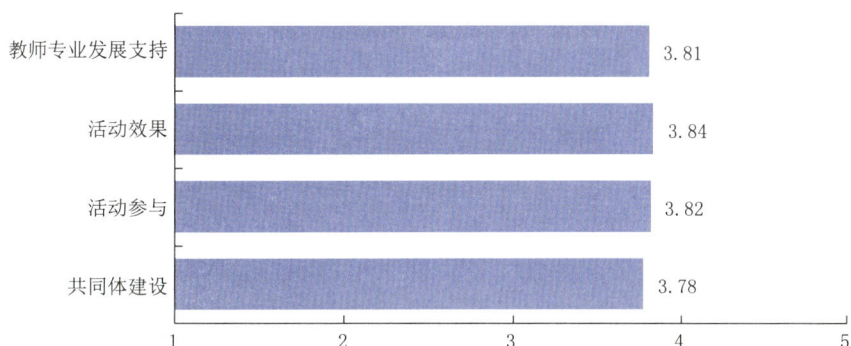

图 20-8　教师专业发展支持情况

（2）学生互联网学习服务

调查显示，通过学习策略等四个指标反映的学生互联网学习过程中所获得的学习服务综合得分为 4.33，其中学习策略得分为 4.43，学习评价得分为 4.39，寻求帮助得分为 4.34，动机与情感得分为 4.17，说明学生通过互联网学习普遍可以获得在线学习策略与方法、有用的反馈与评价以及学习支持等，从而改进学习、提升自我。相比而言，互联网上的学习内容和活动对学生的吸引力稍显不足，尚需从学生实际出发，在保持知识性达成目标的前提下，增加趣味性和可读性。学生互联网学习服务情况如图 20-9 所示。

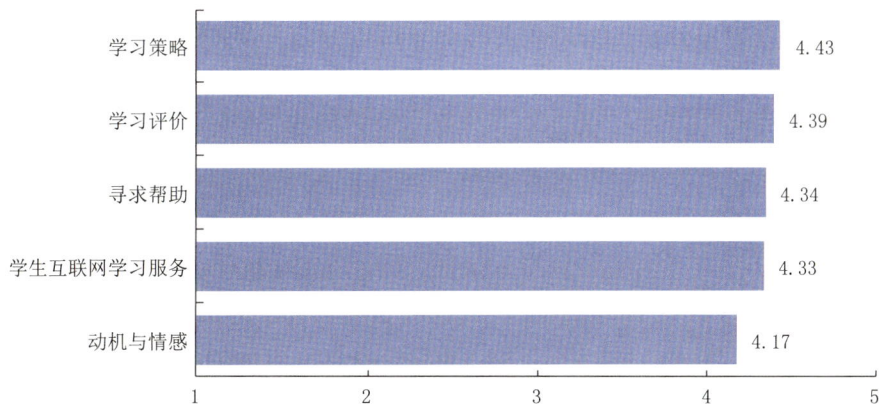

图 20-9　学生互联网学习服务情况

20.2.6 国家中小学智慧教育平台应用情况

（1）整体使用情况

无锡经开区将国家中小学智慧教育平台融入智慧教育云体系中，探索教学创新模式，信息技术与教育教学深度融合的有效路径，赋能区教学模式的数字化创新发展。调查显示，91.62%（1 093 人）的教师用过国家中小学智慧教育平台，81.70%（893 人）的教师安装了国家中小学智慧教育平台手机端 App（智慧中小学），对应学生的数据分别为 71.62%（4 520 人）、62.04%（2 804 人）。师生使用国家中小学智慧教育平台的情况如图 20-10 所示。

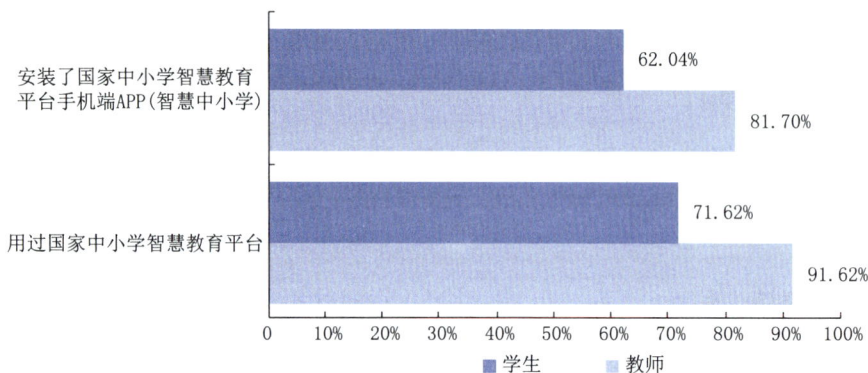

图 20-10　师生使用国家中小学智慧教育平台的情况

（2）学生利用平台开展活动

学生利用国家中小学智慧教育平台开展的活动主要集中在课程学习、自主学习、课后活动，其中开展课程学习活动的人数为 3 648 人，占据了较大的比例（80.71%），说明学生开展互联网学习的主要目的还是课程学习。各类活动开展情况如图 20-11 所示。

学生利用平台开展课程学习时，有 3 121 人（85.55%）通过老师分享或指定的平台上的资源进行课程学习。各类课程学习活动方式情况如图 20-12 所示。

学生利用平台开展自主学习时，有 2 640 人（84.05%）利用平台课程资源对自己的学习查漏补缺。各类自主学习情况如图 20-13 所示。

学生利用平台开展课后活动时，开展文化艺术类学习、体育锻炼类学习、经典阅读类活动、科学科技类学习、影视教育类学习的人数和比例均较高，说明该平台对于各专业学生、各

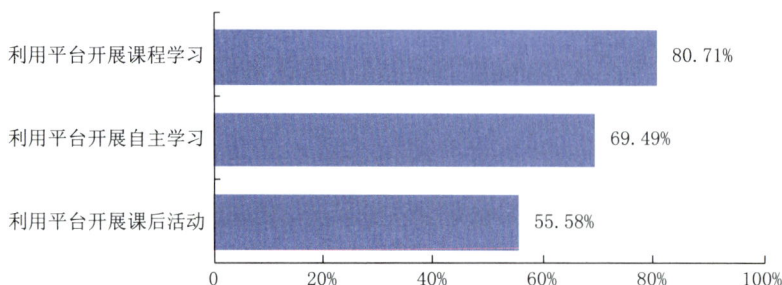

图 20-11　学生利用平台开展各类活动的情况

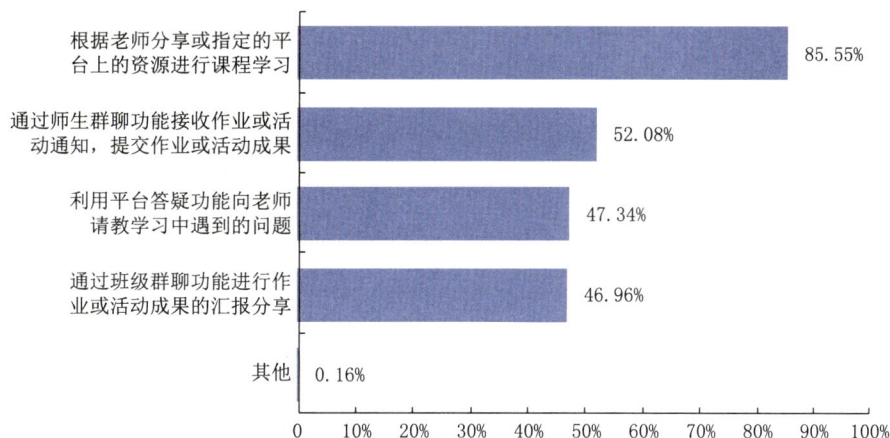

图 20-12　学生利用平台开展课程学习的情况

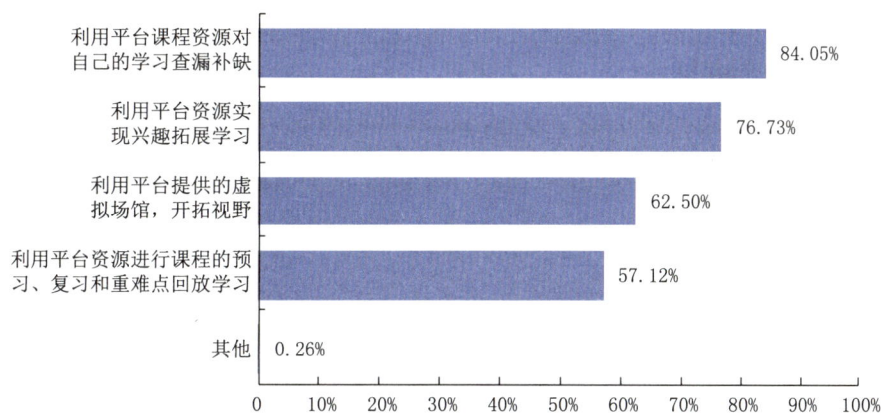

根据老师分享或指定的平台上的资源进行课程学习 85.55%
通过师生群聊功能接收作业或活动通知，提交作业或活动成果 52.08%
利用平台答疑功能向老师请教学习中遇到的问题 47.34%
通过班级群聊功能进行作业或活动成果的汇报分享 46.96%
其他 0.16%

图 20-13　学生利用平台开展自主学习的情况

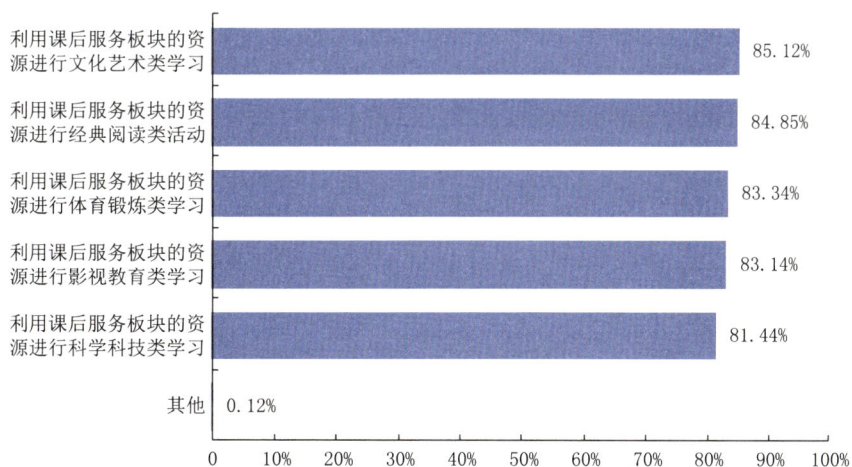

利用平台课程资源对自己的学习查漏补缺 84.05%
利用平台资源实现兴趣拓展学习 76.73%
利用平台提供的虚拟场馆，开拓视野 62.50%
利用平台资源进行课程的预习、复习和重难点回放学习 57.12%
其他 0.26%

图 20-14　学生利用平台开展课后活动的情况

利用课后服务板块的资源进行文化艺术类学习 85.12%
利用课后服务板块的资源进行经典阅读类活动 84.85%
利用课后服务板块的资源进行体育锻炼类学习 83.34%
利用课后服务板块的资源进行影视教育类学习 83.14%
利用课后服务板块的资源进行科学科技类学习 81.44%
其他 0.12%

类课后活动都有很好的支撑。各类课后活动情况如图 20-14 所示。

（3）教师利用平台开展活动

教师利用国家中小学智慧教育平台开展的活动主要集中在日常教学工作、课后服务、教师研修、家校协同育人四个方面，其中利用平台开展日常教学的有 792 人（72.46%），利用平台

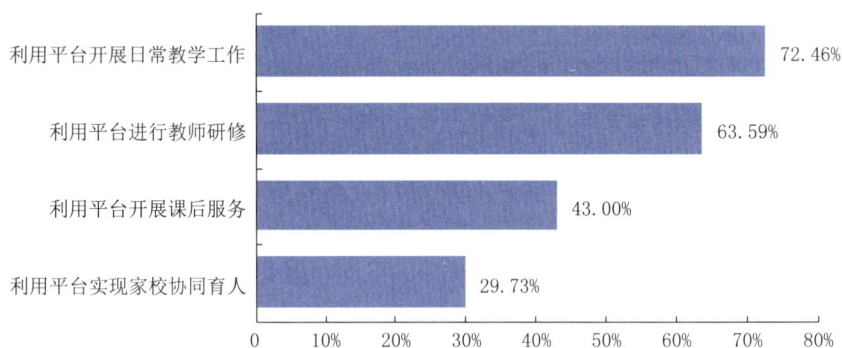

图 20-15　教师利用平台开展各类活动的情况

进行教师研修的有 695 人，占比较高（63.59%），说明教师开展互联网教学的主要目的还是课程教学。各类活动开展情况如图 20-15 所示。

　　教师利用平台开展日常教学工作时，有 663 人（83.71%）是借助备课资源包（课件、课标解读、电子教材等）进行备课，占比在 10% 以上的工作包括：参考名师课堂进行备课、利用平台资源开展探究式教学（基于项目、主题、问题式的探究教学）等。各类活动情况如图 20-16 所示。

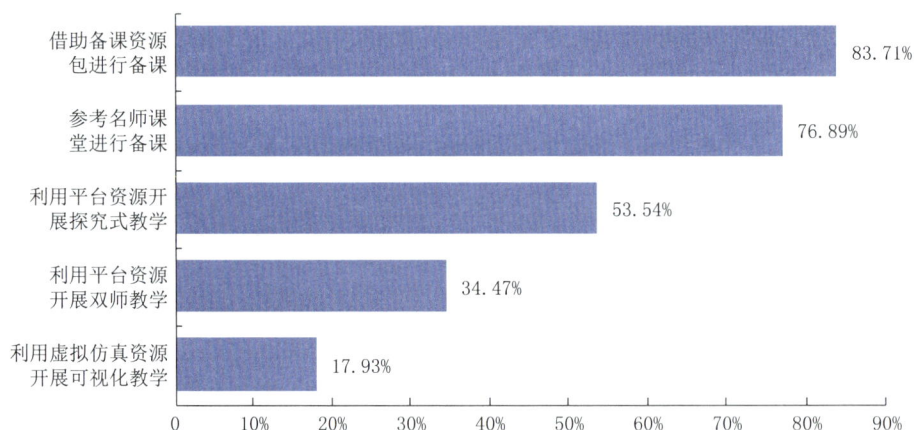

图 20-16　教师利用平台开展日常教学工作的情况

　　教师利用平台开展课后服务时，利用师生群聊功能进行学习答疑辅导、文化艺术类课后服务、经典阅读类课后服务的比例都在 60% 以上，而开展科普教育类课后服务、体育锻炼类课后服务、影视教育类课后服务的比例均不足 50%，说明教师利用平台开展的课后服务主要集中在文化课方面以支撑日常课程教学。利用平台开展课后服务的情况如图 20-17 所示。

　　教师利用平台进行教师研修时，参与学校或教育局组织的基于平台资源的研修活动的教师有 545 人，占比最高（78.42%）。各类教师研修活动情况如图 20-18 所示。

　　利用平台实现家校协同育人中，与家长沟通交流、发布家长会通知的比例均在 80% 以上，体现了平台在实现家校协同育人方面的积极作用。各类家校协同育人情况如图 20-19 所示。

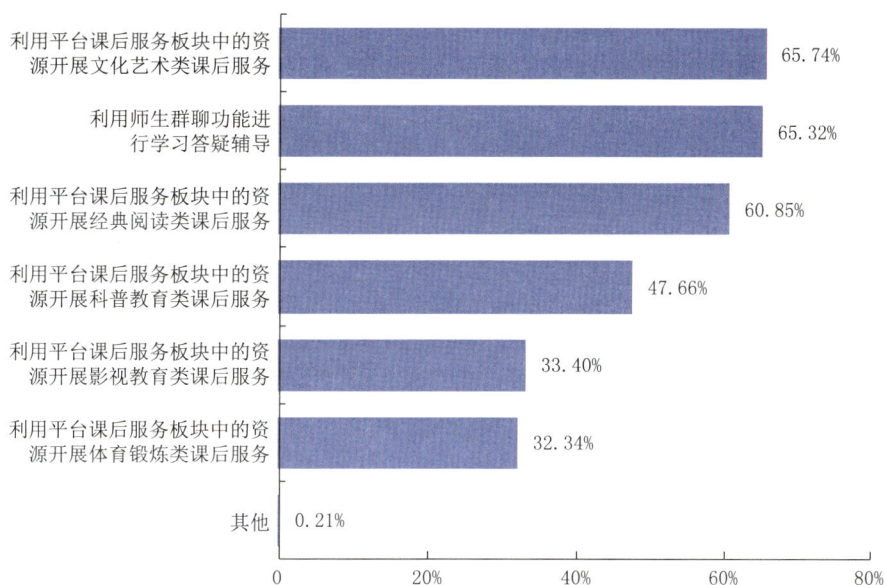

图 20-17　教师利用平台开展课后服务的情况

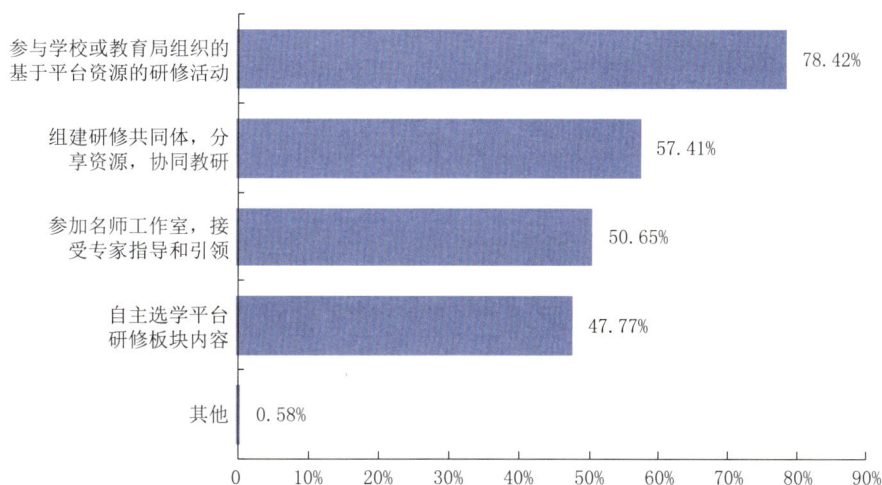

图 20-18　教师利用平台进行教师研修的情况

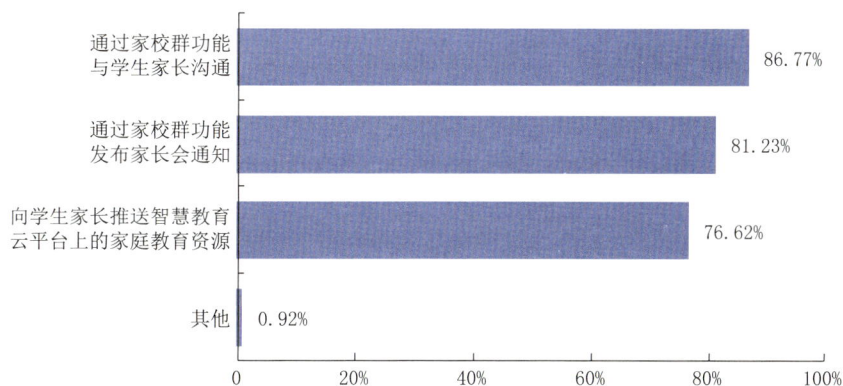

图 20-19　教师利用平台实现家校协同育人的情况

（4）平台对师生的帮助

调查显示，教师认为平台的帮助体现在丰富学习、增进交流、支撑自我学习、开阔视野等方面，其中平台上的数字化教学资源有助于丰富课程、开阔课程教学设计的思路两项占比最高，均在 60% 以上，具体情况如图 20-20 所示。

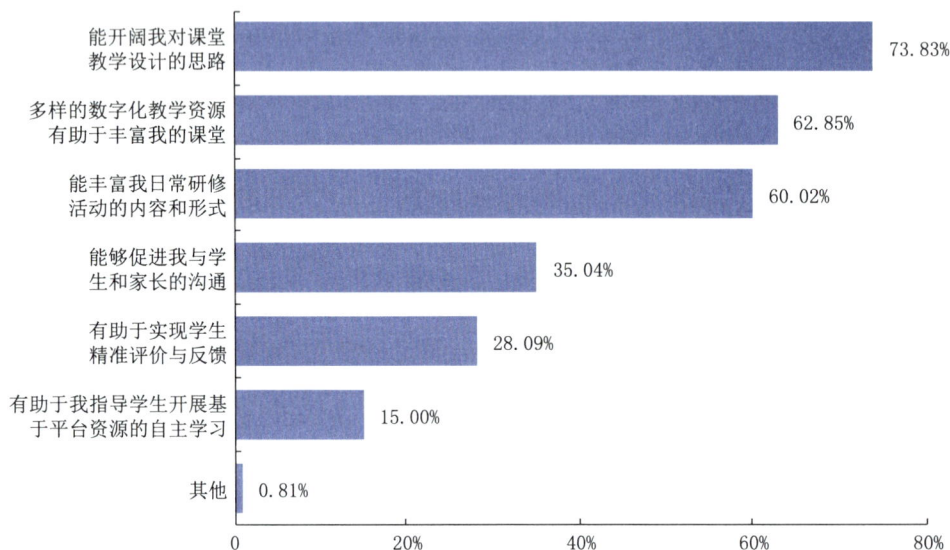

图 20-20　使用国家中小学智慧教育平台对教师帮助的情况

学生认为平台的帮助体现在丰富学习、增进交流、支撑自我学习、开阔视野等方面，其中平台多样的数字化学习资源有助于丰富学习的占比最高，为 80.09%，具体情况如图 20-21 所示。

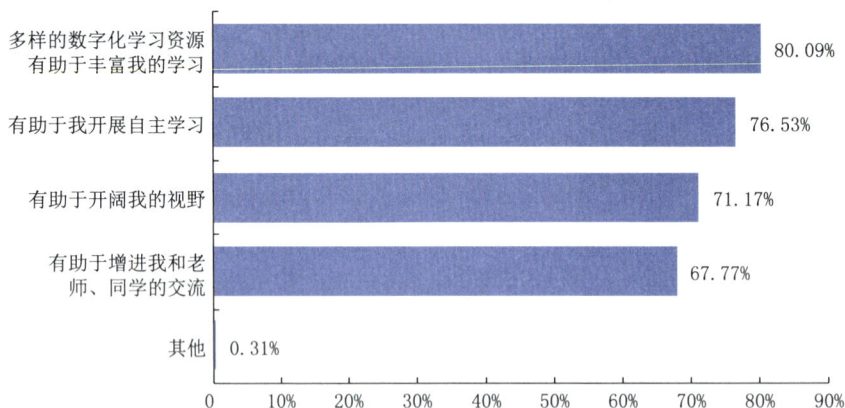

图 20-21　使用国家中小学智慧教育平台对学生帮助的情况

（5）师生应用平台时遇到的问题

调查显示，教师在使用平台的过程中遇到的主要问题包括电子教材版本、课程资源不全，缺乏关于实验操作的演示类资源等十项，其中电子教材版本、课程资源不全占比最高，为 50.14%（548 人），具体情况如图 20-22 所示。

学生在使用平台的过程中遇到的主要问题包括教材版本、课程视频不全，资源形式多为视频，呈现形式较为单一等八项，其中平台支持与教师、同学之间的交流互动功能不强占比最高，为 50.24%（2 271 人），具体情况如图 20-23 所示。

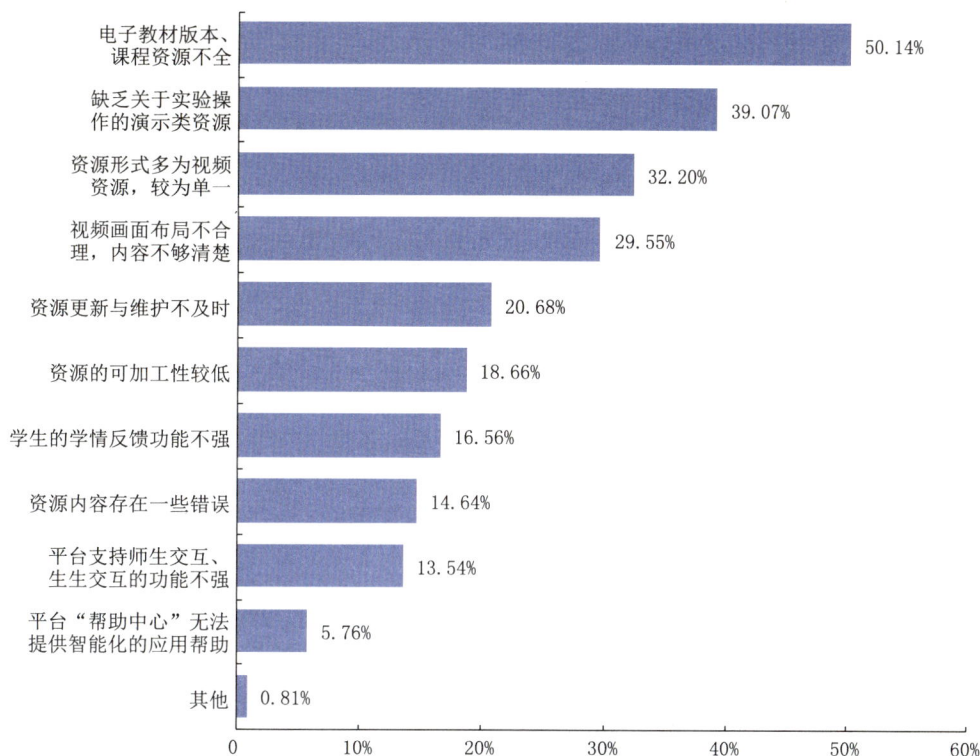

图 20-22　教师使用平台中遇到的问题情况

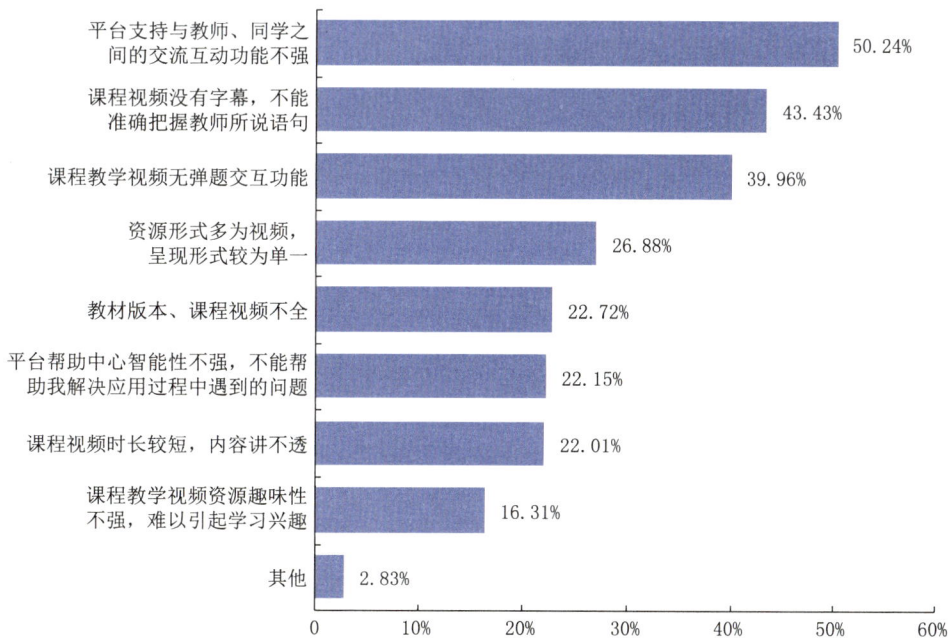

图 20-23　学生使用平台中遇到的问题情况

（6）师生对平台改进建议

调查发现，学生对平台的改进建议集中在丰富各类资源以及个性化错题记录等实用功能上，其中丰富虚拟场馆类资源（如海洋馆、博物馆、天文馆等）、增加课程视频学习实时笔记功能两个建议的占比是最高的，均在 65% 以上，具体情况如图 20-24 所示。

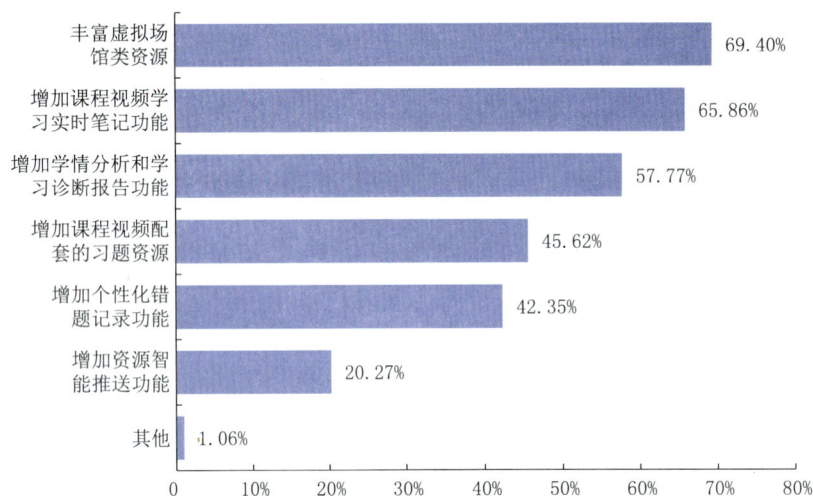

图 20-24　学生对平台改进建议的情况

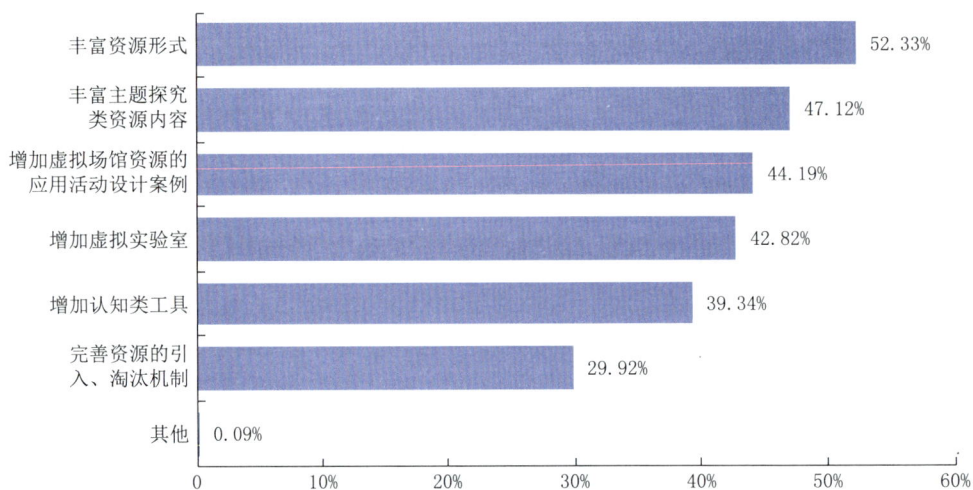

图 20-25　教师对平台资源改进建议的情况

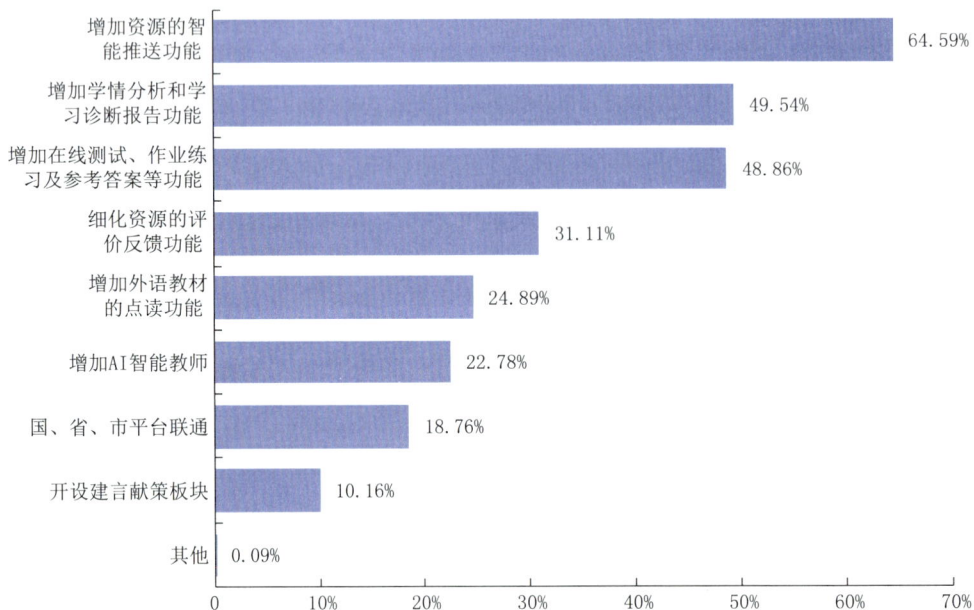

图 20-26　教师对平台功能改进建议的情况

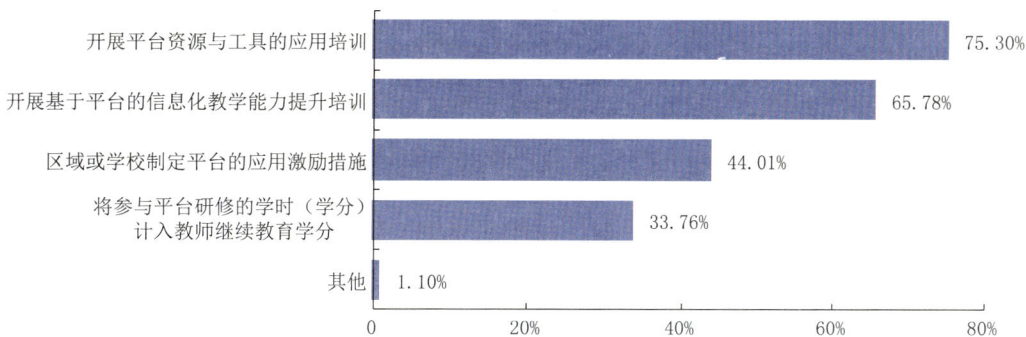

图 20-27　教师对推动平台充分应用的改进建议的情况

教师在应用平台方面有较为深入的感受，在资源改进、功能改进、推动平台充分应用三个方面提出了建议，其中资源改进方面，教师认为平台需要丰富资源形式，增加音频、动画、文本、图像等多种形式资源的占比最高，为 52.33%（572 人）；功能改进方面，教师认为增加资源智能推送功能的占比最高，为 64.59%（706 人）；推动平台充分应用方面，教师认为平台应该开展平台资源与工具应用培训的占比最高，为 75.30%（823 人），具体情况如图 20-25 至图 20-27 所示。

20.3　互联网学习的典型案例

20.3.1　智慧课堂创新助力无锡经开区教学质量提升

自无锡经开区成立以来，区党工委、管委会始终将教育摆在优先发展的战略地位，将教育数字化改革作为突破瓶颈的有力抓手。经开区已陆续引入"智慧校园及城域网建设""人工智能教育"以及"因材施教"等项目，助力区域教育数字化转型发展，形成了一批教育教学成果。

（1）智慧课堂教学改革实践

通过教育资源中心平台实现资源的互联互通、共建共享，支撑师生课前、课中和课后数

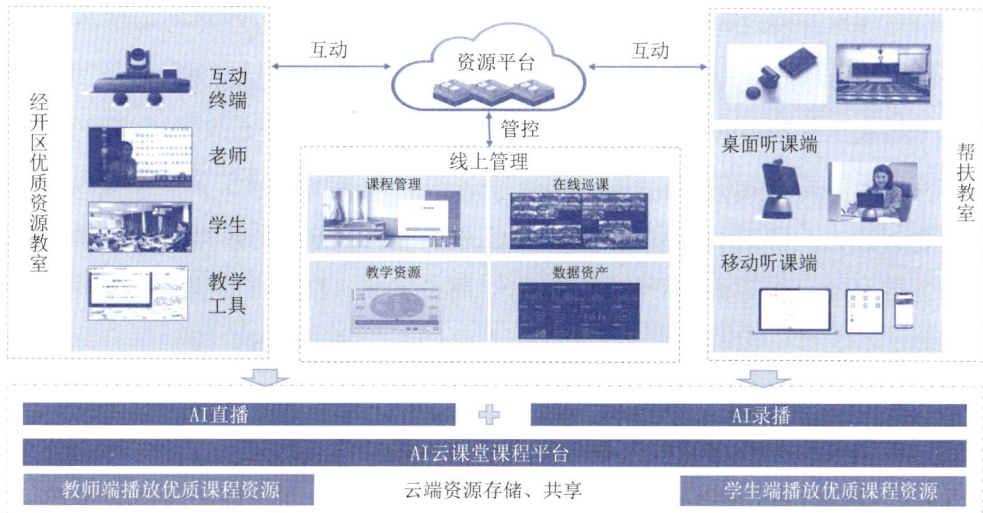

图 20-28　无锡经开区教育资源生态共建共享

字化的教与学，满足资源常态应用，实现教育资源管理的信息化（如图 20-28）。截至 2023 年 12 月，智慧教学中心云端学科资源量 718 088 条，卷库试卷量 3 508 128 份，考试题库量 36 730 195 条，教师利用智慧教学平台完成资源与学情备课共计 28 198 次，其中备资源 9 446 次，占比 33.5%，备学情 18 752 次，占比 66.5%，教师对学生学情重视程度明显提升。

（2）跨学科融合课程教学创新

无锡经开区积极鼓励教师团队进行跨学科主题课程设计，在选取学习主题时，从课标、教材、学生需求、身边的资源确认主题，依据三维目标或者核心素养要求设置学习目标，通过个人体验情境、社会生活情境、学科认知情境等设计四大活动，包含学习活动、成果展示、学习评价、反思总结等。以"数学＋人工智能"课程的跨学科融合课"让小飞能听会说——鸡兔同笼之 AI 小助手"为例，教学过程如图 20-29 所示。

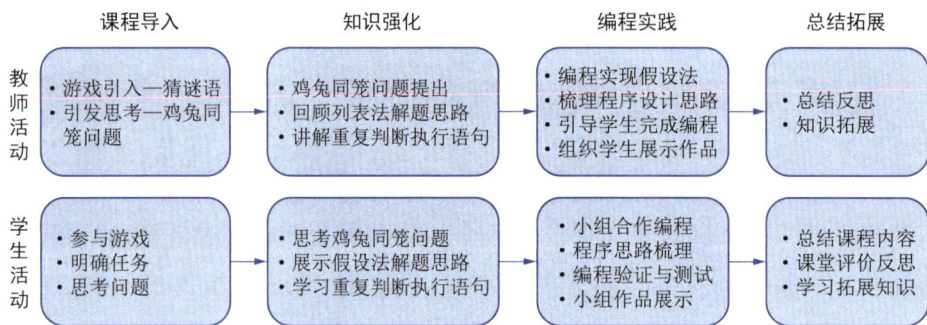

图 20-29 "鸡兔同笼之 AI 小助手"跨学科融合课教学过程示意图

（3）课堂变革，提高教师教学效率

无锡经开区落地智慧课堂创新变革，推进区域内教师备课效率提升 20%，课堂讲评针对性提升 23%，作业批改时间平均减少 36%。加快培养熟练应用信息技术的新型教师，确保教师具备有效运用信息技术开展教育教学的能力。利用信息技术研究开发优质教学资源，以教学资源库、备课工具包等为载体，为各级各类教师备课和进行教研提供支撑。

（4）技术赋能，学生实现个性化学习

此次课堂变革对学生培养提出了新挑战，学生由以往的传统课堂学习转变为基于信息化设施的"课堂＋"学习，学习资源富媒体化，通过精准教学减少了不必要的作业量，提高学习效率。根据学生学习行为数据，实现更加精准化的自主学习。教师通过学科知识图谱与学生学习地图深度耦合，基于每位学生的学情，实现作业分层、个性化布置，控制作业总量，提升学习效率，激发学生兴趣。

（5）数字化治理能力提升，教学管理精准化

通过教育大数据分析模型引导和深化教育大数据应用建设，深层次为教育教学、教育管理以及教育治理提供新的可能，揭示教育教学的特殊规律，创新本校特色的教育理论与方法体

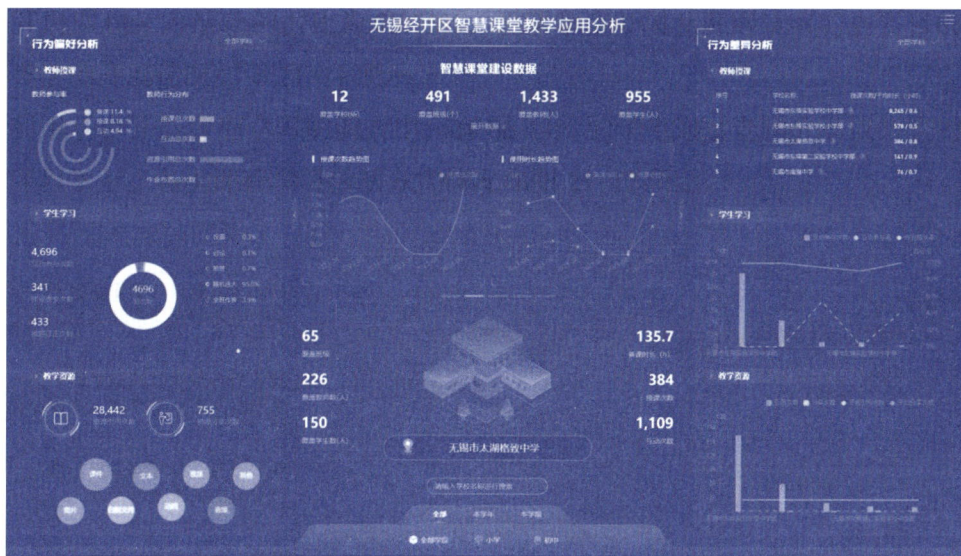

图 20-30　无锡经开区智慧课堂 2023 年 9 月份数据

系，为提升教育质量提供科学指导。无锡经开区智慧课堂 2023 年 9 月份数据如图 20-30 所示。

无锡经开区各所学校积极探索智慧课堂模式特色，挖掘智慧课堂优秀课例，通过校园开放日、公开课、校长团参观、"双减"工作推进会等大型活动推动区域内课堂教学改革。如太湖格致中学"数字赋能，'致活'课堂"的研讨活动，从学科素养的跨学科融合教学出发，以课程、课堂、课研为载体，与授课教师一起探索信息化教学工具与课堂教学的深度融合，促进学生核心素养的提升。南湖中学的"数字赋能，'素养目标导学'课堂教学改革"活动，促进教师数字素养提升，逐步构建为学而教、为真学而教、为真学而真教的现代初中校等。无锡市省级中小学网络名师工作室活动暨网络名师工作室融合课程探索活动，英语听说互动课堂充分融合课内外资源。为激活"环游世界"和"母亲节"这两个传统教学主题，利用现代化技术，巧用音视频等多模态教学素材，通过信息收集和及时反馈，实现学习趣味的互动交流，开展语言实践，赋能英语教学。

同时，无锡经开区的各类大型活动得到了《光明日报》、网易新闻、江苏省广播电视局、江苏教育新闻网、中国江苏网、《江南时报》《现代快报》等官媒和新媒体多次宣传报道，不断向人民群众展示了经开区教育"双减"与课堂改革的成果，深受家长和其他社会群体的喜爱。经开区教育局对区域内各个中小学开展的公开课展示活动也给予高度肯定。经开区在智慧人才队伍建设方面，获得了江苏省智慧教育样板区培育区域，取得不菲成绩。

20.3.2　无锡经开区"因材施教"项目

为深入推进教育数字化战略行动，探索数字时代教育新路径，2023 年 3 月 7 日，无锡经开区举办"因材施教"项目实施启动会。无锡经开区教育局党委书记、局长杨柳，无锡经开区教育局党委委员徐卫忠及项目监理方代表、建设方代表、科大讯飞项目团队等共同参加了会议。

无锡经开区"因材施教"项目于 2023 年初正式启动，项目围绕数字化战略行动落地、区校一体化协同发展、高质量减负增效、提升数字化治理能力四大工程，深化信息技术在教育各领域的应用，落实师生减负增效，促进教育优质均衡发展。

"因材施教"项目建设目标主要包括以下几方面。

（1）加快推进高质量发展进程，实现教育综合服务能力提升

构建无锡经开区教育"数字大脑"，通过统一服务能力、应用能力以及大数据能力的全面建设，打造经开区特色的教育应用生态体系。一方面实现省、市、区县、学校、班级等应用的互联互通，实现教育应用的全面接入与汇聚；另一方面实现区域教育大数据采集、治理、挖掘与分析的水平的提升，构建利用管理类数据、教学类数据以及评价分析类数据促进全区教育提升的机制，形成以数据为核心的全面采集、精准分析、科学决策的智慧教育综合服务体系，全面提升经开区教育基础综合服务能力。

（2）建立完善的资源共享机制，实现优质教育资源均衡供给

通过优质资源建设、汇聚及分享机制，促进优质教育资源的均衡发展，构建形成全区统一的优质资源服务体系，提升新一代信息技术环境下教师的教学能力、学生的学习能力、管理人员的管理和服务能力，促成优质教学资源的共建共享、教学模式的融合创新，实现全区优质教育资源的均衡供给和快速发展。

（3）促进教育教学与技术深度融合，实现教育质量全面提升

在当今时代背景下，促进教育教学与技术的深度融合已成为提升教育质量的关键举措。通过引入先进的教育技术手段，能够有效打破传统教育模式的束缚，创新教学方式方法，为学生提供更加丰富多彩的学习体验。这种深度融合不仅有助于激发学生的学习兴趣和积极性，还能提升教师的教学水平和专业素养，进而实现教育质量的全面提升。深化教育教学改革，推动技术与教育的深度融合，为提升区域教育质量贡献力量。

（4）完善高质量教育治理体系，实现智慧教育可持续发展加快

大数据、人工智能等信息技术赋能教育治理进程，转变治理方式，促进教育决策的科学化和资源配置的精准化，全面建成符合智慧教育要求的、与本地区社会发展目标相适应的教育公共服务体系。探索基于人工智能、大数据等信息技术的新型教与学模式与教育服务供给方式，实现经开区智慧教育可持续发展。以教育信息化带动实现教育现代化，为办好人民满意的教育做出更大贡献。

项目向全区公办中小学及幼儿园提供信息化服务，项目总建设资金 14 700.35 万元。无锡经开区教育局党委书记、局长杨柳提出，要重点打造经开区教育特色，以四大工程为抓手，从四个方面探索经开区教育数字化转型的新路径，"第一，要切实创新教学模式，通过推动智慧课堂的教学实践和课题研究，让课堂更高效；第二，助力内涵发展，促进'因材施教'项目与'双减'工作深度融合，构建智慧教育教学体系；第三，加力工程教育，利用科大讯飞人工智能方面的优势，积极推广科创教育；第四，利用'因材施教'项目助力区域能级提升，助力教育高质量发展"。

20.4 关键问题

20.4.1 信息化基础设施需更新

教育新技术的引入在对推动教育改革创新、促进教育公平、提高教育质量、培养创新人才等方面的作用日益凸显。无锡经开区的师生在互联网学习中，均较为认同教育信息化、互联网学习对个人自主学习、专业发展具有非常重要的作用。但是随着数字化改革进程的演进，区域信息化基础设施的更新速度稍显不足。调研中，24.54%的管理者认为学校没有达到"配有至少一个班额的学生平板电脑"，仅有16.67%的管理者认为"区域为学校学生全部配备了移动学习终端，供学生随需随用"，54.63%的管理者认为"学校互联网教学的硬件设备有待完善（如学生终端设备等）"。这些表明区域的信息化基础设施尚有不足，还需要在区域教育数字化战略行动、智慧校园的构建中持续加力基础设施建设和更新工作。更新信息化基础设施是推动教育改革创新、增强师生自主能力、培养创造性和批判性思维、提高教育质量、培养人才的必要条件。

20.4.2 创新教学模式工具缺乏

无锡经开区近年来一直在积极推进教育信息化，加快智慧教育建设，优化智慧教育基础环境，完善智慧教育资源体系，创新智慧教育育人模式。然而现实问题是区域建设了大量的互联网资源和基础设施，但是创新教学模式的工具和资源仍然不足，体现在38.43%的管理者认为"优质资源结构性短缺（资源总量多，但满足师生需求的优质资源数量相对较少）"，84.72%的管理者认为"上级主管部门需要提供更加优质的在线教学资源，促使学校教学质量稳步提高"等。基础教育缺乏创新教学模式工具的原因有很多，基于无锡经开区已经开展了大量的互联网学习发展工作，研究认为可以考虑两点：一是教师和学校管理人员对教育信息化的重要性缺乏更加深入的认识和理解，没有认识到创新教学模式工具的价值，也没有努力去采用；二是建设资金不足，使得学校无法购买实施创新教学模式所需的先进硬件和软件设备。

20.5 发展趋势

20.5.1 深入推进教育新基建工程

无锡经开区基于现有的互联网学习现状，强调赋能教育数字化，关注了信息化基础设施不足的情况，致力不断完善集融合、开放、共享的"无锡智慧教育公共服务体系"，不断构建教育大数据中心，统一标准、统一管理、汇聚数据，实现数据的综合治理。推进教育管理、教师发展、学生成长、智慧教学、社会服务五大核心平台建设，着力拓展教育数字化应用场景，以信息技术赋能教、学、考、管、评各环节，推进业务流程再造，打造"锡学通——入学服务""锡学通——阳光资助"等数字生活场景，实现教育政务服务与管理"一网通办、一屏统管、一键举报"。

20.5.2 坚持强化数字平台应用

无锡经开区继续深入推进国家中小学智慧教育平台应用试点，通过分析师生应用数据、专家研讨等多种方式探讨创新平台应用机制，推进资源共建共享，构建市、区县、学校、班级多级贯通联动的数字资源公共服务体系，推进网上巡课、云上评课，提升教学治理水平。推进全民数字素养提升实践活动，提高教育管理者数字化领导力、教师数字化教学创新能力和学生数字化学习创新能力，提升全民数字素养，支撑服务全民终身学习。

第二十一章

CHAPTER 21
三明市沙县区基础教育领域互联网学习发展报告

21.1 沙县区互联网学习发展概述

21.1.1 互联网学习发展概述

作为三明市全国基础教育综合改革实验区代表的沙县区以建设教育强区为驱动，以全域性数字化改革为牵引，以教育教学改革为中心，2022 年总投入约 5 600 万元，按照"统筹规划、分步推进、务求实效"的建设思路，制定《沙县区智慧教育（质量提升）工程建设实施方案》，率先启动全省首个智慧教育项目，构建良好的沙县区智慧教育生态。打造集基础能力平台、资源服务平台、教育治理大数据平台于一体的综合性教育大数据能力平台，惠及全区 64 所学校，4.8 万学生和 3 000 余名教师。全区实现"三通两平台""校园安防监控"全覆盖，85% 班级配备智慧大屏；搭建教育专网与中心机房，统一网络安全管理，上接国家、省级平台，下接基层学校，总出口达 4G；通过"沙县教育云平台"，依据省智慧校园建设标准遴选智慧校园示范校。2023 年 7 月 15 日，福建省教育厅公布首批省级"智慧教育试点区"和"智慧校园试点校"，三明市沙县区入选首批省级"智慧教育试点区"，沙县第一中学和三明市沙县区实验小学入选首批省级"智慧校园试点校"。

21.1.2 年度特征词及其解释

（1）智慧教育（质量提升）工程项目

2023 年，依托智慧教育（质量提升）工程项目，沙县区用好用足科技变量，盘活城乡教育资源，推进区域教育均衡发展。沙县区教育局联合各部门，成立智慧教育建设小组，颁布各类工作制度，确保全区教育信息化建设扎实推进。根据区域实际情况，开展七大行动，建设标准智慧课堂 40 间，为 2 200 名学生、826 名中小学教师配备智能终端；新增教室智慧触控一体机 200 台、大数据精准教学阅卷仪 41 台，部署三个课堂 110 间，标准智慧课堂 40 间、教师进修实训机房 1 间、教师进修直录播教室 1 间、大数据创新实验室 1 间等；更换教师电脑 810 套，新增机房学生电脑 40 套、显示器 650 台，为区域教育新基建奠定基础。依托国家中小学智慧教育平台，为全区小学、初中、高中提供优质教学资源库。

（2）总校制

"总校制"即"总校制"办学模式改革，目的是解决市域范围内基础教育存在的若干问题，如城乡发展不平衡、同一区域范围内基础教育学校间发展不均衡、新建居住区配套学校增加幅度不均衡、局部地区优质教育资源不足等，进而推进市基础教育整体、均衡、优质发展，满足人民群众"上好学"的期盼；沙县区教育局于 2017 年启动"总校制"办学改革，提出要探索建立"总校制"办学改革"3456"模式。"总校制"改革案例入选 2021 年全国基础教育优秀工作案例。全市已组建 81 个总校，结对分校 154 所，实现各县（市、区）和基础教育各学段"两个全覆盖"，受益学生占比 35%。《中国教育报》《福建日报》《福建教育》对沙县区基础教育"总校制"办学改革的主要做法和成效先后做了报道。

（3）小学、初中、高中优质教学资源库

沙县区依托国家中小学智慧教育平台，为全区小学、初中、高中提供优质教学资源库。2023 年，各类资源教学应用达 10.46 万次，第二学期教师资源浏览次数 18 970 次，教师资源下载次数 12 088 次，教师组卷次数 1 785 次，区校本习题和资源应用次数 34 815 次，资源浏览和下载环比增长分别为 78% 和 168%。教师对平台资源浏览、下载次数的大幅度提升表明智慧课堂相关培训、教研、赛课等活动起到了较好的推动作用，促进了应用数据的提升。

21.1.3　互联网学习特征指数

沙县区基础教育领域互联网学习的发展现状主要从教师的互联网教学能力和学生的互联网学习两方面体现，相应的 CASE 模型一级、二级指标及特征指数如表 21-1、表 21-2 所示。

表 21-1　沙县区教师教学能力核心指标的特征指数汇总表

教师核心指标	特征指数	核 心 指 标 题 项	核心指标题项特征指数
教学能力（C）	3.97	C11. 我能够熟练掌握多种技术工具，支持开展在线教学	3.94
		C21. 我能够根据教学目标与方法搜索与选择合适的互联网教学资源	4.09
		C22. 我能够根据教学目标与方法合理改编或制作互联网教学资源	4.00
		C31. 我能够利用互联网开展多种类型的教学活动来提升教学效果，如探究式学习、项目式学习、同伴教学等	3.91
		C32. 我能够利用互联网加强自身与学生之间的互动与交流，以及时为其提供有针对性的指导	3.98
		C41. 我能够利用互联网针对学生自身情况实现个别化和差异化的教学或指导	3.94
		C51. 我能利用互联网对学生进行过程性评价和总结性评价	3.95
		C52. 我能够通过收集与分析学生的互联网学习数据来合理调整教学策略	3.94
		C61. 我能利用互联网上的资源与课程持续促进自身专业发展	4.06
		C62. 我能够利用互联网加强与其他教育工作者的交流合作、经验分享	4.00
教学应用（A）	3.95	A11. 我会经常利用互联网开展教学	4.10
		A21. 我在课堂教学中经常利用互联网提供的资源和工具	4.13
		A22. 我在教学中经常使用线上线下混合式教学形式，如翻转课堂、探究学习等	3.77
		A31. 我经常利用互联网开展各种教学活动，如交流、投票、测试、虚拟实验等	3.79
		A41. 我很满意互联网教学的效果	3.98

教师核心指标	特征指数	核心指标题项	核心指标题项特征指数
专业发展支持（S）	3.72	S11. 我有机会参与国家级、省级、市级举办的互联网教学能力提升活动，如讲座、培训、研讨、研究等	3.59
		S21. 我所参加的互联网教学能力提升活动，能够为我开展互联网教学实践提供参考，并引发自主探究与反思	3.81
		S31. 我的互联网教学探索经常能够得到本地教研小组、在线学习社群等专业共同体的支持	3.76
教学环境（E）	4.00	E11. 我很容易获取到满足教学需求的多样化网络教学资源，如文本、图片、视频等	4.13
		E21. 现有的教学平台与应用能够支持我开展多种类型的教学活动，如雨课堂、课堂派、钉钉、腾讯会议等	3.88

表 21-2　沙县区学生学习能力核心指标特征指数汇总表

学生核心指标	特征指数	核心指标题项	核心指标题项特征指数
学习能力（C）	4.15	C11. 我能够熟练操作互联网学习所需的软件和设备	4.10
		C21. 在利用互联网搜索时，我能够准确识别所需信息，过滤掉不相关的内容	4.27
		C22. 我能够整理好搜集到的互联网信息与数据，以便后续查找与使用	4.18
		C23. 从互联网获取信息与数据时，我能够有自己的判断，不盲从他人观点	4.49
		C31. 我进行在线交流与合作时，能够尊重、理解他人观点，并简明清晰地表达自己的观点	4.38
		C32. 我经常向他人分享高质量的学习资源	3.86
		C41. 我可以利用互联网资源和工具创作图片、文字、音视频等多种形式的作品	4.01
		C42. 我常常通过互联网平台发布自己的作品，如朋友圈、QQ 空间、抖音等	3.68
		C51. 我能制订好学习目标和学习计划来支持互联网学习的开展	4.01
		C52. 利用互联网进行学习时，我能够及时总结相关知识，巩固所学内容	4.03
		C61. 我能够在互联网学习过程中保护好自己与他人的隐私，如不随意填写个人、家庭、朋友的相关信息	4.45
		C62. 我能够有意识地规避互联网安全风险，如不轻易点击不明来源的链接与弹窗	4.51

续　表

学生核心指标	特征指数	核　心　指　标　题　项	核心指标题项特征指数
学习应用（A）	3.97	A11. 我非常愿意利用互联网进行学习	4.40
		A21. 我经常利用互联网进行学习	4.00
		A31. 我经常上网搜索并获取学习资料	4.10
		A32. 我经常参与多种类型的互联网学习活动，如在线测试、在线讨论、在线答疑等	3.78
		A41. 我认为通过互联网学习的效果优于在教室学习的效果	3.54
学习服务（S）	4.11	S11. 我会从老师或同伴那里学到有用的在线学习策略与方法，比如搜索技巧、学习工具、学习习惯等	4.27
		S21. 在互联网学习过程中，我能够从老师或同学那里获得有用的反馈与评价	4.13
		S22. 学习平台根据我的学习表现提供的反馈与评价，对于我改进学习很有帮助	4.17
		S31. 在学习中遇到问题时，我总能通过互联网获得老师或同伴的有效支持	4.05
		S41. 互联网上的学习内容与活动总是对我很有吸引力	3.99
学习环境（E）	4.04	E11. 我总能通过互联网获得许多好用的学习资源	4.14
		E21. 我在互联网学习时不会受到网速卡顿的影响	3.83
		E22. 现有的学习平台和工具能够很好地满足我的学习需求	4.07

21.2　互联网学习发展现状

21.2.1　区域政策与保障措施

（1）区域政策和文件

三明市委、市政府主要领导对"总校制"办学改革高度重视，进行精心调研和部署，成立了由市政府副市长为组长的改革领导小组，改革被列入三明市国民经济和社会发展"十三五""十四五"规划，列入市委、市政府出台的一系列教育改革重大文件和全市社会经济改革重点项目。市委编办、教育局、财政局、人社局等部门联合下发《进一步推进"总校制"办学改革十条意见》，明确了总校适当增加领导职数、编制统筹配置和跨校调整、教师专业技术岗位调剂使用。每年每个总校拨付 20 万元专项经费等倾斜政策，为改革行稳致远保驾护航。在督导评估方面，三明市建立健全考核评价体系，制定下发《三明市基础教育总校制办学工作考核评价办法》，每年开展一次全市性专项监测和评价，推动"总校制"办学健康发展。2021年 10 月，三明市被确定为教育部基础教育综合改革实验区。

依据《福建省"十四五"教育发展专项规划》的要求，编制《三明市沙县区"十四五"教育发展专项规划》。由区教育局、公安分局、财政局、人社局、工信科技局、数字办、农业银行七部门共同印发《关于推进沙县区智慧教育的实施意见》，制定扶持教育信息化发展政策，培育教育信息化发展体系，形成良好的教育信息化发展环境。由沙县区教育局印发《关于沙县区智慧教育（质量提升）工程项目实施方案》，对重大项目和重点工程实施全区统筹。2022 年 12 月，沙县区教育局印发《三明市沙县区教育局关于印发沙县区智慧教育（质量提升）工程项目校应用考评办法》，加快推进沙县区智慧教育建设工作。2023 年 9 月，颁布《三明市沙县区教育局关于成立三明市沙县区学校家庭教育指导服务中心的通知》，以积极构建基础教育家校社协同育人机制，加强对学校家庭教育的宏观指导与引领，成立沙县区学校家庭教育指导服务中心。2023 年 10 月，颁布《三明市沙县区人民政府办公室关于成立推进县域义务教育优质均衡发展工作领导小组的通知》，以巩固县域义务教育基本均衡发展成果，扎实推进沙县区基础教育优质均衡发展创建工作。

（2）保障措施

加强支持保障，确保教育信息化建设有效推进。在政策和组织保障方面，由区教育局联合七部门共同印发《关于推进沙县区智慧教育的实施意见》，由沙县区教育局印发《关于沙县区智慧教育（质量提升）工程项目实施方案》和《沙县区智慧教育（质量提升）工程项目校应用考评办法》，对重大项目和重点工程实施全区统筹和督导考核。加强各部门分工协作，明确主管领导和负责部门，建立定期沟通机制，确保全区教育信息化建设扎实推进。在资金保障方面，落地"政企银"模式，与农业银行和科大讯飞合作，优化资源配置，充分发挥政府的组织协调优势、企业的产品服务优势和银行的融资风控优势，破解重点项目资金筹措难的问题。同时同步完善财政投入，为教育信息化持续发展提供后续空间。积极鼓励企业提供优质的信息化产品和服务，实现多元投入、协同推进。加大对薄弱学校的教育信息化建设的资金补贴，促进教育均衡发展。

21.2.2 研究设计与数据收集

（1）研究设计

本报告主要基于 CASE 模型所对应的指标，系统挖掘三明市沙县区基础教育互联网学习发展实际，并在此基础上评估沙县区互联网学习的整体发展现状、发展动态、存在问题及发展趋势。本报告所涉及调研对象共计包括三大群体，分别为沙县区所有基础教育学校学科教师、学生。各群体调研数据主要包括基本信息、互联网学习发展两大模块，其中互联网学习发展模块调研主要基于 CASE 模型所对应的指标进行设计。

（2）数据收集

本报告数据主要包括问卷调研和典型案例两大类型数据。其中问卷调研数据主要来自面向沙县区各基础教育学校三大群体所采集的数据，依托问卷星平台进行收集。典型案例数据主要为沙县区各学校基于所开展的"互联网＋教育"教学实践所提交的优秀案例。本报告对所采集的问卷数据从系统后台导出后进行了预处理，基于问卷填报时长、数据填报质量、问卷各题目填报重复度等情况进行了无效问卷的剔除（如表 21-3）。

表 21-3　报告所采集的问卷数据情况

序号	问卷调研对象	问卷回收数量（份）	有效数量（份）	有效率
1	沙县区基础教育学校学科教师	216	216	100%
2	沙县区基础教育学校学生	103	103	100%

（3）数据分析

本报告用 Excel 对数据进行分析，通过饼状图、柱状图、趋势图、表格等可视化图表，结合互联网学习实践应用典型案例等，全面呈现 2023 年沙县区互联网学习发展现状、发展动态和发展趋势。

21.2.3　互联网学习环境建设情况

沙县区基础教育领域师生互联网学习环境建设情况均处于较高水平，教师互联网学习环境建设得分为 4.00，学生互联网学习环境建设得分为 4.04。基础设施为互联网学习的开展提供了有力支撑，沙县区综合性教育大数据能力平台是获取互联网学习资源的主要平台。沙县区各学校在网络、设备等方面为师生开展互联网学习提供有力支撑，主要体现在 74.75% 的学生认为互联网提供了许多好用的学习资源，77.50% 的教师认为能通过互联网获取到多样化的教学资源。不足之处在于，部分师生认为学习和教学活动一定程度上受到了网速卡顿影响，当然这种

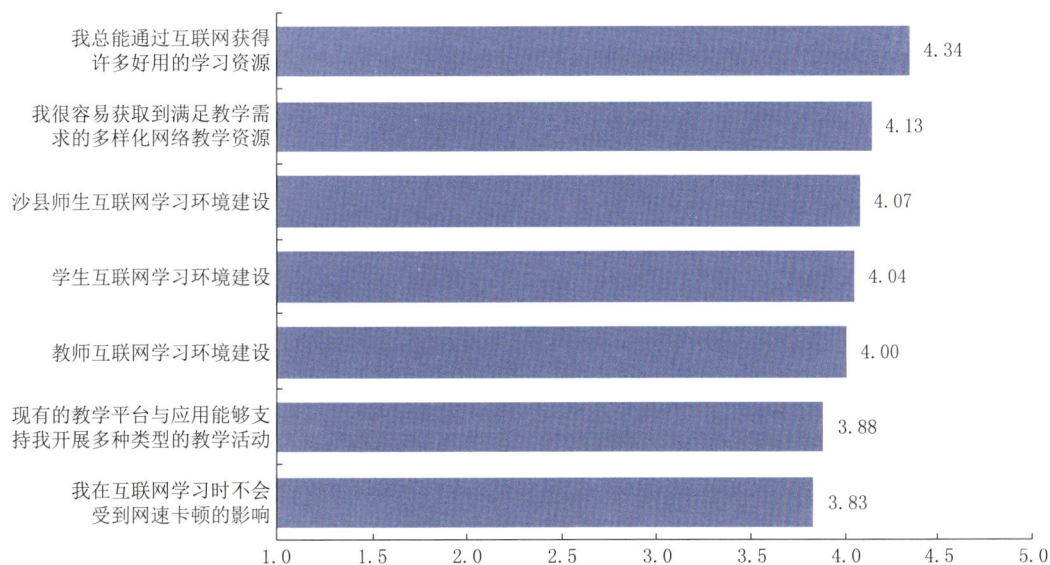

图 21-1　师生互联网学习环境建设调研结果图

现象的原因很多，包括宽带速度、学习平台服务器限流等，这些也是国家当前大力发展 5G 的重要原因。具体如图 21-1 所示。

21.2.4 师生互联网应用现状

（1）师生应用意愿

2023 年，沙县区利用先进的互联网技术手段和平台，深化基础教育领域创新教育模式与传统教育模式的深度融合。调查发现，教师对互联网的应用意愿综合得分为 4.10，学生对互联网的应用意愿综合得分为 4.40，总体均呈现较为积极的意愿，且学生对互联网学习的接受意愿更加强烈，反映了现代基础教育学生学情特点。师生互联网的应用意愿情况如图 21-2 所示。

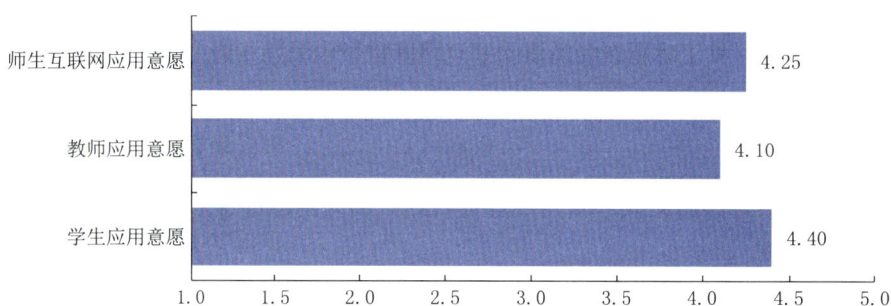

图 21-2　师生互联网的应用意愿情况

（2）师生应用频率

实现互联网教学常态化应用需要师生利用互联网技术和平台开展教学和学习，利用资源、工具开展翻转课堂、探究学习。调查发现，教师对互联网的应用频率综合得分为 3.95，学生对互联网的应用频率综合得分为 4.00，数据与师生对互联网的应用意愿具有高度一致性，反映了学生能够经常利用互联网开展学习。师生互联网的应用频率情况如图 21-3 所示。

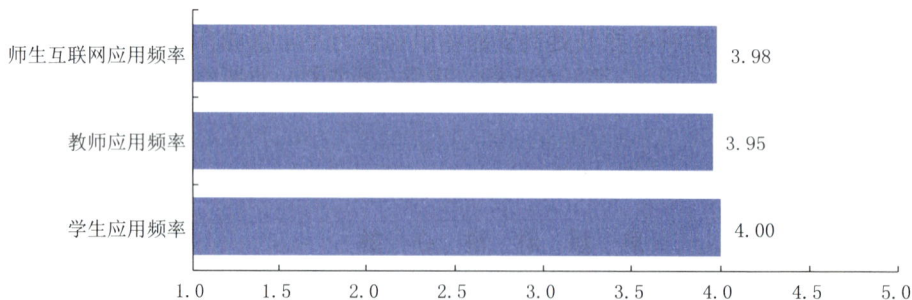

图 21-3　师生互联网的应用频率情况

（3）师生应用方式

调查发现，教师对互联网的应用方式综合得分为 3.79，教师应用的主要方式包括开展各种教学活动，如交流、投票、测试、虚拟实验等；学生对互联网的应用方式综合得分为 3.94，学生应用方式主要是获取学习资料，开展多种类型的互联网学习，如在线测试、在线讨论、在线答疑等。和教师对互联网的应用意愿（84.72%）相比，教师应用互联网开展教学活动的占比为 69.90%，说明沙县区教师虽然拥有较为完善的互联网基础设施和环境，也有较强的意愿利用互联网开展教学，但是实际的应用并没有达到应有的水平，需要进一步深入挖掘其原因。相比教师，学生上网获取学习资料的占比为 74.76%，但参加多类型的互联网学习活动的占比仅为 60.20%，与教师应用互联网开展教学活动数据具有一定的一致性，体现了沙县区还有相当一部分师生不习惯现有的互联网教学活动和学习活动的情况。师生互联网的应用方式情况如图21-4 所示。

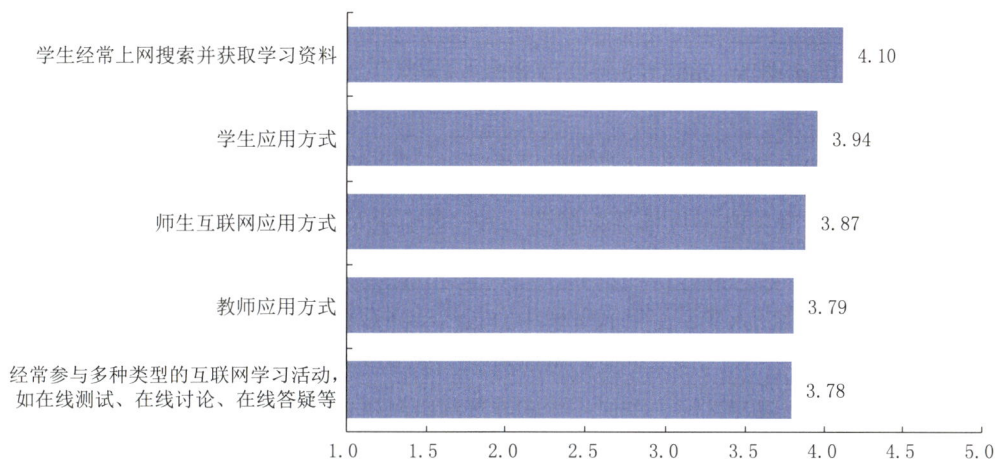

图 21-4　师生互联网的应用方式情况

（4）师生应用效果

调查发现，教师对互联网的应用效果综合得分为 3.98，学生对互联网的应用效果综合得分为 3.54；相比应用意愿、应用频率、应用方式，学生认为通过互联网学习的效果尚有不足之处，相反，教师认为互联网教学的效果达到了预期。师生互联网的应用效果情况如图 21-5 所示。

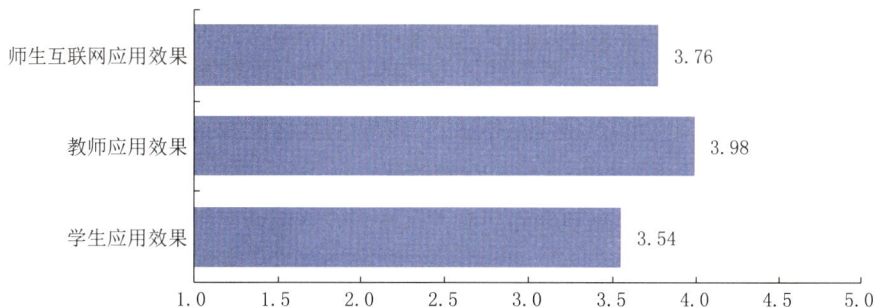

图 21-5　师生互联网的应用效果情况

21.2.5　师生互联网能力水平

（1）教师互联网教学能力水平

师生互联网能力水平的评价指标不同，教师通过技术操作等六个指标反映有效开展互联网教学所需的能力水平，综合得分为 3.98，其中技术操作能力得分为 3.94，资源整合能力得分为

4.05，教学促进能力得分为 3.94，赋能学习者能力得分为 3.94，学习评价能力得分为 3.95，专业发展能力得分为 4.03。各维度指数均达到较高水平，但仍有较大上升空间。其中，教师的资源整理能力相对较高，这表明沙县区依托国家中小学智慧教育平台，为全区小学、初中、高中提供优质教学资源库能力较强，智慧教育（质量提升）工程项目效果凸显。从教学促进能力来看，教师不仅能够利用互联网资源、工具等提升教学效果，开展"三教"改革（得分为 3.91），也能够开展师生互动指导学生（得分为 3.98）；从教师专业发展能力来看，教师通过互联网资源和课程促进自身专业发展得分为 4.06，比利用互联网开展教学交流活动得分（4.00）要高，说明沙县区教师更加注重互联网对个人专业能力的发展。教师互联网教学能力水平情况如图 21-6 所示。

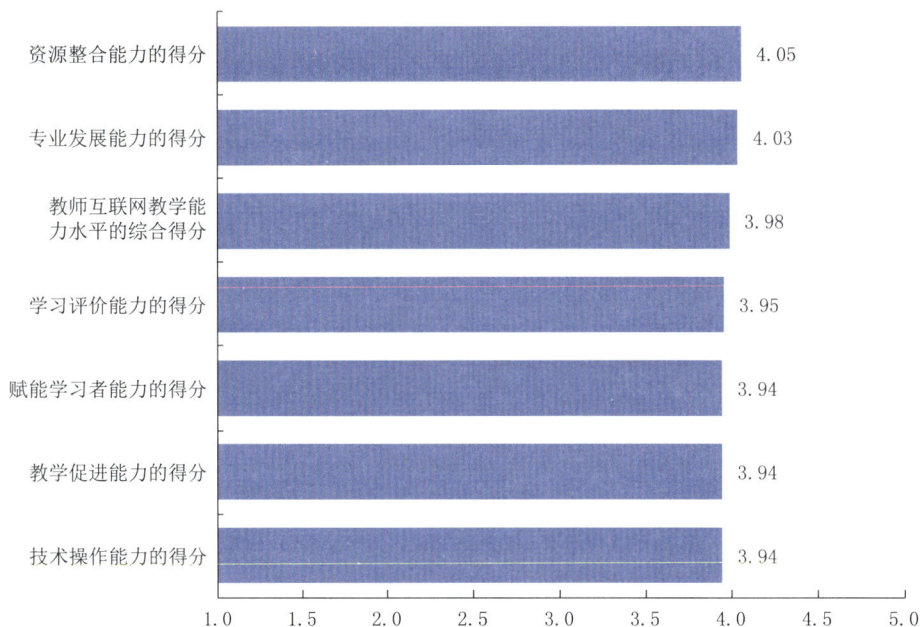

图 21-6　教师互联网教学能力水平情况

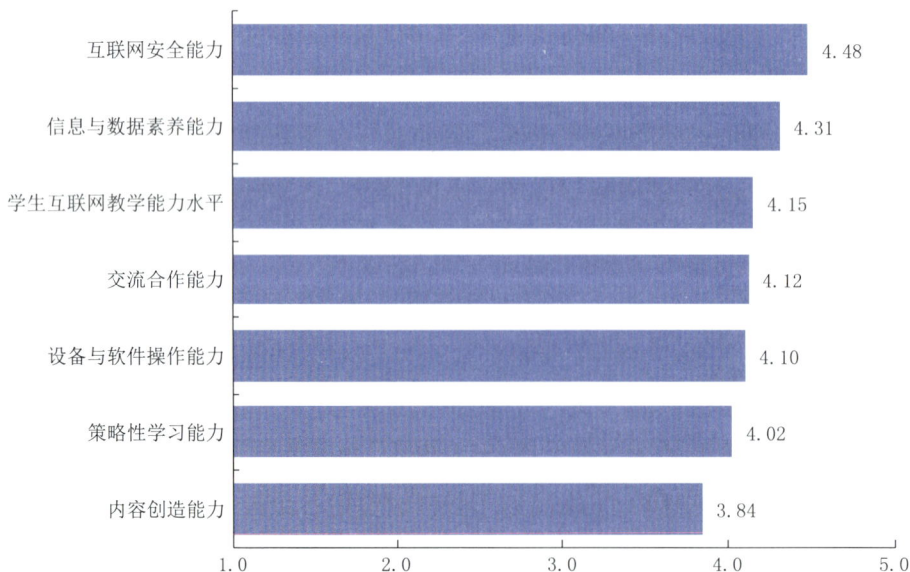

图 21-7　学生互联网学习能力水平情况

（2）学生互联网学习能力水平

学生通过设备与软件操作等六个指标反映有效利用互联网开展学习所需的能力水平，综合得分为 4.15，其中设备与软件操作能力得分为 4.10，信息与数据素养能力得分为 4.31，交流合作能力得分为 4.12，内容创造能力得分为 3.84，策略性学习能力得分为 4.02，互联网安全能力得分为 4.48。从整体来看，学生利用互联网软硬件设备、搜索信息与数据、开展交流活动、提高学习效率与效果等能力仍然保持一定的水准，但是利用互联网资源或工具进行多种媒体形式的内容创造能力稍有欠缺。学生互联网学习能力水平情况如图 21-7 所示。

21.2.6　互联网支持教与学情况

（1）教师专业发展支持

通过活动参与等三个指标反映的教师为提升互联网教学能力所需的专业发展支持综合得分为 3.72，其中活动参与得分为 3.59，活动效果得分为 3.81，共同体建设得分为 3.76，说明教师整体上能通过互联网活动提升教学能力、优化教学实践，但还需要相关机构在提升基础教育基础设施的同时，为教师提供更多参与国家级、省级、市级举办的互联网教学能力提升活动的机会。教师专业发展支持情况如图 21-8 所示。

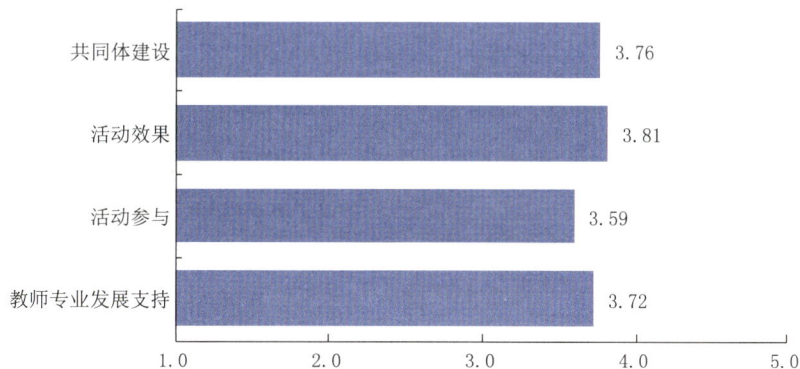

图 21-8　教师专业发展支持情况

（2）学生互联网学习服务

调查显示，通过学习策略等四个指标反映的学生互联网学习过程中所获得的学习服务综合得分为 4.11，其中学习策略得分为 4.27，学习评价得分为 4.15，寻求帮助得分为 4.05，动机与情感得分为 3.99，说明学生通过互联网学习普遍可以获得在线学习策略与方法、有用的反馈与评价、学习支持等，从而改进学习，提升自我。学生互联网学习服务情况如图 21-9 所示。

21.2.7　国家中小学智慧教育平台应用情况

（1）整体使用情况

沙县区将国家中小学智慧教育平台融入智慧教育云体系，探索教学创新模式，信息技术与教育教学深度融合的有效路径，赋能区教学模式的数字化创新发展。调查显示，93.06% 的教师用过国家中小学智慧教育平台，90.05% 的教师安装了国家中小学智慧教育平台手机端 App

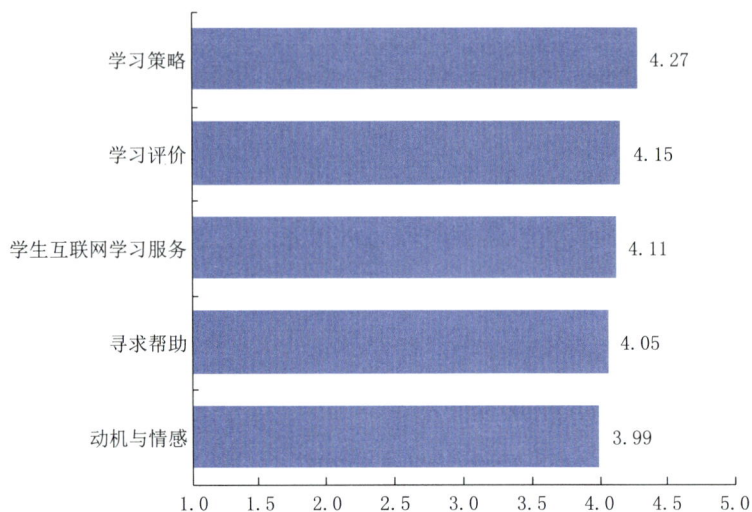

图 21-9　学生互联网学习服务情况

（智慧中小学），对应学生的数据分别为 77.67%、86.25%。该数据表明学生的平台使用率较低，部分学生仅是为了完成任务而安装，但是并未使用或者教师没有要求学生使用平台开展学习活动。师生使用国家中小学智慧教育平台的情况如图 21-10 所示。

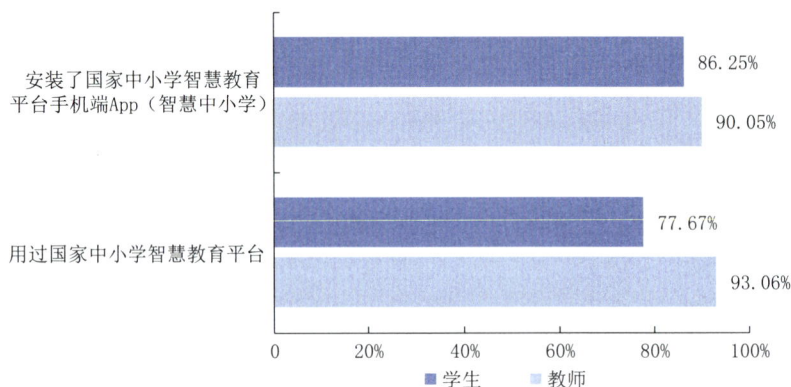

图 21-10　师生使用国家中小学智慧教育平台的情况

（2）学生利用平台开展活动

学生利用国家中小学智慧教育平台开展的活动主要集中在课程学习、自主学习和课后活

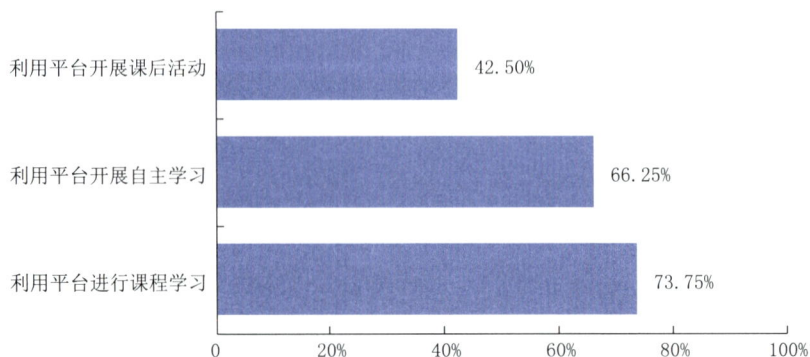

图 21-11　学生利用平台开展各类活动的情况

动，其中开展课程学习活动的占比为 73.75%，说明学生开展互联网学习的主要目的还是课程学习。各类活动开展情况如图 21-11 所示。

学生利用平台开展课程学习的调查中，有 86.44% 的学生通过老师分享或指定的平台上的资源进行课程学习。各类课程学习活动方式情况如图 21-12 所示。

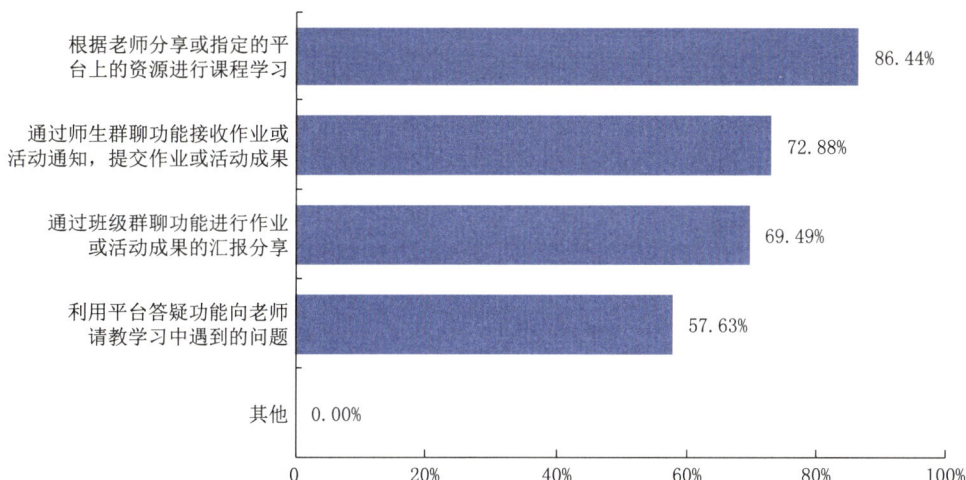

图 21-12　学生利用平台开展课程学习的情况

学生利用平台开展自主学习的调查中，有 84.91% 的学生利用平台课程资源对自己的学习查漏补缺。各类自主学习情况如图 21-13 所示。

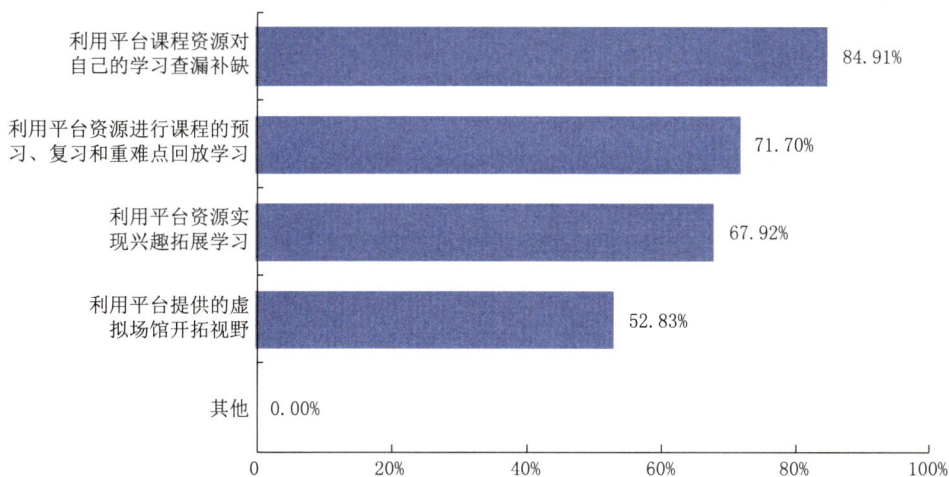

图 21-13　学生利用平台开展自主学习的情况

学生利用平台开展课后活动的调查中，开展文化艺术类学习、体育锻炼类学习、经典阅读类活动、科学科技类学习、影视教育类学习的人数和比例均较高，说明该平台对于各专业学生、各类课后活动都有很好的支撑。各类课后活动情况如图 21-14 所示。

（3）教师利用平台开展活动

教师利用国家中小学智慧教育平台开展的活动主要集中在日常教学工作、课后服务、教师

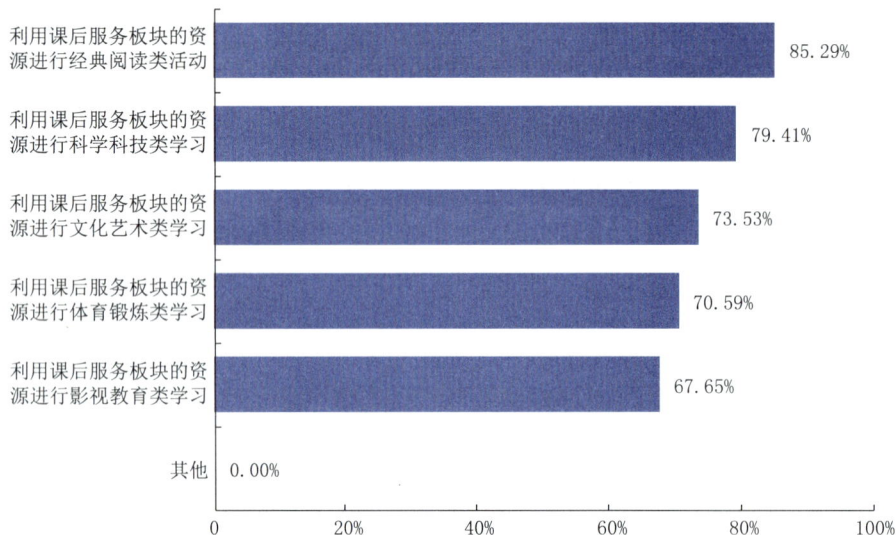

图 21-14　学生利用平台开展课后活动的情况

研修、家校协同育人四个方面，其中利用平台开展日常教学的占比为 75.62%，利用平台进行教师研修的有 63.68%，说明教师开展互联网学习的主要目的还是课程教学和研修活动。各类活动开展情况如图 21-15 所示。

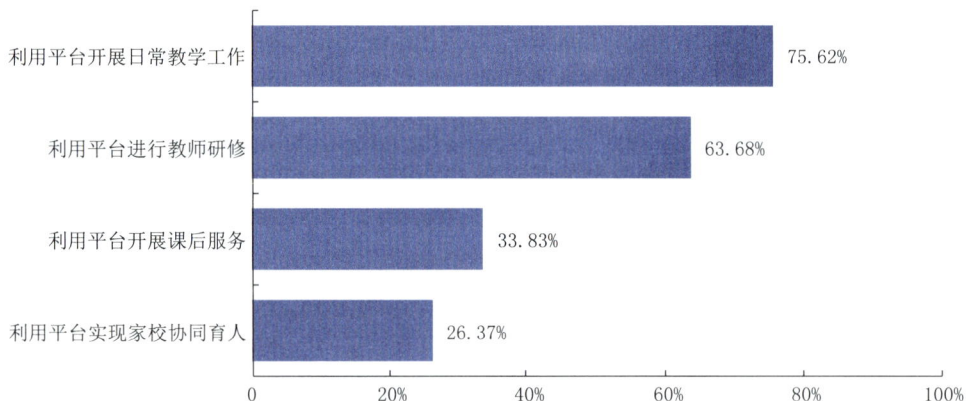

图 21-15　教师利用平台开展各类活动的情况

教师利用平台开展日常教学工作的调查中，借助备课资源包（课件、课标解读、电子教材等）进行备课的有 88.62%，占比在 10% 以上的工作包括：参考名师课堂进行备课、利用平台资源开展探究式教学（基于项目、主题、问题式的探究教学）等。各种日常教学工作情况如图 21-16 所示。

教师利用平台开展课后服务的调查中，利用师生群聊功能进行学习答疑辅导、文化艺术类课后服务和经典阅读类课后服务的比例都在 60% 以上，而开展科普教育类课后服务、体育锻炼类课后服务和影视教育类课后服务的比例均不足 50%，说明教师利用平台开展的课后服务主要集中在文化课方面，以支撑日常课程教学。利用平台开展课后服务的情况如图 21-17 所示。

教师利用平台进行教师研修中，参与学校或教育局组织的基于平台资源的研修活动的有78.13%，体现了师生使用国家中小学智慧教育平台主要由政府机构推动，教师自行使用尚缺乏

借助备课资源包进行备课 88.62%

参考名师课堂进行备课 67.76%

利用平台资源开展探究式教学 55.92%

利用平台资源开展双师教学 33.55%

利用平台课程资源和工具进行"停课不停学"期间的教学工作 14.47%

利用平台提供的德育、健康教育等资源开展班会课，丰富班会课素材 13.16%

通过班级管理功能进行作业布置及批阅 12.50%

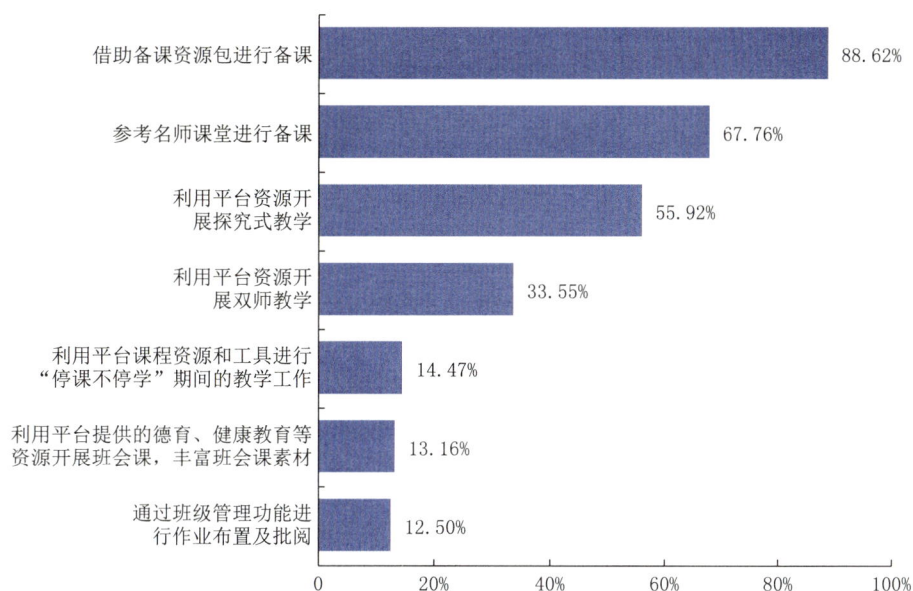

图 21-16 教师利用平台开展日常教学工作的情况

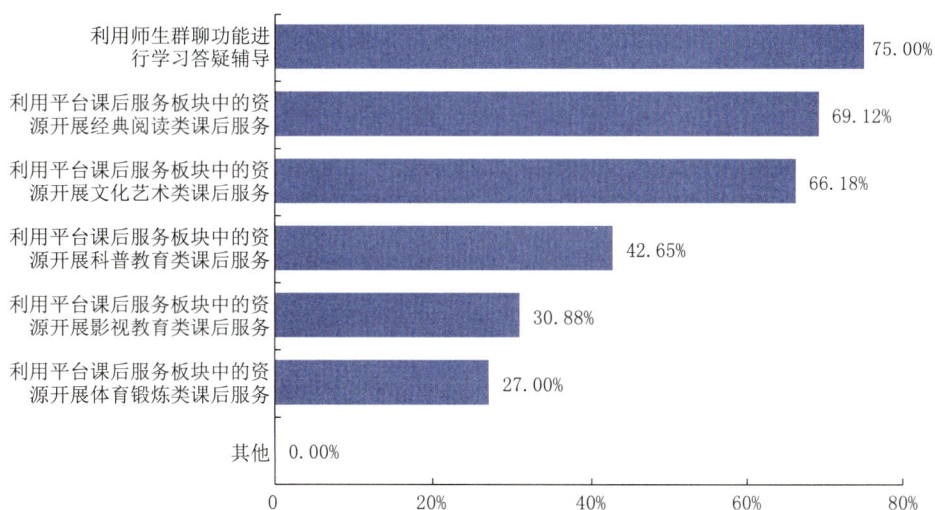

利用师生群聊功能进行学习答疑辅导 75.00%

利用平台课后服务板块中的资源开展经典阅读类课后服务 69.12%

利用平台课后服务板块中的资源开展文化艺术类课后服务 66.18%

利用平台课后服务板块中的资源开展科普教育类课后服务 42.65%

利用平台课后服务板块中的资源开展影视教育类课后服务 30.88%

利用平台课后服务板块中的资源开展体育锻炼类课后服务 27.00%

其他 0.00%

图 21-17 教师利用平台开展课后服务的情况

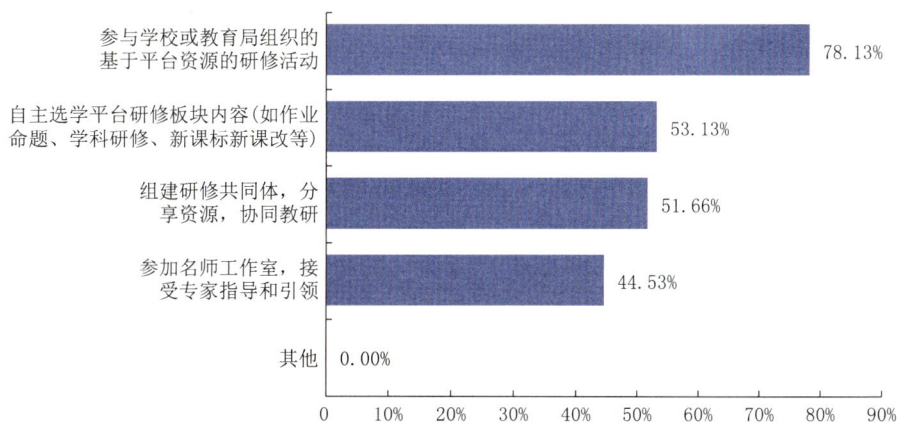

参与学校或教育局组织的基于平台资源的研修活动 78.13%

自主选学平台研修板块内容(如作业命题、学科研修、新课标新课改等) 53.13%

组建研修共同体，分享资源，协同教研 51.66%

参加名师工作室，接受专家指导和引领 44.53%

其他 0.00%

图 21-18 教师利用平台进行教师研修的情况

驱动力。各类教师研修活动情况如图 21-18 所示。

利用平台实现家校协同育人中，与家长沟通交流、发布家长会通知的比例均在 79% 以上，体现了平台在实现家校协同育人方面的积极作用。各类家校协同育人情况如图 21-19 所示。

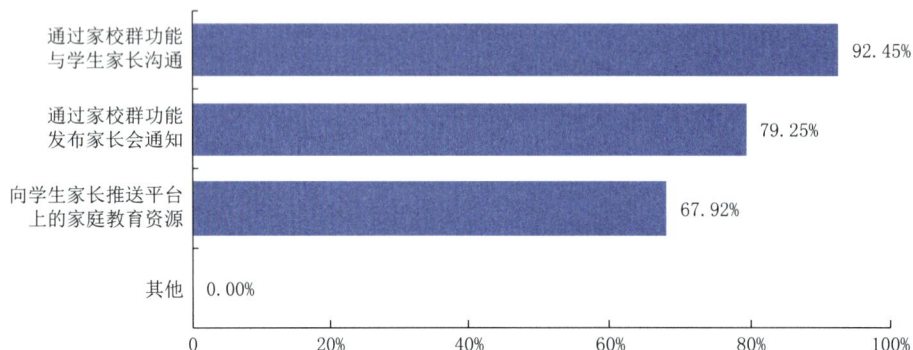

图 21-19　教师利用平台实现家校协同育人的情况

（4）平台对师生的帮助

调查显示，教师认为平台的帮助体现在丰富学习、增进交流、支撑自我学习、开阔视野等方面，其中认为平台上的数字化教学资源有助于丰富课程、开拓课程教学设计的思路的占比均在 70% 以上，具体情况如图 21-20 所示。

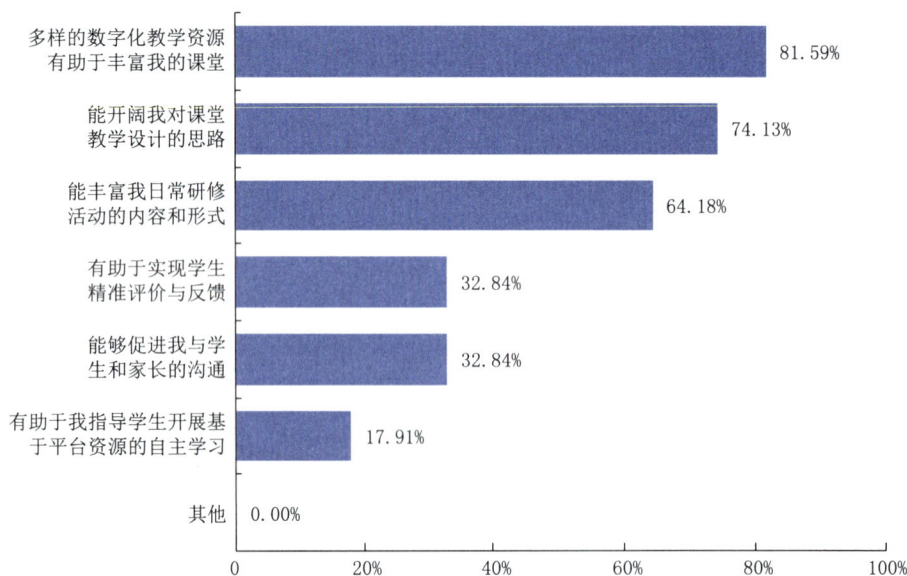

图 21-20　使用国家中小学智慧教育平台对教师的帮助情况

学生认为平台的帮助体现在丰富学习、增进交流、支撑自我学习、开阔视野等方面，其中认为平台多样的数字化学习资源有助于丰富学习的占比最高，为 76.25%，具体情况如图 21-21 所示。

（5）师生应用平台时遇到的问题

调查显示，教师在使用平台的过程中遇到的主要问题包括电子教材版本、课程资源不全，

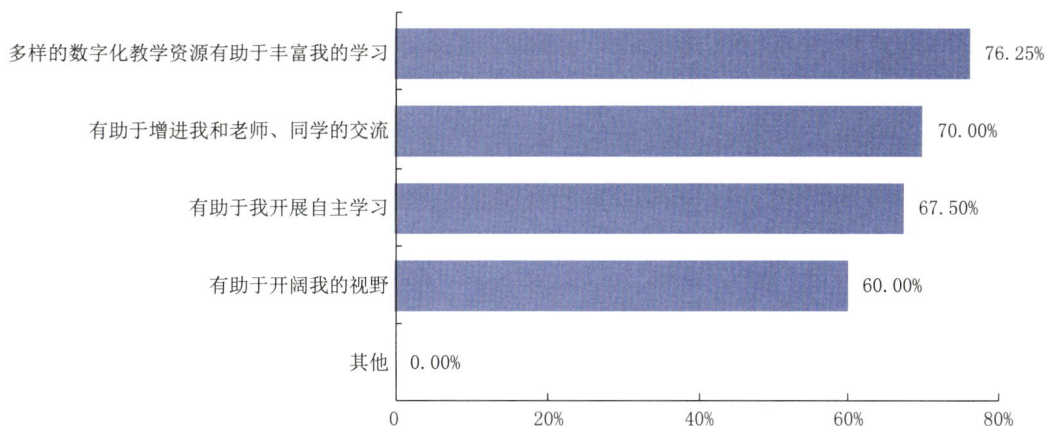

图 21-21　使用国家中小学智慧教育平台对学生的帮助情况

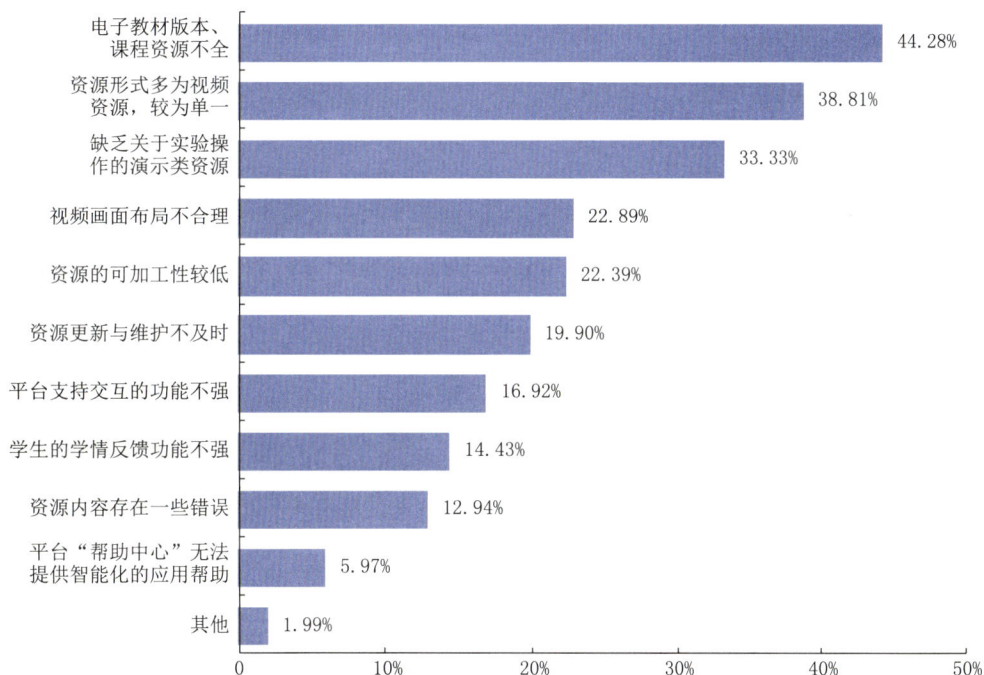

图 21-22　教师使用平台中遇到的问题情况

缺乏关于实验操作的演示类资源等十项，其中电子教材版本、课程资源不全的占比是 44.28%，具体情况如图 21-22 所示。

　　学生在使用平台的过程中遇到的主要问题包括教材版本、课程视频不全，资源形式多为视频，呈现形式较为单一等八项，其中认为"平台帮助中心智能性不强，不能帮助我解决应用过程中遇到的问题"的占比最高，为 50%，具体情况如图 21-23 所示。

　　（6）师生对平台改进建议

　　调查发现，学生对平台的改进建议集中在丰富各类资源以及个性化错题记录等实用功能上，其中增加课程视频配套的习题资源、增加个性化错题记录功能的占比均在 65% 以上，具体情况如图 21-24 所示。

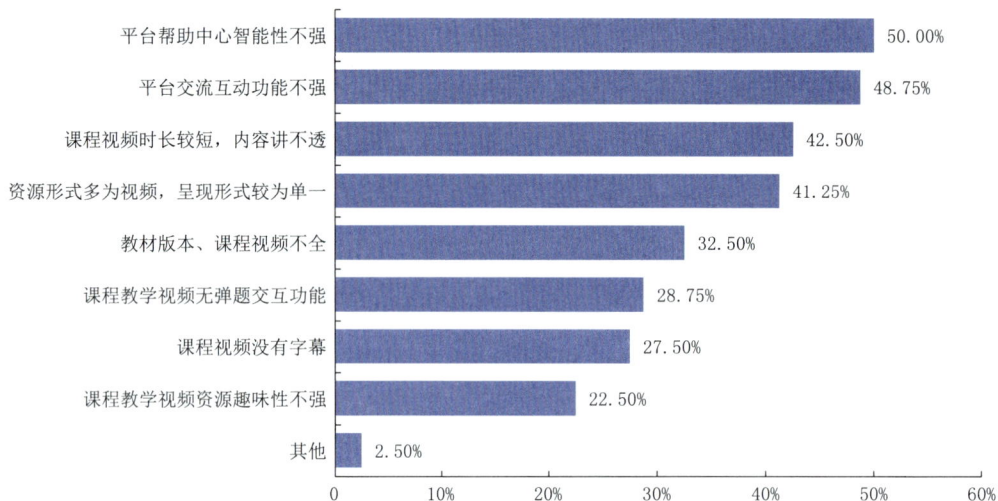

图 21-23 学生使用平台中遇到的问题情况

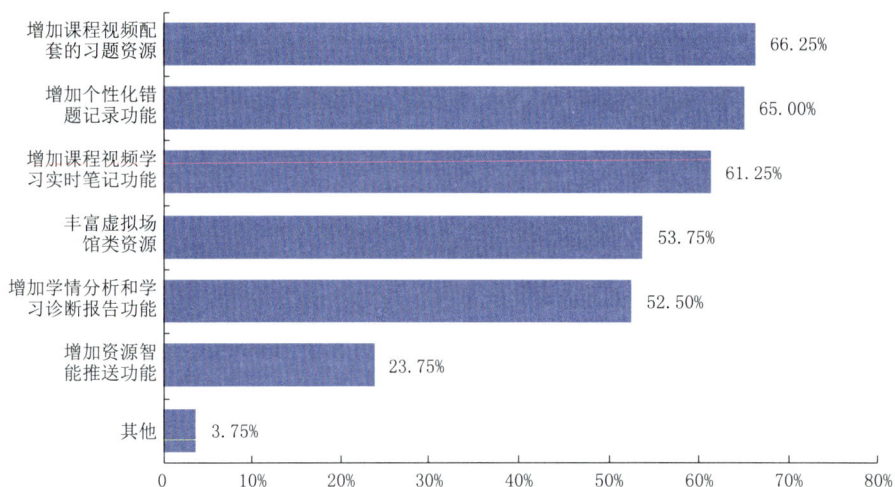

图 21-24 学生对平台改进建议的情况

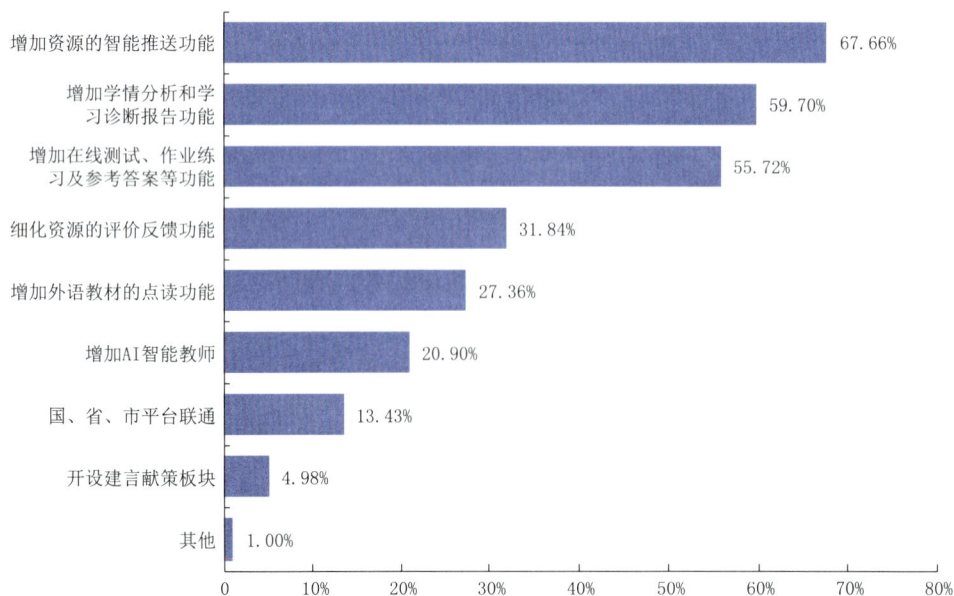

图 21-25 教师对平台资源改进建议的情况

教师在应用平台方面有较为深入的感受，在资源改进、功能改进两个方面提出了建议，其中资源改进方面，67.66% 的教师认为平台需要增加资源的智能推送功能，提高资源应用效率；功能改进方面，59.7% 的教师认为增加学情分析和学习诊断报告功能，具体情况如图 21-25 所示。

21.3　互联网学习的典型案例

数字化赋能基础教育综合改革

立德树人为本，优质均衡为纲。2023 年，沙县区以全域性数字化改革为牵引，以建设教育强区为驱动，以教育教学改革为中心，率先启动全省首个智慧教育项目。按照"统筹规划、分步推进、务求实效"的建设思路。依托全国中小学智慧教育平台，为全区小学、初中、高中提供优质教学资源超 71.8 万条，新高考、新中考精品试题资源 100.5 万道，学科专题课程资源 29 328 份、德智体美劳等优质资源 9 535 份，建成了全区丰富的资源库，为城乡、校际课堂质量提升提供强大支撑。以沙县区翠绿小学为例，通过智能选排课提升学校教务管理效果，使得原本一周的校级排课工作缩短至 17 分钟。同时通过智能整合，提升资源应用效能，先后整合了 20 余间教室，调动了 60 名校内教师，共计开设了 60 门校内的课后服务课程，周参与 5 天的学生达 99.81%，日均课后服务时长达 120 分钟，课程满意度达 99%。

21.4　关键问题

21.4.1　学生互联网学习效果有待提升

国家持续实施"教育信息化 2.0"行动计划，稳步推进"互联网 + 教育"，全面推进信息技术与教育教学深度融合，创新人才培养模式，优化教育资源配置，促进优质资源共享。以信息化引领未来教育发展的最终目的是立德树人，是通过互联网学习，能够为学习者提供更加丰富、直观、生动的学习资源和互动环境，提高学习效果。沙县区近些年开展大量的教育信息化工作，配备区域政策与保障措施也是为了这一目的，但是从基础教育领域学生互联网学习的实际效果来看，情况总体不太理想。调研发现，"我认为通过互联网学习的效果优于在教室学习的效果"一项的指标为 3.54，相比于其他指标明显偏低；与此同时，"我非常愿意利用互联网进行学习"的指标为 4.40，"从互联网获取信息与数据时，我能够有自己的判断，不盲从他人观点"的指标为 4.49，说明学生在沙县区政府机构和学校带领下开展了大量的互联网学习活动，但是效果并未达到预期。

21.4.2　教师专业发展支持活动参与不足

沙县区基础教育领域教师专业发展支持情况均处于较高水平，但是"我有机会参与国家级、省级、市级举办的互联网教学能力提升活动，如讲座、培训、研讨、研究等"的指标得分为 3.59，在教师 CASE 指标体系中是最低的，说明基础教育教师参与互联网教学相关的能力提升活动的机会相对偏少，研究认为沙县区也已经认识到此问题，开展了智慧教育（质量提升）

工程项目、"总校制"办学模式改革，以解决市域范围内基础教育存在不平衡，为城乡教师提供更多的参与教学能力提升活动机会，盘活城乡教育资源，推进区域教均衡发展。

21.5 发展趋势

21.5.1 加强现代化教育治理能力

创新信息时代教育治理新模式，沙县区加快智慧教育云平台建设，进行区域教育数据整合，开展大数据支撑下的教育治理能力优化行动，推动以互联网等信息化手段服务教育教学全过程。同时，协同局方依托项目校考核机制，按月落实考核，促进项目校产品规模化、常态化应用。

21.5.2 样板校教学质量提升和教学模式创新

保障各基地校大数据精准教学系统和个性化学习手册的常态使用。依托区校级教研活动，打造试卷讲评课、复习课等优秀课例，推动个册（个性化学习手册）高频应用校，实现更好的应用闭环，打造学校自身应用模式；在智慧课堂应用方面，聚焦乡村校的应用情况，加强线下培训和服务，推进"全区备授课系统教学大赛"活动，鼓励各基地校相关年级学科教师利用智慧课堂授课系统开展公开课及常态应用，以沙县一中和沙县一中分校为重点打造智慧课堂高效教学模式。

21.5.3 落实"五育"融合育人体系

推动全区继续开展智慧体育、智慧心育、AI 创新教育等教学。以沙县一中分校为重点打造对象，推进学校智慧体育应用，积累教学数据，打磨优质课例；在 AI 创新教育方面，继续推动小学和初中部署校进行常态化应用，积极推动学校参加各类教研活动和教育部技术与资源发展中心优秀课例申报；在智慧心育方面，同区未成年心理健康辅导站沟通下学期项目校心理普测活动开展方案。

21.5.4 提升区域教师信息素养

在暑期开展区域智慧教育骨干教师培训，通过开展信息技术与教育教学深度融合的培训，打造智慧教育骨干教师队伍。继续依托 AI 教研平台开展区域风采案活动，积累优秀课例，利用网络名师工作室开展跨校、校内教研活动，提升各校教师队伍整体信息化素养。

21.5.5 区域影响力提升

协同各方继续推进三明市基础教育现场会活动，推动深化应用的同时提升区域影响力；依托 AI 教研平台开展区本教研，打造区校级品牌特色研修活动，培养"教坛新星""教学能手""学科名师"；协同市场部对沙县区项目典型案例进行宣传报道，推动项目开展宣传片拍摄；开展沙县区智慧教育项目优秀案例集的编撰工作。

第二十二章

CHAPTER 22

北京市西城区基础教育领域互联网学习发展报告

22.1 概述

22.1.1 西城区互联网学习发展概述

北京市西城区全面贯彻党的教育方针，坚持政府主导、多方参与、优势互补、开放有序的原则，围绕立德树人根本任务，聚焦丰富教育教学供给，改革评价机制，深入推广"互联网＋基础教育"。建立以业务需求为导向、以技术赋能为支撑的数字化发展机制，夯实统一的基础底座，打造统一的教育应用场景，构建统一的教育数字通达空间，提升统一的教育数字保障能力。在区域互联网学习上追求整体推进、重点突破、应用驱动和全面赋能，通过优质教师资源线上流转，满足学生学习需要，推动教师自身发展，同时有序引导社会力量参与，利用新技术激发教育活力，培育教育发展的新动能，构建高水平的教育现代化新样态。

早在 2012 年，西城区就搭建了教育虚拟化服务器集群，为区域内的中小学、幼儿园及教育单位提供虚拟服务器和存储空间。2022 年，通过优化市、区、校各级网络，完善北京教育专网，接入国家教育专网，已经实现学校千兆接入率、班级百兆接入率，西城区正在努力构建一个能够支持高质量教育的信息化环境。在教育数字资源建设和共享方面，西城区已经搭建了以云计算为基础的西城区教育资源公共服务平台，通过信息技术与教学过程的深度融合，汇聚了核心应用和第三方优质资源，为老师、学生、家长提供一站式服务。同时利用教育数据挖掘、学习分析、深度学习等技术，实时监测学生学习进度与状态，刻画知识图谱、能力图谱，为学生提供全面、有效的智能诊断和资源推送。

22.1.2 年度特征词及其解释

（1）数字教育新基座

数字教育新基座包括网络、硬件设备、软件平台等基础设施，以及教育教学数字化资源、教育大数据分析与应用、教育智能决策支持等方面的建设。根据北京市教育委员会起草的《北京市智慧教育总体规划方案（2023—2025）》，北京将构建"一基（数字教育新基座）、六景（数字教育新场景）、三空间（数字教育新空间）"的智慧教育发展新格局。为了落实这一规划，西城区已经初步建成了市、区、校三级基础网络环境，校园互联网接入率达 100%，无线网络覆盖率超过 90%。同时，西城区还整合汇聚了各个教育业务系统的数据表、数据要素，打造了教育大数据体系。

（2）开放型在线辅导

开放型在线辅导是一种新型的教学方式，它通过计算机互联网或手机无线网络，在一个网络虚拟教室中进行教师和学生的互动。在北京市西城区，开放型在线辅导计划是一项重要的在线教育措施。这项计划鼓励教师组合运用多种形式开展在线辅导，以提升教学质量和学生的学习效果。自 2022 年起，除节假日和寒暑假外，每天 18 时至 21 时，全市所有初中生都可以享受到在线辅导服务，覆盖的学科包括语文、数学、英语等 9 门。此外，北京市西城区还拥有自己的线上同步课程平台——北京西城数字学校，该平台由北京市西城区现代教育信息技术中心主办，为学生提供了丰富的学习资源和便利的学习渠道。

（3）网络素养

网络素养（Digital Literacy），也称为数位素养，是指人们运用电脑及网络资源的能力来定位、组织、理解、估价和分析信息，它不仅包括通晓基本的互联网工具，如搜索引擎、电子邮箱，也包括能分类、整理和对比互联网信息，甚至参与互联网共建。在北京市西城区，网络素养的提升被视为一项重要的教育任务。学校被视为提升青少年网络素养的主阵地，因为青少年已成"数字原住民"，网络对他们来说就像水和空气一样成为常态，所以需要加强对青少年的互联网技术掌控能力的培养。具体来说，网络素养的提升不仅包括基本的网络使用技能和技术应用，还涉及如何判断与评价网络信息，如何保护自身的网络安全和隐私信息，如何做到有效、自控、不沉迷于网络，如何坚守道德底线、遵守网络规范，以及如何利用好网络促进自我发展等方面。

22.1.3　互联网学习特征指数

研究团队以基础教育领域互联网学习指标体系为依据，设计开发了基础教育领域互联网学习管理者、教师、学习者问卷，依托在线调研平台在西城区全区范围内收集数据。经数据清洗后，共得到有效问卷 2 874 份。其中，学生问卷数量 2 253 份，教师问卷数量 563 份，管理者问卷数量 58 份。根据"基础教育互联网学习发展水平评估框架"，研究团队从"互联网学习CASE 模型"抽选出核心指标题项进行呈现。

表 22-1　西城区教师教学能力核心指标的特征指数汇总表

教师核心指标	特征指数	核 心 指 标 题 项	核心指标题项特征指数
教学能力（C）	4.26	C11. 我能够熟练掌握多种技术工具，支持开展在线教学	4.12
		C21. 我能够根据教学目标与方法搜索与选择合适的互联网教学资源	4.46
		C22. 我能够根据教学目标与方法合理改编或制作互联网教学资源	3.86
		C31. 我能够利用互联网开展多种类型的教学活动来提升教学效果，如探究式学习、项目式学习、同伴教学等	4.13
		C32. 我能够利用互联网加强自身与学生之间的互动与交流，以及时为其提供有针对性的指导	4.17
		C41. 我能够利用互联网针对学生自身情况实现个别化和差异化的教学或指导	4.31
		C51. 我能利用互联网对学生进行过程性评价和总结性评价	4.41

续　表

教师核心指标	特征指数	核　心　指　标　题　项	核心指标题项特征指数
教学能力（C）	4.26	C52. 我能够通过收集与分析学生的互联网学习数据来合理调整教学策略	4.23
		C61. 我能利用互联网上的资源与课程持续促进自身专业发展	4.55
		C62. 我能够利用互联网加强与其他教育工作者的交流合作、经验分享	4.45
教学应用（A）	4.15	A11. 我会经常利用互联网开展教学	4.52
		A21. 我在课堂教学中经常利用互联网提供的资源和工具	4.45
		A22. 我在教学中经常使用线上线下混合式教学形式，如翻转课堂、探究学习等	3.67
		A31. 我经常利用互联网开展各种教学活动，如交流、投票、测试、虚拟实验等	4.07
		A41. 我很满意互联网教学的效果	4.16
专业发展支持（S）	4.18	S11. 我有机会参与国家级、省级、市级举办的互联网教学能力提升活动，如讲座、培训、研讨、研究等	4.41
		S21. 我所参加的互联网教学能力提升活动，能够为我开展互联网教学实践提供参考，并引发自主探究与反思	4.32
		S31. 我的互联网教学探索经常能够得到本地教研小组、在线学习社群等专业共同体的支持	3.82
教学环境（E）	4.11	E11. 我很容易获取到满足教学需求的多样化网络教学资源，如文本、图片、视频等	4.02
		E21. 现有的教学平台与应用能够支持我开展多种类型的教学活动，如雨课堂、课堂派、钉钉、腾讯会议等	4.20

表 22-2　西城区学生学习能力核心指标的特征指数汇总表

学生核心指标	特征指数	核　心　指　标　题　项	核心指标题项特征指数
学习能力（C）	4.07	C11. 我能够熟练操作互联网学习所需的软件和设备	4.52
		C21. 在利用互联网搜索时，我能够准确识别所需信息，过滤掉不相关的内容	4.11
		C22. 我能够整理好搜集到的互联网信息与数据，以便后续查找与使用	3.94
		C23. 从互联网获取信息与数据时，我能够有自己的判断，不盲从他人观点	3.74

续　表

学生核心指标	特征指数	核 心 指 标 题 项	核心指标题项特征指数
学习能力（C）	4.07	C31. 我进行在线交流与合作时，能够尊重、理解他人观点，并简明清晰地表达自己的观点	4.35
		C32. 我经常向他人分享高质量的学习资源	3.75
		C41. 我可以利用互联网资源和工具创作图片、文字、音视频等多种形式的作品	4.24
		C42. 我常常通过互联网平台发布自己的作品，如朋友圈、QQ 空间、抖音等	3.96
		C51. 我能制订好学习目标和学习计划来支持互联网学习的开展	3.83
		C52. 利用互联网进行学习时，我能够及时总结相关知识，巩固所学内容	3.67
		C61. 我能够在互联网学习过程中保护好自己与他人的隐私，如不随意填写个人、家庭、朋友的相关信息	4.07
		C62. 我能够有意识地规避互联网安全风险，如不轻易点击不明来源的链接与弹窗	4.03
学习应用（A）	4.04	A11. 我非常愿意利用互联网进行学习	4.42
		A21. 我经常利用互联网进行学习	4.12
		A31. 我经常上网搜索并获取学习资料	4.43
		A32. 我经常参与多种类型的互联网学习活动，如在线测试、在线讨论、在线答疑等	3.95
		A41. 我认为通过互联网学习的效果优于在教室学习的效果	3.40
学习服务（S）	4.15	S11. 我会从老师或同伴那里学到有用的在线学习策略与方法，比如搜索技巧、学习工具、学习习惯等	4.03
		S21. 在互联网学习过程中，我能够从老师或同学那里获得有用的反馈与评价	4.13
		S22. 学习平台根据我的学习表现提供的反馈与评价，对于我改进学习很有帮助	4.17
		S31. 在学习中遇到问题时，我总能通过互联网获得老师或同伴的有效支持	4.31
		S41. 互联网上的学习内容与活动总是对我很有吸引力	4.22
学习环境（E）	4.27	E11. 我总能通过互联网获得许多好用的学习资源	4.52
		E21. 我在互联网学习时不会受到网速卡顿的影响	4.13
		E22. 现有的学习平台和工具能够很好地满足我的学习需求	3.91

22.2 互联网学习发展现状

22.2.1 互联网学习环境建设情况

（1）教师视角的互联网环境建设

北京市西城区基础教育领域教师互联网教学环境情况总体处于较高水平，如图 22-1 所示，教师认为学校平台与系统建设情况处于很高水平，能够充分满足日常互联网教学需要，在基础设施与终端设备建设、学习资源建设方面处于较高水平，仍有发展空间，未来应该加大这两项的建设力度，加强校企合作，创新建设模式，进一步完善教师互联网教学环境。

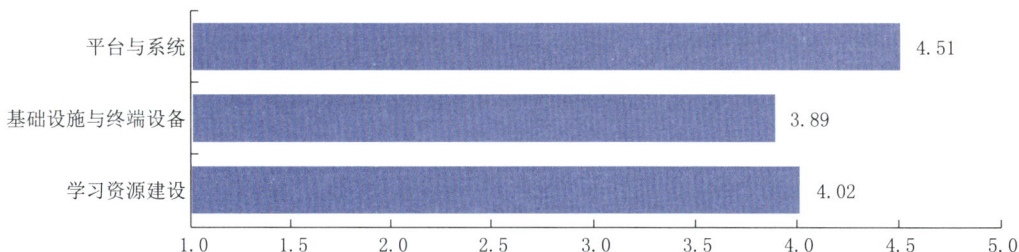

图 22-1 教师视角的互联网环境建设

（2）学生视角的互联网环境建设

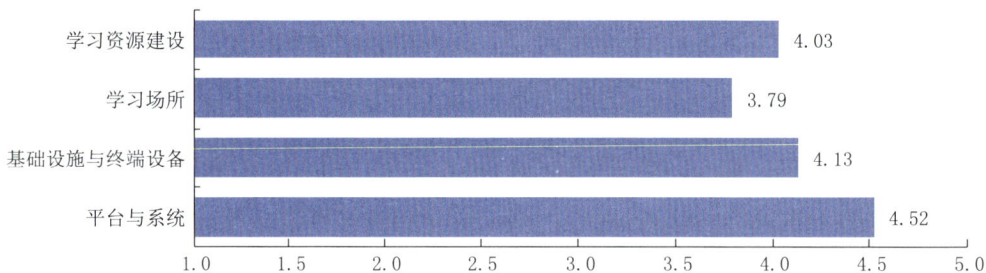

图 22-2 学生视角的互联网环境建设

2023 年北京市西城区基础教育领域学生视角的互联网学习环境建设情况如图 22-2 所示。学习资源建设情况总体达到很高水平，平台与系统和学习场所水平达到较高水平，反映出西城区作为教育高地的优势，而基础设施与终端设备方面的得分相对较低，在未来发展中，相关部门应加强基础设备与终端的保障，及时更换老旧设备，为学生开展互联网学习提供有力的硬件支撑。

22.2.2 师生互联网应用现状

（1）教师视角的互联网教学应用情况

2023 年北京市西城区基础教育领域教师视角的教学应用情况如图 22-3 所示，教师互联网教学应用意愿处于很高水平，其余各项指标均处于较高水平，但应用方式、应用频率指数相对较低。这表明教师充分认可且愿意通过线上线下混合式教学、双师课堂、翻转课堂等教学模式开展互联网教学，认为互联网教学能够有效提升学习者的学习能力和创新思维，促进其知识的生成积累。与此同时，开展互联网教学也对教师的综合素质提出了新的挑战，使得不同教师之间的教学应用存在较大差异。未来发展中，应给予教师创新教学探索的空间，鼓励教师在利用互联网开展教学的同时凝练互联网教学模式，提升信息化教学技能，进而推进互联网支持下的课程组织方式的变革。

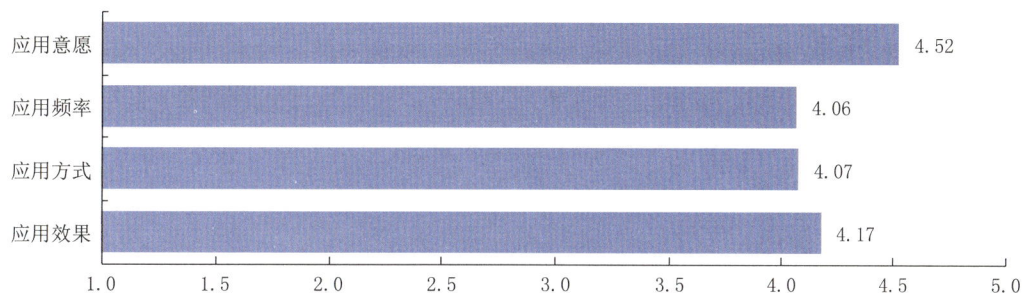

图 22-3 教师视角的互联网应用情况

（2）学生视角的互联网学习应用情况

2023 年北京市西城区基础教育领域学生视角的学习应用情况如图 22-4 所示，学生对于互联网应用意愿接近很高水平，应用频率和应用方式处于较高水平，而应用效果处于一般水平，整体应用效果不理想。部分学生认为互联网学习需要具备一定的自我管理能力，包括时间管理、任务管理等，如果不能有效地管理自己的学习时间和任务，可能会导致学习效果不佳；部分学生认为传统的面对面教学方式，教师和学生可以通过直接的交流和互动来提高学习效果，而在互联网学习中，这种互动和交流的机会可能会减少，这可能会影响学习效果。但互联网提供了丰富的学习资源，包括在线课程、电子书籍、教育视频等，这些资源可以帮助学生更全面、深入地学习知识，学生仍表现出较高的使用意愿和使用频次。因此，在未来发展中，应该关注学习者的自主学习能力和学习方法。同时，利用学习者学习过程中所产生的数据形成质量检测体系，为学习者提供个性化和差异化的学习目标，提升学习者的学习效果。

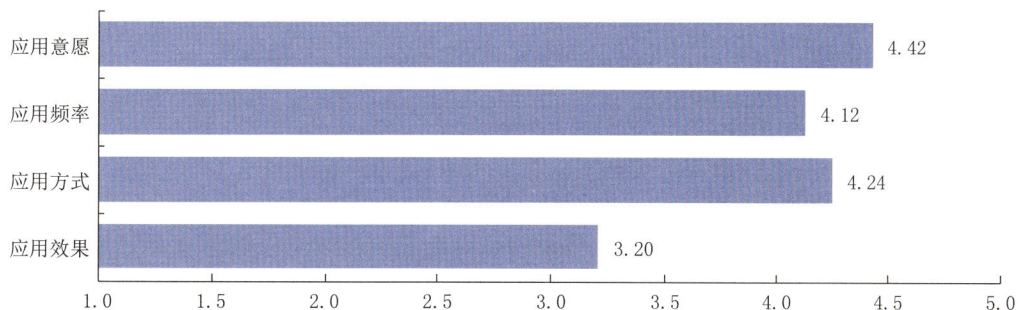

图 22-4 学生视角的互联网应用情况

22.2.3 师生互联网能力水平

（1）教师互联网教学能力情况

2023 年北京市西城区基础教育领域教师互联网教学能力发展情况如图 22-5 所示，专业发展达到很高水平，其余维度指数均达到较高水平。这表明西城区多次组织的教师素养提升培训效果明显。未来发展中，应持续以专业发展为依托，鼓励教师创新和尝试新的技术和方法，拓宽视野，提高技术操作水平。

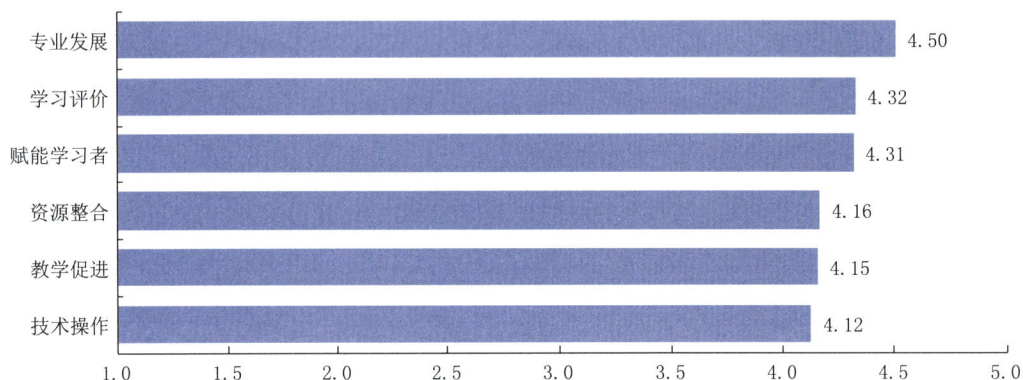

图 22-5　教师互联网教学能力发展指数

（2）学生互联网学习能力情况

2023 年北京市西城区基础教育学生互联网学习能力发展情况如图 22-6 所示。其中，学生的设备与软件操作水平最高，达到很高水平。其次为学生内容创造、互联网安全和交流合作的能力，发展指数分别为 4.10、4.05、4.05，达到较高水平，与其他区域相比优势明显。学生的策略性学习虽达到较高水平，但指数相对较低，说明学生可能没有明确的学习目标和计划，导致他们在使用互联网学习时缺乏方向性和目的性，应注重对学生学习计划制订、时间管理能力、学习习惯等方面的培养。

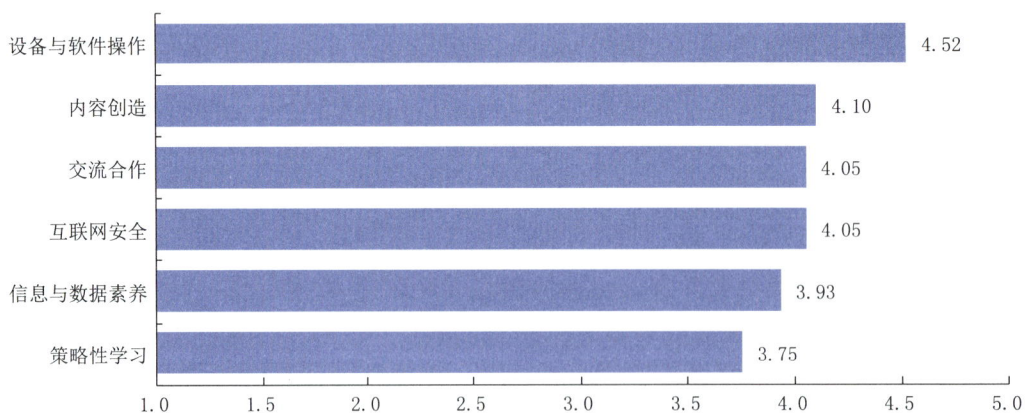

图 22-6　学生互联网学习能力发展指数

22.2.4　互联网支持教与学情况

（1）教师专业发展支持情况

2023 年北京市西城区进行互联网学习的教师专业发展支持情况如图 22-7 所示，其中活动参与、活动效果处于较高水平，说明西城区教师参加高质量培训的机会较多，且教师认为参加的培训能够为开展互联网教学实践提供参考，并引发自主探究与反思。在共同体建设方面指数相对较低，说明教师受教学任务和时间限制，很难抽出时间参与教研小组和在线学习社群的活动。此外，教师也可能缺乏相关的技能和知识，无法有效地参与和支持这些组织的活动。未来发展中，相关部门和学校应重视共同体建设，促进交流和分享，帮助教师更好地了解教育教学的最新动态和趋势。

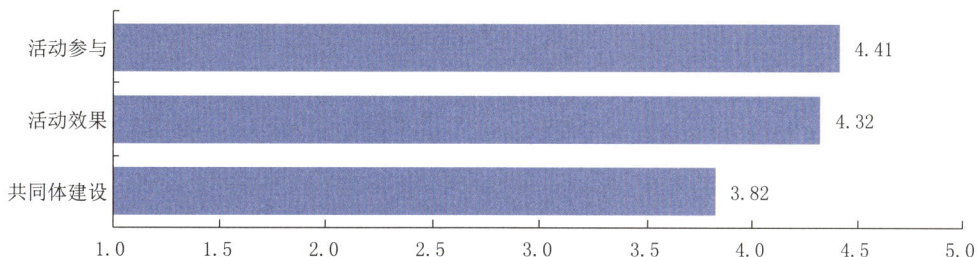

图 22-7　教师进行互联网学习所获专业发展支持情况

（2）学生学习所获支持情况

2023 年北京市西城区学生进行互联网学习的学习所获支持情况如图 22-8 所示，在动机与情感、寻求帮助、学习评价、学习策略四个方面都达到了较高水平，其中寻求帮助指数最高，说明学生在学习中遇到问题时，总能通过互联网获得老师或同伴的有效支持。在学习策略上，指数相对较低，说明学生的在线学习策略与方法，如搜索技巧、学习工具、学习习惯等方面有所欠缺。在未来学习中，老师应帮助学生利用好多种学习资源，设定明确的学习目标、制订详细的学习计划、培养良好的学习习惯。

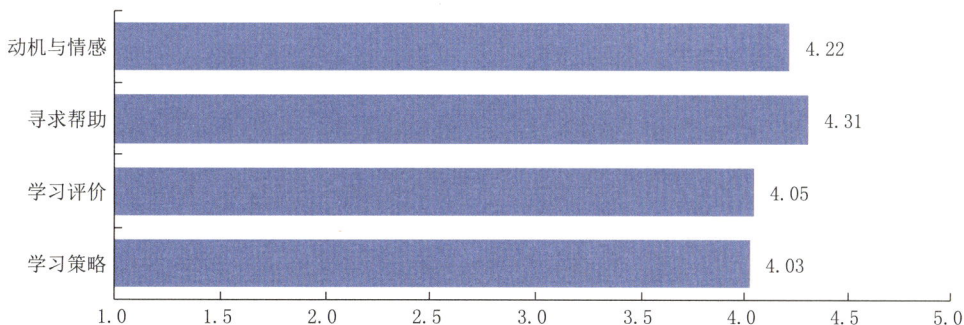

图 22-8　学生进行互联网学习所获支持情况

22.3　互联网学习的典型案例

22.3.1　"互联网大数据"助推西城区英语教育变革

西城区作为首都功能核心区，为实现"巩固'教育高原'、打造'教育高峰'、做'有温度'的教育"的目标，率先开展英语数字化转型试点工作，坚持"数据为基础、平台为支撑、分析为核心、服务为根本"的规划理念，聚焦学生、老师、管理者三类用户，将人工智能、大数据等新一代信息技术与智慧校园平台系统相结合，实现全校教、学、考、评、管等各类教育教学活动数据统一、资源互通、应用互联，从而打造出教育服务大数据深度应用的创新规范。

2023 年以来，西城区通过示范引领、教师研训等方式促进教师对数据的深度应用。组织开展专题讲座、教学研讨、课例展示、竞赛评比等活动，充分发挥骨干名师的引领作用，线上线下结合开展区、校两级教研活动，以数据应用为切入点，辅助教师探索听说教学的精准化、智能化、个性化。2023 年春季学期，西城区使用英语听说教考管理平台共组织全区初中、高中联考 4 次，覆盖全区 33 所初中、高中，共计 9 万余名学生，及时掌握全区中学生英语听说能力发展情况。基于几次联考测试数据，深入分析各校听说教学情况，并反馈学生薄弱题型、薄弱知识点等；为使各校各班进行精准备考，根据学生各题型得分情况以及智能评分维度，自动制订并推荐精准复习策略。通过这种区域教学评价和区域考试报告，实现西城区英语听说教考过程精准化并关注到每位学生的能力发展，助推西城区英语教育变革。

22.3.2 "开放型在线辅导"助推区域教学生态进化

2023 年，西城区拓展开放型在线辅导范围，涵盖区域全体初中学生，辅导实施主要通过"走网"，实现精准化、个性化、多样化的优质服务对接，让学生在特色"小灶"里"吃得好、吃得香"。在线辅导教师主要由中学和教师研修机构在职在岗的中级及以上职称的教师担任，也会根据实施情况适时邀请部分有资质的校外教育机构学科教师、高校教师或社会各界知名专家。在此过程中，西城区教师探索使用电脑终端并借助点阵笔工具，学生则通过手机、平板电脑等移动终端，共同实现基于音频、图片和文本的实时在线辅导。

开放型在线辅导实施以来，西城区上下高度联动，逐步推动了线上线下相融合的区域整体教育生态的进化，线上辅导和线下课堂信息、数据衔接和贯通，打造出虚实融合的教育生态，同时通过对学生提问数据的整理分析，提炼出各个学科、各个年级学生提问知识点的分布情况，挖掘出学生的学科共性问题，为后续精准教学和学科教研提供有力支撑，"线上数据反哺线下教研"机制也支持了教师的精准教学、教研和专业发展。"基于互联网的教育公共服务模式创新——北京市中学教师开放型在线辅导计划"荣获 2021 年北京市基础教育教学成果奖特等奖。

22.4 关键问题

22.4.1 信息化基础设施建设仍需持续推进

虽然西城区早在 2012 年便搭建了教育虚拟化服务器集群，为区内中小学、幼儿园及教育单位提供虚拟服务器和存储空间，但随着技术的不断进步和发展，对硬件设备和软件平台的要求也在不断提高，需要进一步投资升级硬件设施和优化软件平台。经数据分析，部分教师在"基础设施与终端设备建设"上给分较低，说明部分学校的设施老化，设备性能跟不上需求，导致运行效率低下，影响了教学效果和质量。同时，设施之间的兼容性和互联互通存在问题，影响了教育信息化服务的整体效果。

22.4.2 学生网络素养提升仍需持续关注

互联网上存在大量的娱乐性内容，容易让学生在学习过程中分散注意力，导致学习效率低下。学生在利用网络学习时可能缺乏有效的学习策略，无法正确利用互联网资源进行策略性学习，导致学习效果不佳。互联网上的信息量巨大，学生可能面临信息过载的问题，难以筛选出有效的学习资源，导致学习效率低下。同时互联网学习需要学生具备一定的自我管理能力，包括时间管理、学习计划制订等，而一些学生可能缺乏这方面的能力。最后，在互联网上学习也存在网络安全问题，学生可能遇到网络诈骗、信息泄露等风险，需要加强学生的网络安全意识和技能。因此学生网络素养的提升需要持续关注。

22.4.3 教学模式创新仍需持续探索

一些学校在西城区仍然采用传统的教学模式，缺乏对新兴教学模式的尝试和创新，导致教学方法相对滞后。一些学校在教学模式创新方面的资源投入不足，缺乏先进的教育技术设施和教学资源，影响了教学模式的创新和改进。部分教师在新兴教学模式和教育技术的应用方面缺乏相关知识和技能，需要加强相关培训和专业发展。在教学模式创新过程中，还需要考虑学生的学习负担问题，避免过度依赖新技术，增加学生的学习压力。

22.5 发展趋势

22.5.1 转变发展方式，构建数字教育发展新机制

健全西城区数字教育管理体制，推动建立以业务需求为导向、以技术赋能为支撑的数字化发展机制，进一步转变理念，从应用角度不断夯实统一的基础底座、打造统一的教育应用场景、构建统一的教育数字通达空间、提升统一的教育数字保障能力，实现从技术驱动到教育自身变革驱动的方式转变，形成教育数字化转型的新工作格局。

22.5.2 转变教学方式，实现课堂教学提质增效

深入推进西城区"互联网＋教育"、人工智能赋能教育的试点示范，聚焦教、学、管、评、研、育，实现业务贯通、场景融合。进一步开放课堂、贯通课程、突破边界，搭建新型教学平台，打造智能教学场景，提升教育教学质量。"以点带面"示范带动各级各类学校创新教学方式，推动教育教学从传统课堂教学向线上线下结合、课内课外贯通的形态转变。

22.5.3 转变评价方式，推动教育评价模式改革

基于大数据的多维度、综合性分析，提高教育评价的科学性，实现各学段全过程纵向评价、德智体美劳全要素横向评价，推动评价方式从结果式评价向促进学生全面发展的过程式评价转变，探索面向未来的人才培养模式。

22.5.4 转变治理方式，以数据支撑教育科学决策

做实做强教育大数据体系，推进已有信息系统的业务流程和数据资源的互联互通，加强大数据挖掘分析应用，陆续推出大数据专题应用、服务产品和典型场景，推动教育决策从传统式向基于大数据的科学决策转变。

第二十三章

CHAPTER 23

天津市河西区基础教育领域互联网学习发展报告

23.1 概述

23.1.1 河西区互联网学习发展概述

河西区教育综合实力居全国先进行列，被评为全国推进义务教育均衡发展工作先进区，在智慧教育方面具备雄厚的建设基础，在教育部和天津市教育委员会的指导支持下，建设了区域分布式教育资源服务示范工程、"5G+智慧教育"新基建创新应用引领工程等在全国具有示范性和引领性的智能化工程项目。2020 年，河西区被教育部确定为"基于教学改革、融合信息技术的新型教与学模式"实验区。扎实的信息化应用基础促使河西区成功入选教育部第二批智慧教育示范区名单。在此背景下，为发挥区域全国标杆和示范的作用，河西区于 2023 年 6 月开展"天津市河西区智慧教育因材施教项目"，深入推进"一三七"模式。"一"指明确一个建设目标，即建设智慧教育生态体系；"三"指推进三个建设，即智慧教育基础设施建设、智慧教育数据治理建设、智慧教育应用系统建设；"七"指在应用系统建设中打造七大工程，即育人模式创新工程、教育评价改革工程、信息素养培育工程、教育环境构建工程、治理能力提升工程、资源供给优化工程、特色智能创新工程。

23.1.2 年度特征词及其解释

（1）基础环境优化升级

天津市河西区在信息化应用推进过程中十分注重基础环境建设，区教育局结合区内现状及特色，加大投入，实现了区域光纤网络全覆盖、数字化校园系统全覆盖、无线网络全覆盖、教室多媒体全覆盖、教师信息技术能力培训全覆盖，区信息中心建有网络数据中心，全区教育网络统一出口带宽 2G。近年，随着信息化教育的深度发展，河西区持续加强软硬件设施，网络加载 5G 实现跨时空授课更快更顺畅。对标七大工程，面向教、学、考、评、管全场景，增设教研平台、课后服务管理平台、心理健康监测系统、大数据精准系统、人工智能创新教育教室、智慧课堂教室、智慧黑板、英语听说标准化考场、听说课堂、个性化手册、智慧作业、智慧操场等软硬件设备，让教学数据价值贯穿全场景，实现区域智慧教育智能化升级。

（2）数字化转型

在教育数字化转型过程中，全区教育以数据为导向，将数据链接至课堂教学中，借助可视化数据精准分析每位学生的薄弱知识点，为不同班级不同学生制订个性化教学方案。教研员根据教师日常教学数据，有针对性地开展教学研讨活动，研教师关心的，讨教师忽略的，提教师薄弱的。管理者根据数据动态及时调整教育教学方向，做好科学决策，为全区的教育发展指明方向。

（3）试点先行

面向小学、初中、高中遴选八所示范校，以点带面，落实应用机制，探索教与学模式变革路径，提升师生信息素养，结合区域特色挖掘本校亮点，围绕"数据驱动教育教学变革""五育'轻负快乐成长""多民族文化融合课程""心育阳光少年""数据治理"等方向沉淀应用模式，形成"一校一策"，在区域内复用推广。

23.1.3　互联网学习特征指数

研究团队以基础教育领域互联网学习指标体系为依据，设计开发了基础教育领域互联网学习教师问卷和学生问卷，依托在线调研平台在河西区部分学校收集数据。经数据清洗后，共得到有效问卷 8 074 份。其中，学生问卷 7 550 份，教师问卷 524 份。为清晰呈现天津市河西区基础教育领域互联网学习的发展状况，研究团队从"互联网学习 CASE 模型"中抽选出核心指标进行调研，具体呈现详见表 23-1、表 23-2。

表 23-1　河西区教师教学能力核心指标特征指数汇总表

教师核心指标	特征指数	核 心 指 标 题 项	核心指标题项特征指数
教学能力（C）	4.08	C11. 我能够熟练掌握多种技术工具，支持开展在线教学	4.00
		C21. 我能够根据教学目标与方法搜索与选择合适的互联网教学资源	4.09
		C22. 我能够根据教学目标与方法合理改编或制作互联网教学资源	4.09
		C31. 我能够利用互联网开展多种类型的教学活动来提升教学效果，如探究式学习、项目式学习、同伴教学等	4.04
		C32. 我能够利用互联网加强自身与学生之间的互动与交流，以及时为其提供有针对性的指导	4.06
		C41. 我能够利用互联网针对学生自身情况实现个别化和差异化的教学或指导	4.06
		C51. 我能利用互联网对学生进行过程性评价和总结性评价	4.08
		C52. 我能够通过收集与分析学生的互联网学习数据来合理调整教学策略	4.10
		C61. 我能利用互联网上的资源与课程持续促进自身专业发展	4.18
		C62. 我能够利用互联网加强与其他教育工作者的交流合作、经验分享	4.17
教学应用（A）	4.04	A11. 我会经常利用互联网开展教学	4.05
		A21. 我在课堂教学中经常利用互联网提供的资源和工具	4.21
		A22. 我在教学中经常使用线上线下混合式教学形式，如翻转课堂、探究学习等	3.99
		A31. 我经常利用互联网开展各种教学活动，如交流、投票、测试、虚拟实验等	3.96
		A41. 我很满意互联网教学的效果	4.05

续 表

教师核心指标	特征指数	核 心 指 标 题 项	核心指标题项特征指数
专业发展支持（S）	3.91	S11. 我有机会参与国家级、省级、市级举办的互联网教学能力提升活动，如讲座、培训、研讨、研究等	4.04
		S21. 我所参加的互联网教学能力提升活动，能够为我开展互联网教学实践提供参考，并引发自主探究与反思	3.95
		S31. 我的互联网教学探索经常能够得到本地教研小组、在线学习社群等专业共同体的支持	3.75
教学环境（E）	4.1	E11. 我很容易获取到满足教学需求的多样化网络教学资源，如文本、图片、视频等	4.00
		E21. 现有的教学平台与应用能够支持我开展多种类型的教学活动，如雨课堂、课堂派、钉钉、腾讯会议等	4.20

表 23-2　河西区学生学习能力核心指标特征指数汇总表

学生核心指标	特征指数	核 心 指 标 题 项	核心指标题项特征指数
学习能力（C）	4.17	C11. 我能够熟练操作互联网学习所需的软件和设备	4.20
		C21. 在利用互联网搜索时，我能够准确识别所需信息，过滤掉不相关的内容	4.27
		C22. 我能够整理好搜集到的互联网信息与数据，以便后续查找与使用	4.21
		C23. 从互联网获取信息与数据时，我能够有自己的判断，不盲从他人观点	4.29
		C31. 我进行在线交流与合作时，能够尊重、理解他人观点，并简明清晰地表达自己的观点	4.42
		C32. 我经常向他人分享高质量的学习资源	4.04
		C41. 我可以利用互联网资源和工具创作图片、文字、音视频等多种形式的作品	4.03
		C42. 我常常通过互联网平台发布自己的作品，如朋友圈、QQ 空间、抖音等	3.43

学生核心指标	特征指数	核心指标题项	核心指标题项特征指数
学习能力（C）	4.17	C51. 我能制订好学习目标和学习计划来支持互联网学习的开展	4.01
		C52. 利用互联网进行学习时，我能够及时总结相关知识，巩固所学内容	4.26
		C61. 我能够在互联网学习过程中保护好自己与他人的隐私，如不随意填写个人、家庭、朋友的相关信息	4.37
		C62. 我能够有意识地规避互联网安全风险，如不轻易点击不明来源的链接与弹窗	4.54
学习应用（A）	3.94	A11. 我非常愿意利用互联网进行学习	4.20
		A21. 我经常利用互联网进行学习	4.10
		A31. 我经常上网搜索并获取学习资料	3.89
		A32. 我经常参与多种类型的互联网学习活动，如在线测试、在线讨论、在线答疑等	3.73
		A41. 我认为通过互联网学习的效果优于在教室学习的效果	3.65
学习服务（S）	3.79	S11. 我会从老师或同伴那里学到有用的在线学习策略与方法，比如搜索技巧、学习工具、学习习惯等	3.95
		S21. 在互联网学习过程中，我能够从老师或同学那里获得有用的反馈与评价	4.00
		S22. 学习平台根据我的学习表现提供的反馈与评价，对于我改进学习很有帮助	3.75
		S31. 在学习中遇到问题时，我总能通过互联网获得老师或同伴的有效支持	3.55
学习环境（E）	3.94	E11. 我总能通过互联网获得许多好用的学习资源	4.00
		E21. 我在互联网学习时不会受到网速卡顿的影响	3.75
		E22. 现有的学习平台和工具能够很好地满足我的学习需求	4.00

23.2 互联网学习发展现状

23.2.1 区域政策与保障措施

（1）政策保障

河西区将智慧教育纳入《天津市河西区国民经济和社会发展第十四个五年规划纲要和二〇三五年远景目标纲要》和《天津市河西区教育事业发展"十四五"规划》，制定《河西区新型智慧城市建设三年行动计划》。将智慧教育示范区建设列入河西区委深化改革重点项目和落实天津市"十项行动"重要举措。同时，区域结合实际分别召开不同层级的研讨会、联席会，制订并部署实施《天津市河西区"智慧教育示范区"创建工作实施方案》，明确依托区域教育云服务体系、智能技术及教育大数据，深入推进"一三七"模式。

（2）机制护航

河西区采用"政府引导，智库规划，企业参与，学校应用"的保障机制。成立领导小组、顾问小组、执行小组、专家小组、督导小组，建立统筹协调、分工协作、定期调度工作机制，明确各方成员单位的职责分工，定期召开研讨会、联席会、专题会、推动会等，共同推进项目规划、经费保障、技术研发、融合应用、经验推广等工作。与科研院所、高校、企业深度合作，组建专家咨询委员会，为智慧教育示范区建设提供智力支撑、专业指导与服务保障。

23.2.2 互联网学习环境建设情况

（1）教师互联网教学环境

天津市河西区基础教育领域教师互联网教学环境情况总体处于较高水平，如图 23-1 所示，说明教师认为学校技术环境建设情况相对较好，能够满足日常互联网教学的需求。教学和学习资源建设相对丰富，但精品资源、本地化资源和资源的适配度还可进一步提升。

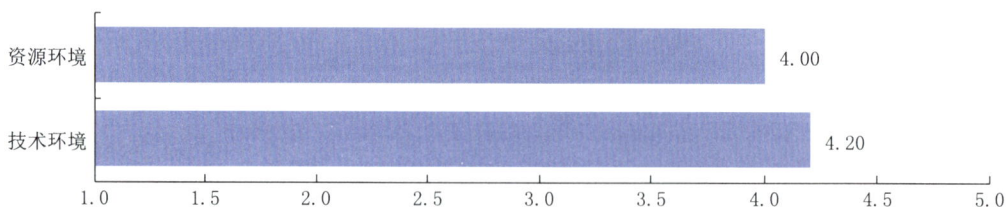

图 23-1　教师视角的互联网环境建设

（2）学生互联网教学环境

天津市河西区基础教育领域学生互联网教学环境情况总体处于较高水平，如图 23-2 所示，说明从资源学习和应用上，学生认为互联网资源能够帮助自己在日常学习中的使用；在技术环境中，学生互联网学习时会因为网速卡顿影响学习进程，特别是在大规模的线上课程学习过程中，该现象更为普遍。未来，将进一步完善"5G+智慧教育"应用系统，创新物联化、智能化、图谱化、智慧化的教育新生态，让学生在更好的互联网环境下学习。

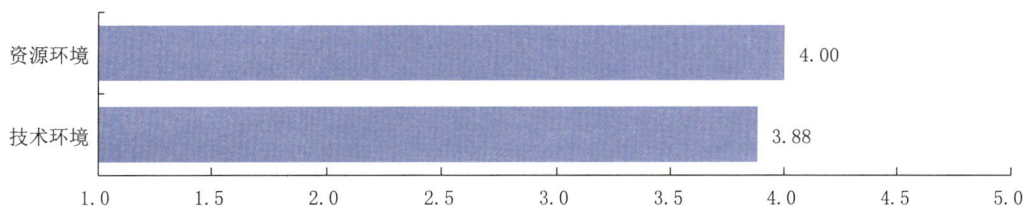

图 23-2　学生视角的互联网环境建设

23.2.3　师生互联网应用现状

（1）教师互联网应用现状

天津市河西区基础教育领域教师互联网应用情况总体处于较高水平，如图 23-3 所示，教师借助互联网进行学习与教学的意愿非常高，这为后续推进信息化教学奠定了思想基础。因此应用频率和应用效果整体分数也比较高。但是有一部分老师还是处在互联网教学初级阶段，将一些终端产品仅仅作为播放课件的媒介，作为资源获得的途径，终端的功能和价值未能完全发掘。像区域中新铺设的智课、大数据精准教学系统、智慧作业等十余种产品，数据价值可持续深入挖掘，与课堂教学深度融合不够，新型教学模式还可进一步完善。

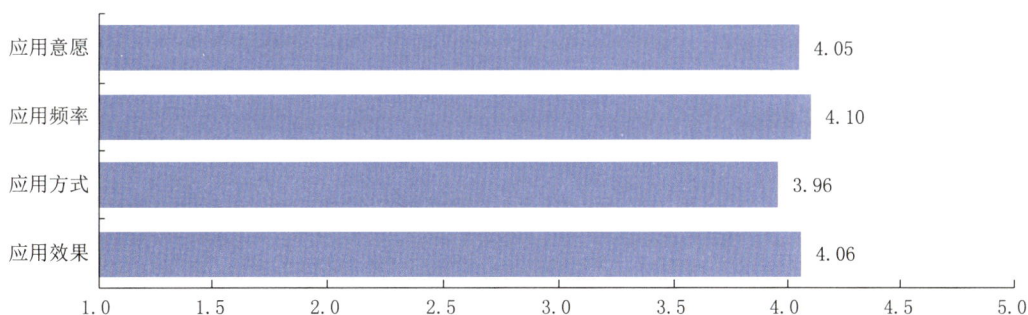

图 23-3　教师互联网应用现状

（2）学生互联网应用现状

天津市河西区基础教育领域学生互联网应用情况总体处于较高水平，如图 23-4 所示，学生应用互联网的意愿和频率普遍较高，但是在应用方式和效果上有待提升。主要是学生使用互联网学习方式单一，多将其作为查阅资源的途径。像更深层次的网上互动交流、在线研讨等学

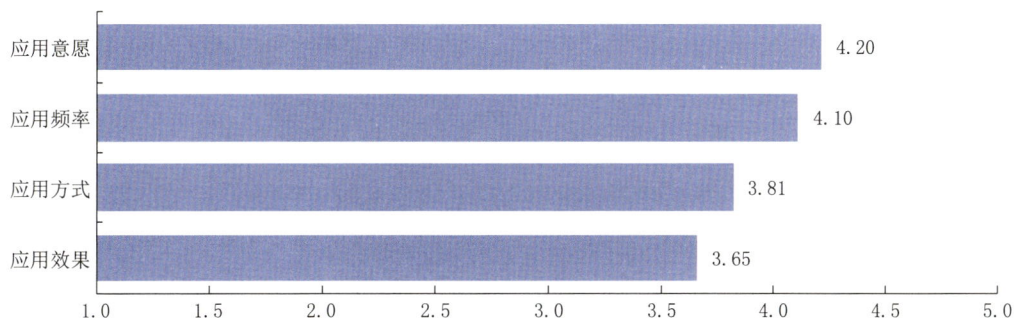

图 23-4　学生互联网应用现状

习方式参与较少，再加上缺乏网上学习的科学指导，没有自律性和坚持性，整体应用效果相比课堂教学来说相对不明显，后续将进一步加强学生学习方式的引导和培训。

23.2.4 师生互联网能力水平

（1）教师互联网能力

天津市河西区基础教育领域教师互联网能力总体处于较高水平，如图 23-5 所示，教师借助互联网持续促进自身专业发展，这为教师的成长开拓了新的路径。在终端应用中，借助终端进行教与学资源的整合，赋能学习者，部分教师以数据为导向精准定位学生学情，从而对学生进行完整全面的学习评价。

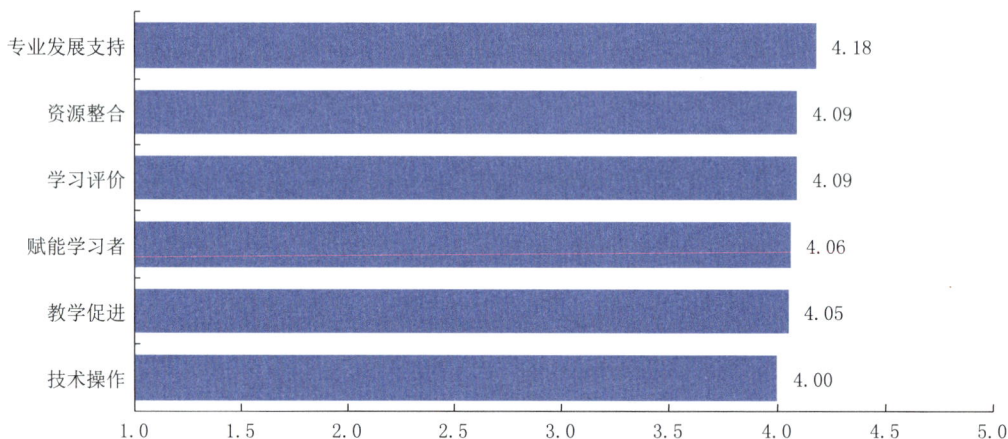

图 23-5 教师互联网应用能力现状

（2）学生互联网能力

天津市河西区基础教育领域学生互联网能力总体处于较高水平，如图 23-6 所示，学生具备较高的网络安全意识和信息数据素养，能够在日常学习时借助互联网查找有效信息并和周边同学产生链接，同步优质资源，但多停留于信息的传播和交流，无法创造作品。

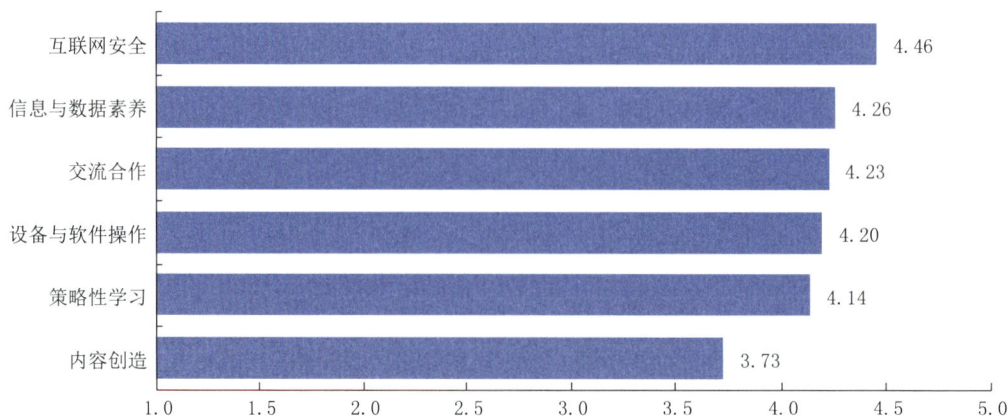

图 23-6 学生互联网应用能力现状

23.2.5　互联网支持教与学情况

（1）教师专业发展支持

天津市河西区基础教育领域教师专业发展支持总体处于较高水平，如图23-7所示，教师整体参与度比较高，也取得一定的效果。但是共同体对于教师专业发展的指导性还需提升，未来需要进一步加强线上社群的开展，针对教师的教学痛点，阶段性开展线上社群研讨交流活动。

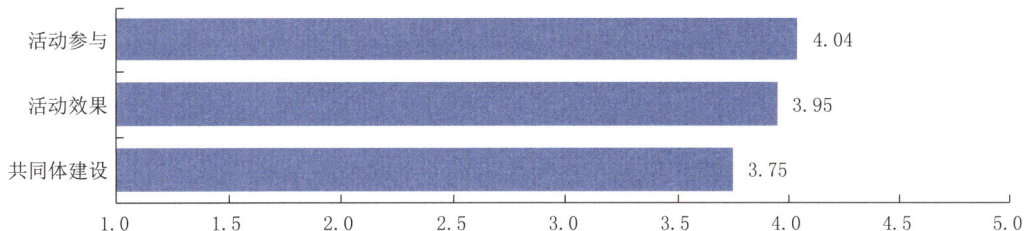

图 23-7　教师专业发展支持现状

（2）学生学习服务支持

天津市河西区基础教育领域学生专业发展支持总体处于较高水平，如图23-8所示，学生互联网学习能力较强，对互联网环境适应能力比较高，能够有效获得相关评价和反馈。但因为家长和学校在学生使用互联网学习时会进行一定的管控，使学生在学习遇到问题时无法总是获得老师或同伴的有效支持，未来需拓宽学生获得学习帮助的通道和路径，帮助学生快速获得学习支持。

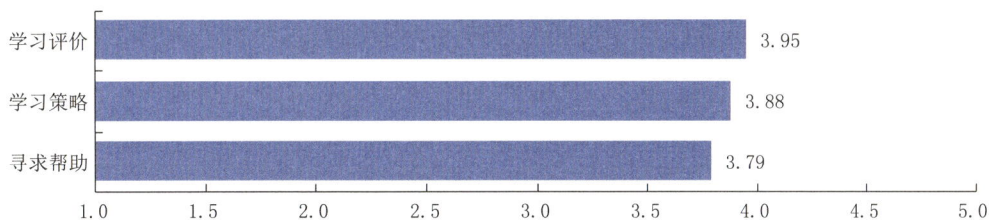

图 23-8　学生学习服务支持现状

23.3　互联网学习的典型案例

河西区始终把教育信息化与教育教学的深度融合作为推进智慧教育的重中之重。通过持续创新教学的形式、方法和手段，融合数据应用价值，打造四个课堂。

23.3.1　打造空中课堂，让线上教学"实"起来

河西区的"特色课程平台"和"在线课堂平台"两个在线教学平台，为全区7 000教师和10万学生开通在线学习平台账号，录制3 400多节微课、5 000多个微视频、200多节录像课、200多节通识性课程资源。河西区在全市率先推出初三、高三毕业班在线直播课，将所有课程资源通过平台直接交付到学生和家长手中，打破时空局限，让学生通过手机、电脑等自主选择

优质的学习资源和在线学习指导服务。

23.3.2 打造智慧课堂，让课堂教学"活"起来

河西区通过大力实施教师信息技术素养提升工程，充分运用交互式教学设备、笔记本等移动终端，带领各学科教师积极运用信息技术进行教学研究尝试，构建起了信息化大背景下的优质课堂。例如，语文教师带领学生制作思维导图，通过飞屏功能对比展示学生思考过程；数学教师应用专业软件带领学生动手体验；地理教师利用 VR 和 AR 技术开展沉浸式课堂教学等，信息化与教学的深度融合让知识表现得更形象、更具体。

23.3.3 打造特色课堂，让多彩文化"传"起来

坚持"五育"并举，全面发展素质教育，大力实施"同上一堂课"特色课程平台项目，依托课程平台项目，自主完成建设了一批校本特色课程。截至 2023 年 12 月，已初步建立起囊括京剧、国学、茶艺、汉服、厨艺、天文、地理等 58 个不同种类、不同学科的具有前瞻性和时代特色的区域课程体系。累计上传视频量超过 4 000，用户访问频率超过 300 万，以信息化手段逐渐补齐了数字资源的发展短板。在深化扶贫协作工作中，河西区积极创新思路，与甘肃省平凉市建立津陇教育帮扶机制，在"津陇两地云心桥"活动中，实现"网络云思政"和"民族团结教育"的共建共享；与福建省南平市共享名师课堂，在"非遗千里传津沽"活动中，两地师生同上一节课，让中华文化在"云"空间大放光彩。

23.4 关键问题

23.4.1 教师专业发展有待提升

当前阶段，天津市河西区教师专业发展在总体上处于较高发展水平，但数字技术应用的全面性、高效性和创新性有待提升。区域大部分教师专业能力处于中、高级水平，应充分发挥高级水平教师的示范带动作用，构建完善的提升路径。未来，可以结合教师专业发展维度具体表现情况，制订针对性的教师数字素养提升方案，为教师提供数字化环境、培训课程、研训活动、专家讲座与指导等支持，全面提升教师利用数字技术开展教育教学的综合能力。

23.4.2 资源供给能力不足

河西区引进了许多先进的技术和教育资源，但在项目实施过程中，存在一些资源利用不够高效的情况。部分教师不知道如何快速定位有效资源，也没有形成完善的机制，区域化或者校级化建设本地资源。需要在项目后续发展中进一步优化资源配置和应用，基于全区的教育教学特点和学校的特色，有针对性地开发一批区校本资源，提高教育资源的质量和利用效率。

23.5 发展趋势

23.5.1 深化师生信息素养

持续完善培训体系，做好分层分类培训，提升师生信息素养，转变教育教学观念。从顶层出发，充分发挥示范区专家作用，阶段性邀请专家为全区建设提供建设性意见，评估应用方向

和师生素养发展问题，助力区域打造信息化领航名师。从区级层面出发，由教研室牵头，组建区域名师共同体，将教师培养纳入共同体成长计划中，通过开展各类信息化赛课、评课和教研活动等，探索师生素养发展路径。从学校层面看，落实区域师生发展要求，以课堂为主阵地，探索新型教育教学融合模式，提升教师信息化教学能力、学生信息化自主学习能力。

23.5.2　数字教育资源公共服务体系建设行动

一是研制数字教育资源建设标准和评价管理办法，统筹建设定位到课堂的课件库、素材库、习题库等体系化的区本数字教育资源。鼓励学校结合自身办学特色自建、共建包含人工智能、创客等特色课程的校本资源库。二是优化数字教育资源共享机制，鼓励以直播、录播等方式为薄弱学校、乡村学校、教学点和对口帮扶地区提供"专递课堂""名师课堂"服务，充分发挥区域优质教育资源的辐射带动作用。三是持续加强与专家、优质信息化厂商的合作，集合多方力量搭建通用性资源并周期性更新，提升资源的数量和质量。

第二十四章

CHAPTER 24

沈阳市大东区基础教育领域互联网学习发展报告

24.1 概述

沈阳市大东区深入贯彻党的二十大精神以及《中国教育现代化 2035》和全国教育大会要求，加快教育现代化建设，推动区域教育实现高质量发展。2021 年，大东区紧密聚焦立德树人根本任务，以办好"幸福教育"为根本目标，以促进学生全面成长为根本要求，充分发挥数智技术优势，开拓性提出"1+1+3"建设模式，即基础环境升级"一项行动"，"互联网＋教育""一大平台"，教学提质增效、教师素养提升、学生全面发展"三项工程"。

24.1.1 互联网学习发展概述

（1）设施大升级，搭建领先智慧化教育环境

域内全学段 43 条千兆进校专线；建成 674 间智慧教室、6 间高级别 AI 创新实验室、6 间智慧书法教室、5 个智慧操场、1 间智慧教育沉浸式展示及学习中心；配备 20 套智慧体育课、18 套英语听说教考、5 套生涯规划、1 套网络可视化运维等软件系统；为 2.56 万名学生、3 635 名教师全部配备专属终端；搭建智慧体育、英语听说教考、生涯规划等软件系统，建成省内首个智慧教育沉浸式展示及学习中心；所有校（园）视频无死角接入"安全智慧监管云平台管理"，实现智慧教育环境全域覆盖。

（2）平台强集成，促进直观可视化智慧管理

建成集合"教、学、管"三大模块的大东智慧教育云平台，提供了学、研、教、练、评、管全链条智慧服务。组建资源建设与应用专家团队，将线下区本、校本、师本资源开发为数字资源。利用 AI 教研平台，打造"线上＋线下"协同的"自研、教研、科研、展研"一体化教研模式。实施"数字化＋督导"，在"宏观成效驾驶舱、精细化诊断中心"应用中，晾晒数据，结合"四不两直"实地督导，促进科学决策。

（3）场景全覆盖，构建"双减"数字化实施路径

通过挖掘、分析、运用数据，构建基于学情分析的三段式精准教学模式，让教学更精准；建立运动过程规范性评估体系，助力学生科学运动，让体育教学更实效；依托人工智能创设美育浸润环境，提升学生艺术素养，让美育课堂更深入；建立"5+2"课后服务平台，选课、报名、开课、巡课、评价一站式完成，让课后服务更贴心，实现数智技术与"双减"课堂的高效衔接。

（4）资源优建设，推动数字化资源均衡共享

通过资源建设与组建应用专家团队，实施优质沉淀资源、"双百"计划（百套优质真题与教学设计、百节优质微课）、专题资源"三步走"建设计划，持续扩充教学内容，有效解决校际优质教学资源分布不均的问题。目前，已开发上线 11 门学科各类优质教辅百余册，精品练习试卷 3 790 套，习题 75 000 余道，可分享优质校本资源 15 000 余份，实现教育资源"一键更新、实时共享"。

24.1.2　年度特征词及其解释

（1）信息化支撑学生综合素质评价

2023年4月，大东区入选教育部信息技术支撑学生综合素质评价的38个试点区域之一，成为辽宁省唯一入选区域。经过精心组织和周密部署，大东区在第一学年的试点工作中取得扎实成效，学生综合素质发展等级被评为"综合发展卓越型"。近3 000名参评学生收到了属于自己的个性化综合素质评价报告，有利于学校和家长进一步了解学生的整体素质发展情况、优势、问题和挑战，从而有针对性地进行教育目标、策略和路径的设计，更好地引导学生全面、个性发展。

（2）学生个性化学习

通过数据采集和AI技术精准定位学生薄弱知识点，智能整理高频错题，推送个性化习题，实现课后作业私人定制，形成个性化学习手册。学生利用个性化手册和智能终端实时推送的学习资源，及时查看错题解析和视频讲解，进行精准化、个性化错题再练，扫清薄弱知识点，作业布置由重复海量型转向精准实效型，有效减轻作业负担，自主学习能力显著提高。截至目前，初中段个性化作业占比达68%，印制个性化学习手册58 445科次，知识点得分率平均提升18.4%。

（3）"五育"并举幸福课堂

建立三段式精准教学模式，打破学科壁垒，打开课堂边界，让常态课堂更精准；建立运动过程规范性评估体系，助力学生科学运动，让体育教学更安全；依托人工智能创设美育浸润环境，提升学生艺术素养，让美育课堂更深入；建立"5+2"课后服务平台，选课、报名、开课、巡课、评价一站式完成，家长有效参与孩子成长，让课后服务更贴心，实现数智技术与幸福课堂的"双向奔赴"。

24.1.3　互联网学习特征指数

研究团队以基础教育领域互联网学习指标体系为依据，设计开发了基础教育领域互联网学习管理者、教师、学生调查问卷。问卷通过在线调研平台向全区范围内学校的管理者、教师、学生发放，共计回收313份学校管理者问卷、1 752份教师问卷、8 965份学生问卷。为系统呈现沈阳市大东区互联网学习发展现状，研究团队通过调查问卷数据，从"互联网学习CASE模型"抽选出教师教学能力和学生学习能力核心指标特征指数进行呈现（如表24-1、表24-2）。

表24-1　沈阳市大东区教师教学能力核心指标的特征指数汇总表

教师核心指标	特征指数	核 心 指 标 题 项	核心指标题项特征指数
教学能力（C）	4.14	C11. 我能够熟练掌握多种技术工具，支持开展在线教学	4.09
		C21. 我能够根据教学目标与方法搜索与选择合适的互联网教学资源	4.24
		C22. 我能够根据教学目标与方法合理改编或制作互联网教学资源	4.11

续　表

教师核心指标	特征指数	核 心 指 标 题 项	核心指标题项特征指数
教学能力（C）	4.14	C31. 我能够利用互联网开展多种类型的教学活动来提升教学效果，如探究式学习、项目式学习、同伴教学等	4.11
		C32. 我能够利用互联网加强自身与学生之间的互动与交流，以及时为其提供有针对性的指导	4.15
		C41. 我能够利用互联网针对学生自身情况实现个别化和差异化的教学或指导	4.11
		C51. 我能利用互联网对学生进行过程性评价和总结性评价	4.13
		C52. 我能够通过收集与分析学生的互联网学习数据来合理调整教学策略	4.12
		C61. 我能利用互联网上的资源与课程持续促进自身专业发展	4.20
		C62. 我能够利用互联网加强与其他教育工作者的交流合作、经验分享	4.17
教学应用（A）	4.08	A11. 我会经常利用互联网开展教学	4.16
		A21. 我在课堂教学中经常利用互联网提供的资源和工具	4.22
		A22. 我在教学中经常使用线上线下混合式教学形式，如翻转课堂、探究学习等	4.01
		A31. 我经常利用互联网开展各种教学活动，如交流、投票、测试、虚拟实验等	3.97
		A41. 我很满意互联网教学的效果	4.07
专业发展支持（S）	3.98	S11. 我有机会参与国家级、省级、市级举办的互联网教学能力提升活动，如讲座、培训、研讨、研究等	3.94
		S21. 我所参加的互联网教学能力提升活动，能够为我开展互联网教学实践提供参考，并引发自主探究与反思	4.03
		S31. 我的互联网教学探索经常能够得到本地教研小组、在线学习社群等专业共同体的支持	3.97
教学环境（E）	4.16	E11. 我很容易获取到满足教学需求的多样化网络教学资源，如文本、图片、视频等	4.15
		E21. 现有的教学平台与应用能够支持我开展多种类型的教学活动，如雨课堂、课堂派、钉钉、腾讯会议等	4.16

表 24-2　沈阳市大东区学生学习能力核心指标特征指数汇总表

学生核心指标	特征指数	核 心 指 标 题 项	核心指标题项特征指数
学习能力（C）	4.08	C11. 我能够熟练操作互联网学习所需的软件和设备	4.14
		C21. 在利用互联网搜索时，我能够准确识别所需信息，过滤掉不相关的内容	4.22
		C22. 我能够整理好搜集到的互联网信息与数据，以便后续查找与使用	4.11
		C23. 从互联网获取信息与数据时，我能够有自己的判断，不盲从他人观点	4.27
		C31. 我进行在线交流与合作时，能够尊重、理解他人观点，并简明清晰地表达自己的观点	4.37
		C32. 我经常向他人分享高质量的学习资源	3.93
		C41. 我可以利用互联网资源和工具创作图片、文字、音视频等多种形式的作品	3.94
		C42. 我常常通过互联网平台发布自己的作品，如朋友圈、QQ 空间、抖音等	3.30
		C51. 我能制订好学习目标和学习计划来支持互联网学习的开展	3.92
		C52. 利用互联网进行学习时，我能够及时总结相关知识，巩固所学内容	4.04
		C61. 我能够在互联网学习过程中保护好自己与他人的隐私，如不随意填写个人、家庭、朋友的相关信息	4.39
		C62. 我能够有意识地规避互联网安全风险，如不轻易点击不明来源的链接与弹窗	4.35
学习应用（A）	3.77	A11. 我非常愿意利用互联网进行学习	4.09
		A21. 我经常利用互联网进行学习	3.89
		A31. 我经常上网搜索并获取学习资料	4.04
		A32. 我经常参与多种类型的互联网学习活动，如在线测试、在线讨论、在线答疑等	3.72
		A41. 我认为通过互联网学习的效果优于在教室学习的效果	3.20
学习服务（S）	4.00	S11. 我会从老师或同伴那里学到有用的在线学习策略与方法，比如搜索技巧、学习工具、学习习惯等	4.07
		S21. 在互联网学习过程中，我能够从老师或同学那里获得有用的反馈与评价	4.06
		S22. 学习平台根据我的学习表现提供的反馈与评价，对于我改进学习很有帮助	4.06
		S31. 在学习中遇到问题时，我总能通过互联网获得老师或同伴的有效支持	4.01
		S41. 互联网上的学习内容与活动总是对我很有吸引力	3.85
学习环境（E）	3.98	E11. 我总能通过互联网获得许多好用的学习资源	4.04
		E21. 我在互联网学习时不会受到网速卡顿的影响	3.76
		E22. 现有的学习平台和工具能够很好地满足我的学习需求	4.05

24.2 互联网学习发展现状

24.2.1 区域政策与保障措施

编制《大东区构建教育、教学、教研"三轮联动"智慧教育制度体系》等制度文件，围绕智慧教育管理、数智场景应用、综合评价考核三方面协同发力，通过实施智慧教育建设"一把手"负责制、行政与教研"捆绑推进制"、项目与措施"落实清单制"等一系列落实机制，把经验做法上升为制度安排，为推进智慧教育建设提供支撑和保障。

24.2.2 互联网环境建设情况

（1）教师互联网教学环境建设情况

大东区基础教育领域教师互联网教学环境建设总体处于较高水平，如图 24-1 所示。两项指标发展均衡，教师认为现有的软硬件设施及网络教学资源满足其开展多样化的教学活动。区域高标准、高质量推进互联网教学环境建设工作，探索出依托互联网教学环境教与学的发展新路径。

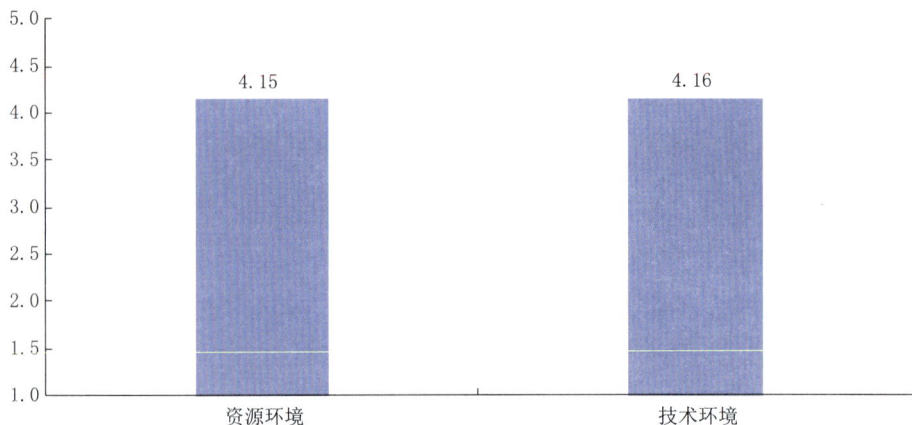

图 24-1　教师互联网教学环境建设

（2）学生互联网学习环境建设情况

大东区基础教育领域学生互联网学习环境建设总体处于较高水平，如图 24-2 所示。但在

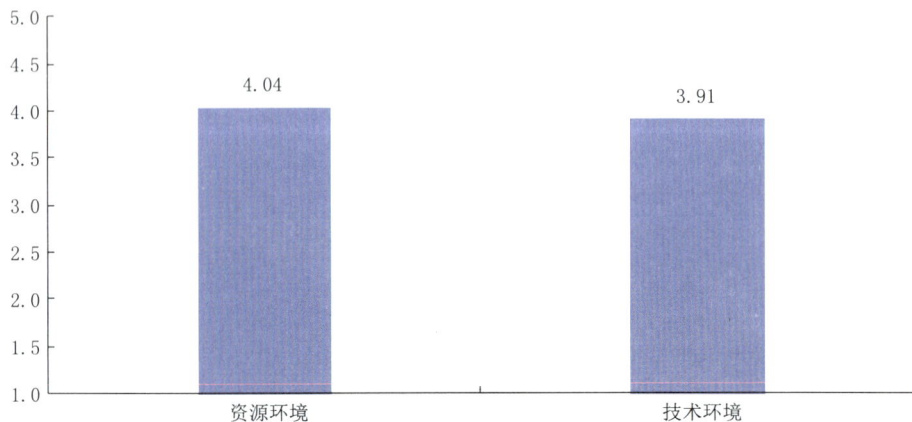

图 24-2　学生互联网学习环境建设

技术环境指标区间内网络环境稍显不足，相关部门应着力提升互联网学习平台、网络环境的稳定性、流畅性。

24.2.3　师生互联网应用现状

（1）教师互联网教学应用情况

大东区基础教育领域教师互联网教学应用总体处于较高水平，如图 24-3 所示，但应用方式的特征指数相对较低。这表明教师的应用意愿和应用频率比较高，且保持常态化地应用，但受限于传统课堂教学模式以及区域教师整体年龄偏大等因素影响（调研教师 45 岁以上占 35.45%），所以应用方式与应用意愿之间存在差距。接下来要增加信息化教研活动频次，推动、鼓励教师在课堂教学中采用融合教学模式，使用信息化教学工具等，区域整体要从常态应用到深度融合，实现从模式趋同到特色发展，从浅而不精到定向深耕的升级。

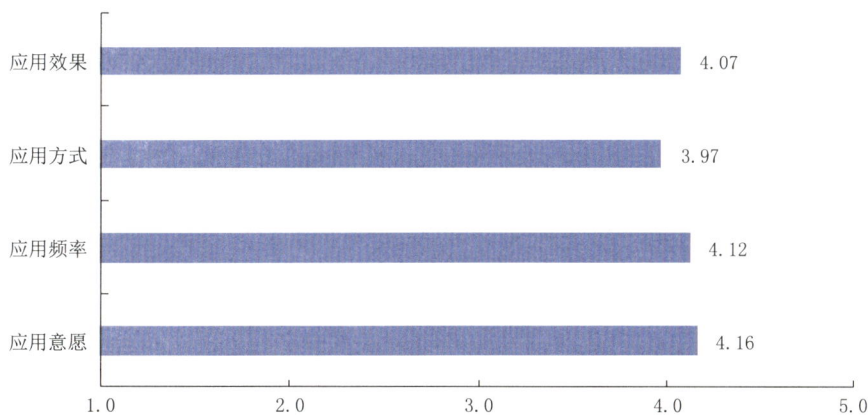

图 24-3　教师互联网教学应用情况

（2）学生互联网学习应用情况

大东区基础教育领域学生互联网学习应用总体处于较高水平，如图 24-4 所示，但应用效果处于一般水平，仅有 43.72% 学生认为通过互联网学习的效果优于在教室学习的效果。这主要与自身能力、学习环境、互联网学习认知与适应度相关，因此在未来的发展中，应以学生个性发展为中心，发挥学生主观能动性，培养学生利用互联网学习的素养及能力。

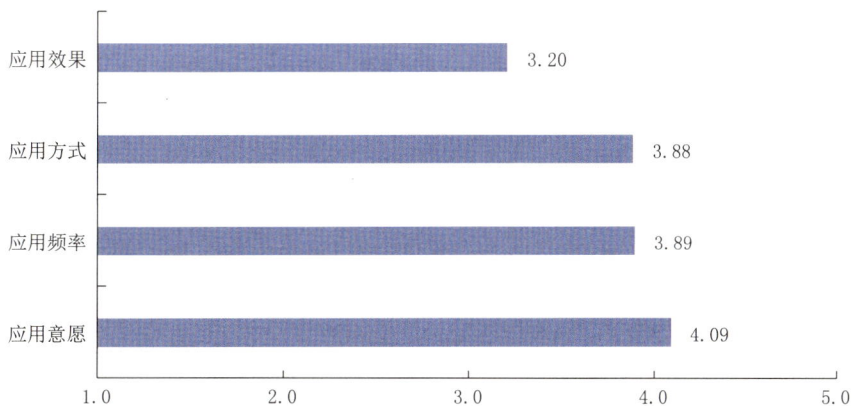

图 24-4　学生互联网学习应用情况

24.2.4 师生互联网能力水平

（1）教师互联网教学能力

大东区基础教育领域教师互联网教学能力总体处于较高水平，如图 24-5 所示。教师的各项能力均衡且指数较高。这得益于大东区实施教师素养实施工程，理论层面着力教师的观念更新、角色重塑、信息素养发展，开展多次互联网教学论坛、讲堂活动；实践层面着眼提升教师的互联网教学能力，融合为主，应用为王，开展相关教学活动三百余场，信息化工具应用能力全员考核通过率 99.4%。接下来继续教师信息素养提升计划，通过梯队建设，进一步提升教师信息素养及能力。

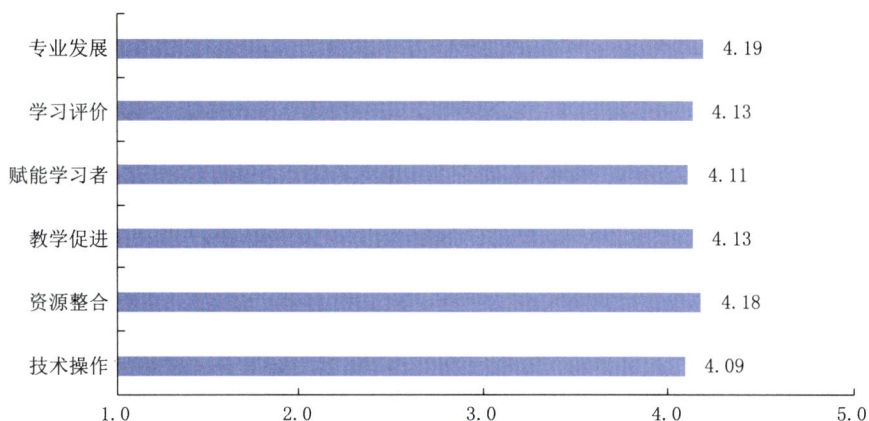

图 24-5 教师互联网教学能力情况

（2）学生互联网学习能力

大东区基础教育领域学生互联网学习能力总体处于较高水平，如图 24-6 所示。其中，学生内容创造和策略性分析指数相对较低。接下来要积极指导学生合理制订好利用互联网的学习目标和计划，并且学会利用互联网发布、展示、分享自己的学习成果及作品。

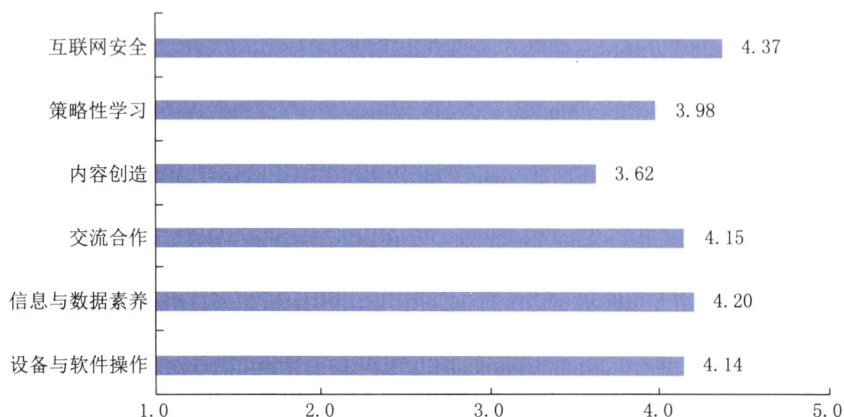

图 24-6 学生互联网学习能力情况

24.2.5 互联网支持教与学情况

（1）教师互联网专业发展支持

大东区基础教育领域教师互联网专业发展支持总体处于较高水平，如图 24-7 所示。接下来，要继续常态化举办互联网教学能力提升的培训、论坛等活动，利用网络教研平台开展多种形式的教研活动，使教师成长共同体在"行政统筹、多元联动"研修模式引领下，创造新活力、激发新动能。

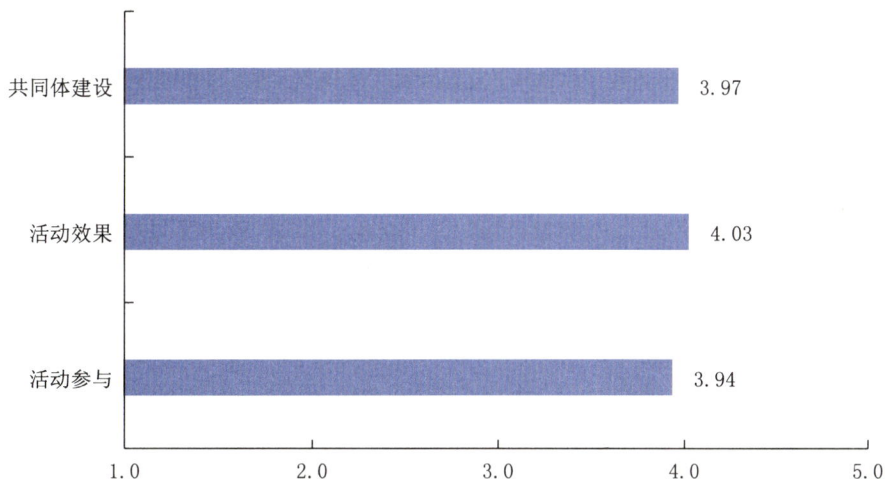

图 24-7　教师互联网专业发展支持情况

（2）学生互联网学习服务

大东区基础教育领域学生互联网学习服务总体处于较高水平，如图 24-8 所示。其中，学生动机与情感方面指数相对较低。认为互联网上的学习内容与活动很有吸引力的学生占比 68.76%。接下来，一方面要加强学生互联网学习支持服务及学习应用平台的建设；另一方面要积极开展线上线下混合式教学、翻转课堂等教学模式，打通学习场景，提升学生的互联网学习的素养与技能。

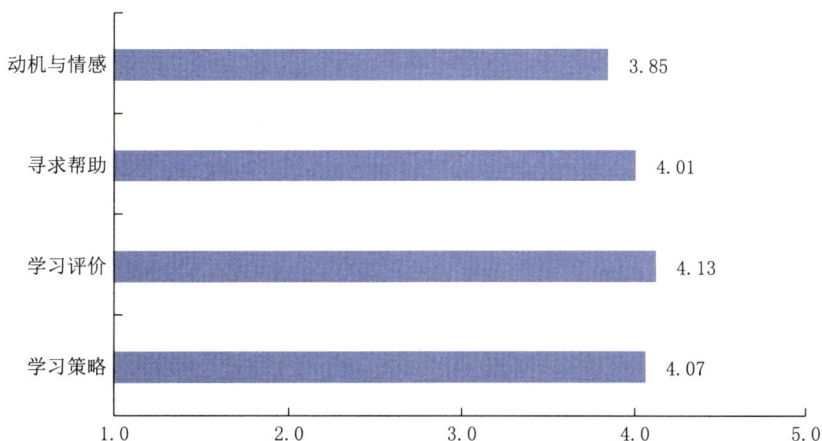

图 24-8　学生互联网学习服务情况

24.3 互联网学习的典型案例

24.3.1 沈阳市第一〇七中学教育集团深耕智慧课堂，打造特色模式

沈阳市第一〇七中学教育集团推进基于"AI+大数据"驱动下的智慧课堂系统常态化应用，推动"以学习者为中心"的教学方式转变，构筑起具有校本特色的"三精两智"教学模式，在精准教学、个性学习、全面评价等方面获得了宝贵的经验。

所谓"三精"，包括备课场景的"精备"和教研场景的"精研"，利用 AI 教研平台，进行师资整合，精准备课，通过线上教研平台助力跨校区师资力量整合，协同教研和听评课，助推教师队伍成长；还包括授课场景的"精授"，利用智慧课堂和英语听说课堂，以数据为驱动，发挥信息化教学的优势，以学定教，教师针对学生在个性化学习中生成的学情数据，进行课堂精准教学。

所谓"两智"，包括学生练习场景的"智练"和考试场景的"智测"。通过常态化应用个性化手册和线上作业练习，达到个性训练，精准提升，避免机械、无效训练的目的，针对学生不同情况，生成了分层作业、弹性作业和个性化作业，帮助学生减负增效。同时，利用智学网的检测智能批改、报告一键生成的优势，助力教师减负、讲评增效，并对学生进行全面评价。

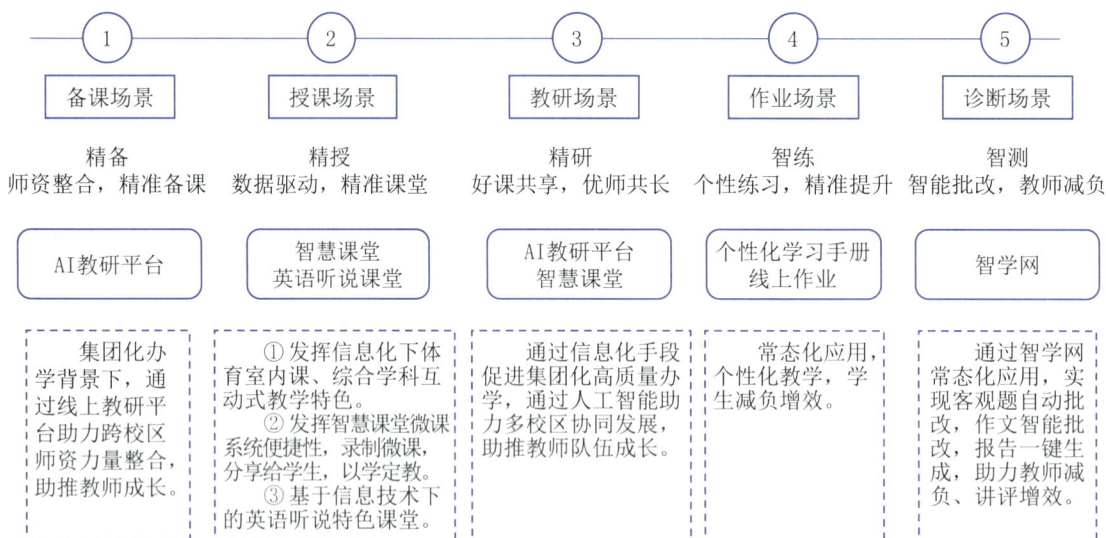

图 24-9　沈阳市第一〇七中学教育集团"三精两智"智慧课堂模式

24.3.2 沈阳市博才初级中学让"智慧作业"成为"智慧教育"内驱力

博才初级中学以"新课标"要求为准则，立足学情，优化设计，多元评价，在智慧作业的设计上既关注学生呈现的共性问题，又兼顾学生间的个性化差异，提升学生的综合素养和学习能力，将"三核三策"打卡作业模式向纵深发展。"三核"，即以学生为"双减"工作的核心、以减负为实现精准学情研判的核心、以增效为实现精准教学指导的核心；"三策"是指作业设

计围绕"丰富作业类型、统筹作业时量、立足作业反馈"三个策略。"三核三策"的制定理念符合"双减"政策要求，切实减轻了学生和家长负担，起到事半功倍的效果。

24.4　关键问题

24.4.1　教师信息化专业发展稍有欠缺

大东区教育信息化发展存在"重建设、轻应用"现象，信息技术与教育教学融合不够深入。多数教师仍处于信息技术的浅层次应用阶段，缺乏对有效融合的教法、学法的深入钻研，缺乏多层次、常态化的区域性教育信息化活动实践，教学模式创新能力有待提升。

24.4.2　学生互联网学习应用能力有待提升

大东区基础教育领域学生互联网应用情况总体稍显不足，调研发现学生的互联网学习意愿、应用频率、设备与软件操作和互联网安全均处于较高的水平，说明学生学习内驱力及使用能力较强，但是内容创造及应用效果两项指标偏低，处于一般水平。一方面要对学生进行合理的引导和培养，另一方面继续建设良好的学习环境提升学习效果和学习服务水平，通过创新教育、实践活动等提升学生信息素养，让学生在互联网学习中获得更多的收获。

24.5　发展趋势

24.5.1　建设优质多维教育资源，创造沉浸式学习体验

依托高校专家和专业机构，以区域教学名师为引领，以跨校协同教研为载体，开发具有区域特点和学校特色的区本、校本、师本体系化"五育"数字资源。积极探索建构指向学生"五育"培养的优质特色课程体系，通过建设沉浸式学习体验中心，利用虚拟现实教学资源，创造沉浸式、实时交互、充满想象的教学虚拟空间，让学生体验到现实生活中很难实现或者根本无法实现的教学场景，在体验和感受中完成对知识的意义建构，为实现教学最优化、学习效果最大化提供可能。

24.5.2　持续提升教师数智素养，打造智慧型教师队伍

实施区域管理者和教师数智素养 2.0 行动计划，将数智技术应用能力纳入教师五级梯队培养的必修学时，构建区校联动、以校为本、扎根课堂、聚焦应用、动态评测的领导者及教师数智素养发展和评价机制。通过覆盖全区的 AI 教研平台，打造线上线下高效协同的混合式研修模式，促进域内优质师资资源均衡发展。通过分层培训、高端论坛、跨域交流等多元方式，立体式提升教师信息素养，打造智慧型教师队伍。

24.5.3　在完善综合评价体系时，促进学生全面发展

依托教育部信息技术支撑学生综合评价试点区建设项目，借助北京师范大学专家团队，完善顶层设计，创新评价工具，强化技术支撑，建立学习成长情况全学段、全过程纵向评价及德智体美劳全要素、全场景横向评价体系，形成数据驱动的学生综合素质评价解决方案，促进学生适性扬长、全面发展。

第二十五章

CHAPTER 25

绵阳市涪城区基础教育领域互联网学习发展报告

25.1 概述

涪城区常住人口 129.85 万人，拥有公办义务教育阶段学校 52 所，承担了绵阳市主城区主要的义务教育工作。随着教育信息化迈向"互联网＋教育"进程，互联网技术支持的开放性、多样性学习方式逐渐成为重构现代教育系统、再造现代教育生态的关键因素。涪城区抢抓互联网发展机遇，于 2021 年投入 2.3 亿元，启动智慧教育示范区项目，深入推进信息技术与教育教学实践融合，加速形成以学习者为中心的"互联网＋教育"新生态，构建网络化、数字化、智能化、个性化、终身化的教育体系，发展更加公平、更有质量的现代化教育。

25.1.1 涪城区互联网学习发展概述

（1）聚焦教育新基建，优化互联网学习环境

涪城区坚持新发展理念，通过升级硬件设施、搭建智慧教育平台以及定制特色创新应用，持续完善互联网学习环境，激活数字化服务生态，有效促进互联网学习高质量发展。

一是升级硬件设施，助力网络学习空间覆盖。涪城区通过升级教育和体育局数字中心机房、改造校园网，实现区域网络速率大幅提升和校园网"万兆到楼层、千兆到桌面"；同时完善学校设施配备，实现班级多媒体设备 100% 覆盖。

二是搭建教育平台，增强互联网学习服务能力。涪城区打造开放包容的智慧教育平台，为各级业务应用系统和各类服务系统提供数据支持。构建数字资源中心，建立教育大资源服务机制，为师生提供超百万条数字教学资源，满足师生个性化学习需求。

三是开发定制软件，满足互联网学习应用需求。根据教师、学生、家长、教育管理者的实际需求，涪城区定制开发各类教育特色应用 30 余个，覆盖教、学、管、研、评等业务场景，实现应用数据的互联互通、开放协同，形成面向多角色场景化的人人通空间。

（2）创新互联网应用，实现互联网学习全场景覆盖

涪城区在教育教学、学生学习、教育评价和教师研训等方面进行智能升级和融合创新，实现互联网学习全场景覆盖。

一是智慧教学助力教师因材施教。通过建设智能教学应用、数字资源平台、定制学习终端等，实现智慧教学模式变革。一方面教师通过智慧课堂应用快速获取电子课本、电子白板以及学科应用等智能工具，开展混合式、合作式、体验式和探究式教学。另一方面教师在备课、授课、教研协作、课后辅导、作业管理等教学全过程中快速调取国家级、省级智慧教育平台资源进行备课、上课。

二是个性学习拓展学生发展新路径。一方面，学生可以通过平台网页、电脑客户端、手机移动端等多种设备，随时随地访问和学习网络学习空间的学科专题资源，实现学习场域的拓展。另一方面，学生应用智能作业系统和个性化学习手册，获得个性化学习资源，实现学习的"千人千面"。

三是科学评价助推教育生态良性发展。建立区域评价中心，构建基于涪城区教育智脑的绿色、增值的"1+3+N"区域教育质量监测评价体系。基于涪城区教育智脑数据平台，从学生、教师、学校发展的三个维度构建区域教育质量监测评价指标体系和支撑数据模型；建立学生、家长、教师、管理者、社区和专家等多元主体参与的教育监测评价运行机制，促进评价结果精准化，满足学生、教师、学校的个性化、现代化发展需求。

四是实效研修促进城乡教师协同发展。根据教师研修需求规划不同层级、学科的研修主题，引导教师选择合适的研修内容；定制研训工具应用，开展基于网络的听评课、集体备课、专题研讨等多样态常态教研活动。组建网络研修协作体和在线名师工作室，统筹推进教学研讨、听课观摩、课题研究等工作，助力区域教师协同发展。

25.1.2　年度特征词及其解释

（1）"三化一式"

为推进基础教育高质量发展，涪城区发布了《坚持"三化一式"建设教育强区全面推进教育高质量发展的实施意见》，要求"以科学化为方向，办有内涵的教育；以个性化为导向，办有温度的教育；以现代化为手段，办有品质的教育；以开放式为特色，办有格局的教育"。其中，科学化牢牢把握教育发展的正确方向，个性化着力满足国家多样化的人才需求，现代化精准呈现数字融合的时代特征，开放式有效彰显共建共享的教育大势。

（2）"互联网＋"教师专业发展

"互联网＋"时代背景下，教师专业发展呈现出新内涵、新模式、新技术、新资源与新体系。其中，新内涵表现为"信息素养成为教师专业素养的重要组成部分，大学科和跨学科视角成为必备素养，融合技术的学科教学法知识成为教师专业发展必备的知识框架"；新模式是在教师日常工作中开展的线上与线下相结合，教研与教学、培训相统一的常态化混合研修活动；新技术是指教师培训、教研可以依托的平台、技术越来越多样化；新资源既包含"通识＋学科"的课程资源，也包括教师研修和教改实践经验等资源，满足教师的不同学习需求；新体系是指构建支持教师专业发展的服务体系，包括组建城乡研修协作体、名师工作室等，促进教师个体及群体的专业发展。

25.1.3　互联网学习特征指数

本报告对涪城区基础教育教师进行互联网学习情况调查，共收到 1 001 份有效问卷。其中，教师所属学科主要集中在语文、数学、英语、道德与法治四个学科，占比为 33.27%、22.28%、13.89%、12.09%。为系统呈现绵阳市涪城区互联网学习发展现状，研究团队通过调查问卷数据，从"互联网学习 CASE 模型"抽选出教师教学能力和学生学习能力核心指标特征指数进行呈现（如表 25-1、表 25-2）。

表 25-1 涪城区教师教学能力核心指标的特征指数汇总表

教师核心指标	特征指数	核 心 指 标 题 项	核心指标题项特征指数
教学能力（C）	3.99	C11. 我能够熟练掌握多种技术工具，支持开展在线教学	4.04
		C21. 我能够根据教学目标与方法搜索与选择合适的互联网教学资源	3.99
		C22. 我能够根据教学目标与方法合理改编或制作互联网教学资源	3.99
		C31. 我能够利用互联网开展多种类型的教学活动来提升教学效果，如探究式学习、项目式学习、同伴教学等	3.97
		C32. 我能够利用互联网加强自身与学生之间的互动交流，以及时为其提供有针对性的指导	3.99
		C41. 我能够利用互联网针对学生自身情况实现个别化和差异化的教学或指导	3.90
		C51. 我能利用互联网对学生进行过程性评价和总结性评价	3.97
		C52. 我能够通过收集与分析学生的互联网学习数据来合理调整教学策略	3.96
		C61. 我能利用互联网上的资源与课程持续促进自身专业发展	4.08
		C62. 我能够利用互联网加强与其他教育工作者的交流合作、经验分享	4.04
教学应用（A）	3.89	A11. 我会经常利用互联网开展教学	4.00
		A21. 我在课堂教学中经常利用互联网提供的资源和工具	4.16
		A22. 我在教学中经常使用线上线下混合式教学形式，如翻转课堂、探究学习等	3.82
		A31. 我经常利用互联网开展各种教学活动，如交流、投票、测试、虚拟实验等	3.72
		A41. 我很满意互联网教学的效果	3.86
专业发展支持（S）	3.74	S11. 我有机会参与国家级、省级、市级举办的互联网教学能力提升活动，如讲座、培训、研讨、研究等	3.68
		S21. 我所参加的互联网教学能力提升活动，能够为我开展互联网教学实践提供参考，并引发自主探究与反思	3.80
		S31. 我的互联网教学探索经常能够得到本地教研小组、在线学习社群等专业共同体的支持	3.73
教学环境（E）	4.02	E11. 我很容易获取到满足教学需求的多样化网络教学资源，如文本、图片、视频等	4.05
		E21. 现有的教学平台与应用能够支持我开展多种类型的教学活动，如雨课堂、课堂派、钉钉、腾讯会议等	3.98

表 25-2 涪城区学生学习能力核心指标的特征指数汇总表

学生核心指标	特征指数	核 心 指 标 题 项	核心指标题项特征指数
学习能力（C）	3.58	C11. 我能够熟练操作互联网学习所需的软件和设备	3.63
		C21. 在利用互联网搜索时，我能够准确识别所需信息，过滤掉不相关的内容	3.63
		C22. 我能够整理好搜集到的互联网信息与数据，以便后续查找与使用	3.52
		C23. 从互联网获取信息与数据时，我能够有自己的判断，不盲从他人观点	3.73
		C31. 我进行在线交流与合作时，能够尊重、理解他人观点，并简明清晰地表达自己的观点	3.94
		C32. 我经常向他人分享高质量的学习资源	3.43
		C41. 我可以利用互联网资源和工具创作图片、文字、音视频等多种形式的作品	3.36
		C42. 我常常通过互联网平台发布自己的作品，如朋友圈、QQ空间、抖音等	3.04
		C51. 我能制订好学习目标和学习计划来支持互联网学习的开展	3.38
		C52. 利用互联网进行学习时，我能够及时总结相关知识，巩固所学内容	3.51
		C61. 我能够在互联网学习过程中保护好自己与他人的隐私，如不随意填写个人、家庭、朋友的相关信息	3.90
		C62. 我能够有意识地规避互联网安全风险，如不轻易点击不明来源的链接与弹窗	3.86
学习应用（A）	3.37	A11. 我非常愿意利用互联网进行学习	3.72
		A21. 我经常利用互联网进行学习	3.43
		A31. 我经常上网搜索并获取学习资料	3.71
		A32. 我经常参与多种类型的互联网学习活动，如在线测试、在线讨论、在线答疑等	3.22
		A41. 我认为通过互联网学习的效果优于在教室学习的效果	2.87
学习服务（S）	3.60	S11. 我会从老师或同伴那里学到有用的在线学习策略与方法，比如搜索技巧、学习工具、学习习惯等	3.68
		S21. 在互联网学习过程中，我能够从老师或同学那里获得有用的反馈与评价	3.61
		S22. 学习平台根据我的学习表现提供的反馈与评价，对于我改进学习很有帮助	3.61

续　表

学生核心指标	特征指数	核 心 指 标 题 项	核心指标题项特征指数
学习服务（S）	3.60	S31. 在学习中遇到问题时，我总能通过互联网获得老师或同伴的有效支持	3.55
		S41. 互联网上的学习内容与活动，总是对我很有吸引力	3.55
学习环境（E）	3.57	E11. 我总能通过互联网获得许多好用的学习资源	3.61
		E21. 我在互联网学习时不会受到网速卡顿的影响	3.44
		E22. 现有的学习平台和工具能够很好地满足我的学习需求	3.62

25.2　互联网学习发展现状

25.2.1　区域政策与保障措施

（1）加强政策引导

2021 年 11 月，中共中央、国务院下发《关于推进"互联网＋教育"发展的指导意见》，将"互联网＋教育"作为新时期我国教育信息化的战略部署。涪城区委、区政府学习国家文件精神，研究出台了《坚持"三化一式"建设教育强区全面推进教育高质量发展的实施意见》，提出要建立"智脑赋能"教育发展机制，打造智慧课堂；探索数字人"云上教育"，利用人工智能技术开展在线教育教学。该实施意见的颁布，为加快智慧教育建设、推动教育数字化转型提供了指导，也为互联网学习的发展提供了政策保障。

（2）强化组织领导

2021 年，涪城区启动智慧教育示范区建设，构建"1+5+8"智慧教育应用建设体系，实现数字化应用全场景覆盖，整体推进区域教育数字化转型。涪城区成立由区政府分管领导牵头的智慧教育建设领导小组，负责智慧教育建设的战略布局和全面领导工作；成立智慧教育推进小组，全面负责制订实施方案、培训计划以及应用推广等工作。

25.2.2　互联网学习环境建设情况

互联网学习环境是开展教与学活动的主要载体与发生场所，是支撑"互联网＋教育"创新

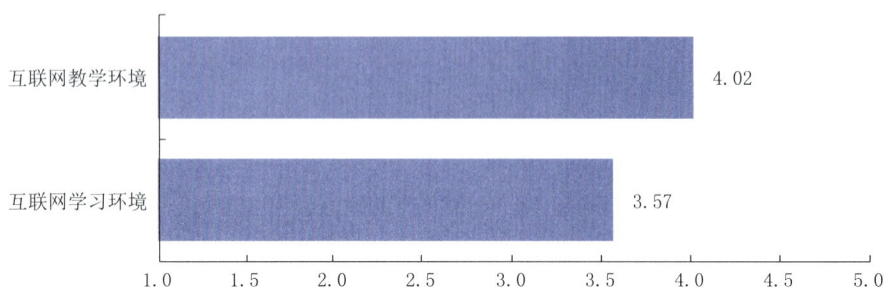

图 25-1　互联网学习环境建设

实践的重要基础。互联网学习环境对提升互联网学习水平具有基础性作用。调查结果显示，涪城区基础教育互联网教学环境得分为4.02，互联网学习环境得分为3.57，整体处于较高水平（如图25-1）。

从教师视角看，现有的教学平台与应用、网络教学资源能够支持教师开展多种类型的教学活动和教学资源需求，处于较高的水平（如图 25-2）。

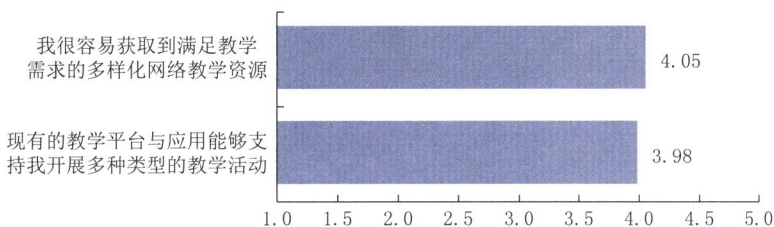

图 25-2　教师视角的互联网环境建设

从学生视角看，网络环境、终端设备基本实现了普及，但网速不稳定、平台功能不完善等问题影响了互联网学习效果（如图25-3）。

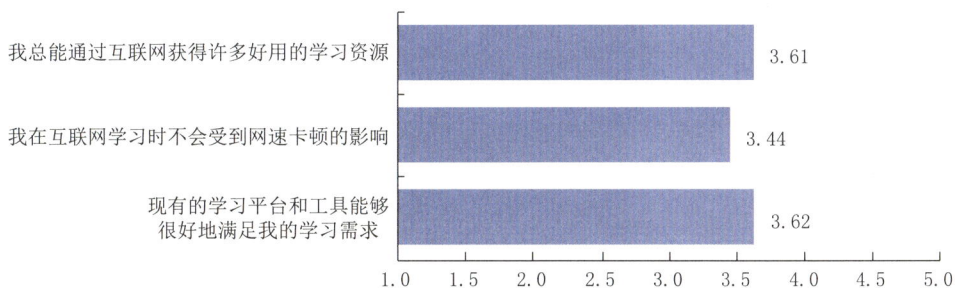

图 25-3　学生视角的互联网环境建设

25.2.3　师生互联网应用现状

（1）教师互联网应用现状

调查结果显示，涪城区教师的互联网应用得分为3.89，其中应用意愿、应用频率、应用方式和应用效果得分都在3.5以上，处于较高水平（如图25-4）。

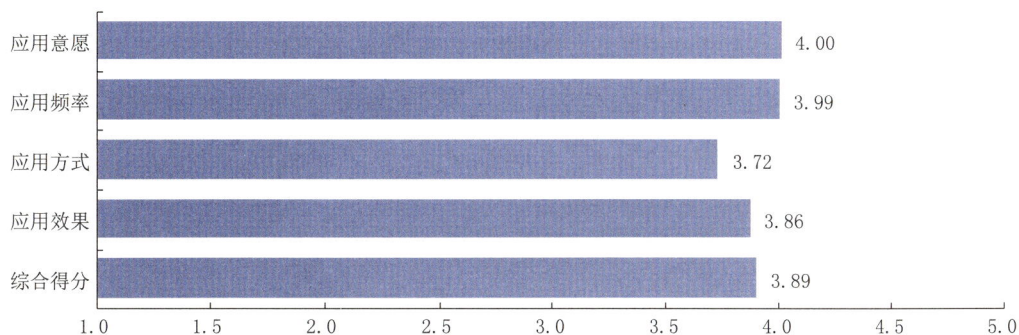

图 25-4　教师互联网教学应用指数

应用频率方面，涪城区教师常态化开展互联网教学，73.33% 的教师每天用于互联网教学的准备工作时间达到 1 小时以上（如图 25-5），利用互联网开展线上线下混合式教学，如翻转课堂、探究性学习等，提升教学效果（如图 25-6）。

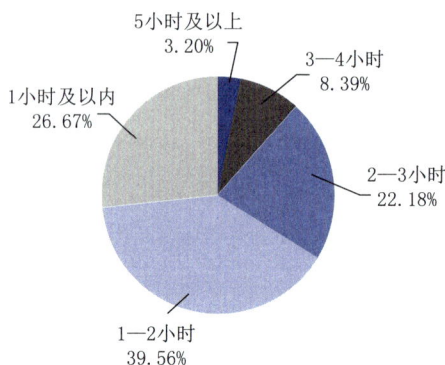

图 25-5　教师每天用于互联网教学的准备工作时间

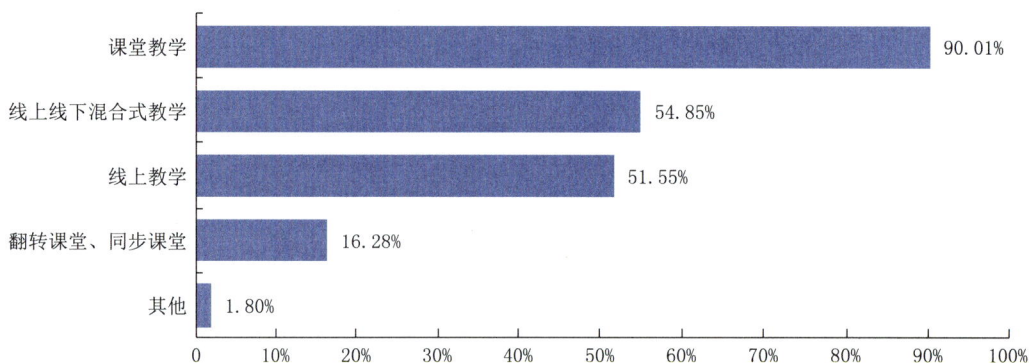

图 25-6　教师在互联网支持下开展的教学模式

应用方式上，教师在教学中会精心设计与开展多种类型的互联网教学活动，包括分享学习资源、发布学习任务、展示并点评学生作业、组织学生交流活动等（如图 25-7）。

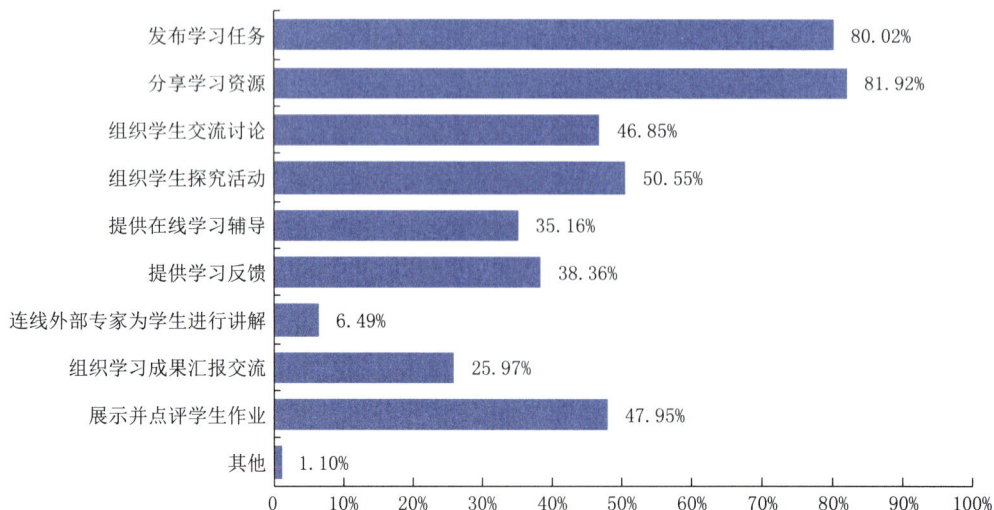

图 25-7　教师基于互联网开展的教学活动

（2）学生互联网应用现状

调查发现，涪城区基础教育学生的互联网学习应用综合得分为 3.37（如图 25-8），处于一般水平，有待进一步提升。

应用意愿方面，学生利用互联网进行学习的意愿较强烈，得分为 3.72，处于较高水平，说明学生应用互联网的积极性较高，愿意通过互联网推动学习发展。

应用频率方面，基础教育阶段学生利用互联网进行学习的频率不高，使用互联网学习时间在 1 小时以内的学生占比达 68.65%，整体时间较短（如图 25-9）。

应用方式方面，学生主要是通过互联网寻求问题解决办法、搜索学习资源与工具、学习在

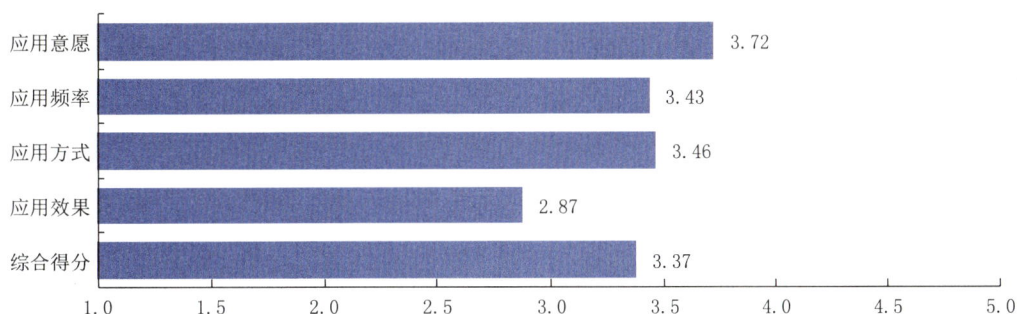

图 25-8　学生互联网学习应用指数

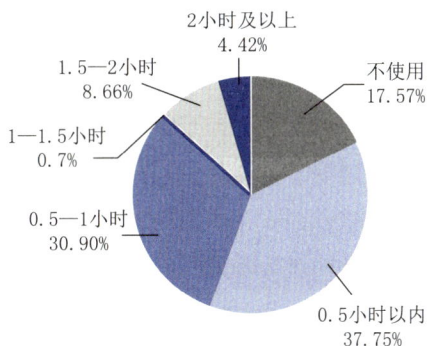

图 25-9　学生每天利用互联网学习的时长

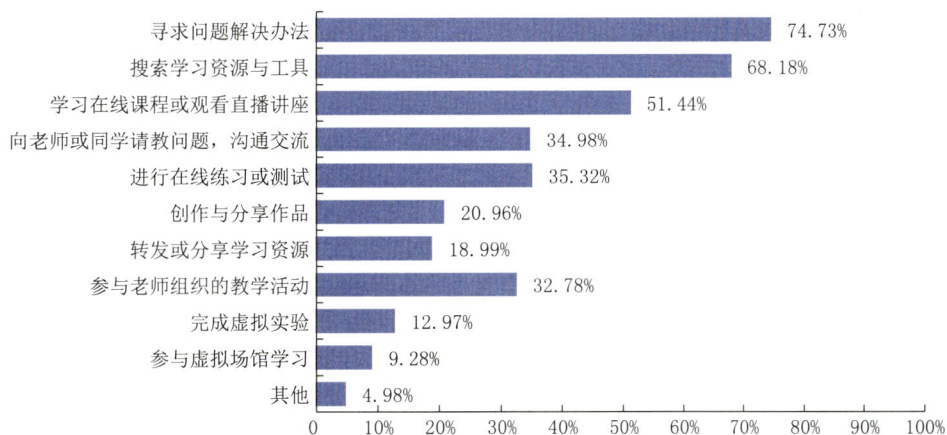

图 25-10　学生利用互联网进行的学习活动

线课程或观看直播讲座、进行在线练习或测试、向老师或同学请教问题与沟通交流、参与老师组织的教学活动等（如图 25-10）。

25.2.4 师生互联网能力水平

（1）教师互联网教学能力

调查显示，涪城区基础教育教师互联网教学能力的得分为 3.99（如图 25-11），处于较高水平，说明教师普遍具备了有效开展互联网教学所需的能力。

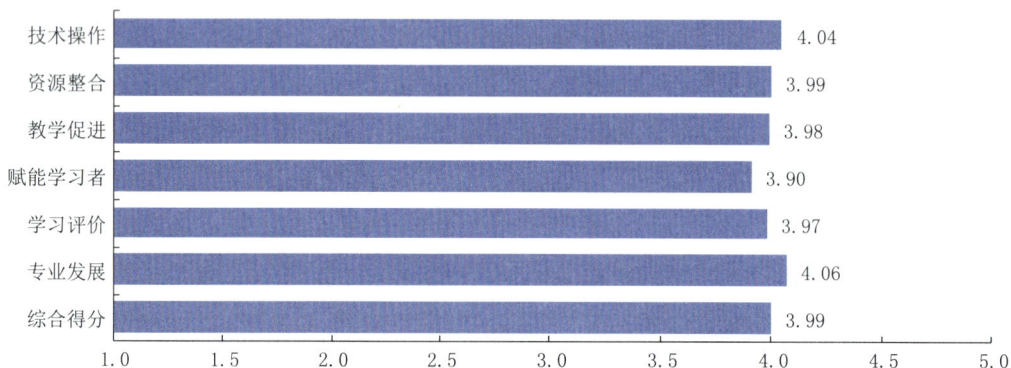

图 25-11 教师互联网教学能力指数

（2）学生互联网学习能力

调查发现，涪城区基础教育学生的互联网学习能力指数为 3.58，整体处于较高水平，但是内容创造和策略性学习的得分为 3.20 和 3.44，处于一般水平（如图 25-12），说明学生尚需提升利用互联网进行内容创造的能力以及选择合适的学习策略改善互联网学习效果的能力。

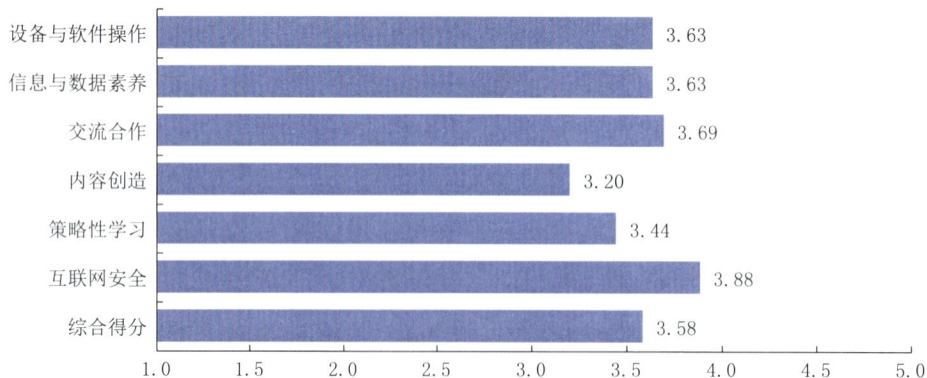

图 25-12 学生互联网学习能力指数

25.2.5 互联网支持教与学情况

（1）教师专业发展支持

调查显示，涪城区基础教育教师提升互联网教学能力的专业发展支持得分为 3.74，处于较高水平（如图 25-13）。

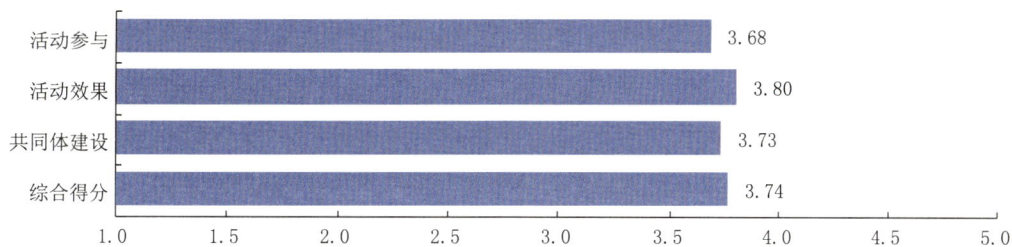

图 25-13　教师互联网学习专业支持服务指数

（2）学生互联网学习服务

调查结果显示，涪城区基础教育学生互联网学习服务指数为 3.60，处于较高水平，学习策略、学习评价、寻求帮助和动机与情感各项指标都处于较高水平（如图 25-14）。

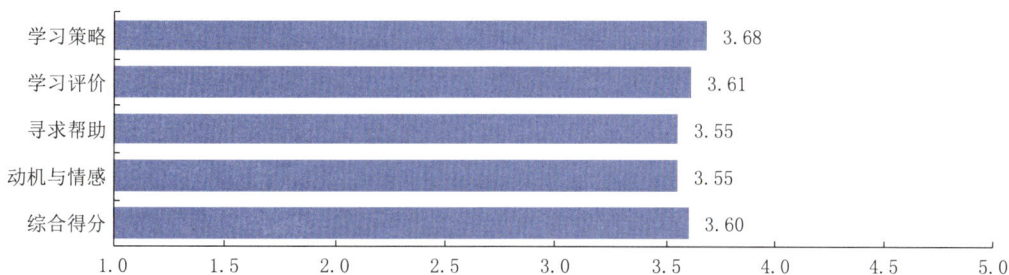

图 25-14　学生互联网学习服务指数

25.2.6　国家中小学智慧教育平台应用情况

（1）教师国家中小学智慧教育平台应用情况

国家中小学智慧教育平台为高质量发展基础教育提供了丰富资源和工具，结果显示，大部分老师使用过该平台开展日常教学工作（74.85%）、进行研修（67.79%）和实现家校协同育人（74.85%），有少数老师会利用平台开展课后服务（34.87%），丰富课后服务内容（如图 25-15）。

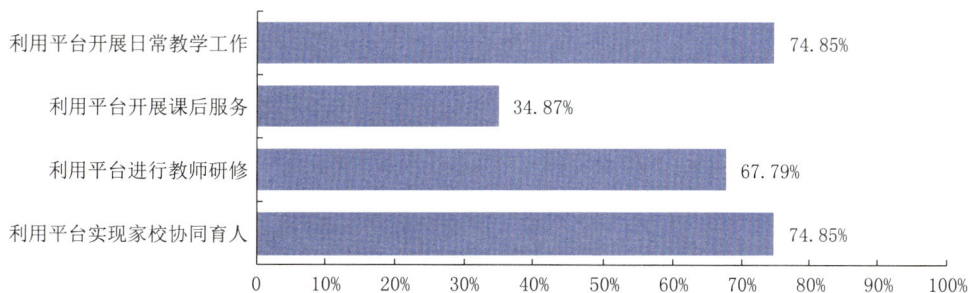

图 25-15　教师利用国家中小学智慧教育平台参加活动类型

日常教学工作中，教师主要会利用平台的备课资源包和参考名师课堂资源进行备课，其次是利用资源和工具进行探究式教学（54.10%）和双师教学（30.05%），创新学习方式，丰富课堂教学活动，提升教学效果（如图 25-16）。

课后服务方面，教师主要会利用师生群聊功能为学生提供学习答疑辅导（73.31%），利用平台课后服务板块中的资源开展各类课后服务活动，整体来看平台资源与功能应用较为广泛（如图 25-17）。

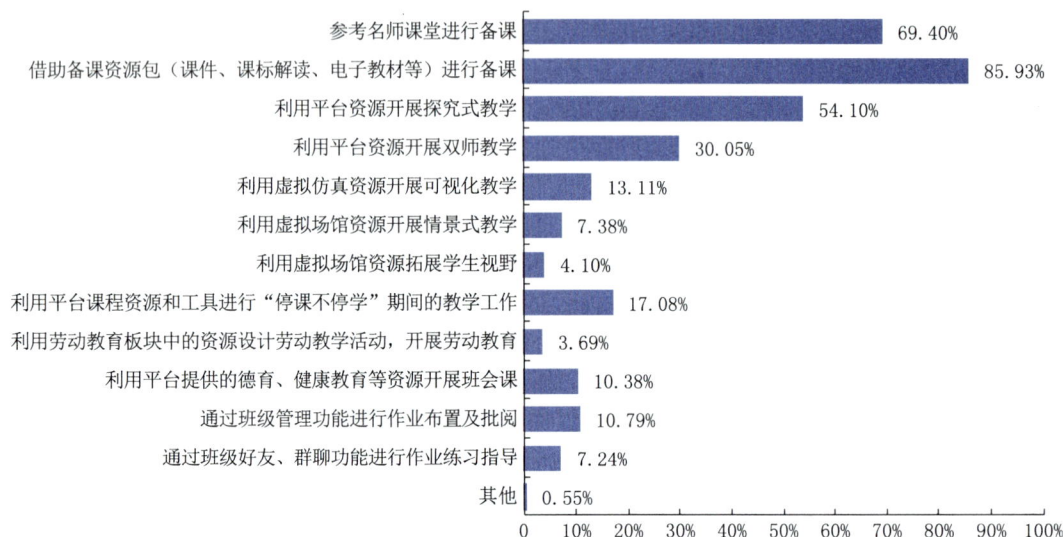

参考名师课堂进行备课 69.40%
借助备课资源包（课件、课标解读、电子教材等）进行备课 85.93%
利用平台资源开展探究式教学 54.10%
利用平台资源开展双师教学 30.05%
利用虚拟仿真资源开展可视化教学 13.11%
利用虚拟场馆资源开展情景式教学 7.38%
利用虚拟场馆资源拓展学生视野 4.10%
利用平台课程资源和工具进行"停课不停学"期间的教学工作 17.08%
利用劳动教育板块中的资源设计劳动教学活动，开展劳动教育 3.69%
利用平台提供的德育、健康教育等资源开展班会课 10.38%
通过班级管理功能进行作业布置及批阅 10.79%
通过班级好友、群聊功能进行作业练习指导 7.24%
其他 0.55%

图 25-16　教师利用国家中小学智慧教育平台开展日常教学工作

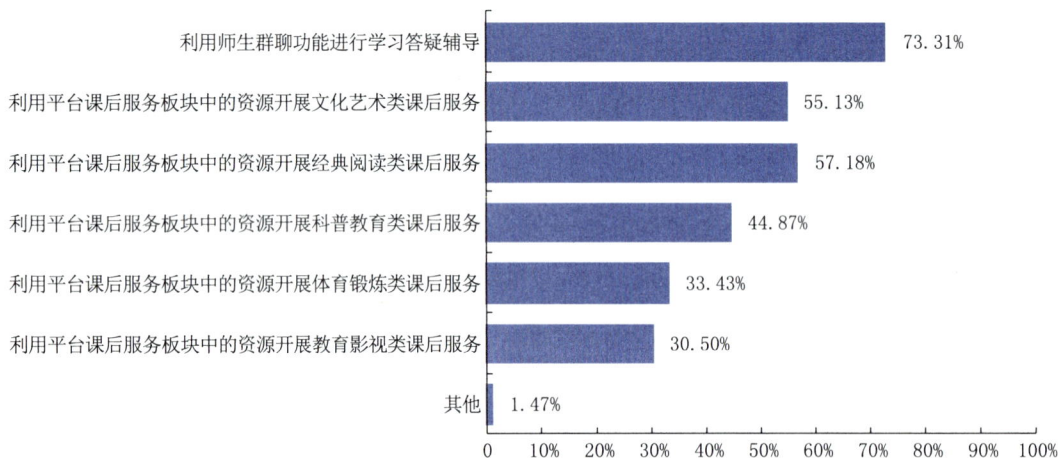

利用师生群聊功能进行学习答疑辅导 73.31%
利用平台课后服务板块中的资源开展文化艺术类课后服务 55.13%
利用平台课后服务板块中的资源开展经典阅读类课后服务 57.18%
利用平台课后服务板块中的资源开展科普教育类课后服务 44.87%
利用平台课后服务板块中的资源开展体育锻炼类课后服务 33.43%
利用平台课后服务板块中的资源开展教育影视类课后服务 30.50%
其他 1.47%

图 25-17　教师利用国家中小学智慧教育平台开展课后服务

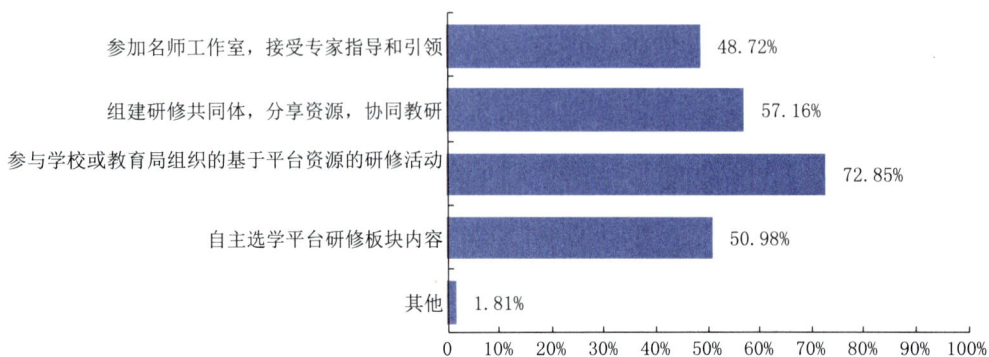

参加名师工作室，接受专家指导和引领 48.72%
组建研修共同体，分享资源，协同教研 57.16%
参与学校或教育局组织的基于平台资源的研修活动 72.85%
自主选学平台研修板块内容 50.98%
其他 1.81%

图 25-18　教师利用国家中小学智慧教育平台进行教师研修方式

教师研修方面，教师主要会利用平台参与学校或教育局组织的研修活动（72.85%）；组建研修共同体，分享优质资源，进行协同教研（57.16%）；开展自主学习活动（50.98%）；参加名师工作室，接受专家指导和引领（48.72%）等，提升个人专业能力（如图 25-18）。

家校协同育人方面，教师会利用平台的家校群功能与学生家长沟通（87.21%）、发布家长会通知等信息（78.68%）、向家长推送家庭教育资源（76.36%），促进家校深度沟通，提升家校协同教育水平（如图 25-19）。

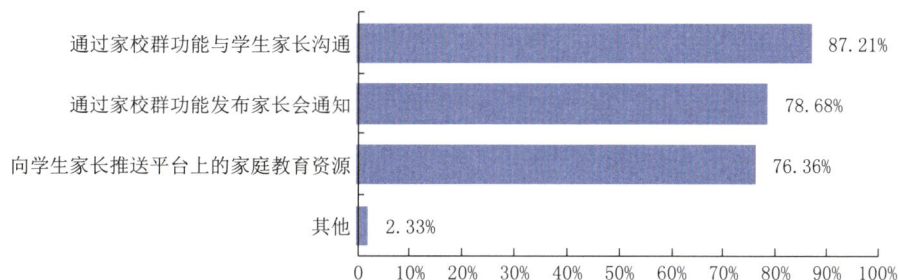

图 25-19　教师利用国家中小学智慧教育平台实现家校协同育人

功能改进方面，教师希望增加资源智能推送（66.97%）、学情分析和学习诊断报告（51.43%）、在线测试、作业练习及参考答案（49.69%）、外语教材点读（24.23%）、AI 智能教师（23.52%）等功能，更好地服务教育教学工作（如图 25-20）。

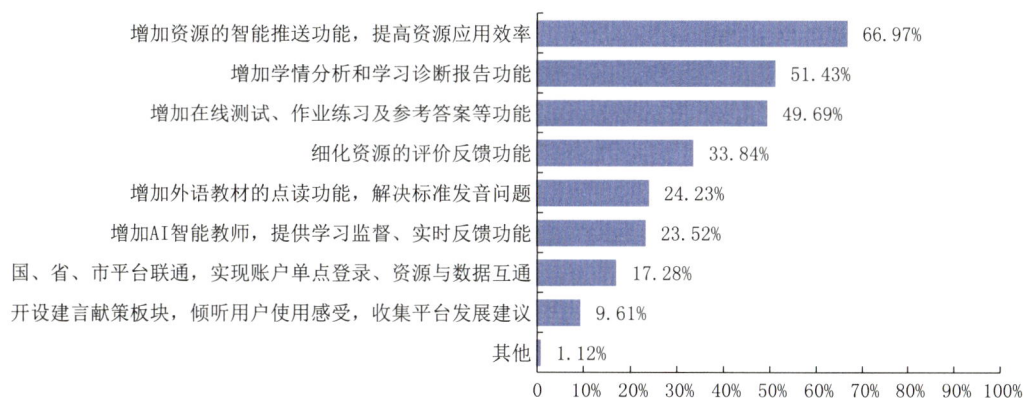

图 25-20　教师对国家中小学智慧教育平台功能改进建议

（2）学生国家中小学智慧教育平台应用

国家中小学智慧教育平台为学生自主学习提供了丰富资源。参与调查的学生中，76.70%

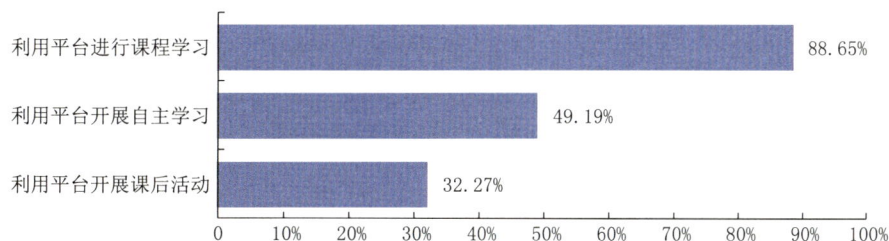

图 25-21　学生利用国家中小学智慧教育平台参加活动

的学生使用过平台，85.69% 的学生安装了手机端 App。大部分学生会利用平台进行课程学习（88.65%），部分学生会利用平台开展自主学习（49.19%）、课后活动（32.27%），说明平台已经在大部分学生群体中得到了广泛应用（如图 25-21）。

课程学习方面，学生主要会利用平台资源进行课程的预习、复习和重难点回放学习（86.71%）、查漏补缺（76.51%）、兴趣拓展学习（62.50%）以及开阔视野（41.76%），提升课程学习效果（如图 25-22）。

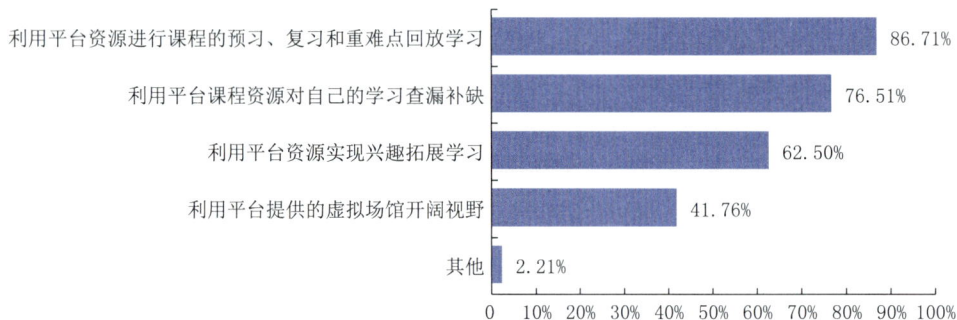

图 25-22　学生利用国家中小学智慧教育平台进行课程学习

课后服务方面，学生主要会利用课后服务板块的资源进行文化艺术类（71.85%）、体育锻炼类（69.70%）、经典阅读类（76.55%）、科学科技类（61.00%）、影视教育类（64.77%）学习（如图 25-23）。

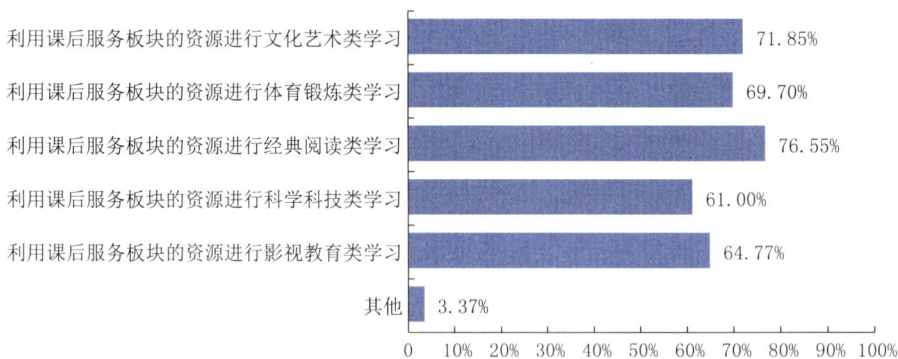

图 25-23　学生利用国家中小学智慧教育平台开展课后活动

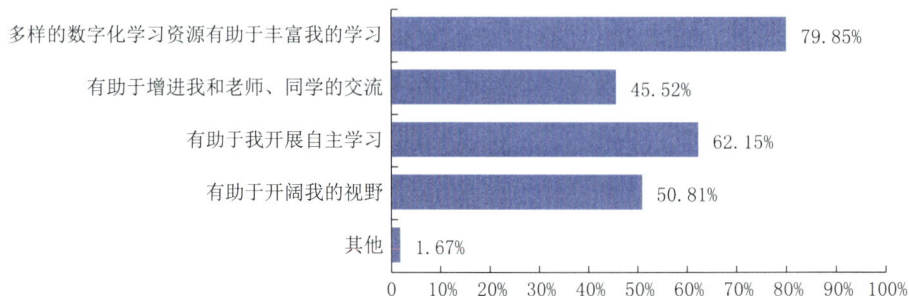

图 25-24　使用国家中小学智慧教育平台对学生的帮助

应用效果方面，大部分学生认为平台上多样的数字化学习资源有助于丰富学习（79.85%）、增进和老师、同学的交流（42.52%）、开展自主学习（62.15%）、开阔视野（50.81%）（如图25-24）。

改进建议方面，学生希望平台能增加课程视频配套的习题资源（70.24%），丰富虚拟场馆类资源（53.09%），增加课程视频学习实时笔记功能（58.90%）、个性化错题记录功能（54.57%）、学情分析和学习诊断报告功能（49.98%）和资源智能推送功能（19.70%）（如图25-25）。

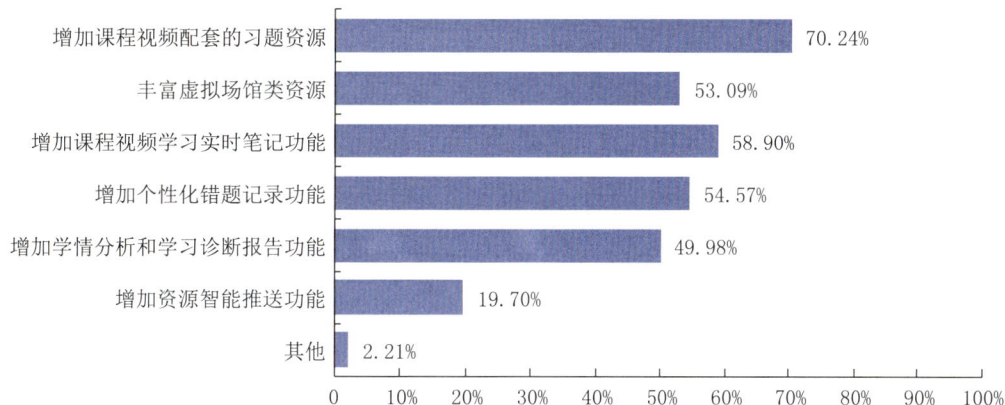

图 25-25　学生对国家中小学智慧教育平台改进建议

25.3　互联网学习的典型案例

25.3.1　发展教师数字素养，支撑教育高质量发展

在教育数字化转型背景下，涪城区探索了一条数字化时代教师发展之路，为教育高质量发展提供有力支撑。

一是改善基础环境，满足教师发展需求。一方面，建设教育专网、改造校园网络和完善教学设施等为教师创新发展提供硬环境；另一方面，建设教师智慧研修专区，完善教师个性化工作台，构建区校两级教师数字档案等，优化教师研修资源和服务供给。

二是推动教研创新，形成智慧教研新样态。一方面，基于涪城区"大学区制"管理，开展基于互联网的跨校协同教研，促进区域教研活动常态化、规模化开展；另一方面，组建网络城乡研修协作体和名师工作室，统筹推进教学研讨、听课观摩、课题研究等工作，打造涪城区"空中教研"模式，有效助力名师资源的辐射共享，缩短区域、城乡、校际之间的教学差距。

三是普及数字化应用，提升教师核心应用技能。首先，通过跟踪式指导提升教师智慧课堂常态化备授课能力和多样化教学创新能力，推广普及智慧课堂应用，全区教师应用率达67%。其次，建设大数据精准教学系统，提升教师精准教学能力和个性化学习指导能力，教师每年查看学情监测报告超19万次。

25.4   关键问题

25.4.1   互联网学习环境有待优化

从学习环境发展来看，涪城区已为学习者提供了较好的资源环境和技术环境，互联网学习资源总量充足，但存在优质资源结构性短缺，平台和资源库之间缺乏协同与共享机制，网络环境不稳定、平台工具不好用等问题，在满足学习者的个性化学习方面仍有较大提升空间，特别是学生个性化学习的设施设备以及平台支持服务需要大力改善。

25.4.2   互联网学习应用有待加强

从学习应用发展来看，涪城区基础教育教师教学应用水平较高，但学生的学习应用水平一般，对互联网学习的效果不太满意。学生利用互联网主要是搜索问题解决办法、学习资源和工具、学习在线课程等，较少参加其他类型的学习活动，说明目前学习应用尚未满足学生个性化学习需要，应进一步加强学习应用建设，提升学生有效应用互联网开展学习的能力。

25.5   发展趋势

25.5.1   互联网学习环境优化需求增强

一是智能化互联网学习工具需求增强。学习者逐渐认识到学习工具对开展互联网学习的支撑作用，越来越多的学习者使用学习探索，知识构建，自主学习管理以及具备学情数据采集、存储、分析等功能的智能化工具。

二是网络学习空间的应用需求增强。互联网学习的开展需要依托学习空间实现资源的获取、工具的应用、数据的记录分析、过程的管理以及结果的反馈。因此，要进一步升级网络学习空间，实现教学应用、学习应用、数字教育资源的有效联结，使学习者能够自主获得适合自我学习的资源，记录存储学习者的学习过程和学习成果，推动学习场域的拓展，支撑学习者的泛在化学习。

三是多样化学习资源的需求增强。互联网学习发展过程中积累了大量学习资源，但是当前学习资源多以知识性资源为主，认知类、工具类、交互类资源相对匮乏。随着互联网学习的深入推进，学习者希望增加虚拟场馆类、虚拟实验室、探究类等多样化学习资源，以便更好地开展互联网学习创新应用。

25.5.2   师生互联网学习胜任力培训需求增长

互联网学习的创新发展对师生互联网学习胜任力提出了更高的要求。对于学生而言，他们需要主动适应、积极参与互联网学习活动，利用信息化工具开展学习、寻求帮助、获取资源，同时具备较强的自主学习能力。对于教师而言，教师需要能够根据学习者特征、个性化需求，精准设计教学目标、教学内容，开展评价、反馈、辅导、答疑等应用。调查结果显示，学生的内容创造、策略性学习得分仅为 3.20 和 3.44，教师提供的互联网学习策略与方法支持得分仅为 3.68，师生互联网学习胜任力发展情况与理想状态存在较大差距，师生互联网学习胜任力培训需求快速增长。

第二十六章

CHAPTER 26

武汉经济技术开发区基础教育领域
互联网学习发展报告

26.1 概述

为贯彻新时代立德树人根本任务，培养德智体美劳全面发展人才，响应国家教育数字化转型战略，武汉经济技术开发区（以下简称"经开区"）紧抓武汉市首批智慧教育示范区创建契机，于 2021 年 6 月正式启动了智慧教育规模化应用项目，以"数据驱动智能化教育决策"为特色，将智慧教育作为推动区域教育理念更新、教学模式变革和教育生态重构的重要工程，全力打造区域智慧教育典范。经过两年多的建设，经开区在教、学、研、评、管、服六大方面取得了阶段性成果。

26.1.1 基础智慧教育规模化应用发展年度概述

（1）智教——数字化助力区域教学提质增效

2023 年，经开区智能教育环境全面升级，以 96.88% 的超高达标率提前两年完成了武汉市现代化学校建设目标。在 2023 年开展的教师信息素养测评中，经开区教师信息意识和专业发展维度均提升了 8 分左右。2023 年，经开区全区一本达线率 78.95%，实现了连续两年的稳步提升。

（2）智学——数字化助力学生全面发展

2023 年，经开区学生数字素养整体得分提升 24%。2023 年 7 月，经开区两个"五育"并举案例入选国家智慧教育示范区创建项目 2023 年度智慧教育优秀案例。另外，以育才中学与纱帽中学为例，2023 届和 2024 届学生数学、英语、物理三科的学生平均知识点得分率分别提升了 12.8%、12.3%。

（3）智研——数字化助力教师队伍高质量建设

2023 年，经开区深入推进以 AI 教研平台网络空间为基础，以信息技术融合应用为抓手，实现两片区研训统一，推动南北教育信息化一体化发展。截至 2023 年 12 月，累计开展教联体网络协同教研活动 346 场次，教师参与超 12 万人次。

（4）智评——数字化助力综合素质评价，实现以评促学

2023 年，经开区以湖畔小学和实验小学为样本，在全区复制教师画像和学生画像应用。已统采教师信息超 10 万条，教师参与率达 94.6%。2022—2023 学年，全区 25 所小学借助学生画像开展了综合素质评价，累计评价超 2 万人次。

（5）智管——数字化助力区域教育治理能力提升

2022 年底，经开区在原有系统的基础上，部署区校两级数字底座，形成个体"小数据"到区域"大数据"的汇聚。在管理机制上，经开区 2023 年逐步探索形成"拓—定—建—立"智慧教育统筹推进模式，形成"UEGS"协同育人模式。

（6）智服——数字化助力区域教育保障服务水平提升

2023 年，经开区持续推进数字资源建设和共享，促进基础教育均衡发展。全区累计自建优质区本"五育"数字资源 17 474 份，数字资源应用累计达 124.62 万次，覆盖率 100%。2023

年，经开区利用现代化 AI 技术和手段提高课后服务水平，课后服务课程开设总门数达 1 888 门，兴趣类课程占比 87.66%，课程开设课时数 25.29 万节，参与教师达 3 637 人，参与学生达 6.72 万人次。

26.1.2 经开区智慧教育规模化应用年度特征词及其解释

（1）建设数字基座，促进教育基础设施提档升级

2022 年 11 月，经开区在区校两级的大数据洞察系统的基础上，部署了区校两级数字底座。截至目前，底座接入了 12 个生态厂商、158 个生态应用、7 个低代码应用和 1.81 亿条数据，有效提升区域治理能力，初步打破了"信息孤岛"和"数据壁垒"，为互联互通数据驱动的教育数字化转型实施路径创新迈出一大步。2023 年 4 月 23 日，经开区教育大数据中心正式启动应用。大数据中心通过区校两级大数据洞察，系统全面而持续地采集过程性、结果性数据，形成了覆盖教、学、管、评、研、服教育全场景的数字环境，为教育决策分析、动态监测、趋势研判等提供数字化支撑。

（2）培育星级智慧校园，打造智慧教育样板和示范

2023 年 4 月，武汉市五星级智慧校园创建工作推进会在经开区成功召开。截至目前，经开区共有创建中的五星级智慧校园 3 所，占总比近 10%，四星级智慧校园 11 所，占总比近 30%。同时，聚焦创新人才、综合治理、课堂变革、教学提质、教师培养等方向，经开区培育出区级智慧教育示范校 7 所，形成了梯队效应，在不同层面的智慧校园建设和发展中均有学校成为全市的样板和示范。

26.1.3 智慧教育规模化应用特征指数

表 26-1 经开区环境建设核心指标特征指数汇总表

一级指标	达标率	二级指标	达标率	三级指标	达标率
基础建设	98.61%	网络与信息终端建设	98.75%	校园有线网络、无线网络覆盖率 100%	100.00%
				学校互联网接入带宽专线不低于 100 兆	100.00%
				配置具备防火墙、防病毒、网络入侵保护、流量管理、上网行为管理等功能的网络安全设备，实现对校园网络的有效安全防护	100.00%
				移动终端生机比达到 4:1 及以上	93.75%
				移动终端师机比达到 1:1	43.80%
		智慧教室建设	96.88%	智慧教室建设覆盖率达到 100.00%	96.87%
		防疫、安防、广播系统建设	100.00%	校园公共场所视频监控覆盖率 100%	100.00%
				建有校园智能安防系统	100.00%
				建有校园智能广播系统	100.00%

续　表

一级指标	达标率	二级指标	达标率	三级指标	达标率
应用服务	85.07%	应用中台	100.00%	已对接武汉市教育密码数字身份发行管理系统，建有校级用户中心、认证中心、消息中心	100.00%
				师生可通过统一账号登录校本应用系统	100.00%
				接入国家公共服务体系，能管理接入中台的各项应用	100.00%
				学校建有校级数据交换中心，具备为上级和授权的第三方提供数据交换共享能力	100.00%
		教学应用	70.83%	利用智慧教学平台开展教学的教师月活跃率不低于 70%	65.63%
				利用智慧教学平台学习的学生月活跃率不低于 70%	71.88%
				利用大数据评价系统的教师月活跃率不低于 60%	75.00%
		管理教研应用	76.56%	建有校务管理系统，包含但不限于通知公告、流程审批、教师考勤等，教师月活跃率不低于 60%	75.00%
				使用智慧教研系统组织、参加教研活动的教师月活跃率不低于 50%	75.00%
数字资源	21.25%	课程资源	53.13%	实现了国家、地方、第三方企业基础课程数字资源的接入	100.00%
				每名教师人均制作的校本基础课程资源不少于 10 条	6.25%
		图书资源	0	数字图书不少于 5 万册	0
				电子读物达到 3 000 种	0
				数字期刊不少于 50 种，且保持正常订阅	0
保障体系	100.00%	组织保障	100.00%	成立了智慧校园建设领导小组	100.00%
				设有学校首席信息官（CIO）	100.00%
		机制保障	100.00%	研制了学校的智慧校园建设规划	100.00%
				制定并实施了学生移动设备管理、智慧课堂教学规范等规章管理制度	100.00%
				制定并实施了优先职称评定等智慧教育教学激励机制	100.00%
		技术保障	100.00%	配备至少 1 名智慧教育专职人员	100.00%
				每年至少举办 3 场教师智慧教育产品培训	100.00%

表 26-2　经开区教师发展核心指标特征指数汇总表

一级维度	二级维度	三级维度	
教师发展	日常备课	备课参与率	67.28%
		月均备课次数	31.58 次
		月均备课时长	1.59 小时
		教学资源获取便利度	93.89%
		教学资源适用性	62.35%
	课堂教学	月均授课次数	12.47 次
		月均授课时长	10.29 小时
		教师互动次数	11.66 次
		参与互动学生数	10.22 次
		教师月均使用表扬、随机选人等互动工具次数	16.77 次
		通用工具使用次数	8.59 次
		学科应用使用次数	0.27 次
		教学目标达成度	87.00%
		课堂互动效果	89.00%
		课堂学期反馈精准性	85.40%
	教学评价	月均作业布置次数	0.66 次
		报告查看次数	0.44 次
		智能组卷次数	0.21 次
		学情诊断的全面性	78.89%
		作业布置的便利性	89.95%
		作业批改负担	平均每月减少 26 小时
	专业发展	乐于参加线上教研活动意愿指数	4.07
		教师职业认同感	4.32

表 26-3　经开区学生发展核心指标特征指数汇总表

一级维度	二级维度	三级维度	
学生发展	自主学习	学生微课观看数量	0
		平台资源学习的时长	0
		自主学习任务完成情况	48.60%
		课前测评能完成情况	86.00%
		学生学习自主性	3.89
	课堂学习	学生课堂互动频率	4.23
		学习兴趣	4.05
		课堂学习参与度	4.37
		课堂学习满意度	4.46
	日常作业	作业减少情况	59.54%
		作业匹配度	82.08%
	综合实践	学习活动参与度	4.47
		学习活动满意度	4.47

26.1.4　研究设计与数据收集

（1）质量评估标准和工具研制

首先，经开区基于深入的文献调研、三轮以上的专家意见征询，确定基础环境、教师发展和学生发展三大工程质量评估标准。其次，基于质量评估标准确定数据采集需求，进而确定相关调查对象、调查范围、调查工具的类型以及调查组织方式等。最后，设计调查问卷用于收集教师、学生等调查对象教与学相关的兴趣、积极性、态度、满意度等特质；设计平台数据采集模板用于采集师生教育教学平台的行为数据；邀请相关领域专家研讨并反馈修改意见，完善调查问卷、平台数据采集模板等质量评估工具，并对质量评估工具进行专家信度和内容效度的评估，确保质量评估工具科学、合理、有效，为质量评估工作的有序、规范开展做准备。

（2）数据采集与预处理

基础环境方面，面向经开区 32 所中小学校发布数据采集需求，包括小学 16 所（其中，奥林小学、神龙小学、三角湖小学是集团校，各有 2 个校区）、初中 10 所、九年一贯制学校 3 所、高中 3 所。各学校均响应，如实完成了数据填写任务，并将填写结果反馈给调研组。

教师发展和学生发展方面，主要通过师生平台行为数据采集、学校线下填报、师生问卷调查采集数据。其中，师生平台行为数据由智慧教育平台建设方科大讯飞有限公司提供，共包含 29 所中小学校（小学 15 所、初中 7 所、九年一贯制学校 3 所、高中 4 所）。师生问卷调查数据通过经开区教育局协助开展线上调研采集，共包含 37 所中小学校（小学 21 所、初中 10 所、九年一贯制学校 2 所、高中 4 所），共回收样本 2 426 个，删除作答时间低于 120 秒、错填、漏填的无效样本 69 个，剩余有效样本 2 357 个，有效率为 97.16%；学生问卷回收样本 23 040 个，删除作答时间低于 120 秒、错填、漏填的无效样本 1 944 个，剩余有效样本 21 096 个，有效率为 91.56%。对师生平台行为数据、师生线下填报数据、师生问卷调查数据进行预处理后，分别基于不同维度的评价要求，计算相关指标得分。

26.2 互联网学习发展现状

26.2.1 区域政策与保障措施

2021 年，经开区创新性建立高校、政府、企业、中小学校、家庭"五位一体"协同育人新机制。

2022 年，经开区教育局依照新机制，制定"一体、两翼、三支撑"的新发展格局——以促进教育高质量发展为"主体"，以强化教师队伍建设和变革育人方式为"两翼"，以深化信息技术应用建设、深化学校治理体系建设、深化学生安全管理体系建设为"三支撑"。

2023 年，经开区基本形成了具有区域特色的"拓、定、建、立"智慧教育统筹推进模式，全面推动区域大规模因材施教落地实施。具体路径为，"拓"三导团队——教育局为主导单位，华中师范大学、国家数字化学习工程技术研究中心吴砥教授团队、武汉市教育科学研究院团队为指导单位，教育局协同部门为督导单位；"定"三维方向——经开区智慧教育发展总体目标、三年发展规划和五大实施行动；"建"五大工程——资源建设工程、素养提升工程、教学变革工程、评价改革工程、治理提升工程；"立"三类机制——保障机制、考核机制和奖励机制。

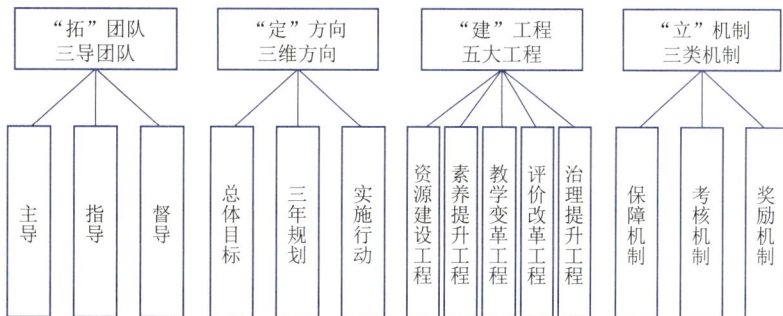

图 26-1　经开区智慧教育推进模式

26.2.2 互联网学习环境建设情况

2023 年，经开区基础教育领域互联网学习环境建设基础建设情况如图 26-2 所示。基础建设维度建设质量显著，所有学校基本都达到建设要求，但需要加强个别学校的学生移动终端数量以及智慧教室建设。

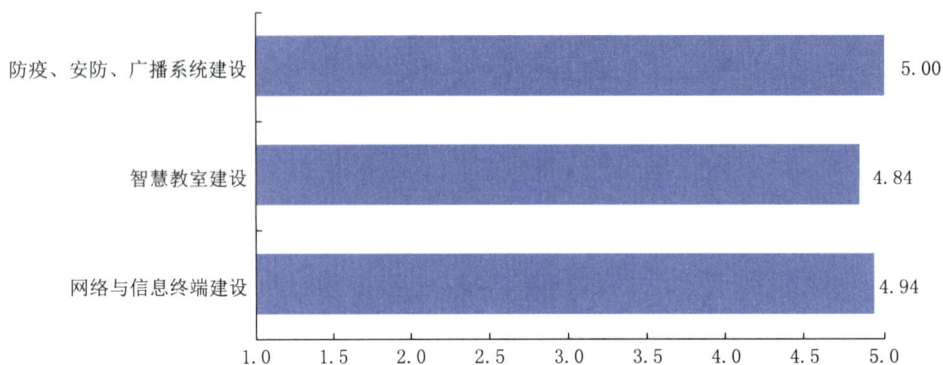

图 26-2　经开区互联网学习环境基础建设情况

2023 年，经开区环境建设应用服务情况如图 26-3 所示。应用服务维度建设较好，应用中台建设质量较高，但在教学应用和管理教研应用方面有所不足，仍具有一定的提升空间。

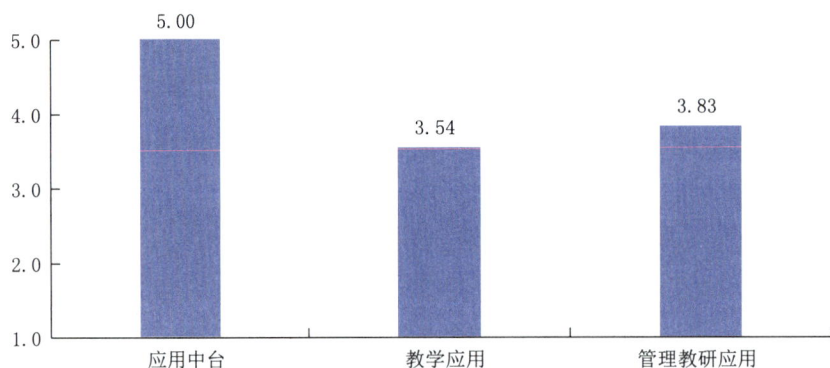

图 26-3　经开区环境建设应用服务情况

2023 年，经开区环境建设数字资源情况如图 26-4 所示。数字资源维度建设质量较差，课程资源的得分为 2.66，图书资源的得分为 0，说明亟须增加教师人均制作的校本基础课程资源以及数字图书等资源。

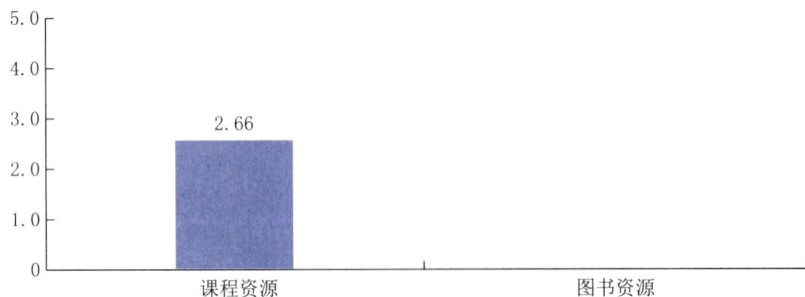

图 26-4　经开区环境建设数字资源情况

2023 年，经开区环境建设保障体系建设情况如图 26-5 所示。保障体系维度建设是四个维度中达标率最高的指标维度，达标率为 100%。各学校在组织保障、机制保障和技术保障方面均作出了相应的应对措施，成立了智慧校园建设领导小组，设有学校首席信息官（CIO）等，保障体系建设效果显著。

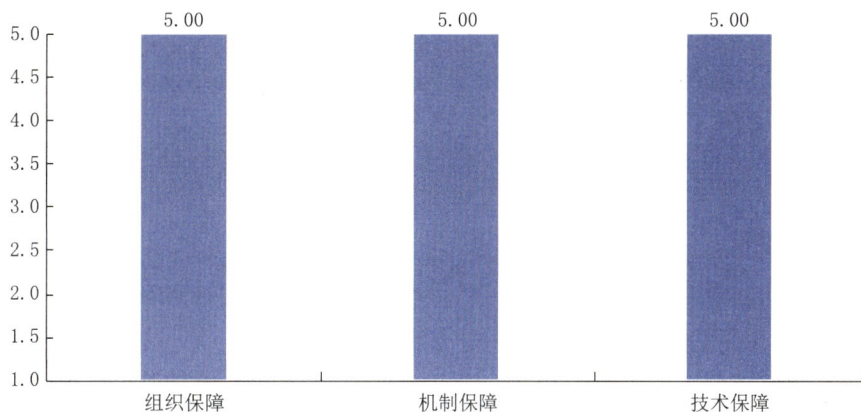

图 26-5　经开区环境建设保障体系情况

26.2.3　教师互联网教学情况

2023 年，经开区教师开展日常备课情况如图 26-6 所示。通过调研数据发现，超过一半的教师认为智慧课堂中的教学资源适用性较好，这说明大部分教师对智慧课堂教学资源是较为满意的，但仍有部分教师的资源需求未得到较好满足。90% 以上的教师认为使用智慧课堂提高了教学资源获取的便利度，说明使用智慧课堂能够有效提高教师获取教学资源的便利程度，从而提升教师的日常备课效率。通过平台数据发现，经开区中小学教师月均备课参与率为 67.28%，表明智慧课堂在经开区中小学教师群体中的普及程度相对较高。

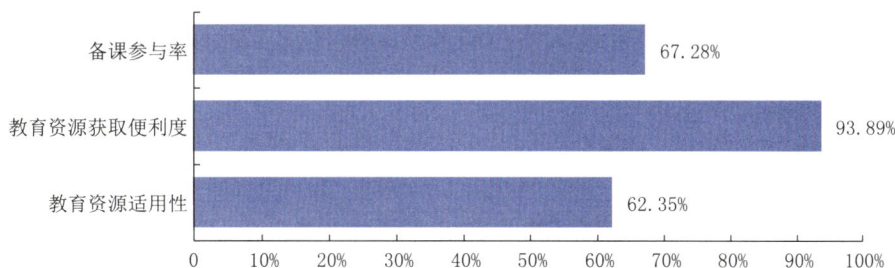

图 26-6　经开区教师开展日常备课情况

2023 年，经开区教师开展课堂教学情况如图 26-7 所示。87.00% 的教师认为使用智慧课堂有助于达成教学目标，说明教师使用智慧课堂对于其课堂教学目标的达成具有一定作用。近九成的教师认为使用智慧课堂提升了课堂互动效果，表明教师普遍认可使用智慧课堂对于提升课堂互动效果的作用。大部分教师认为使用智慧课堂能够提高课堂上学生学情反馈的精准性，说明教师较普遍认可使用智慧课堂可以有效提升课堂上学生学情反馈的精准性。

2023 年，经开区教师开展教学评价情况如图 26-8 所示。近八成的教师认为使用智慧课堂能够有效提高学情诊断的全面性，说明经开区教师普遍认可使用智慧课堂对学生学情诊断的全面性提升作用。九成左右的教师认为使用智慧课堂能够有效提升作业布置的便捷性。

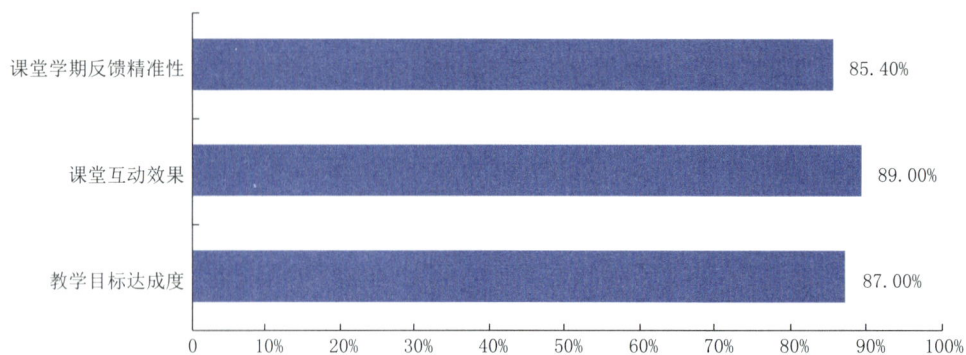

图 26-7　经开区教师开展课堂教学情况

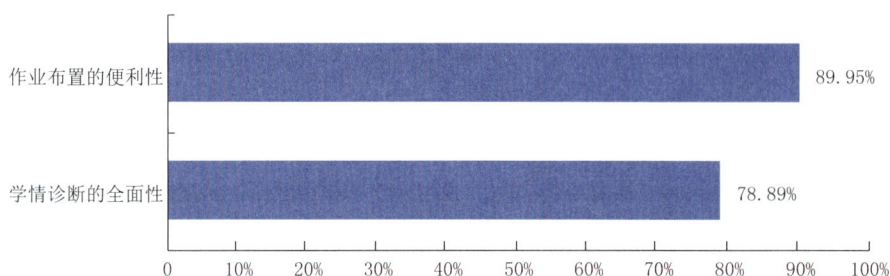

图 26-8　经开区教师开展教学评价情况

2023 年，经开区教师开展专业发展情况如图 26-9 所示。通过问卷发现，超过八成的教师非常愿意或比较愿意主动参与线上教研活动。另外采用成熟的教师职业认同感调查问卷对经开区教师的职业认同感进行调研，发现教师的职业认同感均在 4.30 以上，远高于理论中值，教师的职业认同感均处于较高水平。

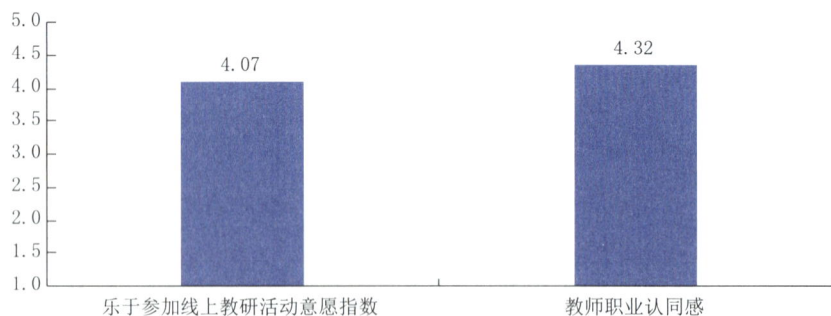

图 26-9　经开区教师开展专业发展情况

26.2.4　学生互联网学习情况

2023 年，经开区学生开展自主学习情况如图 26-10 所示。数据显示，参与评估的各学校学生在微课观看数量、平台资源学习时长上的指标数据均为 0。采用学生学习自主性调查问卷对经开区学生的学习自主性进行调研，学生的学习自主性得分为 3.89，高于理论中值，说明学生的自主学习意愿较高，需要教师引导学生落实自主学习行为。

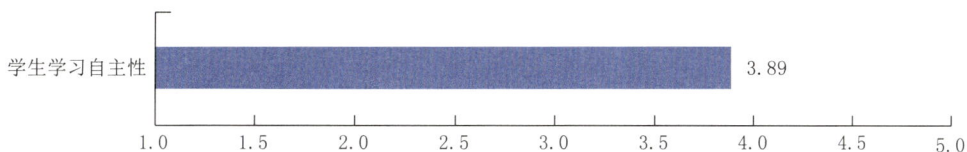

图 26-10　经开区学生开展自主学习情况

2023 年，经开区学生开展课堂学习情况如图 26-11 所示。根据调查问卷结果发现，经开区学生课堂互动频率指数为 4.23，学习兴趣指数为 4.05，课堂学习参与度指数为 4.37，课堂学习满意度指数为 4.46，均处于较高水平，说明学生在智慧课堂中的课堂学习表现较好。

2023 年，经开区学生开展日常作业情况如图 26-12 所示。在日常作业方面，根据调查问卷结果发现，82.08% 的学生认为使用智慧课堂等智慧教育平台上的作业符合他们的学习需求，59.54% 的学生认为使用智慧课堂等智慧教育产品后，其作业负担得以减轻。

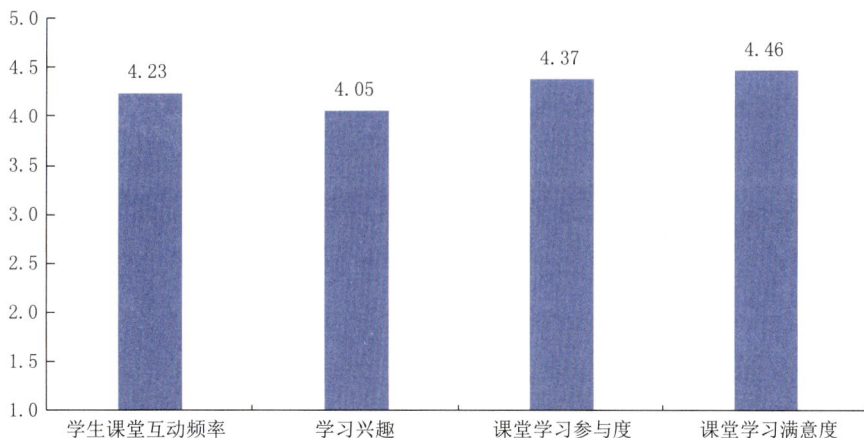

图 26-11　经开区学生开展课堂学习情况

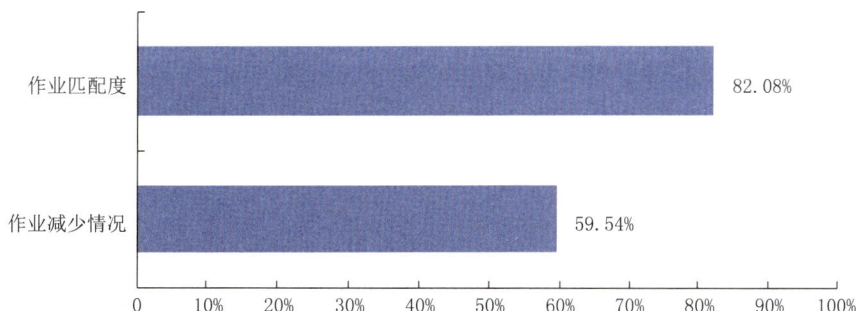

图 26-12　经开区学生开展日常作业情况

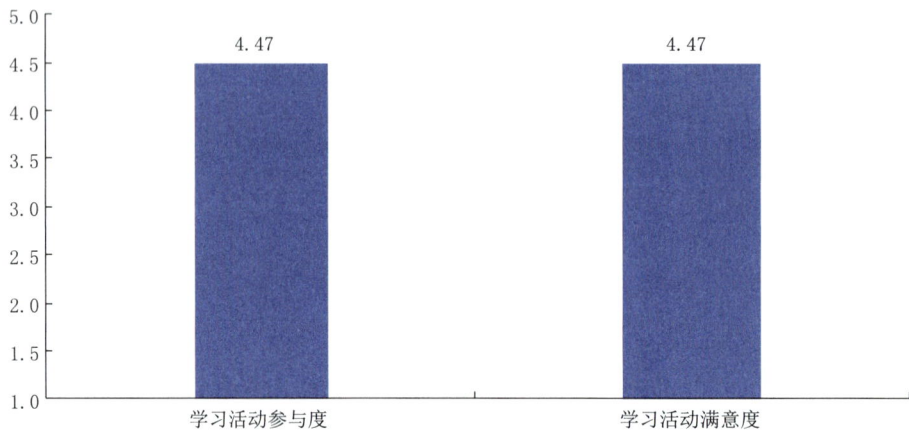

图 26-13　经开区学生开展综合实践情况

2023 年，经开区学生开展综合实践情况如图 26-13 所示。在综合实践方面，根据调查问卷结果发现，在智慧课堂下学生综合实践活动参与度和满意度均处于中高水平。

26.3　典型案例

26.3.1　经开区教联体网络协同教研模式助力区域优质教育均衡

为均衡沌口、汉南两片区教师队伍建设，实现培训降本、教研提频，经开区形成了"空中研训"和"教练体网络协同教研"模式，通过分层研训，助力区域校长信息化领导力发展，提升名师信息技术融合应用能力。全区累计开展了各级各类教育教学应用培训 213 场，教师信息素养提升测试考核通过率 100%。一期培养出智慧教育优秀教师 117 人，种子教师 161 人。经开区借助 AI 教研平台，推动从"学科工作坊"到"学科基地校"和从"学区制"到"教联体"的高效过渡和转变。全区 12 个义务教育教联体覆盖 39 所中小学校，在 AI 教研平台上创建了 60 个网络教研空间，教联体覆盖率 100%。截至 2023 年 12 月，累计开展教联体网络协同教研活动 346 场次，教师参与超 12 万人次。

26.3.2　经开区第一中学"一生一策"教学模式助力教学质量提升

经开一中作为一所省级示范高中，为提高教学效率，精准关注学生薄弱知识点，学校在 2018 年便开始探索大数据精准教学。利用考试动态大数据采集，为每一位学生推送个性化练习题，逐步形成"一生一策"应用模式。

考前，教师通过题库进行符合班级学情与考试目的的个性化组卷，快速生成试卷与答题卡；考后，教师通过网上阅卷采集学生考试数据，形成学校、年级、班级、个人的考试报告与学生基于错题自动生成的个性化练习。

结合智学网考试报告，分学科组进行集体教研，分析错题产生原因；在教研过程中基于测练考试，生成精准讲评资源；在课堂有限的时间内，针对班级的共性错题进行集中讲解；针对学生的个性错题，教师每天拆解下发 3—5 道练习题，学生当天完成提交，教师批改；两次考试之间完成错题巩固，再练习，做到考前错题重练与清零；月考、联考、模拟考、期末考前，汇聚阶段性错题并再次练习，回顾和巩固薄弱知识点。

2022年上半年，高三开展了30余次规模化个性学习，2022年高考结束后学校录取率达83.52%，较2021年提升了3.43%，实现教育质量精益求精。2023年，学校高考一本上线率突破90%。

26.3.3　经开区依托数字基座深化师生画像应用，实现以评促教、促学

2023年，经开区通过智能终端、信息化平台和应用系统性采集教与学的过程性数据，依托数字基座深化师生画像应用，实现以评促教、促学。依托智慧教育规模化应用，通过信息技术终端、应用和平台，在智慧教学、自主学习、身心健康、课堂行为和语言类学习等方面实现过程性数据采集，并探索出智能评价体系。基于教师教、学生学的过程性数据，深挖数据价值反哺教与学。湖畔小学通过教师画像应用，实现了教师"现状数字化、绩效精准化、成长个性化"。实验小学通过学生画像应用，实现学生成长可视化。经开区以湖畔小学和实验小学为样本，在全区复制教师画像和学生画像应用，推进教师队伍建设的数字化转型。截至2023年12月，已统采教师信息超10万条，教师参与率达94.60%。2022—2023学年，全区25所小学借助学生画像开展了综合素质评价，累计评价超2万人次。

26.4　关键问题

26.4.1　优质数字教育资源共享有待加强

随着互联网在教育生态体系的应用与渗透，数字教育资源的内涵不断丰富，它在激发学生学习兴趣、促进学生自主学习、提高课堂教学质量、推动教育均衡发展等方面发挥基础性、支撑性的作用。根据调研结果发现，经开区智慧教育数字资源的建设达标率不足30%，为基础环境建设的薄弱环节。"实现了国家、地方、第三方企业基础课程数字资源的接入"指标的达标率为100%，所有学校全部完成。但学校校本资源建设严重滞后，数字图书、期刊等资源储备不充足。在未来发展中，经开区应该推进特色化校本资源建设，鼓励学校结合自身办学特色，采取自建、共建等方式，建设特色课程的校本教育资源，通过师生评价和第三方评估相结合的方式，定期更新校本教育资源库。

26.4.2　教师信息技术应用积极性有待提升

调研结果显示，智慧教育相关工具和产品在经开区中小学教师群体中得到较普及应用，多数中小学校教师在积极探索和尝试利用智慧课堂开展常态化日常备课、授课，并认为智慧教育相关工具和产品可以有效促进课堂教学目标的达成、提升课堂互动效果、全面了解学情，减少备课时间和作业批改时间，但仍有小部分中小学校教师参与意愿不强。未来，经开区需加强教师信息技术应用研训，依据区域教师信息素养水平发展现状，制定线上线下相结合的分层分类研训方案。推进信息技术与学科教学深度融合，提升全体教师信息技术应用能力，培养教师数字化意识、思维和能力。

26.5 发展趋势

26.5.1 云网端升级打造智能学习空间，构筑学习环境数字底座

智慧学习环境是智慧教育的基础，经开区将全面提升终端普及水平、网络接入条件和云端服务能力，基于教育云平台升级建设"云、数、用、端"一体化的教育数字基座，推动全区人员统一认证、组织机构统一管理、数据融通一数一源、区校各类应用统筹衔接、物联终端设备统一接入管理，形成"互联网＋教育大平台"，推动构建过程性数据智能采集，各级各类信息数据融汇，形成数智驱动的教育治理新格局。

26.5.2 推行灵活弹性的教学组织形式，撬动人机协同教学变革

教学模式变革是关键，弹性教学、主动学习和按需学习是实现差异化教和个性化学的智慧教学新"常态"。经开区将结合不同学校的办学特色和教育现状，研制指向核心素养培养的智慧教学模式，实现精准化的"教"和个性化的"学"。采用先试点后推广的方式，探索不同学科、不同学段的智慧教学实施路径，形成一批兼具区域特点和学校特色的智慧教学模式，深度推进学生核心素养培育落地。探索一批高质量、可复制、可推广的智慧课堂教学模式和教学方式，开展常态化典型案例遴选和示范推广。

26.5.3 提升师生数字素养与应用能力，夯实智慧区域人才基础

经开区将构建本土化的数字素养框架、指标体系与测评模型，开展常态化师生数字素养测评；通过课程建设和多样化培训持续提升教师数字素养，培养教师信息化教学能力和习惯，打造智能时代教师队伍；培育学生数字素养乃至智能素养，促进数字一代健康成长；提升教育信息化领导力，推进教育数字化治理；开展人工智能普及教育和科学教育。

26.5.4 开展全过程和全要素智能评测，数据驱动教学评价改革

未来，经开区将继续探索教师、学生、家长、社区、教育管理部门等多主体协同参与的学校教育评价机制，促进评价数据的互操作性。综合利用人工智能、大数据、区块链等新兴技术，建立长周期、跨场域、多维度的师生画像，无感式、伴随式跟踪采集学生德智体美劳日常表现、教师专业发展、学校智慧校园建设应用相关的过程性数据，促进结果导向的"单一"评价向过程导向的"多维"评价转变。

第二十七章

CHAPTER 27

南昌市红谷滩区基础教育领域互联网学习发展报告

27.1 概述

27.1.1 红谷滩区互联网学习发展概述

南昌市红谷滩区是南昌主城都市区的重要组成部分之一，在加快建设长江中游地区重要中心城市、鄱阳湖生态经济区中心城市的国家战略要求中具有重要战略支点作用。伴随着以"新基建"为基础的智慧城市建设，智慧教育是智慧城市布局中的重要一环，通过以人工智能、云计算、区块链等为代表的新技术基础设施，以数据中心、智能计算中心为代表的算力基础设施，在现有的"互联网＋教育"的基础上进一步催生智慧教育新形态。

2023 年，红谷滩区全区共有区属义务教育学校 29 所（含 2 所民办学校）。截至 2023 年，共有在校学生 64 435 人，专职教师 2 971 人。全区中小学均已实现城域网千兆到校，均已开通班班通到班到教室。班班通建设主要配备有触控一体机，另有部分中小学配备有投影、电子白板、纳米黑板等设备。

27.1.2 年度特征词及其解释

（1）全面提升师生信息素养

红谷滩区重视学校领导和教师在信息化素养及应用能力方面的提升，每年定期举办培训和评比活动，具有活动密集和覆盖面广的特点。2023 年 9 月开始，通过信息化教学应用和设施的建设及培训，红谷滩区教师能利用信息化手段开展混合式教学、参与教研活动，能利用信息技术对教学对象、教学资源、教学活动等进行有效管理和评价。同时，红谷滩区为学生配备了学习终端，通过培训使学生具有良好的信息素养，能利用各种媒体终端进行随时随地的学习、交流与分享。学生能在教师的指导下，应用信息技术开展自主、合作和探究学习。

（2）全力推进课堂模式变革

围绕课堂主阵地，针对课前、课中、课后全场景，实现学情数据驱动下的"智慧"转型。2023 年 9 月，红谷滩区引进智慧课堂系统，覆盖 3 所示范校初中部所有班级，系统中的"高效备课""精准教学""智能批改""个性学习"等核心应用，支撑教师精准教、学生个性学，构建智能、高效课堂，助力因材施教、减负增效。

（3）技术支撑师生减负增效

依托先进的信息技术，通过班级考试、作业数据采集，对学生错题原因、重难点题目进行深度诊断和精准化的分析，帮助教师了解班级学生的学习情况，并对重点题目、知识点、解题技巧等进行详细指导。同时，通过学生学情数据的采集和分析，根据学生真实作答数据诊断每个学生的知识点掌握情况，为每位学生构建知识与类型题图谱，基于人机结合的推荐引擎提供精准的个性化学习资源，对每个学生进行个性化教学，帮助学生科学规划自主学习路径，查漏补缺，最大限度地满足学生的真实需要，更加重视每个学生的个性化和多样性，尊重学生个人能力发展，从而促进学生高效学习，助力教师因材施教。

（4）数据赋能智慧体育教学

体育强则少年强，但常规体育课中老师往往无法精准掌握学生的体育锻炼情况，导致部分体育锻炼活动缺乏科学性和安全性。2023 年 9 月，红谷滩区引进智慧体育系统，一是借助智慧运动手环实时监测学生心率，根据学生心率及时调整运动密度与运动强度，保障体育授课的安全性和有效性。二是利用视觉设备采集运动过程并记录运动数据，通过运动过程回放帮助学生纠正错误姿势，提高运动成绩；实时记录运动成绩，替代以往人工计时、记录、誊抄等费时费力的工作，极大地节省了体育老师的工作时间。

27.1.3　互联网学习特征指数

表 27-1　红谷滩区教师教学能力核心指标的特征指数汇总表

教师核心指标	特征指数	核 心 指 标 题 项	核心指标题项特征指数
教学能力（C）	4.06	C11. 我能够熟练掌握多种技术工具，支持开展在线教学	4.03
		C21. 我能够根据教学目标与方法搜索与选择合适的互联网教学资源	4.20
		C22. 我能够根据教学目标与方法合理改编或制作互联网教学资源	4.02
		C31. 我能够利用互联网开展多种类型的教学活动来提升教学效果，如探究式学习、项目式学习、同伴教学等	3.97
		C32. 我能够利用互联网加强自身与学生之间的互动与交流，以及时为其提供有针对性的指导	4.07
		C41. 我能够利用互联网针对学生自身情况实现个别化和差异化的教学或指导	3.98
		C51. 我能利用互联网对学生进行过程性评价和总结性评价	4.04
		C52. 我能够通过收集与分析学生的互联网学习数据来合理调整教学策略	4.02
		C61. 我能利用互联网上的资源与课程持续促进自身专业发展	4.16
		C62. 我能够利用互联网加强与其他教育工作者的交流合作、经验分享	4.12
教学应用（A）	4.01	A11. 我会经常利用互联网开展教学	4.14
		A21. 我在课堂教学中经常利用互联网提供的资源和工具	4.25
		A22. 我在教学中经常使用线上线下混合式教学形式，如翻转课堂、探究学习等	3.86
		A31. 我经常利用互联网开展各种教学活动，如交流、投票、测试、虚拟实验等	3.82
		A41. 我很满意互联网教学的效果	4.02

续 表

教师核心指标	特征指数	核 心 指 标 题 项	核心指标题项特征指数
专业发展支持（S）	3.99	S11. 我有机会参与国家级、省级、市级举办的互联网教学能力提升活动，如讲座、培训、研讨、研究等	3.96
		S21. 我所参加的互联网教学能力提升活动，能够为我开展互联网教学实践提供参考，并引发自主探究与反思	4.06
		S31. 我的互联网教学探索经常能够得到本地教研小组、在线学习社群等专业共同体的支持	3.97
教学环境（E）	4.19	E11. 我很容易获取到满足教学需求的多样化网络教学资源，如文本、图片、视频等	4.17
		E21. 现有的教学平台与应用能够支持我开展多种类型的教学活动，如雨课堂、课堂派、钉钉、腾讯会议等	4.21

表 27-2　红谷滩区管理者管理能力核心指标特征指数汇总表

管理者核心指标	特征指数	核 心 指 标 题 项	核心指标题项特征指数
应用现状	4.31	1. 我认为教育信息化的推进对学校发展具有重要作用	4.58
		2. 我十分愿意利用互联网开展日常管理工作	4.50
		3. 我注重引导教职员工利用互联网平台或工具开展工作	4.33
		4. 我经常利用互联网学习教育信息化管理方面的知识	4.29
		5. 学校的各项数据（如学生成绩、图书流转、资源建设与应用等）能够通过网络汇聚，并被用来支持学校的管理和决策	4.12
		6. 本校教师能够便利地利用互联网资源进行备课	4.37
		7. 本校教师能够在课堂上便利地使用互联网资源和工具开展教学	4.37
		8. 本校教师经常利用网络平台或工具进行学生学习评价，并基于评价结果调整教学	4.12
		9. 本校教师经常开展网络教研活动	4.20
		10. 本校教师经常利用网络资源（如直播会议、在线课程等）进行自主学习	4.37
		11. 本校教师已经开始探索基于智能学习终端（如平板电脑、智能手机等）的互动课堂教学	4.29

续　表

管理者核心指标	特征指数	核心指标题项	核心指标题项特征指数
环境建设	4.24	1. 本校已经建立了校本资源库	4.00
		2. 本校已将学校优秀资源或特色教育资源放在互联网上开放共享	3.91
		3. 本校已有统一应用且运行稳定的线上教学平台	4.12
		4. 学校的教学、办公区域已实现了无线网络全覆盖	4.54
		5. 学校为教师配备了互联网教学的设备	4.54
		6. 学校配有至少一个班额的学生平板电脑	4.29
		7. 学校建立了专门的技术团队为互联网教学提供支持和保障	4.25
激励与保障	4.46	1. 学校会定期举办与互联网教学能力提升有关的培训、教研活动或教学竞赛，促进教师互联网教学能力的提升	4.41
		2. 学校积极争取或提供机会，支持教师外出参加互联网教学的培训或观摩活动	4.54
		3. 学校对在互联网教学相关竞赛或评比中获奖的老师给予一定的积分或绩效奖励	4.45

27.2　互联网学习发展现状

27.2.1　区域政策与保障措施

红谷滩区积极响应中共中央办公厅、国务院办公厅印发的《关于进一步减轻义务教育阶段学生作业负担和校外培训负担的意见》，中共中央、国务院印发的《中国教育现代化2035》，教育部印发的《教育信息化2.0行动计划》，南昌市人民政府2022年印发的《南昌市教育事业发展"十四五"规划》等文件要求，将完善智慧教育基础设施、共享智慧教育优质资源、创新智慧教育教学模式、优化智慧教育管理体系、促进智慧教育开放交流、推动智慧教育素养提升、推动智慧教育试点示范作为重点工作，努力提升教育基础设施和服务体系整体水平，促进教育质量的全面提升。

同时，红谷滩区教育体育局成立"红谷滩区智慧教育指导中心"，负责制订智慧教育应用工作、激励机制和工作计划、实施方案，明确岗位职责；督促学校成立相应推进小组；同时负责组织对智慧教育实施情况监督、评估、激励。创新项目应用管理机制，制定一系列培训、指导、激励、汇报机制，通过机制创新，保障深入应用、融合创新及整体效果。

27.2.2　互联网学习环境建设情况
（1）教师互联网学习环境情况

红谷滩区基础教育领域教师视角下互联网学习环境总体处于较高水平，如图27-1所示。

在资源环境方面，教师能较容易获取到满足教学需求的网络教学资源，其中资源占比前三的为教学素材类资源（86.32%）、资源制作类工具（66.32%）和在线教学类工具（51.58%）。技术环境方面得分稍高于资源环境得分，说明当前能够支持教师开展多类型教学活动的教学平台和应用已足够，后期应加大资源环境建设投入，保障教师互联网学习环境。

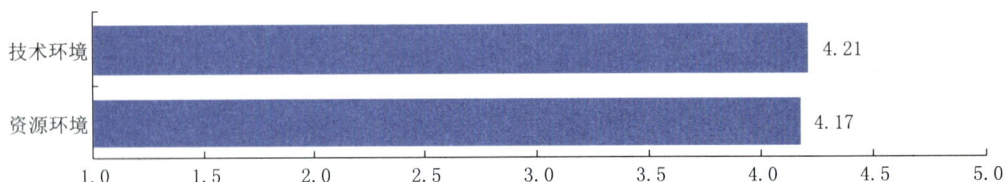

图 27-1　教师视角的互联网学习环境建设

（2）管理者互联网学习环境情况

红谷滩区基础教育领域管理者视角下互联网学习环境总体处于较高水平，如图 27-2 所示。在管理者问卷中，我们发现数据与教师调研情况基本相同，管理者也一致认为当前红谷滩区技术环境优于资源环境，说明目前硬件设备已经能够满足日常互联网教学的需求，但在互联网教学资源建设方面相对不足，未来应该加大这方面的建设力度，创新建设模式，进一步完善区域互联网教学环境。

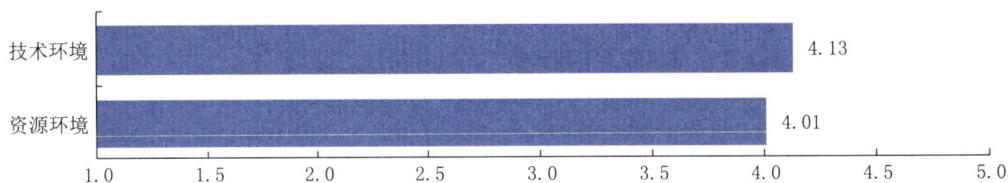

图 27-2　管理者视角的互联网学习环境建设

27.2.3　互联网学习应用情况

（1）教师互联网学习应用现状

红谷滩区基础教育领域教师互联网应用现状总体处于较高水平，如图 27-3 所示。教师应用意愿得分达到 4.14，说明红谷滩区教师非常愿意开展互联网教学活动，对互联网的应用意愿十分强烈，应用效果得分也在 4 分以上。但目前应用方式得分相对较低，与应用意愿形成鲜明

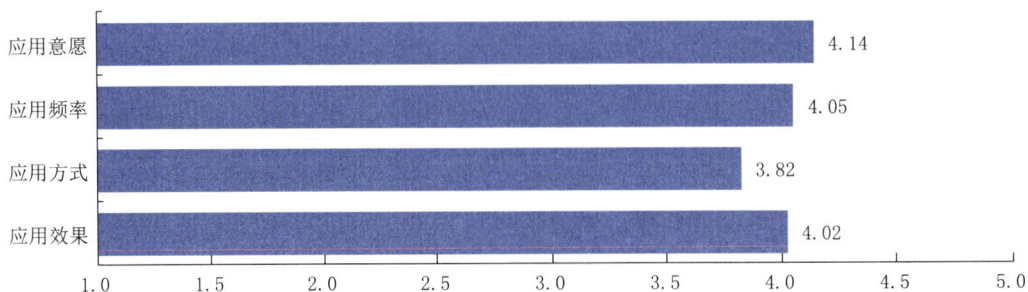

图 27-3　教师互联网学习应用现状

对比，可能一是因为教师长期处于传统教学模式下，无法有效地将互联网与日常教学有机融合；二是因为教师对于如何实际开展互联网教学还存在疑问和困惑，未来可采取多样化的活动，如实操培训、公开课、课赛等，鼓励教师充分利用互联网开展多种教学活动。

（2）管理者互联网学习应用现状

红谷滩区基础教育领域管理者互联网应用现状总体处于较高水平，尤其是态度与意愿得分为 4.47 分，说明管理者对利用互联网开展教学及管理的积极性很高，如图 27-4 所示。对比教学应用和管理应用，目前管理应用得分相对偏低，说明红谷滩区当前互联网建设内容对学校及一线教学应用投入较大，忽视了管理系统及平台的搭建，未来应多关注智慧管理系统及应用，为管理者智慧管理、科学决策提供有力保障。

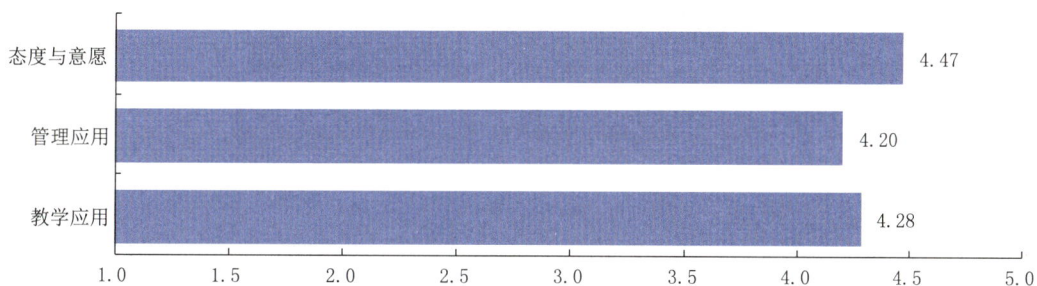

图 27-4 管理者互联网学习应用现状

27.2.4 教师互联网能力水平

本次教师互联网能力水平调研以小学和初中教师为主，基本信息如下：

（1）女性以 91.05% 的绝对优势占据了教师的主体地位。

（2）年龄方面，中年教师居多，老中青教师数量旗鼓相当，占比分别为 22.11%、63.68% 和 14.21%。

（3）教龄集中在 5 年及以下和 5 至 10 年的教师居多，占比分别为 46.32% 和 31.58%。

（4）在职称方面，二级教师占比达 50%，无职称教师占比 23.16%，一级教师占比 18.95%。

（5）执教学科广泛，几乎包含中小学所有阶段的所有学科。

（6）教师任教学校 95% 来自市区，县镇和农村教师较少。

（7）教师的学历集中在本科阶段，本科学历的教师占比为 88.95%。

（8）只有小部分教师是地市级或区县级骨干教师，87.37% 的教师目前没有骨干称号。

通过以上信息可知目前红谷滩区骨干教师人数较少，缺乏教学中坚力量；但教师队伍以年轻教师为主，有很大的成长空间，后期应加大对骨干教师的培养，从而助力区域教育高质量发展。

红谷滩区基础教育领域教师互联网能力水平总体处于较高水平，如图 27-5 所示。其中，教师资源整合及专业发展得分较高，分别为 4.11、4.14，说明当前教师在资源整合及专业发展方面的能力水平较高。但赋能学习者得分偏低，说明教师在利用互联网加强与学生之间的互动交流，以及针对学生自身情况进行个别化和差异化的教学、指导、评价方面仍有不足，这跟互联网应用现状中的应用方式有关联，没有实际应用导致无法赋能学习者。目前红谷滩区已为部分学校配备了全年级的学生终端，后期可以加强利用互联网技术在课前、课中、课后与学生的互动，让信息技术真正服务于学习者。

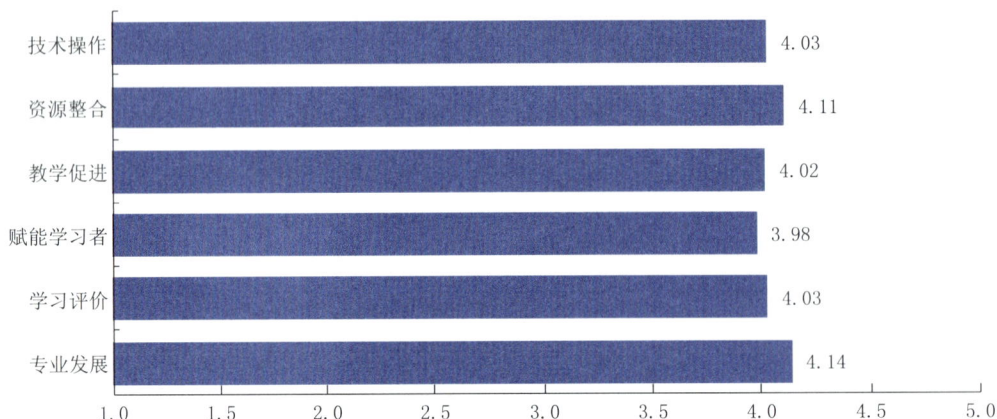

图 27-5 教师互联网能力水平

27.2.5 互联网支持教与学

红谷滩区基础教育领域互联网支持教与学情况均处于较高水平，其中，活动参与和共同体建设得分相对较低，如图 27-6 所示。基础教育教师参与互联网教学相关的能力提升活动的机会相对较多，但教师因为平时教学工作任务繁重，可能会出现没有足够的时间参与互联网教学能力培训的情况。同时区域目前共同体建设机会较少，未来应在开展互联网教学相关能力提升的活动时，一要充分考虑活动开展的时间以及教师的时间，二要创造更多的共同体建设研讨机会，提供时间灵活、形式多样的方案，供教师选择。

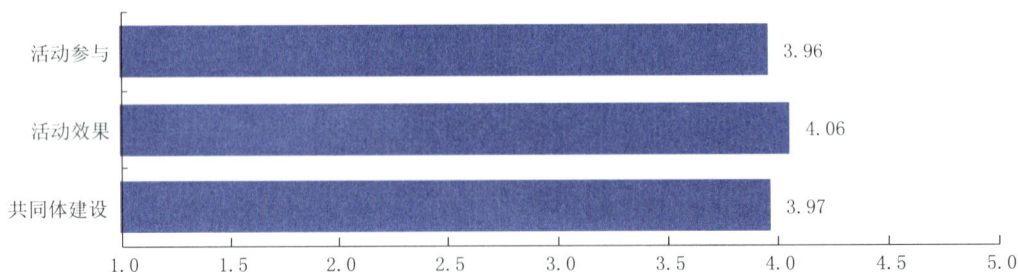

图 27-6 教师互联网支持教与学

27.2.6 国家中小学智慧教育平台应用情况

通过问卷调查发现，红谷滩区 94.74% 的教师使用过国家中小学智慧教育平台，同时 96.11% 的教师下载了国家中小学智慧教育平台手机端 App，两项占比都非常高，说明国家中小学智慧教育平台已成为红谷滩区教师获取教学资源的主要方式之一。具体应用情况如下。

（1）在开展教学活动方面

82.22%的教师会借助备课资源包（课件、课标解读、电子教材等）进行备课，76.11%的教师会参考名师课堂进行备课，53.33%的教师会利用平台资源开展探究式教学（基于项目、主题、问题式的探究教学），借助国家中小学智慧教育平台进行备课是教师应用的主要场景。

（2）在开展课后服务方面

60.56%的教师会利用师生群聊功能进行学习答疑辅导，42.78%的教师会利用平台课后服务板块中的资源开展经典阅读类课后服务（如名著、儿童文学等），42.22%的教师会利用平台课后服务板块中的资源开展文化艺术类课后服务（如书法、绘画等）。

（3）在开展教师研修方面

67.78%的教师会参与学校或教育局组织的基于平台资源的研修活动；50.56%的教师会组建研修共同体，分享资源，协同教研；47.22%的教师会参加名师工作室，接受专家指导和引领。通过国家中小学智慧教育平台，教师能找到相应的、适合自身发展的研修方式，从而提升自身教育教学能力。

（4）在开展家校协同育人方面

73.33%的教师会通过家校群功能与学生家长沟通，58.89%的教师会通过家校群功能发布家长会通知，56.11%的教师会向学生家长推送平台上的家庭教育资源（如家庭教育观念、方法指导）。国家中小学智慧教育平台为教师提供了更加便捷高效的家校沟通渠道，配合家庭教育资源，可以更好地助力家校共育。

（5）在应用反馈方面

83.33%的教师认为多样的数字化教学资源有助于丰富课堂，73.89%的教师认为能开阔课堂教学设计的思路，62.22%的教师认为能丰富日常研修活动的内容和形式。

在应用过程中，教师也发现了一些问题，如53.89%的教师认为电子教材版本、课程资源不全，45.56%的教师认为缺乏关于实验操作的演示类资源，还有34.44%的教师认为视频画面布局不合理，内容不够清楚。教师希望能增加虚拟场馆资源的应用活动设计案例，增加虚拟实验室，支持物理、化学、生物实验教学并丰富主题探究类资源内容（如手工、航模、天文等）。

27.3　互联网学习的典型案例

实施大规模因材施教，推动区域教学高质量发展

2023年6月，红谷滩区教育体育局启动红谷滩区因材施教示范校工程，项目覆盖红谷滩区碟子湖学校、腾龙学校、育新学校九龙湖新城分校3所示范校，共建设智慧课堂60间，智慧阅卷系统3套，智慧体育系统3套，覆盖60个班级，179名教师及2 546名学生。项目已完成初步验收，并在9月至11月期间开展分学科多场景的师生培训活动26场，覆盖教师560人次、学生620人次。基于智慧阅卷系统，已助力学校高效开展考试阅卷62次，阅卷45 263份。

同时，根据学生优势点、薄弱点和高效提升点，结合智能推荐优质资源，实现"一生一册"，提高学生的学习质量和效率。已为 3 所学校的 2 302 位学生生成个性化学习手册 4 311 份，精准解决错题 28 091 道，为学生巩固了 3 394 道错题，推荐了 5 899 道变式题。在智慧体育方面，9—10 月，育新学校九龙湖新城分校和碟子湖学校基于智慧体育系统高效完成秋季运动会 50 米跑、800 米跑、1 000 米跑、跳绳等项目，通过实时数据采集与上传，替代了以往人工计时、记录、誊抄等费时费力的工作，极大地节省了体育老师的工作时间。育新学校已初步实现智慧操场常态化应用，将产品应用到国家体质健康测试，做到了数据留存。智慧操场系统还能精准识别学生个体差异，开出个性化运动"处方"，实现精准化体育教学，从而提升整体教学水平，增强学生身体素质和教学安全性。

27.4　关键问题

27.4.1　互联网教育资源供给有待均衡

优质教育资源是支撑教育教学的中坚力量，调研显示红谷滩区资源环境较差，资源环境的城乡差距、校际差距、群体差距、阶段差距仍然较大。各校互联网教育发展程度不一，凸显资源环境不均衡的问题。另外，分布在各教育单位的资源数据信息无法实现有效的整合，优质资源的积累与融合缺乏统一的信息平台和制度保障，导致示范和引领作用得不到充分发挥和展示，从而制约了互联网教育对教育均衡化的促进作用。

27.4.2　互联网教育管理体系仍需完善

已有的区级教育云平台与其他教学管理平台系统缺乏有效整合，存在基础信息不全、缺乏统一接入标准、数据无法共享等问题，无法满足管理者应用需求。互联网教育在学校的应用主要体现在备课和授课上，在更丰富的教研、管理、评价等场景上应用不足，对于新型互联网教学应用还处于初步探索阶段，未能建立伴随性的教学大数据采集和分析，未能实现个性化、精准化教学诊断。从校园教学和管理等各类场景中未能产生和收集足够的价值数据，数据未得到有效利用且存在"信息孤岛"问题。

27.5　发展趋势

27.5.1　统筹统建推动红谷滩区教育优质发展

完善红谷滩区教育信息化基础支撑环境，实现红谷滩区域教育资源的有效供给，让所有孩子都能享受到优质教育资源，促进教育公平的实现。通过红谷滩区智慧教育项目建设，推动云端互动课堂新型教学模式，为教师提供全场景教学服务，为学生提供学习、任务、交互以及考试工具，实现对教师与学生课前、课中、课后教与学的数据采集、动态评价和即时反馈，实现教学决策数据化、评价反馈即时化、交流互动立体化、资源推送智能化，为创设有利于协作交流和意义建构的学习环境提供全面支撑。

27.5.2　通过大数据分析，实现智慧化管理决策

借助于大数据分析技术，进行一站式的大数据管理和分析挖掘，全面采集红谷滩区教与学行为数据，开发数据统计与分析挖掘的典型应用。对学校教育质量的监填报价结果进行深度挖掘和分析，将数据的价值充分应用到学校管理、教学和学习的过程中，以数据的客观性精准辅助红谷滩区域教育主管部门、学校管理者、教师的科学监管、科学决策和教育教学，提高学生学习效率和学习主动性，促进信息化水平显著提升。

第二十八章

CHAPTER 28

鄂尔多斯市基础教育领域互联网学习发展报告

——以国家通用语言文字为例

为深入贯彻落实党的二十大精神和习近平总书记关于语言文字工作的重要论述，以全面铸牢中华民族共同体意识为主线，推广普及国家通用语言文字，推行使用国家统编教材，2022年5月，内蒙古自治区教育厅投资 1.9 亿元启动内蒙古自治区国家通用语言文字应用能力提升项目（以下简称"项目"）。

项目覆盖全区 12 个盟市 347 所原民族语言授课中小学和 2 519 所公办幼儿园及民办普惠型幼儿园，针对幼儿、中小学生、教师等不同群体的语言特点，打造幼儿园到高中"十五年一贯制"国家通用语言文字教学应用体系、评测体系及配套资源体系，助力自治区提升通用语言文字普及水平，铸牢中华民族共同体意识。

鄂尔多斯市作为项目第一批建设盟市，认真落实项目实施方案要求，统筹规划、系统实施，组建 8 人的本地项目教研专家团队，构建盟市、旗县（区）、学校（幼儿园）三级管理员队伍，充分利用平台资源，开展教师培训学习，探索成熟应用模式，实现本地区国家通用语言文字教育教学高质量发展。

28.1 规划设计

为充分发挥项目应用效果，助力全区师生学好用好国家通用语言文字，自治区教育厅制定了"1+5"应用保障措施。"1"指自治区统筹顶层应用规划，形成机制保障。"5"指组建教研专家团队，保障专业应用；对齐国家标准，实施学生国家通用语言能力监测和提升；开展教师普通话水平摸底和提升；借助教学系统及资源，提升统编学科教学质量；遴选示范区校，发挥引领作用。

2023 年 1 月，自治区教育厅印发《内蒙古自治区国家通用语言文字应用能力提升项目实施方案》，明确项目指导思想、基本原则、实施范围、工作目标、重点任务、工作分工等内容。

2023 年 3 月，印发《内蒙古自治区国家通用语言文字应用能力提升项目覆盖校（园）师生学习及监测方案（试行）》，明确项目建设的各类软硬件设备的使用要求和监测要求。

2023 年 5 月，自治区层面遴选全区 97 名项目工作专家，开展为期两天的线下培训，明确项目应用方向、下一步工作计划及专家团队工作职责和任务，为项目有效应用提供有力专业支撑。根据相关工作要求，鄂尔多斯市共 8 位专家（1 位自治区级专家、7 位盟市级专家）入选项目教研专家团队，目前均已参与自治区、盟市各项应用指导工作，加强了项目应用的专业化指导、研究和教研支持能力。

28.2 建设情况

2022 年 6 月起，鄂尔多斯市教育体育局、语言文字工作委员会办公室在内蒙古自治区教育厅、语言文字工作委员会办公室的指导下，统一部署鄂尔多斯市内蒙古自治区国家通用语言文字应用能力提升项目交付工作。

截至 2022 年 9 月，鄂尔多斯市共 285 所学校、3 026 个班级的项目建设全部完成，各类软硬件设备及资源迅速投入使用。硬件方面，在 261 所幼儿园建设学前智能助教系统平板 2 584 台、显示大屏 170 台；在 24 所中小学中建设中学语言专题教室 27 间、中学耳机 1 350 个，小学语言专题教室 19 间、触控一体机数 19 台。软件方面，教师国家通用语言文字学习平台和各类教学系统，覆盖教师 9 545 名，其中幼儿园教师数 7 320 名，中小学教师数 2 225 名；覆盖学生数 42 095 名，其中幼儿园学生数 34 334 名，中小学学生数 7 761 名。

通过软硬件环境建设，提供体系化的国家统编教材备授课资源 89 000 余条、铸牢中华民族共同体意识等专题资源 7 000 余条，构建规范的语言评测体系，满足师生系统性、自主性学习国家通用语言文字需求，形成师生国家通用语言能力提升的智能环境支持。

28.3　强化培训

为发挥项目建设效果，提升教师信息技术应用能力，保证学校教师能用、会用系统开展教学学习。按照"边建设、边培训、边应用"的思路，2022 年 6 月至 2023 年 12 月，在自治区国家通用语言文字应用能力提升项目服务团队的支持下，先后对鄂尔多斯市 9 个旗县（区）285 所项目校（园）教师完成三轮系统培训，根据产品特点和应用场景，实现培训的分层分类多轮次广覆盖，项目应用效果显著提升。

28.3.1　系统功能培训

2022 年 6 月至 10 月，开展内蒙古自治区国家通用语言文字应用能力提升项目交付培训，共进行培训 63 场，以功能教学为主，线上线下相结合。其中，市级层面组织教师国家通用语言文字学习系统培训 1 场，参训教师 8 293 人；旗县（区）统一组织学前培训共 9 场，中小学语文专题课堂入校培训 29 场，统编教材备课授课系统入校培训 24 场。

28.3.2　应用提升培训

2023 年 5 月，开展内蒙古自治区国家通用语言文字应用能力提升项目应用提升培训，共进行 169 场，以应用提升为导向，组织全市教师国家通用语言文字培训 1 场，参训教师 9 523 人；深入学校、幼儿园，开展学前智能助教系统应用培训与研讨交流共 115 场，中小学语文专题课堂培训 29 场，统编教材备课授课系统培训 24 场。

28.3.3　骨干教师培训

2023 年 11 月，开展内蒙古自治区国家通用语言文字应用能力提升项目鄂尔多斯市学前智能助教系统骨干培训，围绕与幼儿保育保教工作的深度融合应用，在 9 个旗县（区）分别开展骨干培训，从产品应用和管理员后台操作出发，通过线上培训和线下培训相结合的形式，参培幼儿园 188 所，参培教师 564 人。通过培训，各幼儿园的骨干教师进一步掌握该系统在幼儿语言学习和信息化教学中的应用策略方法。截至 12 月 18 日，各园骨干教师发挥辐射带动，开展园内转训共 145 场。其中，康巴什区 12 所、东胜区 34 所、伊金霍洛旗 11 所、乌审旗 8 所、杭锦旗 5 所、达拉特旗 22 所、鄂托克旗 14 所、鄂托克前旗 11 所、准格尔旗 28 所。

2022—2023 学年，鄂尔多斯市国家通用语言文字学习平台教师参用率 40.1%，师均学习 1.87 小时。幼儿园学前智能助教系统教师参用率 38.5%，教师平均授课时长 3.6 小时，班级平均授课时长 6.4 小时。中小学教师使用统编教材备课授课系统参用率 31.7%，人均备课时长 4.9 小时，语文专题课堂整体参用率 30.4%，其中小学教师人均授课时长为 5.9 小时，班均授课时长 4.7 小时。

28.4 专题活动

为有效利用项目平台资源，提升师生国家通用语言文字应用能力，鄂尔多斯市围绕师生国家通用语言文字应用能力动态提升、教师教学减负增效和全面铸牢中华民族共同体意识三大重点任务，积极创新学习模式，开展了各类学习提升活动，发挥项目促进师生学好用好国家通用语言文字、助力教育教学减负增效等方面的重要价值。

28.4.1 教师国家通用语言文字学习提升活动

2023 年 6 月 5 日—7 月 2 日，借助教师国家通用语言文字学习平台，组织开展鄂尔多斯市教师国家通用语言应用能力提升专项培训活动，按照"初始监测、任务学习、专家辅导、自主学习、模拟测试、阶段监测"语言学习模式，通过培训启动会、专家直播课、在线任务学、教师自主学、模拟前后测等流程设计，全面系统提升参学教师国家通用语言文字应用能力。

活动覆盖教师 10 890 人，教师参学率 55%，对比前后测数据，参学教师二乙达标率由 75.76% 提升至 86.85%，增幅达 11.68%，监测平均分从 82.55 提升至 84.68，提升 2.12 分。教师国家通用语言文字学习平台为教师营造良好的国家通用语言文字学习氛围，教师的学习兴趣和积极性不断提升。

2023 年 9—10 月，自治区教育厅通过教师国家通用语言文字学习平台组织项目覆盖全体教师持证数据上传和教师摸底监测，鄂尔多斯市 7 884 名教师参与摸底监测，二乙达标率 81.48%，及格率 99.07%，平均分 83.6，最高分 93.6，平均分相比 6 月教师提升月活动再次提升 1.05 分，位居各盟市前列。

28.4.2 教学交流研讨活动

2023 年 3 月 21 日，国家通用语言文字应用能力提升项目组走进伊金霍洛旗第二幼儿园进行座谈交流，从管理者、教师和幼儿三个角度，了解推进学前智能助教系统应用带来的改变、遇到的问题，总结幼儿园数字化应用渗透日常教育教学活动的实践经验。

2023 年 3 月 22 日，鄂托克旗教育体育局在鄂托克旗蒙古族实验小学举办小学语文专题课堂公开课，活动从应用实践出发，聚焦国家通用语言文字应用能力提升项目在小学语文专题课堂的使用，通过课堂观摩、专家指导、教师交流等环节设计，调动教师积极性，为鄂托克旗教师提供学习交流平台，提高教师信息技术产品的融合使用技能，引领帮助教师提升信息素养。在赵文琳老师的课堂上，学生们一笔一画地练习生字、声音清脆地评测语句，实时生成的分析报告让现场嘉宾充分感受到教育信息化的力量。

2023年3月23日，鄂托克旗教育体育局在棋盘井第一幼儿园举办学前智能助教系统研讨会，棋盘井第一幼儿园和鄂托克旗第二幼儿园的两位教师分别进行应用经验分享，通过专家指导、全体教师进行使用、经验交流等环节设计，展示学前智能助教系统及资源在幼儿园保教保育工作中的价值，帮助项目园教师快速掌握学前智能助教系统在日常保教保育活动中的融合应用方法。

28.4.3　自治区项目推进会发言

2023年10月17日，内蒙古自治区教育厅在通辽市召开自治区国家通用语言文字应用能力提升项目推进会，自治区党委教育工委委员、教育厅副厅长王敏出席会议并讲话，鄂尔多斯市教育体育局崔淑桃主任与相关科室负责人参加会议，鄂托克旗教育体育局李永副局长作为旗县（区）代表进行会议典型发言。

28.5　应用成效

近年来，鄂尔多斯市国家通用语言文字应用能力全面提升，全社会普通话监测普及率超过自治区平均水平。其中，教育系统率先完成国家通用语言文字普及达标，国家通用语言文字达标、示范校比例达95.1%，教职工普通话水平达标率达到99.1%。成功承办第24届全国推广普通话宣传周开幕式，获教育部致信感谢。工作品牌"鄂尔多斯语言艺术节"成为地区新名片，参与人数超过5 100万，入选中华经典通读比赛获奖作品数量稳居自治区前列，屡获教育部、全国广电系统及自治区表彰。2023年，鄂尔多斯市教育体育局获教育部国家语言文字工作委员会"国家通用语言文字推广普及先进集体"荣誉。

国家通用语言文字应用能力提升项目数字化学习平台建设在鄂尔多斯市国家通用语言文字教育教学工作中发挥着重要价值。

28.5.1　数字化测评体系的建立

项目国家通用语言文字测评体系包含学前幼儿测评、中小学学生测评、教师学习测评几个系统。以教师国家通用语言文字学习平台为例，利用与教育部普通话测试语音评测同源技术，为教师提供语音诊断模块，教师进行普通话模拟测试后，系统将从声母、韵母、声调三方面诊断教师发音问题，为教师推荐视频课程与专项训练，实现教师语言能力的智能化提升。除此之外，教师也可以按照平台几大课程板块自主选学，包括基础系列发音课程、自治区共性问题解析课程、普通话考试解析课程、专家直播课程等，根据自身发音问题进行个性化学习。为大规模提升区域教师国家通用语言文字能力提升，可以设置任务学习模式，组织教师进行学习打卡、模拟测试，形成过程管理抓手，让教师在国家通用语言文字学习平台学习提升的过程真正实现数据化、可视化。

28.5.2　体系化的教学资源支持

项目建设的统编教材备课授课资源、保育保教资源，以及铸牢中华民族共同体意识资源，形成适合不同年龄幼儿和学生成长特点的教学素材，特别是字词教学和朗读教学资源，营造语言学习氛围，支撑言语实践活动，在拓宽教师视野的同时，充分调动学生积极性，形成教师教学减负和教学质量提升的有力支持。其中，统编教材备课授课资源与国家统编教材配套，形成教材解读、教学设计、知识探究、示范课例等 7 大应用场景，包含课件、动画、视频、音频、图片等多种类型，在目标性、趣味性、创新性和有效性方面，全面落实新课标要求，辅助教师开展高质量教学设计。铸牢中华民族共同体意识资源，以"五个认同"统领专题资源模块设计，形成中华优秀传统文化、中华民族形成发展史、"四史"学习、中华民族精神、美丽中华、法治中国等 10 大模块、164 个资源类目，体系化、精品化、专业化的资源制作，让教育变得有形有感，以学校为主阵地，实现浸润式教育，推动中华民族共同体意识入脑入心。

28.5.3 智能化学习交互体验

在幼儿保育保教工作中，教师通过学前智能助教平板开展游戏化教学，利用五大领域的丰富资源，有趣的动画、视频、拍照、画笔、语音评测等多样化工具，让集体教学充满欢笑，幼儿在智能化、标准化的语言环境中实现更好的听说表达。中小学语文专题课堂的推广，让学生同样迅速地爱上这样的上课方式，课堂练习形式多样，系统反馈及时，答题情况被电脑记录分析，并可以随时查看。据教师反馈，经过一段时间的应用，学生无论是在作业书写还是课上练习方面，规范书写意识得到明显提升，从"提笔随便写"到"提笔即练字"的转变让家长们欣喜不已。从学生评价角度，随堂检测和定期分析使得多元评价数据的获取更为便捷，学生的综合评价体系也更为完善。据部分小学教师反映，学生在使用小学专题课堂进行课程学习时，注意力远高于常规授课时的状态，课后进行随堂检测的成绩也比常规授课时好。还有一些小学教师认为这样的授课方式十分新颖，学生学练结合，吸收更快，并将小学专题课堂课程排入学期课程表，以便对学生进行系统的语言教学，形成学校应用组织的管理创新。

28.6 项目展望

结合项目进展情况，在自治区教育厅总体文件的指导下，围绕师生国家通用语言文字能力监测与提升、融合应用教研活动、示范区校遴选（培育）、教育洞察数据治理能力提升四个方面系统规划，统筹推进。

28.6.1 监测数据分析，科学指导教师能力提升

在自治区 2023 年秋季学期全体教师摸底监测结果的基础上，深入研究本地区教师达标情况，锁定重点提升人群，进行教师语音共性问题分析诊断，组织有针对性的教师培训和学习活动。

28.6.2 组织教研活动，推动项目整体应用效果提升

组织各旗县（区）、项目校（园）开展教学研讨交流活动，通过课例展示、经验交流多种形式，互学互鉴，共同提升。策划鄂尔多斯市国家通用语言文字教学比赛、铸牢中华民族共同体意识案例征集等活动，激发教师应用积极性，沉淀一批课例案例成果。

28.6.3　培育重点区校，形成深度应用示范引领

针对应用情况较好的旗县（区）和学校，进行示范培育，形成教师国家通用语言文字提升、不同学段语言文字教学典型应用模式，形成一批可复制推广的典型经验做法。组织示范区校工作交流研讨活动，以头部带动全体，发挥示范引领作用，提升项目影响力。

28.6.4　加强应用督导，提升数据治理能力

发挥大数据洞察系统对项目覆盖校（园）应用数据、应用效果的监督和指导作用，月度下发"项目应用情况通报"，指导督促各项目校（园）应用工作。结合数据使用情况，深入各旗县（区）、项目校（园）进行项目应用情况调研，进一步掌握各项目校（园）的应用情况、实际问题和所需支持，为项目应用保障工作的开展以及项目管理提供参考依据和有力的抓手。